互联网 + 农业

农村电商新思维

农业创新营销模式设计

毕慧芳　黄　颖　著

電子工業出版社
Publishing House of Electronics Industry
北京 • BEIJING

图书在版编目（CIP）数据

农村电商新思维：农业创新营销模式设计 / 毕慧芳，黄颖著 .—北京：电子工业出版社，2018.4
（互联网 + 农业）

ISBN 978-7-121-33130-5

Ⅰ. ①农… Ⅱ. ①毕… ②黄… Ⅲ. ①农村－电子商务－网络营销－通俗读物 Ⅳ. ① F713.36-49

中国版本图书馆 CIP 数据核字（2017）第 294898 号

策划编辑：郑志宁
责任编辑：郑志宁
特约编辑：马寒梅
文字编辑：杜　皎
印　　刷：北京虎彩文化传播有限公司
装　　订：北京虎彩文化传播有限公司
出版发行：电子工业出版社
北京市海淀区万寿路 173 信箱　　邮编：100036
开　　本：720×1000　1/16　印张：22.25　字数：460 千字
版　　次：2018 年 4 月第 1 版
印　　次：2023 年 8 月第 9 次印刷
定　　价：68.00 元

凡所购买电子工业出版社图书有缺损问题，请向购买书店调换。若书店售缺，请与本社发行部联系，联系及邮购电话：（010）88254888，88258888。

质量投诉请发邮件至 zlts@phei.com.cn，盗版侵权举报请发邮件至 dbqq@phei.com.cn。

本书咨询联系方式：（010）88254210，influence@phei.com.cn，微信号：yingxianglibook。

推荐语

毕慧芳老师的作品，不仅是用手和脑写就的，更是用“脚”写出来的。作为新农人的启蒙导师，全国鲜有人像毕老师那样，走过那么多的原产地，探访过那么多的新农人，以至于这部作品中的案例充满温度，活色生香。

——胡海卿　天下星农创始人兼CEO、商界星农学院院长

特别清晰地记得，2014年我刚刚入行新农人创业，农友会之所以发展快，关键是得到过农业前辈毕慧芳老师的悉心指导！得知毕老师把多年走访积累的农产品营销经验，汇总写成一本农产品电商营销之道的书籍。我认为，这本书就跟当年毕老师帮我一样，希望帮到更多立志在新农业道路上坚持努力的人们。这本书可作为良师益友，一路同行，给你正确的方向！

——勤劳农哥　农友会创始人、农特微商节创办人

毕慧芳是我们人大的校友，她的热情、认真的电商推广工作，尤其是在农村电商扶贫中的努力，给我留下深刻印象。这本书来自毕慧芳多年的电商实践总结，案例鲜活。农村电商需要创新营销、创新思维，我真诚推荐此书。

——方美琪　中国人民大学教授、博士生导师

在互联网时代的今天，农业这个古老的行业被赋予了更多“情怀色彩”和商业想象力，身边出现越来越多的“新农人”。我把他们大致分为三种：第一种，赶时髦者；第二种，纯生意者；第三种，用生命践行者。第三种最少且最珍贵。在我心中，毕慧芳老师就属于这种，一个用毕生精力做一件事的人。我认识她将近 5 年，印象最深的是她无时无刻不在传播、实践、总结。

今天终于看到她出书了！我郑重地推荐给各位朋友，相信从毕慧芳老师的思想里，我们可以收获多多。

——潘东明　农村电商“遂昌模式”创始人、“赶街”创始人、遂昌电商协会会长

躬耕农业电商领域多年，毕慧芳老师是我见过的最接地气的农业电商专家。她对农产品互联网营销的深刻理解，对新农人联盟的全情投入，对草根新农人的无私帮助，无不让人肃然起敬。多次与毕老师同台论道，所获甚厚。特将此书隆重推荐给全国的涉农朋友。

——徐大地　网策农商院创始人

毕慧芳老师作为农村电商领域几大模式的推动者，能将自己多年的研究成果和工作实践汇编成书，系统全面地阐述“互联网 +”背景下新农业的破局上行之路，为农村电商指明了发展方向。此书是广大农村工作者、电商创业者的良师益友。此书的出版实为业内一大幸事！

——张明广　商务部研究院农村电商培训工作负责人

我和毕慧芳是通过微博相识的，在新三农尤其是在公益助农方面有同样的情怀。新三农的发展，不仅需要公益，更需要农业产业链的升级，这就需要创新思维和创新营销。由于毕慧芳多年深耕此领域，所以本书有理论，更接地气，是新农人创业、农业电商领域的最佳参考书。

——陈里　中央政法委政法综治信息中心主任、管理学博士

我很少向别人推荐与农业电商有关的书籍。因为作为一个从业者，我深知其中问题的复杂程度远不是一本书可以解决的。然而，毕慧芳老师的这本著作，我是由衷推荐的。首先是人品靠谱，书的内容一定是真实的；最重要的是，毕老师是行业中坚持理论与实践相结合的有力践行者。本书全面阐述了农村电商行业发展的方方面面，从理念到实践，内容专业并且有深度！我相信广大的农村电商从业人员、研究人员，一定可以从中汲取到有价值的东西！

——杜非　百诚源科技有限公司 CEO、原沱沱工社 CEO

5 年多时间，毕慧芳老师用坚定的行走推动新农人的发展，用鲜活的创业案例实现农产品上行的价值，用满怀的激情为政府电商扶贫工作添砖加瓦……现在所有的心血全部浓缩在这本书中。该书理论结合实际，通俗易懂，是农产品电商的好教材，新职业农民创业的好向导，也是农业电商从业者的最佳参考书。

——廖海靖　农世界网创始人

当“互联网 +”农业、农产品、农旅逐渐成为新常态时，我们需要更多新思维。毕慧芳老师以“行者 + 学者”的姿态走遍大江南北，对三农现状了如指掌，对电商发展洞若观火。她书中的总结、分析和建议非常值得创业者细细品读！

——姜昆　“姜姜好”创始人、《食品界》杂志出品人、新农人联合会联合创始人

毕慧芳女士是我在农村电商研究领域中非常敬佩的一位大姐。这本书从农产品的营销核心到品牌之道，从无爆款不电商到完善供应链支撑做大做强，从电商销售到引导产业发展、促进供给侧结构性改革，从电商发展到形成县域经济新增长，全方位、多角度阐述了信息经济给农业带来的巨大发展前景，我推荐！

——王盛　盛玥咨询创始人、半汤商学院副院长

毕慧芳是我非常敬仰的老师。这些年来，她一直致力于生态新农人团队的建设，是位非常有影响力的新农人导师。她的这本新书，来自她与新农人团队鲜活的实践经验。实践出真知，此书有独到的视角与高度，值得推荐。

——邢东田　中国社会科学院编审、中国社会科学院食品安全课题组负责人

第一次见到毕慧芳老师是在2012年的冬天，她被一大群年轻人簇拥着，不时给人讲述我当时还不懂的农产品电子商务。后来，我才知道她是著名的富有激情的农产品电商布道师和辛勤实践者。我相信这部充满毕老师情怀和实践的大作，将成为一代新农人建设美丽乡村的经典。

——刘鹰　清华大学社会科学学院经济学教授、阿里研究院学术委员会成员

毕慧芳老师是农业老兵，更是新农人的创业导师和精神楷模，一直为三农事业奔走，对农村电商有丰富的实践经验和深刻的洞察研究。相信本书一定会成为大家的智慧参谋和重要助手。

——娄向鹏　福来战略品牌营销咨询机构董事长、中国人民大学品牌农业课题组组长

这本书，是一个个新农人用心、用勇气试出来的案例，干货满满，激情满满。他们是普通人，却都有自己的梦想。向为梦想奔跑的人们致敬！

——王梅　梅子淘源创始人

中国作为有14亿人口的消费大国，农业是立国之本，农业的互联网化是国家和社会发展的重要使命。今天的“互联网+”农业不是一家企业、一个平台能够干好的，需要有一群有新思维的人，影响和带动更多的年轻人，借助互联网工具，驱动全新的商业裂变与重构。解决农产品上行、农产品经济发展、农业产业链革新问题，需要从品牌农业、订单农业、新型互联网营销、全新供应链重构等全生态的角度去推动。毕慧芳老师的新书，对当前行业发展的多个案例和模式，进行了研究和梳理，值得关注“互联网+”的农业朋友学习。

——黄刚　汉森供应链总裁、汉森创投董事长、农特微商大平台联合创始人、中国供应链联盟理事

做农业需要情怀，也需要新理念和现代化手段。毕慧芳就是这样一位有农业情怀，有农业发展新理念，又不断追逐最新科技潮流的人。正是这样的努力，使这本书与时代脉搏一起跳动，反映了农业发展的新趋势。这本书不仅会给做农业的朋友们实际帮助，

也会给读者多方面的启示。

——朱启臻　中国农业大学农民问题研究所所长、教授

毕慧芳大姐的课在各个场合听过好几次，实践性非常强，她擅长用通俗的语言为各类学员讲述。这些年，在甘肃陇南、湖北黄冈、江西赣州等地，每次遇见毕大姐总觉得她越活越年轻。她说，那是农产品电商带来的福利，吃的都是最好的。相信，此书也是农产品电商从业者的福利，因为是一位有情怀的大姐"用脚"写的，原汁原味。

——王军龙　讯唯电商CEO、中国青年电商联盟副秘书长

毕慧芳老师是我电商路上的良师益友。毕老师长年扎根基层，善于发现创新的案例和做法，并将之提炼、升华，跟大家分享。毕老师更像是一位老大姐，和蔼可亲，谆谆教导，像春雨润万物一样，不求回报。做人如此，她的书也是如此！这本书的出版很及时，无疑会助推农村电商的发展。希望此书对县域电商的领导、企业和从业者有所启发，帮助他们开阔眼界、解放思想，取得本地电商发展的真经。

——李建华　中国电子商务协会副秘书长

PREFACE ╱ 推荐序一

互联网时代农产品上行的新营销模式

《农村电商新思维：农业创新营销模式设计》一书，是新农人联合创业推动者毕慧芳写给新农人的力作。她邀请我为本书作序，为了不负此使命，便有了围绕本书核心内容“互联网时代农产品上行的新营销模式”的深入沟通。

首先，从当前农村电商发展的现状来看，农产品上行的发展相对滞后，已成为业内、政府、媒体和学者们关注的问题。在作者看来，不仅解决这一问题必须借助互联网，而且，互联网的快速迭代，尤其移动互联网的普及应用，以及新零售时代的加速到来，为解决这一问题提供了更新的可能性。但是，问题本身是不会自行消失的。要把可能性变成现实，就要求农村电商与时俱进，要求相关的方方面面为之努力，其中也就包括要求（如作者所言）“我们必须具有创新思维，不断探索创新营销模式”。其实，农村电商要做的事情很多。何者为要？对此，当然也是见仁见智。作者是把如何有效推动农产品“有尊严和价值”地上行视为关键，并进而把它当作“互联网 +”推动三农变革的核心所在。

其次，如前面所说，作者在农产品上行上加了一个“有尊严和价值”的提法。相对于农产品有价值而言，给农产品赋予一种带有人格化的“有尊严”的说法并不常见。讨论到这一点时，作者给我的回复是这样说的：“农业、农民、农村似乎在很多人心中一直都处于底层地位，农产品同样‘低贱’。当新农人把它们做成品牌，重塑价值，当所有人的朋友圈都是有温度的农产品，当时尚的女孩不秀衣服而秀农产品，当农产品成为最尊贵的礼品，当人们追求农产品不是为了果腹而是因为喜欢时，农产品就回归了应有的尊严。所以，我们不仅仅是要重塑农产品价值，还要让农产品有应有的尊严。没有尊严的产品不可能有价值。”我觉得有必要把这段话转告大家，这有助于读者了解作者心目中农产品的“尊严”所指是什么。

再有，什么样的农产品才是“有尊严和价值”的农产品呢？作者认为，不是所有的农产品都符合条件，也不可能让所有的农产品都具备条件。“尊严也是要有基本素质的，品种、品质、品牌、品位、品格，这些都是要素，只有安全、好吃、让人喜欢的产品才能说具备了基本的素质。”其中，要让消费者喜欢而去主动追求，这样的农产品特质，尤其为作者所看重。新农人在这方面的任务，就是要让更多的农产品产生这样的特质，从而使农产品具有“尊严”。互联网的去中心化以及连接性，消费者的觉醒等特性一方面让所有人都具有享受有“尊严”的农产品的机会，另一方面也让更多的农产品具有这样的机会去享有“尊严”。无须多言，作者没有去讨论实践中那种靠拼价格、走量销售农产品的做法，显然，那样做不仅无助于农产品的“尊严”和价值，而且只会适得其反。她认为：“我们的使命就是从产业链的角度，让所有农产品都行走在有尊严和价值的路上。”我所说片言，意在有助于读者了解本书写作的目的和意义，就是去探索农产品实现其“尊严”和价值之路。

最后，如何让农产品实现其“尊严”和价值？这正是作者在本书中用最多的篇幅去回答的问题。作者从产品、品牌、营销、社交电商、生鲜电商、供应链、产业链和生态农业等多角度、多层面展开论述，重点回答了农产品的产品商品化、商品网货化、网货品牌化、品牌社交化、社交联合化、联合产业化、产业创新化该如何去做的问题。这也是作者在本书展开叙述的逻辑主线。

本书给我留下最突出的印象，是作者回答上述问题的主要方式，不是学术性的，而是使用了大量的案例，用讲故事加点评的方法，将自己对书名中“农业创新营销模式设计”的观点表达出来。显然，这也是本书最大的特点。这样做，优点在于生动、可读性强，更适合大多数新农人读者的阅读口味，在记住故事的同时接受了作者要传达给他们的观点；缺点在于不够严谨，一些重要的概念没有定义，便容易引起歧义解读，一些基础性的判断没有实证支撑，便让在此之上推出的观点显得不够牢靠，一些重要的操作建议没有讲清其适用条件，便失之于准确。

当然，对于一本侧重于实践操作的书，我们不应在学术性上去苛求。瑕不掩瑜，相信新农人们还是能从中找到他们需要的营养，从中获得很大的帮助。本书的文笔相当感性，不少地方口语性强，故事很有感染力。不少关于实践操作的描述细致入微，加上图片辅助，为本书增色不少。

我和作者已经认识五六年了，最初也是因为探讨农产品上行问题。当时，淘宝“聚划算”针对陕西武功县苹果滞销，组织了一次“聚果行动”。事后，阿里研究院邀请参与者和研究者召开“复盘”分析会。我们都受邀参加了那次会议。随后在 2013 年夏天，她带着甘肃成县“核桃书记”李祥来社科院寻求合作，再后来到遂昌、陇南、龙岩等多处实地调研，都是与农产品上行问题有关。她发起互联网社群新农人联合会以来，更进一步明确了把如何推动农产品“有尊严和价值”上行，作为自己事业的定位。在新媒体上，她以“毕慧芳农业”的名字示人，把自己和农业联系在一起。在圈内，她以“新农人行者”和“新农人知心大姐”的形象行走，深入田间地头，对新农人倾力相助，收获了大量的铁粉。许多案例，她都能如数家珍，一一道来，完全得益于此。她还亲自动手，操作了包括“十二个苹果”在内的一些有影响的网络营销项目。自然，这比那些关在“象牙塔”里研究农产品上行、靠着“剪贴”写东西的人更接地气。相信读者也能从本书的字里行间，闻到田野的味道。

我国农业生产、经营、服务、管理发展起点不高，模式相对粗放，实现农产品“有尊严和价值”上行的创新道路漫长。而且，它所要求的参与者也不仅是新农人。好在越来越多的人已在路上，未来还会有更多的人同行。从这个意义上看，本书也是一个记录，帮人们了解在这个历史阶段，新农人作为其中的一个群体，在用互联网助力农产品上行的过程中的所作所为、所思所想。

为此，我非常高兴地将此书推荐给大家，不光推荐给新农人，也推荐给所有对农产品上行和网络营销有兴趣的读者朋友。

汪向东
国家发改委“十三五”规划专家咨询委员会委员
社科院信息化中心主任
商务部电子商务专家咨询委员会委员
工信部电信经济专家委员会委员
国家电子商务示范项目评审委员会委员
信息社会50人论坛理事

PREFACE / 推荐序二

新农人的前路不会孤单

大约在2017年开春的时候，毕慧芳大姐对我说，她也要出书了，是关于新农人的书。我拍手叫好，新农人运动走到今天，是需要一些梳理和总结了。作为全国新农人的代表，这些年她走遍了全国的千山万水，看遍了新农人的千姿万态。书中内容来自与新农人实践者们的一线交流，有着宝贵的经验教训，会对更多的新农人起到指导作用。

虽然心里已经有了预期，但拿到书稿的时候，我还是有些吃惊，皇皇三百余页，不可不谓厚重。全书涉及“互联网+”农业的各个方面，既有农产品的打造、农业营销这些新农人常见现实问题的总结，也有社交电商、生鲜电商、供应链等热点问题的探讨，对整个农村电商的发展也从自己的角度提出了独到的见解。可以说，这是一部新农人与农村电商发展的“实践论”。

说起新农人，这些年因为工作的原因，我也接触了很多。他们大多是返乡的青年创业者，普遍情怀满满，也有梦想，敢想敢干，但理想与现实的差距让他们的前进之路显得步履蹒跚。如何看待这种现状，我与毕大姐有着许多的共识。比如，有的是孤军奋战，一个人去包打天下，自然力不从心。以农业链条之漫长，即使大企业打通者又有几个？有的是粗枝大叶，豪言壮语感天动地，但产品出来体验不佳，多年下来长进不大。有的是急功近利，被成名要早、上位要快的互联网思维严重侵蚀，却忘了农业是自然生产，必须按照规律办事的行业，结果事与愿违，令人惋惜。有的是叶公好龙，真正的实效却十分一般……我也曾急切地呼吁，新农人不能继续浮躁、粗糙，更不能狂躁，怨天尤人。但新农人的危机远远不止于此，那就是他们曾经依赖的新媒体和电商载体今天已经发生了重大变化。曾让无数新农人“莫愁前路无知己”的微博受到了微信的冲击，在微博上“天下无人不识君”越来越难，特别是不注重互动的时候，那基本等于孤芳自赏。而农村电商也已经完成了上网启蒙、基层布点的任务，农村网店超过800万家，从业人员达到2000万人，能上网的农产品差不多都上网了，竞争日趋激烈。即使2015年兴起的农特产品微商，两年后也已经显现疲态，朋友圈刷屏的效果越来越差，打爆款也越来越难了。这一切都在显示，新农人在今天必须跟上新媒体与电商的变化节奏，与时俱进，否则就有被淘汰的危险。

如何跟上电商新时代的步伐呢？新农人可能需要试遍十八般武艺。营销要变，品牌营销要跟上，产品打造要深挖，社交电商要转型，这是新农人必须适应的现实。其中最让人关心的莫过于农产品上行，就是如何把手中的好东西通过网络便捷地卖出去。本书对以上问题进行了一一的总结与梳理。

新农人应该在纷繁复杂的农产品上行链条中寻找自己最擅长的环节。以新农人的实力，既然无法包打天下，那就要敞开胸怀广泛合作，不再是千军万马挤独木桥，而是要变横向并进为纵向成列，在互利合作中接环成链，携手通过电商的独木桥。即使曾经风风火火的微商军团，今天也面临从自成体系向合纵连横转变的趋势，因为农产品是有季节性的，过了季节之后微商还需要继续销售。于是，南北之间互通有无，东西之间开始互助。更重要的是，社交电商的平台化在加速，生鲜电商的寡头化在凸显，资本的魅影正在让新兴领域电商成为投资大鳄间的竞争焦点，让一些曾经雄心勃勃的新农人愈加感到失望。但是，无论大的电商在前端如何激烈竞争，农产品的源头却会始终如一地遵从农业的基本规律。当我们不能在海面上搏击风浪的时候，退一步也会海阔天空，那就是做好农业供应链服务。我们要当好电商与农民之间的桥梁，从简单的“二道贩子”向深度的资源整合与渠道协同转变，把基于电商的大数据与农业的实际打通，既不是盲目的传统生产，也不是在电商面前“强颜欢笑”，而是找到农产品电商的真正可行之路。

“怒放枝头”是一种风景，“待到山花烂漫时，她在丛中笑”更是一种境界。如果新农人真的情怀满满，那就一定可以因时而变，在农业互联网的进程中找到更适合自己的位置，也一定会在合作之中实现共赢。

有你在，不孤单——这是许多男女常用的爱情表白。我把它借用过来：在新农人运动的征程上，有了毕大姐这样一位好老师，大家的前路就不会孤单。我们唯一需要做的就是，别停下自己的脚步。

魏延安

三农学者、共青团陕西省委农工部长

商务部农村电商专家、国家扶贫办电商扶贫专家

2017年11月7日于古城西安

PREFACE ╱ 推荐序三

乐观自信地走向使命

农业、食品安全、关爱消费者、帮助生产者获得尊严，是我近 8 年来生活中的重心和核心。因为对女儿的承诺，驱使我一直走在运用互联网来保护生态、改善产业链这条路上……

国家能否繁荣昌盛、后代能否健康永续，都首先依赖农业是否健康可持续地发展。因此，一路艰难，我却一路愈加乐观自信。

在这条路上，遇见毕慧芳老师，也让我信心大增了好几倍。

毕老师给我的惊讶：

首先，她有 20 岁年轻人的那种激情——一年 365 天，几乎没有休息日。

其次，毕老师的学习态度和学习能力让我刮目相看。2014 年，我送给几十位朋友商务印书馆的《汉译世界学术名著丛书》，整套 400 本。几年下来，毕老师是读得最多的。

再次，毕老师的行动力。认识她 5 年了，几乎天天都可以看见她深入田间地头寻找健康农产品的身影。

最后，就是她卓越的思考力和前瞻的眼光。毕老师对农业和互联网的过去及未来的观察和分析能力，促成了这本很精彩，又很接地气的著作。

我特别赞同毕老师的一个主张：好产品是好农人做出来的。而事实上，人无良是不可以为“食”的。那么，对于具有良好道德水准和职业操守的新农人而言，怎么成为傲立时代潮流之上的“弄潮儿”？我们消费者及社会各界怎样帮助良心农人获得立足于合理收入之上的职业尊严，以确保他们能够无所忧虑地去从事既能让消费者获得关爱，又能保护环境的工作，从而让整个民族都免除后顾之忧？显而易见的答案是，新农人必须拥抱互联网以充分地打破信息瓶颈，驾驭互联网以提高自己的效率。如此，新农人才能真正面对市场的挑战，完成时代赋予的使命。我看得出，这就是毕老师的良苦用心所在。我也看得出，会有很多的新农人会如饥似渴地阅读这本书，会有很多人能从这本书中获得启发和灵感，会有很多人走上改造农业、改善环境的这条路上来！

愿大家一路乐观自信地走向使命，也祝福毕老师还能以这种形式，帮助大家、激励大家。

武　英

全球安全食品联盟发起人

安否（北京）农业科技有限公司创始人

2017 年 10 月 31 日于美国硅谷

PREFACE / 推荐序四

做新农人前进道路上的“提灯人”

毕慧芳女士的《农村电商新思维：农业创新营销模式设计》可以说是她在多年实践的基础上撰写而成的，是探路之作，是寻道之品。该书以农产品电商为中心，探讨了在“互联网 +”新形势下，农业电商的最新的发展和面对的问题，以及广阔前景。该书是毕慧芳女士多年实践与调研的辛勤结晶。

农产品电商是电子商务的皇冠，生鲜农产品电商是皇冠上的明珠。也就是说，在电子商务中农产品电商、生鲜农产品电商十分诱人，也是十分艰难的。近几年来，有人经常引用这样的描述：“目前国内农产品电商接近 4000 家，其中仅有 1% 盈利，7% 巨额亏损，88% 略亏，4% 持平，总体上 95% 的都在赔。”虽然数据已经陈旧，但它反映了农产品电商和生鲜农产品电商的艰难。

随着科技的发展与进步，催生了许多新事物和新人物。

新的商品，即现代商品，与我们过去所讲的商品不一样，不仅仅是实物商品，还包括服务商品和各种体验活动。其中，服务商品是 A 给 B 提供各种各样的服务，体验活动则是 A、B 之间交互的活动。体验商品也是一种新的商品，是在网络经济条件下的产物。体验活动包括网上和网下，体验活动有基本的消费、品质的消费，或者特色的消费。新农产品就是农产品实物、农产品服务、农产品的各种体验活动，如与农产品相关的餐饮、休闲、娱乐、观光等体验活动。

新的人物就是以毕慧芳女士为代表的新农人群体。他们具有科学文化素质，掌握现代农业生产技能，具备一定经营管理能力，以农业生产、经营或服务作为主要职业，以农业收入作为主要生活来源，居住在农村或城市。新型职业农民被分为生产经营型、专业技能型和社会服务型三类。

从我与毕慧芳女士的交往中，我深切地感受到她是现代农民的代表，是现代农民的引路人，是为现代农民“提灯的人”。

在本书即将问世之际，我特向广大农民朋友推荐此书。

洪　涛

北京工商大学商业经济研究所所长、教授

中国食品安全电子商务研究院院长

2017 年 10 月 27 日

PREFACE / 自序

“互联网 +”让农产品更有尊严和价值地上行

互联网像鲁班的巧手，把古老的农业彻底“重构”了。中国农业的大变革，从来没有像现在这样全方位、全产业、全链条，一日千里迭代发展。在互联网信息技术、大数据应用共享、物联网、设施农业、互联网立体营销网络系统，以及“互联网 +”农业、电商精准扶贫国策的交互作用下，地无分南北，人无分老幼都在主动或被动地“互联网 +”。农业整个业态接二连三都在创新和重构。新产业链、新产品、新市场、新品牌、新运营、新服务、新渠道、新供应链、新主体、新县域经济、新社交、新模式……带来了农业、农村、农民的巨大裂变。

农业产区在重构，一县一品、一乡一品、一村一品，地标产品、特色产品、生态产品，订单农业、品牌农业等产业链系统打破了原有的农业自然条块产区。基于互联网思维打造的网货让农产品充满温度，多彩纷呈。品牌农业正在重塑，不仅有区域公共品牌、龙头企业的大品牌战略，新农人好吃更好玩的小而美品牌，让更多农产品进入了消费者视野。农业产业链在创新中凸显价值，标准化、规模化、接二连三第六产业化。精品农业、特色农业、生态农业、创意农业、订单农业、设施农业、农旅结合、特色小镇等让古老农业焕发青春，充满活力。农产品营销更是百花齐放，具有互联网思维的农产品营销让长在深山无人知的山野土特产成为爆款，让远隔千山万水的原生态成为无法模仿的资源。“互联网 +”农业示范工程以及精准扶贫的国策，让各级地方政府也加入推动农村电商的行列中，县域电商蓬勃发展。互联网、移动互联网技术不断普及，使社交电商进入农业，成为推动农产品上行的重要模式。生鲜农产品是农业的重要部分，虽然生鲜电商发展过程中到处都会有想不到的问题，但生鲜电商从业者的步伐依然坚定，他们排除万难勇敢前行。农业新业态必然伴随新的经营主体——新农人的崛起，成为推动新三农发展的生力军。打破时空界限的电商促进了供应链的革命，而各种跨界创新营销又带来营销模式的不断创新迭代……

“互联网 +”农业生机勃勃，互联网“赋能”的新农人、新农业、新农村描绘出了一幅“互联网 +”时代的“清明上河图”。对于农产品营销来说，很多人正在努力利用互联网，以至移动互联网已经全面进入我们的生产生活，并加速度走进新零售时代。当很多人还在质疑农特产微商是否是传销时，全国各地微商村、微商军团、微商县长已各领风骚、精彩纷呈，成为推动农产品上行的重要力量。现在社群社区新零售正处在风口，拼团很火爆。如果农村电商只停留在平台开店的思路上，结局会和柯达胶片一样。农村电商已经从早期的拼勇气、拼产品、拼活动、拼流量进入了中盘的拼实力、拼联合、拼链条的阶段，与时俱进，不断创新是我们的出路。为此，我们必须具有创新思维，去不断探索创新营销模式。

如何更好地利用“互联网 +”实现三农的变革，核心是如何更有效地推动农产品有尊严和价值地上行。对此，我们需要厘清很多问题：如何挖掘消费升级时代具有互联网思维消费者不断迭代的根本需求？如何在更高更宽的视野上，运用最新技术让农业产业链更加有效率、更加有价值？如何挖掘古老农业的深厚底蕴，让农业和农产品有温度地进入消费者心智，提升生活幸福感？如何让农产品在可持续发展的基础上更有尊严和价值地上行，让农民更有获得感？这些都将是本书的核心，也是新思维的核心。用互联网思维的广度，以消费者喜爱为中心的温度，创造可持续商务价值的实度，完成农产品尊严价值和消费者美好幸福的连接。

要实现农产品有尊严和价值地上行，我们必须要让农产品本身有尊严和价值。那些粗制滥造、不安全、不好吃、没有供应链服务支撑、违背价值规律的农产品不可能有消费者喜爱，必然不会有尊严和价值。所以，我们不仅要在种养殖基地下功夫，让农产品在品种、品质、品牌、品位、品格上博得消费者喜欢和尊重，还需要尊重价值规律，创造市场需要的高性价比产品。我们还需要做好产品商品化、商品网货化、网货品牌化、品牌社交化、社交联合化、联合产业化、产业创新化。这些也是本书系统阐述的着重点。

笔者作为新农人联合会的创始人，几年来东奔西走、上下求索，一直在带领新农人再造故乡，探索农产品上行之道。本书更多运用鲜活的案例来说明观点，这些案例的主体主要是新农人群体，所以本书也更适合新农人创业者学习参考。

本书相关研究得到四川省教育厅人文社科重点研究基地项目《“互联网 +”时代下的山区青年农户特色农产品网商创业模式研究》（项目编号：CAB1604）支持。郝彦明，邹健也参与了本书的写作工作。

目录

CONTENTS

1 “互联网 +”农业营销的核心

2 “互联网 +”农产品打造之路

3

“互联网 +”品牌农业之道

4

“互联网 +”农业创新营销

5

“互联网 +”农业之社交电商

“互联网 +”农村电商面面观

6

7

生鲜电商破局之路

“互联网 +”供应链新蓝海

8

9

“互联网+”重构农业产业链

10

“互联网+”生态农业之路

第一章

“互联网 +”农业营销的核心

当我们站在新零售的落地窗前思考农产品如何更有价值地上行时，我们有必要在“互联网 +”的时空间回顾和展望，找到“互联网 +”农业的发展脉络、营销核心和方向。

“互联网 +”是把互联网的创新成果与经济社会各领域深度融合，推动技术进步、效率提升和组织变革，提升实体经济创新力和生产力，形成更广泛的以互联网为基础设施和创新要素的经济社会发展新形态。在全球新一轮科技革命和产业变革中，互联网与各领域的融合发展具有广阔前景和无限潜力，已成为不可阻挡的时代潮流，正对各国经济社会发展产生战略性和全局性的影响。从“互联网 +”在我国的发展历程来看，互联网与国民经济三次产业的结合（如图 1-1 所示），存在明显的次序，这种阶段性特征有着深刻的内在原因。

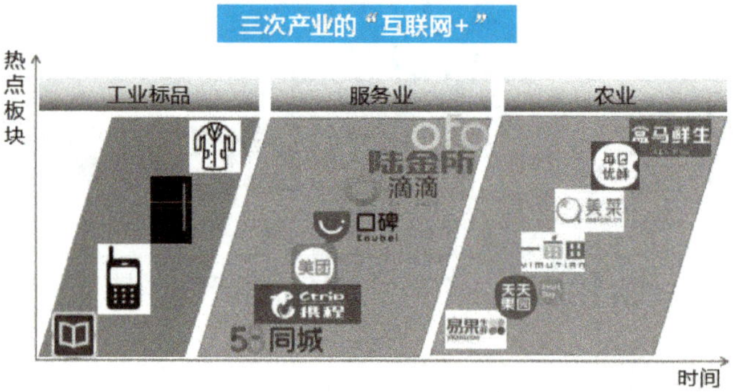

图 1-1　产业“互联网 +”历程

第一节　“互联网 +”农业带来的营销变革

什么是市场？市场是商品经济中生产者与消费者之间为实现产品或服务的价值，所进行的满足需求的交换关系、交换条件和交换过程的统称。

什么是市场营销？所谓市场营销，就是个人和集体通过创造产品和价值，并同别人自由交换产品和价值，来获得其所需所欲之物的一种社会和管理过程。在学习农业营销前，要牢记营销基本目标是，获得顾客、留存顾客、提升顾客。市场营销的核心是交换。交换的顺利程度取决于产品价值满足顾客的程度及交换过程的管理水平。

农业营销需要学习一些市场营销管理理论。

另外，无论人人互联、人物互联，还是实时互联，做“互联网+”农业营销，学习熟练掌握好互联网下营销沟通工具和方法是基础。没有互联网工具和资源，就谈不上互联网营销；互联网营销能力，就是对网络营销工具和资源的应用能力。沟通渠道与沟通方式是你的工具，只有做到合理利用及分配你的工具，你才能成为优秀的网络时代新农人。

在2015年全国人大、政协两会上，李克强总理的讲话引爆了“互联网+”概念。互联网进入中国已经有20多年，现在已进入第四个发展阶段。阿里巴巴集团总裁金建杭在《互联网+：未来空间无限》序言中提出：互联网进入中国20年来走过了四大阶段，即“最早作为一个工具，然后成为一个渠道，再到作为一个基础设施，直到今天形成一个经济体”。

“互联网+”代表一种新的经济形态。它依托互联网信息技术，实现互联网与传统产业的联合，以优化生产要素、更新业务体系、重构商业模式等途径来完成经济转型和升级。“互联网+”将互联网与传统产业深度融合，以产业升级提升生产力，最后实现社会财富的增加。

“互联网+”不仅是万物互联，而且是人人互联、人物互联、实时互联。具体表现为物联网、大数据、云计算、工业4.0、电商等形态。“互联网+”新经济是以互联网为动力，对现有信息更加有效地撮合与对称，挖掘现有产能潜力、资源价值的一种经济形态，改变了现有经济学的产权、交易成本、社会道德、公司治理结构等理论。比如共享经济、免费经济，人人都是CEO，在不增加新的物质消耗的同时，更生态、更高效，也更人性化。

“互联网+”进入农业同样也有20多年的历史，而带动农产品销售的农村电商星星之火是由农民网商开网店而点燃的。中国社科院信息化研究中心主任汪向东在《农村电商20年新变局来临》一文中总结道：

“我国农村电商的20年，大致可分为两个阶段，前后各10年。1995年底，在国家正式启动‘金农工程’的基础上，郑州交易所成立了集诚现货网（中华粮网的前身）。以此为标志，我国农业农村电子商务的序幕就此拉开。之后的10年中，农村电商开始破冰，艰难前行。到了2005年，全国农村电子商务网站已经达到2000个以上，涉农网站6000多个。那时，人们自然还无法想象今天，无法预知现在一个村镇就可坐拥几千网店的盛景。

“上一次农村电商变局的标志性事件，是农村开始出现农民自己开办的网店。从2005、2006年前后，在我国东部沿海一些农村中，最早的一批草根农民率先尝试，在淘宝网上开网店，并实现增收。这些农村草根网商的成功，不仅让他们自己变身为专职的网商，而且形成示范效应，带动了周围乡亲们纷纷效仿。从而，这也成为此后淘宝村产生的源头。”

10多年来，农民网商的榜样人物不断涌现：阿里巴巴在美国上市时，去纽约敲钟的山西农民王小帮、四川青川海归创业者王淑娟；2017年随马云到日内瓦联合国论坛分享农民网商成长经历的山东博山湾头村贾培晓；成功不问身体的山东农民孟宏伟；带动无中生有的江苏沙集模式的孙寒；不到20岁就成为全球十佳网商的福建中闽弘泰王思仪；硕士返乡创业的河南辉县杜千里；走进中南海汇报电商发展的四川青川赵海伶……这些成功的网商让更多人看到了希望。榜样效应凸显，带动淘宝村集群出现；为农民网商服务的服务商群体崛起，又推动特色中国淘宝馆应运而生，县域电商模式如雨后春笋般涌现。国家商务部、农业部推动的电商进农村示范工程又带动电商精准扶贫的深入（如图1-2所示）……

图1-2　电商进农村示范工程

“互联网 +”的发展，给古老的农业“赋能”，农业在线化成为风潮，出现了 3.5 万个农业类网站、4000 个农业类电商平台。农资电商也风生水起。农村互联网应用普及取得了可喜的成果。2.01 亿农民上网，1.2 亿农民在网购，800 万个农村网店在上线，99% 以上的农村都有网络。农产品上网继续在加速。目前农产品网络零售总量在 2000 亿元左右，其中农特微商崛起，生鲜电商进一步创新，农产品的跨境电商，农产品的 B2B 也在兴起。电商开始改造农村。随着电子商务进农村，带给农村新的改变，比如生活的便利化，青年人才返乡，出现了电商扶贫、乡村旅游扶贫等新情况。电商带给农村的变化不仅仅是经济层面，还有社会层面。比如淘宝村，年轻人回来以后，没有留守儿童、留守妇女和留守老人了，生活比以前和谐多了。与此同时，“互联网 +”农业营销也在实践中不断发展。

1. 彻底改变产品体验，让消费者充分参与

产品体验是建立在产品基础上的上层建筑，是产生高附加值的前提。未来是体验经济的时代，单纯的产品供应无法满足人们日益增长的需求，而互联网带来的围绕产品形成的立体式体验则可以做到。互联网让体验更加丰富多彩。以农场为例，互联网可以进行产品定制，满足消费者的个性化需求；互联网可以帮助农场进行产品溯源或提供给农场会员监控生产流程的途径；互联网可以帮助农场打造虚拟化的产品，比如儿童教育，或者农场游戏（网上偷菜、种树）等；互联网可以打造线上线下的体验系统，可以用视频、直播等让体验更加富有魅力；互联网还可以通过共享创造更多体验。

2. 构建新型销售渠道，每个人都可以成为渠道

互联网的核心是“互”“联”“网”这三个字，是万物互联，是连接一切。互联网构造的营销网络平台系统如 B2B、B2C、O2O，平台电商、垂直电商、社交电商等多彩纷呈。随着移动互联网的普及，人人都是自媒体。人们热衷于在手机上分享传播；随着社交电商平台工具的广泛运用，直接在手机上分享销售产品和服务让营销和服务更加垂直化，每个人都可以成为“渠道”，这就完全改变了传统营销单向渠道。现在的营销是多渠道、多角度、多连接，已经名副其实地成为立体网络系统，微商的兴起就是最好的佐证。

3. 打造新型营销方式，分享传播使营销多彩纷呈

互联网把口碑传播发挥到极致，各种营销方式多姿多彩。自媒体、社群社区、线上线下，预售、会员制、众筹、分享共享等各种体验营销方式，让农产品变得很有温度。

以互联网自媒体为基础的分享传播营销就像“万能胶”，将企业、团体、组织以及个人跨时空连接在一起，使人们之间信息的交换变得“唾手可得”。这不仅越过了信

息传播的门槛，人与人的连接让产品带有人的情感，人的故事让产品充满个性。

互联网社群突破了时空局限，使志趣相同的人通过网络连接在一起，互联交流和分享。这就给营销打下了很好的基础。社群社区、线上线下无缝连接，人们在交流分享中也促进了销售。营销不再是传统的从产地到几级批发商，再到零售商的固有模式。

4. 形成大数据信息流，打破信息不对称难题，营销更精准

大数据的运用，可以最大限度解决“产品周期性涨跌”的难题。我们知道，周期性的涨跌难题，其根本原因在于无法对海量的农业信息进行收集和有效分析。未来的大数据将能指导农民制订下一年的生产计划，并通过一定组织的协调，形成供应与需求的基本平稳。

大数据基础上的用户画像，可以让我们更精准进行客户定位，为客户打造个性化产品，提供定制化服务。精准营销让我们的产品更有魅力。（如图 1-3 所示）

大数据还可以进行农产品生产加工以及销售的追溯，让消费者对产品一目了然。比如，京东推出了戴脚环的跑步鸡，当土鸡跑步到 100 万步时，才可以销售。“跑步鸡”解决了消费者对土鸡是否真运动的顾虑。

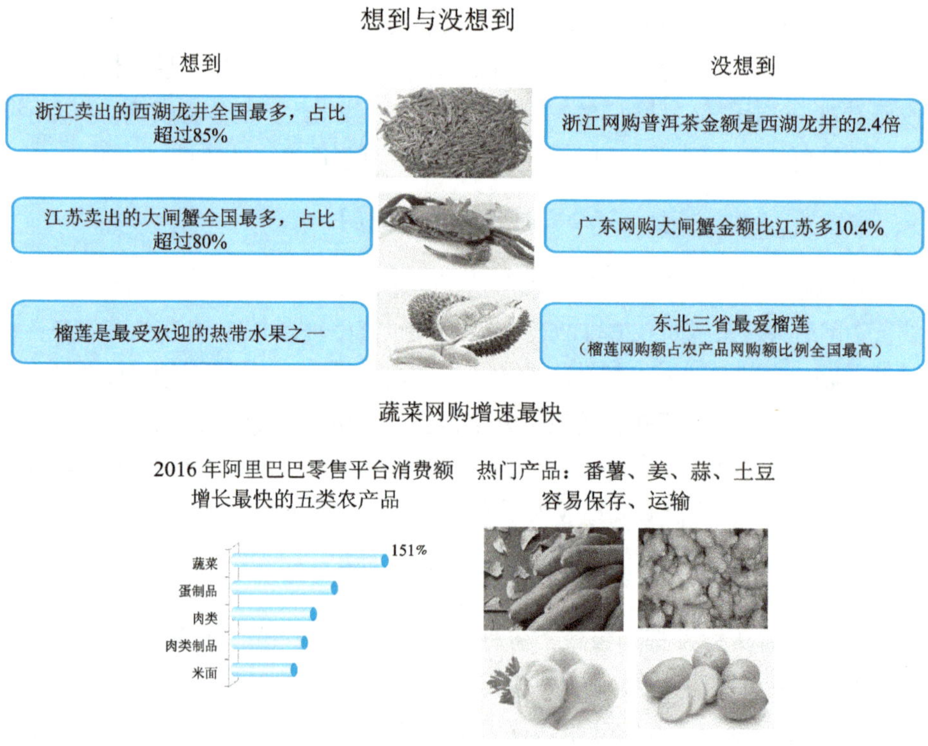

图 1-3　阿里巴巴 2016 年大数据

5. “互联网 +”引发消费革命，让消费者多角度参与农产品营销

互联网的互联互通特点大大拓展了全社会沟通活动的空间，极大地改变了人们的消费模式。互联网打破时空的多媒体连接满足了消费需求，使消费具有互动性。消费者的点评可以促进产品升级，消费者也可以定制产品，使其更具个性化。互联网营销优化了消费结构，使消费更具有合理性；丰富多彩的产品信息和多渠道的产品供应，为消费者提供了极大的便利，获得更好的消费体验。互联网让远隔千山万水变成近在咫尺，扩展了消费范围，使消费具有无边界性。跨境电商使消费跨越了国界。而且，不仅实物产品，各种消费娱乐产品、旅游产品、服务产品都可以在网络购买。互联网改变了消费行为，使消费具有分享性。移动互联网时代人人都是自媒体，分享传播让口碑成为发展力。

互联网真正渗透发展的潜力，不在城市，而在广大农村。商务部发布的数据显示，2016 年，中国农村网络零售市场交易额达到 8945.4 亿元，约占全国网络零售额的 17.4%；农村各类经济主体与大型电商企业协调发展的格局初步形成，对农村特别是贫困地区农村经济发展、增加农民收入和改善人民生活发挥着积极作用。

但与高速增长的农村网购市场规模相比，农村电商渗透率依然低下。截至目前，整个农村电商的渗透率只有 7%，低于 10.8% 的社会平均水平。这也意味着，农村电商市场仍有巨大的潜力等待发掘。

“互联网 +”农业的推进，让古老的农业焕发了青春，让消费者远隔千山万水也可以参与到农业的各个环节，让农业真正成为生活中重要的一部分。所以，做好“互联网 +”时代的农产品上行，需要我们把握好“互联网 +”农业的内在特点，把握互联网思维的消费者特点，创造营销佳作。

第二节 “互联网 +”农业营销的特点

农产品大多属于生产的上游，需进行集中、分级、存储、运输和销售服务，其易腐性和季节性的特点，决定了要采取特殊的营销措施。以促销为例，促销策略从总的指导思想看可分成拉式策略和推式策略。推式策略是指企业运用推销的方法，把产品推向市场，比如从生产性企业推向中间商，再由中间商推销给消费者或者终端客户。拉式推销是一种为了吸引消费者购置某种产品，厂商利用广告宣传，提高知名度，

引起消费者对品牌的忠诚性，使消费者自主性地指名购买此产品的一种战略。对农产品来说，过去通常是推式策略，而“互联网+”农业营销现在更加看重拉式。

“趋势就像一匹马，只有骑在马上，才能马上成功”。“互联网+”的时代特性带来了“互联网+”农业营销的时代烙印。我们只有深刻研究并把握趋势，才能与时俱进。

一、网无界

农村电子商务的发展，让我们充分感受到互联网的“网无界、商有道”。网络不仅没有国界，也打破了时空概念，给农产品销售打开了一个我们无法想象的巨大空间。2013年6月5日，笔者和上海“热爱农业的老赵”在甘肃成县与当地县乡村的干部，以及龙头企业、合作社代表一起探索电子商务时，很多人还是将信将疑。当时谁也没有想到仅仅3个月时间，2013年9月12日成县核桃节暨电商峰会举办时，成县的电子商务已经风生水起，成为全国农村电商的“成县模式”。

2013年8月，《人民日报》曾刊登文章《农民网商 钱好赚吗》。其中有一个例子：“上网卖活牛羊，山东农民孟宏伟火了。”一个高位截瘫的人一年卖出牛羊20多万头，交易额逾2亿元。2001年，一起车祸导致孟宏伟高位截瘫。为了生存，他只能在网上寻求商机。他发现，利用当地优势资源为客户搭建信息平台，可能会是他能够“抓得住的商机”。济宁周边县市牛羊资源丰富，当时网络销售牛羊基本是空白，经过调研，孟宏伟就想跟养殖户合作，在网上卖牛羊。可是，没人相信活牛羊也能在网上卖，很多养殖户表示怀疑。经过他的不懈努力，终于有养殖户答应尝试。有了货源，孟宏伟的“网上活牛羊专卖店”就开张了。

7年的时间，销售额从0到2亿：一张床、一台计算机、一个鼠标、一个摄像头、三四个手机，这就是孟宏伟在网上卖牛羊的全部装备。他收集了很多农业和养殖类的行业网站，将信息一个个发布上去，苦等三个月。2006年底，一位河南客户看到了孟宏伟发布的信息并打来电话，买了300只羊。到2007年底，孟宏伟卖了1200只羊和690头牛，获纯利1.2万元。到2008年，他销售牛羊已经达到5万多头，年销售额1亿多元。孟宏伟没有止步。2008年，他做了自己独立的大地牧业网站，还在阿里巴巴企业版中建立了独立商铺。为防止货源不足，孟宏伟和别人合伙投资建了养殖场。2009年，孟宏伟又将养殖场扩建为嘉祥县牛羊养殖专业合作社，并建立了牛羊交易场。

作为一个农民，孟宏伟只在电视上见过迪拜的帆船酒店，从没想过这里的牛羊也可以漂洋过海到迪拜。2011 年，迪拜的客商通过网站找到孟宏伟。经过沟通，迪拜客户初次向孟宏伟购买 3000 只小尾寒羊、500 多头奶牛，价值 1000 多万元。

孟宏伟的故事让我们体会了“网无界”的含义，这样的案例比比皆是。

专注互联网打造“从茶园到茶杯”的中闽弘泰，让我们看到了成功不问年龄，不问学历。

“中闽弘泰”的名字很有气势，会让人以为是什么投资集团的杰作，至少也是有很得力的策划及经营管理团队在背后撑腰。其实，他们是真正的草根创业。1992 年出生的王思仪初中毕业后待业无事，沉迷于上网玩游戏。他的家人看在眼里，痛在心上。其姐王思茵便和他商量，能否通过网络把家里自产的铁观音茶叶销售出去。于是，王思仪在玩游戏的同时，试着向玩家推销铁观音茶。可是，要么别人置之不理，要么好不容易卖出一两斤却收不回钱。他在网上发出去的售茶信息被删帖更是家常便饭。2009 年，一次偶然的机会，王思仪看到马云的演讲视频。马云说：“未来的电子商务商机无限，未来的电子商务一定属于‘80 后、90 后’。”这一视频触动了王思仪的心。同年 5 月，兄弟姐妹几个在淘宝商城开了“中闽弘泰铁观音旗舰店”，主营铁观音茶叶，采用产地直销的销售模式。淘宝的客服帮助他们策划了“从茶园到茶杯”的宣传主题。第一笔生意来自天津的一家企业，订购了 7000 多元的茶叶，这给王思仪姐弟巨大的鼓励：通过淘宝网络确实能够销售自家的茶叶！从此，这个小伙子开始认真钻研和客户交流、服务的技巧。针对茶叶无法描述香味、口感等，他寄样品；针对客户的不信任，他首创了 30 天无条件退换货；为引导客户再次购买，他在给客户寄出产品时总是附带新口味的茶叶样品；为提高竞争力，他的茶叶价格比茶叶店同等质量的品种要优惠很多；他的包装也根据客户需求和方便快递运输一再修改……王思仪的努力创造了一个电子商务创业的财富神话。2010 年中闽弘泰网店销售额突破 1000 万元，2011 年突破 3000 万元，2012 年突破 5000 万元，2013 年突破 8000 万元，2014 年突破亿元大关。中闽弘泰不仅成为淘宝网茶叶网商的领头羊，还先后被评为“2011 年度农村网商特别奖”“2011 全球百佳网商”“2012 全球十佳网商”。2013 年，占地 20 亩的加工营销一体的产业园建成投入使用，全部是他们自己挣来的钱。

中闽弘泰的经营管理团队号称“西游记”团队，王思仪是孙悟空，他的弟弟妹妹分别是沙僧和猪八戒，他的姐姐是唐僧，都没有高学历，没有任何高科技背景，全是土生土长的农村娃。他们成功的经验就在于最实在的生产和最纯粹的互联网手段相结合。中闽弘泰的成功真谛在于“纯粹”，就像武侠小说中的武林高手，大都因为纯粹而到达武功的至高境界。王思仪家祖祖辈辈都是种茶叶的，茶叶品质很好，而他自己最初的愿望就是要把好的茶叶通过网络销售出去。所以，他传递的是最真实的产品和情感。而自家的茶叶直接到网上销售，去掉了一切中间环节，价格更加有竞争力。同时，优质的服务让他们更进一步赢得了客户。

这样的案例很多很多。

二、商有道

网络无国界、无时空限制，所有的人都可以通过互联网创造营销奇迹。但是电商并没有改变商务的本质。真正成功的电商，必须是有内在商业逻辑的。当互联网作为工具时，消费者需要的只是网络购买的便捷和实惠，所以早期的农民网商主要还是把合适的产品放到网上，让消费者享受缩短流通环节带来的实惠，并不需要有多少营销高招。当互联网发展到经济体，成为生活方式让更多消费者参与其中时，互联网营销就必须有自己的个性。

1. 从“三只松鼠”看互联网消费者转变

现在的网商中，安徽的“三只松鼠”卖干果一直都是消费者主导的典范。“三只松鼠”是安徽省芜湖市一家销售坚果类产品的网商，2012 年 6 月 19 日上线运营，到 2013 年 6 月 19 日就创造出 1 亿元的销售业绩，2016 年已经实现 50 多亿元销售额。

“三只松鼠”的产品并不特殊，只是松子、山核桃等干果，还不是自己的特产。他们能做得这么卓越，完全得益于对消费者深刻理解基础上的商道。

第一，产品目标人群精准定位。他们将销售对象定位于“80 后”“90 后”的时尚人群，专为这个人群设计产品。

第二，在品牌形象和色调上下功夫。针对目标人群，设计了童真、可爱的动漫小松鼠。选择森林绿色和高端黑色作为主打色，借黑色显高贵，用绿色暗喻产品健康的定位，突破一般电商店铺用色。由此，动漫松鼠和黑绿搭配，形成基础、直观的品牌记忆点。

第三，品牌文化的延伸。针对目标人群的时尚文化，延伸动漫萌趣与色调到与“三只松鼠”有关的所有东西上。比如，产品的包装上撰写松鼠卖萌的小故事；加上倡导“慢食快活”的微杂志、绿色封口夹、剥壳器；将果壳垃圾袋命名为“鼠小袋”，擦手用的湿纸巾叫作“鼠小巾”……这些随产品一同出现，不仅彰显统一的品牌调性，更让美食工具一应俱全。有如此攻心、细致的服务，消费者打开邮包的满足感和惊喜感，很容易就转变为对品牌的认同。

第四，独特的客服。身为“三只松鼠”的第一位客服，创始人松鼠老爹章燎原将其积累的经验总结为一本上万字的《松鼠服务秘籍》，推出客服十二招，目的就是教会客服"做一只讨人喜欢的松鼠"。当消费者和客服的关系演化成主人和宠物的亲密互动，于是，撒娇可以促成交易，而道歉也显得更加真诚。

第五，用技术手段实现更精细的数据分析。按照松鼠老爹的看法，掌握顾客的客单价、购买内容、二次购买频率等基础数据的同时，更需要通过产品评论、与消费者对话，发掘关键词，优化运营策略，更贴近顾客。例如，顾客的收货地址在办公室，就可以附带赠品，让更多人体验产品；有人通过微博抱怨某产品口味偏重，就立刻提取数据，分析多少人有相同说法，追踪出是哪家供应商的产品，确定是否需要修改产品加工过程；有人言语间透露出结婚纪念日，系统就会记录下来，按时寄送赠品，等等。

图 1-4 所示为浙江大学品牌研究院采用言语解析法，得出的"三只松鼠"在网民心目中的品牌形象。

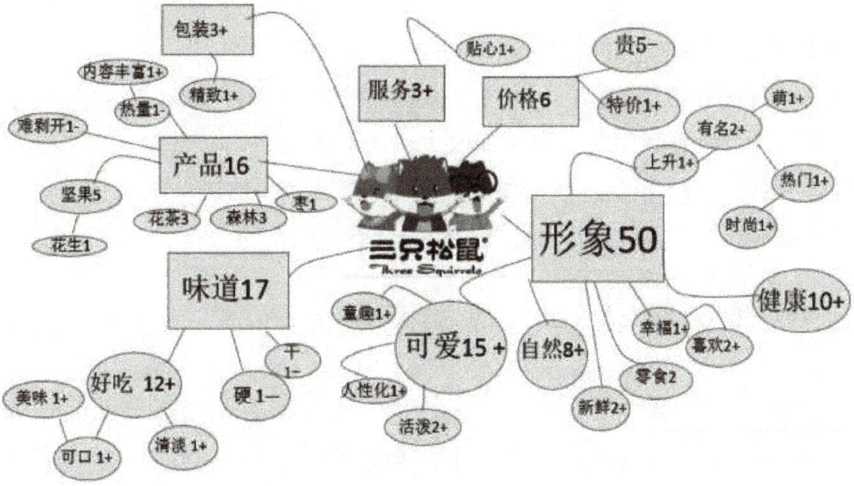

图 1-4 "三只松鼠"在网民心目中的品牌形象

"三只松鼠"的成功，是电商从流量为中心转向消费者为中心的趋势杰作，是互联网时代如何赢得消费者的营销之道的佳篇。这样的案例在"新农人圈"也很多。"新农人"的"12 个苹果"就是移动互联网时代消费者参与分享传播很有代表性的案例。

2. 从"12 个苹果"看互联网营销和传播

2014 年 12 月 12 日，"新农人"的聚合营销产品"12 个苹果"横空出世，如一道彩虹出现在生鲜电商迷雾重重的天空。仅仅24个小时，通过微店“鲜生来了”共销售5200箱（每人只能订一箱），获得了5200个精准客户。纯粹的微博和微信传播，没有任何广告，没有名人代言，甚至没有流行的扩散抽奖活动，就产生了如此大的爆发力。这种社交裂变传播营销背后的逻辑值得我们认真总结探讨。梳理“12个苹果”案例，其成功的关键在于：

（1）好的创意激活需求。

好的营销不仅仅是发现需求，更是唤醒需求，创造需求。随着生活水平的提高，物质供应极大丰富。现在的消费者被无数的信息包围着，审美疲劳，需求麻木。我们平时聚会总是这样的问题：“今天吃什么呢？”而回答总是：“随便。”所以产品必须能够引起消费者的兴趣，激发其内在需求，才会有购买动力。对于大部分网络上活跃的消费者，尤其是资深吃货来说，一次性品尝到全国12个主产区的优质苹果，又是12个代表性的“新农人”的产品，还是12种不同品种的，12地、12味、12人，让消费者充满期待。

（2）好的名字增添魅力。

俗话说“名正言顺”。自古以来中国人都特别重视好名字。好名字自己会说话，互联网的传播特点让好名字的效果更加放大。简单易记又充满想象力的“12个苹果”让消费者眼前一亮。12是个神奇的数字，有12星座、12生肖、12金钗等。每个人心中都有自己的12，会产生探究这12个苹果背后故事的好奇心。

（3）好的时间点充满趣味。

“12个苹果”选择在2014年12月12日上线，既有时间上的借势，又有营销节奏的布局。过完“双11”，大家都会期待“双12”，双12是小卖家的狂欢日，尤其是农特产品的促销日。各电商平台火爆促销，而消费者更关注会有哪些爆款出现。在这样的氛围中登场无疑会更引人注目。另外，12月12日预售，12月20日左右发货，让消费者正好赶在12月24日平安夜前收到，祝福平平安安。借势借力，其效果不言而喻。

（4）新的售卖方式轻松自由。

2014年，大部分网商都是在相关平台上销售，消费者都是在PC端下单购买的。而“12个苹果”完全依靠移动互联网平台，通过微信公众号和口袋通微店完成推广和交易。在手机上操作，让“12个苹果”更显时尚，更方便消费者购买和分享。大家在微博、微信上看到相关信息，直接点击链接就完成购买，非常方便。如果要到PC端下单，很多人身边没有，就容易放弃了。

（5）新的玩法时尚简单。

“12个苹果”的销售方案是：消费者先付19元邮费，收货品尝后任意打赏，既把定价权交给了消费者，又充满了自媒体时代的娱乐和互动元素。看到这个消息的人都会不由自主下单，当一个时尚的品评人，同时也愿意把这样的消息转发给自己的好友。

（6）新的分享机制有爆发力。

基于微博、微信朋友圈，以特有的故事性、趣味性抓住消费者心智，鼓励消费者积极分享，探索了全新的社会化移动电商分享模式。

透过“12个苹果”的案例，可以看出在移动互联网时代，生鲜电商的玩法正在悄然发生着变化。产地、产品、营销、传播、客服等已打破原来的条块分割，被整合到一个扁平化的平台之上。新农人要想做好生鲜电商，就必须顺应这种趋势，熟知这种变化，充分运用好社会化传播之道，以全新的思维来推动电商实践。

著名营销专家杜子建认为：“一切营销，到人为止（钱在人手里）。网络营销，发端于人性，发威于传播。”运用好社会化传播手段，会让营销插上翅膀。

关于传播有几点很关键：

（1）传播由人来完成，代言人很重要。

传统的广告，要寻找合适的广告代言人；而互联网传播，品牌故事化、人格化，更需要有合适的代言人，这是“褚橙柳桃潘苹果”成功的因素之一，也是成县核桃、礼县苹果成功的重要原因。“12个苹果”由毕慧芳这个新农人热心大姐代言，作为新农人行者、三农电商的“传道士”，她几年的付出和积淀的信任指数给“12个苹果”传播做了很好的背书，加上12个新农人背后的朋友一起用力，瞬间爆发。

自媒体代言人以及自媒体的力量，在这里有必要普及一下：我们知道代言费与广告投放额的比例为1∶10。也就是说，如果请个二流明星花100万元，那么你还要拿出1000万元去做投入，否则代言毫无意义。这样的天文数字对小成本运作的草根创业者来说遥不可及。“12个苹果”由毕慧芳这个新农人热心大姐做代言，不仅免费，有广告效应，还有互动效应，特别是基于互联网的互动。毕老师，给产品做了恰到好处的引导，对整个产品热销起到推波助澜的作用。另外，12个苹果是12个新农人的产品。这些新农人都是自媒体人，都会熟练运用微博、微信做传播。他们也都有自己的粉丝，和自己的粉丝一起联动，矩阵式的传播立刻引爆营销传播。如图1-5所示。

（2）微博、微信传播坚持内容为王。

“12个苹果”就是用充满感情的自我代言撬动了自媒体传播。2014年12月11日19点41分，“毕慧芳农业”发表长微博《新农人“12个苹果”——任性只为心中的你！》，亮出了“12个苹果”的文案，打造出四大亮点：提前预售，只需付运费，就可品尝“12个苹果”；万里求索，走遍大江南北，寻找最好的苹果；12分挑剔，多次品鉴检测，确保 12 个苹果的品质；“双 12”上市，以最独特的品质赢得最独特的关注。这一文案经“三农老好人”毕慧芳代言传播，当晚即引爆了新农人的微博和微信朋友圈，微博阅读量突破 70 万，吊足了大家的胃口。

图 1–5　12 位推手，推火互联网农产品

（3）将独特的价值点作为传播核心。

营销的本质不只是建立差异化，更重要的是成为第一和唯一。“12 个苹果”首创的农产品聚合营销新模式成为独特的价值亮点，成了苹果组合的“唯一”（如图 1-6 所示）。当蚂蚁组成军团，当蝴蝶飞舞成为“蝴蝶效应”，独特的价值就呈现出来。“聚农人、聚产地、聚农品、12 地、12 味、12 人”，当这些聚合要素通过自媒体传播后，所有的人都会眼前一亮。一次能够品尝到 12 个产地的苹果，因为是唯一，“尝试”成了很多人的选择。

图 1-6　每个包装箱内只装 12 只

（4）营造氛围，吸引朋友关注传播。

在碎片化信息时代，内容投放永远只是一个开始，只有持续跟踪、倾听、回应、引导、持续发酵，内容与引燃对话，才能持久地获取关注。“12 个苹果”自 2014 年 10 月成立项目组开始，针对全国苹果主产地考察、寻找“中国好苹果”的行程一直在进行并传播。同时还通过微博、微信群公开征集名称、多次举办评鉴会，不断生产好的传播内容：烟台守拙园丛东日的不套袋苹果糖度 18 度，静宁兄弟农场的苹果色香味美，阿克苏曾曾是个奇女子，把每棵苹果树都当成自己的孩子……这些传播让很多朋友对项目充满了期待，就像红楼梦中的凤姐，人未到，声先至。社会化媒体传播，需要给大家创造这种持续发酵内容的场景，并等待合适时机，直接引爆，达到“好雨知时节，当春乃发生”的效果。

（5）传播过程把握好节点和节奏。

所有营销都不会一举成功，都需要有不断推进的过程。互联网传播也是如此，什么时间让什么人出场，什么时候做什么样的推动，都要有策划。“12 个苹果”销售只有 24 个小时，但微信和微博每小时都在播报，不断公布新的销售数据，不断公布新的大咖参与情况，吸引了更多的人来关注。最后两个小时，农人圈颇具人气的“食品界姜昆”和“美食家大雄”被请来出场传播，让热度一浪更比一浪高。该刷屏时，一定要勇敢刷屏。在营销决战时刻，平时有互动的人都要叫到，让大家一起来传播助力，都站出来为你背书。

（6）传播中要有危机处理。

农产品是有生命的，而具有生命的产品永远不会十全十美。电商销售需要物流完成配送，包装运输也会面临考验。“12个苹果”的营销传播很火爆，但因为物流问题，到了圣诞节很多客户还没有收到苹果，内心很焦虑；加上收到苹果中有磕碰等问题，新的玩法需要更多人去打赏……为解决这些难题，12月24日“毕慧芳农业”发布了一条长微博“12个苹果写给最可爱的你”，用极尽柔情的语调和真情实意的表白化解了危机。

从12日到今天，整整10天过去了。我埋头苦干了10天，现在12个苹果已经奔向你。当你揭开我的“盖头”的时候，我有很多心里话要跟你说：

① 我充满个性，但不完美。我相信，你会用心去品鉴我独特的味道的。

② 遥远的路途、千里奔波而来，我甚至会伤痕累累，你心里一定不好受。多少天的等待，你期待千娇百媚、倾国倾城，而来到眼前的却是朴实无华甚至满脸沧桑的我，失望是难免的。这时，我希望你有点耐心，我很丑，但我很温柔。你用心去品味就知道了。

③ 要不要打赏呢？亲爱的，我忍不住提醒你，一定要打赏。现在很多双眼睛在看着你我，我们要用行动书写“爱与尊严”。我不在乎你是不是土豪，我只在乎你的用心呵护。爱的滋润，将让我更美好。

你可能特别珍爱我，舍不得吃掉。我的挚爱，你一定要及时“下手”，用心品鉴，并且提出意见让我更加完美，是我唯一的期待。

我不是诱惑你的夏娃果，不是砸醒牛顿的智慧果；我不是被人咬了一口的手机果，不是广场上的娱乐果。我就是我，任性只为心中的你。如果你也在意我，我还在老地方等你——“鲜生来了”！

这条文案作为危机处理是很成功的。这又给我们一条启示，做营销一定要有情商，互联网特别需要真情实感。但是，更要强调的还是理智。出现问题我们要有情商化解危机。但危机过后，要有更理智、更科学的态度去处理出现的问题，哪怕是你最好的朋友，该补发的一定要补发，该退赔的一定要退赔，朋友们在乎的不是19元钱，而是你的态度。

“12个苹果”的案例让我们充分领略互联网传播营销的魅力。要做好互联网营销，我们必须学会自媒体传播，学会借助互联网大咖的力量，学会新农人的矩阵传播，尤其是在社交电商时代，自媒体是基础。

3. 从“玉米兄弟”的黑风暴看社交电商新玩法

随着移动互联网智能手机的普及，每个人都在手机上看新闻、看朋友们的生产生活动态，每个人也都在手机上各种各样地“晒、晒、晒”。这种生活方式必然反作用于生产方式，基于手机社交的营销也成为新常态，社交电商时代已经到来。玉米兄弟的案例是社交电商时代的营销佳篇，让我们充分领略移动互联网时代营销之道。

玉米兄弟，是一根玉米，一根无化肥农药添加剂的黑色玉米。

玉米兄弟，是两个人，两位来自山西的“70后”新农人创业组合。

从2010年至今，玉米兄弟只做了一件事，那就是黑玉米，从普通种植到有机种植，从传统渠道到电商再到微商渠道。他们不断探索，一直在路上。

玉米兄弟喜欢称自己为新农人，曾经也走过弯路，摔过跟头，最终用品质和努力赢得用户。他们所理解的新农人，是相对于传统农人，有理想有情怀，有技术有营销，有环保生态的理念，同时要遵循农业生产规律，是快慢结合、新旧结合的农业产业链条上的创业者。

玉米兄弟都是山西人，两人并非亲兄弟。他们是一起在太原打工时候认识的，在城市打拼多年后，返回家乡自己创业。

忻州是山西的一个小城市，几乎没有什么工业，最有特色的就是黑糯玉米。由于独特的地理气候特点，糯玉米品质特别好，2012年被农业部批准为地理标志农产品。由于黑玉米是忻州的特色产业，玉米兄弟看到黑糯玉米的发展前景，就开始行动了。

最初，他们也是在摸索经验，按照常规做法，普通种植，走传统批发市场。半年时间，他们的玉米销售一空，似乎挣钱比较简单。这时候，问题来了。

第二年，他们扩大生产，挣的钱全部用来购买设备，同时和当地黑糯玉米种植农户预订了几倍于上一年的玉米。秋天加工的时候，因为加工量暴增，产品的灭菌和包装环节没有做好，导致后期发生大量胀袋变质现象。

屋漏偏遭连夜雨，他们的销售也出现问题。这一年真空黑玉米的全国市场都很低迷，这也是黑玉米厂家长期不重品质积累下来的结果。各家互打价格战，品质无法提升，形成恶性循环。市场滞销，库房损耗，最终这一年他们大量亏损。

第三年，也就是2012年，他们开始反思。回顾三年的黑糯玉米经营的跌宕起伏，他们终于想明白了：既然做的是食品，做食品就是要好吃，要放心！这才是顾客需要的！于是，他们重新调整，重视品质，走差异化路线，从每一个环节开始改变，落实“好吃”和“放心”这两个关键词。

第一，从源头开始，自己建立农场。他们在忻州郊区流转置换到连片耕地12.8公顷，这里位于山脚下，没有污染，空气清新。

第二，做有机认证，搞有机种植。农场不使用化肥和化学农药，土壤、空气、地下水都做达标检测。经过两年的有机转换期，在2014年顺利通过国家验收，拿到正式有机证书。这个在黑糯玉米种植行业中是极少的。

第三，设计安装远程监控系统。在任何地方，只要上网，就能观看到农场的实时动态，增加顾客信任。

第四，加工过程严格把控。玉米坚决做到及时采收，采收后 8 小时内完成真空加工。真空袋的成本比同行业的高一倍，只是为了追求更好的保鲜效果。一般的真空玉米是去掉玉米皮的，他们首创保留玉米皮，而玉米皮对于保持玉米原汁原味有很好的效果。

但是，在销售方面，依然存在困难。传统渠道重价格轻品质，他们的黑玉米成本高，不占优势。他们又考虑礼品店、有机食品店等渠道，但销售并不理想。

2014 年，他们开始尝试通过网络销售。他们和其他电商合作，同时自己摸索开网店。因为没有价格优势，只能通过赠送、优惠促销等活动，一点点打动顾客。凭借玉米的口感，靠口碑赢得一些客户，但销量并不是很大。

直到 2015 年，才发生了转折。他们接触到新农联互联网农业讲习所，通过新农联微信课堂交流，受到启发，诞生了“玉米兄弟”这个品牌（如图 1-7 所示），并通过社交电商打开了市场。

图 1-7　玉米兄弟商标

原来他们用的是“山晋庄园”，一个让人过目即忘的平淡名字。当初起这个名字的时候意为山西的自然农场庄园，但后来发现在互联网时代“山晋庄园”没有记忆点，不顺口，也不好玩，不利于传播。

他们在思考过后果断决定换名字，找好记、易传播的互联网传播感觉。因为是两个人创业，新农人中兄弟组合也很少，而产品是玉米，他们就想到了“玉米兄弟”这个名字。"玉米兄弟"看似平淡，但产品、人物都有了，故事自然也就有了。最重要的是，这个名字看一遍就能记住，非常接地气。事实证明，他们的选择是对的。

天时地利人和都已具备，2015 年，玉米兄弟带着黑玉米在农特微商圈内掀起一股黑色风暴。他们终于盈利了！而且"海底捞"这样的线下渠道也开始向他们采购。

玉米兄弟经验总结如下：

（1）与时俱进，做好自媒体。

相对于传统线下渠道和平台电商模式，社交电商更适合小而美的农特产品。社交电商以人为连接中心，是建立在相互信任基础上，不仅可以将顾客对于产品源头缺失的信任重新建立并且传递下去，而且可以持续传播，更好更完整地展示产品。而要做好社交电商，做好自媒体传播是关键。玉米兄弟通过改名字、做内容、在社群活跃交流，自媒体作用发挥得很好。

（2）抓产品品质，完善售后服务。

玉米兄弟更注重品质。品质是产品的根本，多年的种植销售经历使他们已经具备做好供应链的基本能力。

玉米兄弟 2010 年开始做黑玉米，经历过种植、加工、销售全过程的各种问题和打击，对于产品更熟悉，对于品质和服务更看重。他们已经从种植、田间管理、采收、包装、加工、物流和售后等各个环节对产品品质进行把控和改进（如图 1-8 所示）。

图 1-8 现代化的包装、加工生产线

当然，玉米还属于初级农产品，仍然会存在无法完全标准化的难题。农产品很难标准化，这是它的痛点，同时也是机会。品质无法达到顾客满意时，需要用服务来弥补。针对常见的售后问题，玉米兄弟提出了"秒赔"服务。一旦顾客发现产品有问题，他们立即退款，而且无须顾客提供照片。这给了顾客更好的体验。

（3）提炼和打造产品卖点。

差异化是农特产品能够吸引客户的重要因素。农特产品微营销，必须给顾客一个不去菜市场买同类产品的理由。玉米兄弟除了提炼产品自身卖点外，还打造出带有自己个性的差异化的卖点。

第一，忻州黑糯玉米本身具有的卖点：

外观独特吸引眼球。黑色玉米比较少见，容易吸引关注。

营养价值比普通玉米更高。黑玉米富含营养物质花青素，同时微量元素和矿物质含量比普通玉米更丰富。

地理标志农产品。山西忻州的糯玉米由于独特地理气候，品质极佳，被农业部批准为地理标志农产品。

食用方便，食用场景丰富。黑玉米真空包装，方便储存运输。热一下就能吃到新鲜香甜的玉米，作为早餐零食都很方便。而且黑玉米可以配菜煲汤涮锅烧烤，甚至榨汁，食用方式非常多样。

第二，不断提炼打造的个性化卖点：

有机种植。黑玉米经过有机认证，没有化肥农药以及任何添加剂，符合当代人对于健康食品的追求（如图 1-9 所示）。

图 1-9　有机种植

全民远程监控。基地装有太阳能远程监控，任何人可以随时上网，通过手机 APP 观看基地动态，增加信任（如图 1-10 所示）。

权威机构检测。对于人们非常在意的农药残留、重金属、添加剂等问题，玉米兄弟在权威检测机构青岛诺安对玉米做了数百项检测，全部符合国家标准（如图 1-11 所示）。

图 1-10　通过手机 APP 远程监控基地动态

图 1-11　权威机构检测

新农人故事和情怀。玉米兄弟创业多年，经历多种困难，依然坚持做品质，坚持在社交电商中做快乐的玉米兄弟，他们本身也充满了魅力。

（4）注重产品传播。

有了好的产品品质和服务，有了产品差异化亮点，然后就是传播的问题。这方面玉米兄弟有很多技巧：

第一，好的名字。一方面是改一个易传播的名字，比如把最初的“山晋庄园”改成“玉米兄弟”；另一方面是把所有公开场合的名字改一致，比如微信、微博、淘宝等公开的名字都统一起来。

第二，贴标签。给自己明确定位，贴一个非常明显的标签。他们确定叫“玉米兄弟”之后，微信名称、头像，都加入玉米元素。微信的目标是链接一切，在国内现在几乎是互联网的入口，而微信名字和头像是最好的黄金展位，必须利用起来。出席一些大型的线下活动时，他们穿玉米兄弟 T 恤，戴玉米兄弟 LOGO 徽章，与别人合影时他们经常会手拿一根黑玉米。随时随地把玉米和自己联系起来，强化大家的记忆。

第三，玩微博。微博有不同于微信的功能，相当于开放的广场。那里可以结识行业内的大咖，与不认识的朋友互动，还可以做抽奖活动。这些都能够增加曝光度。玩微博重要的是互动，要有自己的独到观点、原创内容，有趣味性。

第四，玩微信。玩微信重要的是玩群，拓展社交面。交流时注意真实性和趣味性，展示自己的个性，潜移默化地让大家认识到你的产品。在微信时代，个人形象更重要，大家都会喜欢和一个鲜活有趣人品好的人交往，这一点很重要。

第五，用心做文案。做文案最重要的是四个字：真、创、简、趣。

“真”是真情实感真实展示不夸大；“创”是要原创内容；“简”是简短直接；“趣”是注重趣味性。

在微信和微博的传播中，文案作用很重要。文案好比是宣传的弹药。杜蕾斯被人们津津乐道的就是它的文案，同样是广告，大家甚至都抢着看。朋友圈中文案常见的是以简单展示、科普说明和买家秀为主，增加些趣味性，更能引发人们的阅读兴趣和主动传播。比如黑玉米，经常会用“黑”“棒”和“条”等字眼做文章，做有趣味的创意图文，也经常结合时事热点和黑玉米进行联系创作图文，还经常用大家耳熟能详的歌词来改做产品文案（如图 1-12 所示）。

图 1–12　别具特色的产品文案

第六，组织并参加线下活动。2015 年 8 月 1 日，黑玉米成熟采收时期，他们举办了“玉米兄弟杯甜糯玉米节”。他们邀请了新农人圈内的著名导师、新农人代表、微商代表，还有一些慕名而来的新农人圈的朋友。玉米节就在玉米地举办，还组织了篝火晚会，让大家在轻松愉悦的环境下对黑玉米有了深入了解。当地电视台进行了录播，现场所有人通过微信、微博晒图，形成了很好的网络传播效应，也给好多人提供了对接机会。玉米兄弟还参加一些大型的线下活动，一方面增加曝光量，另一方面对线上关系做进一步的巩固。

（5）借力借势。作为草根创业者，初期只能是低成本运营，除了利用互联网进行低成本宣传之外，还要学会借力借势。

第一，借助大咖的力量。创业过程中如果得到行业内有名望者的帮助，品牌提升会更加高效。

玉米兄弟先后在网络上结识了新农人行业内的几位著名老师，得到他们的推广和背书。这不仅提高了玉米兄弟自身的知名度，产品在新农人的范围内也得到更大的扩散和认可，同时也促成他们与一些微商团队以及平台的合作。

第二，借微商之力。玉米兄弟同时与一些农产品知名微商团队合作，合作给他们带来的除了销量之外，更重要的是宣传。微信时代，每个人都是微型自媒体，每个人都有自己的受众，当越来越多的人在晒黑玉米，介绍黑玉米的时候，就起到了一定的推广作用。而且这种推广更具有生活气息，更具有可信度。

无论是“三只松鼠”“12 个苹果”，还是玉米兄弟的故事，都告诉我们：要做好农产品上行，我们不仅仅要熟练运用互联网，更要打造自己的产品和服务，要吸引消费者的兴趣，并让消费者一起传播分享。

第三节 “互联网 +”农业营销的核心

道——事物发展变化的规律。互联网是迄今为止人类所看到的信息处理成本最低的基础设施。互联网天然具备的全球化、开放、平等、透明等特性，使得工业社会中被压抑的巨大潜力爆发出来，转化成巨大生产力，成为社会财富增长的新源泉。

“互联网 +”，对应的英文为“internet plus”，“+”不是指加法或加号，而是“化”（plus）。互联网 + 各个产业部门，不是简单的连接，而是通过连接，产生反馈、互动，最终出现大量化学反应式的创新和融合。

“互联网 +”的本质是传统产业的在线化、数据化。“互联网 +”的内涵是信息化，区别于传统意义上的“信息化”。对互联网的理解不同，决定了“互联网 +”的不同“变现”形式：“+”在旁边是把互联网当作工具，“+”在前边是把互联网当作渠道，而“+”在脚底下，才是把互联网当作基础设施，才能实现整个经济形态的转型。

当互联网和移动互联日益普及与深入人心，农商要改变在流通体系中的地位，成为流通主体非常重要。农产品经营者需要适应新常态下新的生存方式，营销要随消费者心理的变化而不断变化，发现消费者心理与行为中出现的新问题，以“化”（plus）的思路，转化解决问题，满足顾客需求，开展好新常态下农业电商工作，借助互联网技术和大平台，争取能直接面对消费者。

农民网商点燃了农产品上行之火，无数网商的成功给了我们电商创业的信心。可是，当我们真正开始实践时却困难重重，让我们不得不去思考：

“褚橙柳桃潘苹果”是我们所需要的营销吗？“三只松鼠”的传奇是我们可以复制的吗？“12个苹果”的爆款是我们可以打造的吗？玉米兄弟的网感是我们具备的吗？农产品到底应该如何营销出价值？农产品上行如何借助互联网的力量？不断变化的消费者需求如何把握？农产品上行的商业模式如何具有可持续性？

面对这些问题，我们必须回归“互联网+”营销本源的思考。

第一，互联网的核心是连接。不断升级的新技术带来不断迭代的新连接。不仅可以全产业链条做连接，可以全网营销做链接，可以社群社区做联合，还可以在政府推进的电商系统里有接口。

第二，一切营销到人为止。消费者是营销的出发点和终极目标。消费升级、“80后”“90后”成为消费中坚、新中产阶级的崛起等，必然带来新体验、新展示、新传播、新参与、新共享。

第三，电商也是商务，必须要有可持续发展的商业逻辑。

第四，农产品电商，农字当头。必须深刻理解和把握“农”的生产、生活、生命、生态意义。

所以，在开阔视野打造无界网络的同时，更要认真研究“商道”。电子商务，说到底，电子是手段，是工具，商务才是核心。要把着重点放到商道的研究和落实上。我们至少需要重视以下几个方面的“道”：

第一，营销之道。既然商务是核心，就要把关注的重点放到营销上。营销中所需要的产品策略、价格策略、渠道策略、推广策略都要去深入研究，找到适合网络特点的营销方法。

第二，为农之道。农产品电商的基础是“农”字，要把农字研究透，落到实处。农村、农业、农民永远是根本，是我们的起点和着陆点。我们要让农民增收致富、让农业科学发展、让农村繁荣美丽。

第三，产品之道。产品是1，其他都是0。只有给消费者带来美好生活感受、提高幸福感的产品才是可持续发展的好产品。

第四，品牌之道。农产品同质化严重，如何让自己的产品受欢迎？如何让优品优价？只有通过打造品牌。

第五，供应链之道。供应链是农产品上行的生死链。没有好的供应链，农产品电商寸步难行。

第六，生鲜电商之道。农产品的鲜活特点注定了生鲜电商的必要性。面对98%的生鲜电商亏损，我们如何破局？

第七，社交电商之道。移动互联网全面普及，社交电商进入农特产品领域，成为农产品上行的重要模式和渠道，我们如何更好地运用？

第八，县域电商打造之道。2013 年以来，县域电商发展轰轰烈烈，不仅涌现出很多典型模式，也成为“互联网 +”农业发展的重要内容。如何让县域电商更规范发展，值得深入探讨。

第九，公益之道。农业的自然属性，农产品的生命属性，农民的弱势地位，让农业需要更多公益扶持。如何让公益发挥效果，又不伤害消费者，需要我们持续进行探讨。

第十，专业联合之道。在电子商务道路上要重视专业化，不仅要打造专业特色产品，还要培养打造营销专业明星。还需要说明，我们大力推广电子商务，并不是每个人，甚至每个农民都去做网商。农民可以用自己的方式参与电子商务全链条，比如生产、仓储、服务，还有农家乐，自制土特产等。在竞争白热化的现代社会，需要专业的人做专业的事。有了电子商务的发展，有了市场和订单，农民可以踏踏实实去生产，可以踏踏实实去做生态农业，不仅增收了，生活环境都更好了。

这些问题将在后面的章节详细展开。

第二章

“互联网 +”农产品打造之路

在互联网上，地无分南北，人无分老幼，即使是再普通的人、再小众的产品、再偏僻的县乡村，只要用心去做，互联网都会无私地为所有人打开成功的大门。

农业＋互联网已经进入农业产业链全过程。

但是要做好农产品电商，好的产品永远都是基础，是可持续发展的根本。产品是1，其他都是0。所以，无论是县域电商生态体系的打造，还是新农人电商创业，首先要考虑的就是产品的打造。通过好产品有效地实现产品商品化、商品网货化、网货品牌化，从而实现农产品有尊严、有价值地上行。

第一节　互联网产品打造的思维系统

人们通常理解的产品是指具有某种特定形状和用途的物品，看得见、摸得着的东西。这是一种狭义的定义。而市场营销学认为产品是指人们通过购买而获得的能够满足某种需求和欲望的物品的总和，它既包括具有物质形态的产品实体，又包括利益，这就是“产品的整体概念”。

产品整体概念认为产品包含核心产品、有形产品、附加产品、期望产品和潜在产品五个层次。

比如，农产品的核心产品是指消费者购买某种农产品时所追求的效用，如消费者购买鸡蛋，是为了从鸡蛋中获得蛋白质。农产品的有形产品是农产品核心产品实现的形式，即向市场提供的农产品实体的外观。它由五个标志组成，即农产品的质量、特征、形态、品牌和包装。其中农产品质量是农产品能否畅销的关键因素。农产品的附加产品及延伸产品，是指消费者在取得农产品或使用农产品过程中所能获得的形式产品以外的利益，它包括提供免费送货、售后服务、农产品知识介绍等。潜在产品是指现有产品在未来可能的演变趋势和前景。过去的市场竞争主要是产品本身的竞争，现在我们要学会加上服务及利益的竞争。

农产品整体概念，对于农产品市场营销管理具有重要的指导意义。产品整体概念体现了以消费者为中心的现代营销观念。核心产品提供消费者需要的效用与利益，然后由形式产品来实现这些效用和利益，期望产品提供了消费者所希望的属性与条件，延伸产品为消费者提供了销售服务与保障，潜在产品为满足消费者未来的需求而发生着改变。它指导整个市场营销管理活动，是农产品生产经营者打造优势市场地位的基础；在产品整体概念的五个层次上，都可以形成自己的特色，从而为产品差异化策略提供了新的线索。农产品生产经营者要想在激烈的市场竞争中取胜，就必须致力于创造自身农产品的特色。

在产品打造的过程中，需要考虑的因素非常多，建立互联网产品塑造的思维体系很有必要（如图 2-1 所示）。

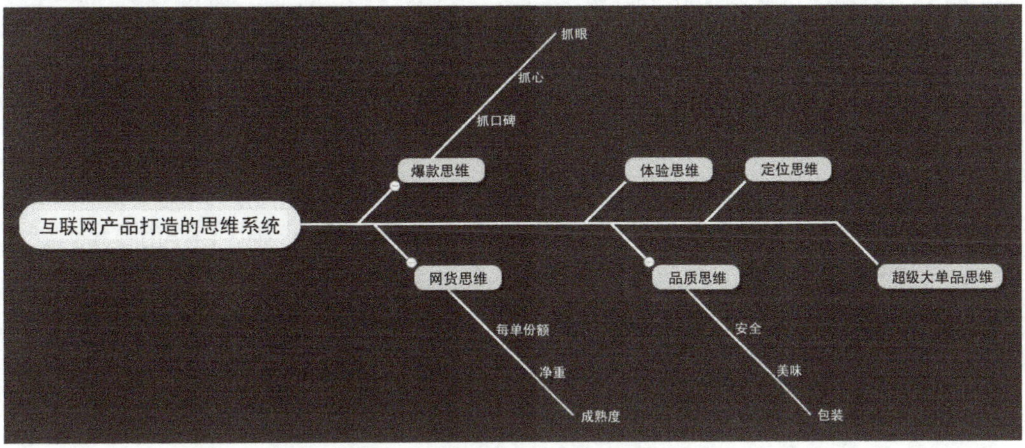

图 2-1　互联网产品打造的思维系统

1. 爆品思维

互联网的快节奏和虚拟连接性，特别需要“抓眼、抓心、抓口碑”的产品，能够病毒性传播，带动更多人尝试和复购产品。同时，由于互联网的特点，营销传播中只有第一，没有第二，如果首次登场的产品“失败”，以后再推出的产品也很难引起大家的注意。从这个意义上说，互联网产品打造的是“无爆品不登场”的理念。打造爆品，能不能制造出爆品，是创业的第一堂生死课。

爆品的三个核心关键词：

第一，极致单品。

第二，难以模仿。

第三，杀手级应用。最初是指某个非常有用的计算机程序，并且是消费者愿意为这个程序购买相关硬件、软件产品的计算机程序。用互联网思维来说，就是你的产品要对用户有用，核心就是从用户的角度来思考问题，而不是从自己的角度思考问题。

在爆品的打造过程中，有两种策略可以选择：一是战略性爆品；二是战术性爆品。

打造爆品不是打造爆款，而是企业战略，所以战略性爆品是能代表企业长期发展战略的，是一个阶段的重要标志。例如，食品界姜昆打造“姜姜好”品牌，定位于小而美、老味道产品，比如中秋节选择老味道月饼发力（如图 2-2 所示），非常火爆。老月饼符合企业的长期战略，是企业长期发展中的一个产品和品牌的积淀。

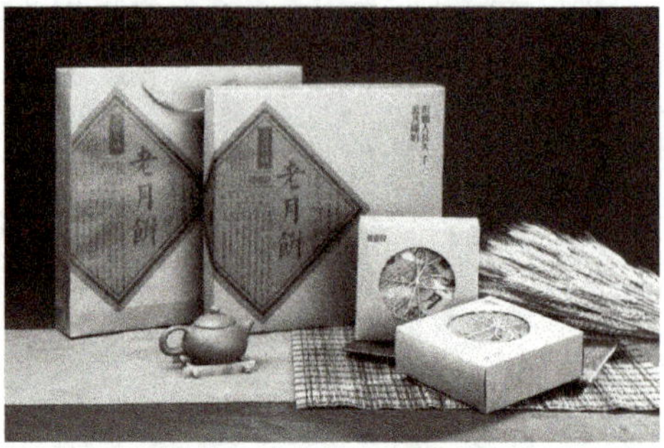

图 2-2　姜姜好老月饼

战术性爆品则不同，是为了公司的生存或者引流而选择的产品。做农特产微商的朋友们一定记忆犹新，2015 年很多新农人起步做微商，都用“西域美农”的七星新疆大枣做引流。43 元两斤品质很好的新疆大枣，为很多微商带来了原始消费者，带来了口碑和信任，虽然利润很少，但作用很大。流量是一切生意的本质。有的时候，战术性爆品甚至和战略性亏损相伴，打造战略性爆品需要运用数据分析能力。当然，数据分析也简单，可以直接用“量子恒道”加“数据魔方”结合即可：一是算出竞争对手的实际销量；二是评估该定多少价才更让消费者疯狂；三是自己可以承受多大亏损。

2. 品质思维

品牌品为先，有品才有牌，没有品质的产品永远树不起“牌子”。在互联网时代，因为时空分离，品质差给消费者带来的失望更大。“坏事传千里”，由于互联网的传播效应，品质不好的产品带来的负面效果会被放大。另外，互联网销售参与的人更多，产品品质差带来损失影响面更广。

做好农产品的品质，必须注意以下几个根本要素：

第一，安全。安全是人的基本需求，如果这个要素都打折扣，根本没有必要去销售。

第二，味道。农产品是食物，不是药，如果产品不好吃，一定不会有人复购。

第三，包装卫生可靠。很多新农人朋友以“土”为由，丝毫不重视产品的包装，有时候产品带着烂叶泥巴，或者用报纸、手纸来包裹，这是完全错误的。互联网销售有自己的特性，有自传播性，如果客户购买的产品品质差，差评带来的后果是很严重的；如果是社交电商销售，差品质带来的连锁反应就像是多米诺骨牌。

笔者所在的新农联之家曾经帮助一个国家级贫困县销售野生猕猴桃，3个小时销售1260箱，但因为发货方的包装没有做好，最后到消费者手上有600多箱是烂的。这件事的后果：不仅发货方赔了，新农联之家也赔了。所有的微商销售者被消费者骂得生不如死，有的人从此不敢再销售生鲜产品。

3. 网货思维

网货和普通商品是不同的，网货是打破时空界限，通过物流到达消费者手中的高品质商品。其中有三点容易被忽略：

第一，每单份额。你的产品消费者喜欢多大分量的？如果客户群是女性，就不能笨重。比如，很多人经常采用的5千克就不适合女性客户群体。

第二，净重多少。因为物流是按千克计算运费的，如果你的产品净重是500克、1000克等整数，意味着你要为外包装单独付运费。所以内行的电商产品经理，设计产品分量，很少有产品净重是250克、500克、1000克整数的，都是诸如231克、467克、870克之类，加上外包装正好是一千克及其倍数，便于发货。

第三，产品的成熟度把握，要做物流测试。生鲜农产品是有生命的，要根据产品的特性来确定几成熟采摘和采用的物流方式，确保产品到达消费者手上完好，口感恰到好处。

4. 场景体验思维

场景营销，是指基于对用户数据的挖掘、追踪和分析，在由时间、地点、用户和关系构成的特定场景下，连接用户线上和线下行为，理解并判断用户情感、态度和需求，为用户提供实时、定向、创新的信息和内容服务，通过与用户的互动沟通，树立品牌形象或提升转化率，实现精准营销的营销行为。农特产互联网营销建立消费场景非常重要。互联网彻底改变了客户的体验。客户既可以通过互联网远隔千山万水体验农产品种植过程，也可以通过消费场景的建立，更好地消费和传播。举个例子：大别山野生葛根粉的品质很好。葛根粉不仅对三高人群好，能够调理脾胃，还可以滋阴丰胸。但是，直接冲泡的葛根粉是没有什么味道的，颜色也不好看。时尚人群，尤其是“90后”女孩不愿意吃。如何让这些时尚人群感受葛根粉好吃还好看，就成为营销的重点。

营销者可以制作精美说明书，把制作好看又好吃的葛根粉的过程简单清晰地写出来或者做成视频：用少量凉开水把葛根粉搅拌开，用95摄氏度以上的开水冲泡，然后加入蜂蜜柚子茶或者糖桂花，再加入两瓣玫瑰花或者樱桃。味道好、颜色美，这样的食品女孩子都会喜欢。葛根粉用水冲泡半分钟就可以，早餐、夜宵、午后茶点都可以食用。

5. 定位思维

你的产品目标消费者到底是谁？他们有什么特点？他们喜欢什么？有什么痛点？在产品设计中要针对他们的个性化需求确定产品呈现方式和营销推广策略。

有个朋友要做“90后”喝的茶，就遇到很多问题。因为“90后”很少喝茶，很少喝传统中国茶，针对他们做茶，就一定要创新。无论什么产品，如果消费对象是针对全体地球人的，男女老少都可以，那么男女老少都不会去购买，因为不是给“我”做的。互联网产品一定要针对特定人群做传播推广，这样才会有共鸣。比如红糖姜糕，针对少女、白领、产妇、更年期女性、新婚夫妇……要有不同的配方、不同的包装、不同的传播方式。

6. 超级大单品思维

农业产业链的发力，一县一品、一乡一品、一村一品已经是新常态。区域地标性的农产品一定要有超级大单品思维，打造强大的供应链，这样才有势能，带动区域产业的发展。

产品打造关乎创业者的生死存亡，一定不能草率。上述六种思维方法都很重要。我们只有心中有消费者，按照用户的需求去打造产品，才会做出好爆款、好网货。

那么，如何把互联网思维运用到产品中，提升农产品的价值呢？不同的农产品领域，有不同的塑造方式。

第二节　爆款产品打造之道

爆款是指在商品销售中，供不应求，销量很高的商品，即通常所说的卖得很多、人气很高的商品。一个商家如果没有用爆款引流，那么网络流量就不会太高，网络点击率、转化率都不会太理想。

做爆款，首先要分析网络消费者的购买动机、影响消费者网上购物的外在因素，掌握消费者的购买过程，并分析了解网民的消费行为。

随着生活水平的提高，人们对农产品的需求日益多样化、个性化，对农产品要求更高。第一，消费者购买农产品追求的核心利益是能够买到有营养价值、味道好、卫生安全性强以及无污染的优质绿色产品。第二，农产品的质量、特性、包装、品牌等形式特征也是农产品能否畅销的重要因素。第三，良好的服务是整体产品中日益重要的一部分。加强农产品服务，不仅能增强农产品的竞争力，而且能提高农产品的附加值。农业生产经营者要做到以下几点：一是通过科技创新逐步建立农产品技术质量标准体系，加快"绿色产品"生产，使农产品在营养价值、口感、口味、卫生安全等方面达到市场需求。二是重视农产品的包装。三是搞好农产品商标注册、宣传和保护，加强品牌推广与扩展，树立农产品的品牌形象。四是增强服务意识，搞好农产品的分级、切割、保鲜等工作，建立配送服务等售后服务体系。

打造爆款是每个营销人的梦想，问题是如何打造。我们从"扁担姐"的香辣蟹打造中可以领悟到爆款打造的门道。

1. 爆款产品可以是在别人畅销产品上的改进

比如 Q 蟹仔，创始人说这不是她的原创。一开始看到很多人在朋友圈销售"私房香辣蟹"，作为从事水产养殖 20 多年的专业人士，她很不以为然。因为从专业的角度来说，螃蟹是高蛋白，做熟再冷冻一定有腥味，所以从产品完美的角度来说，她是不接受的。但是，既然朋友圈这个产品很红火，一定有它的道理。她买了几份品尝。没想到味道不错，不仅没有腥味，还很鲜美，因为麻辣味把腥味完全掩盖了。像她这样的专业人士都能接受这样的口味，消费者喜欢完全在情理之中。她必须行动，打造自己的产品。

从哪里开始呢？首先，要找到痛点！这是最根本的出发点。市场上那些妈妈们在自己的私家厨房中做香辣蟹，存在的问题太多了：没有 QS（企业食品生产许可——编者注），没有专业的冷冻，没有品质标准的新鲜螃蟹，包装粗糙简陋。所以，她首先从这些问题入手，进行专业生产：做 QS，做产品报备，定制加工流水线，设计安全实用的包装，等等。

其次是找亮点。把市场上能够买到的香辣蟹全部买来，找出销量最好产品的亮点，在此基础上再升级，做专业配方。

另外，实现互联网差异化。当上述一切准备差不多的时候，网络征名是一个值得借鉴的点。网友给产品取了“Q 蟹仔”这个时尚好玩又贴切的名字，与网上其他香辣蟹有了区别。

图 2-3　Q 蟹仔包装图

产品设计完成后，一条征求 Q 蟹仔代理的朋友圈消息，两天时间就招到 200 多人。产品开始销售后，原来预计一天销售几百份，没想到每天销售达到几千份，并且无数人还想加入分销。也许有人会问：香辣蟹很多，为什么大家钟情 Q 蟹仔呢？关键点就是 Q 蟹仔有 QS，产品规范，价格合理，包装上乘，品质有保证（如图 2-3 所示）。

2. 让爆品没有竞争对手

一款爆品问世后，最难以应对的是马上就会有竞品出现，“李鬼”有的时候甚至会超过“李逵”。爆品问世后要善用“价值锚”。

如何让消费者在看到这个产品后立刻想到是你的产品而不是其他产品，这就是价值锚的作用。什么叫价值锚？心理学上有个词汇叫“沉锚效应”，是指人们对某人某事做出判断时，易受第一印象或第一信息支配，就像沉入海底的锚一样，把人们的思想固定在某处。价值锚就是从用户的角度出发，从用户痛点、产品尖叫、爆点营销等维度，寻找他们对一款产品做出判断的价值锚点。扁担姐在分享中自信地说，她在打造出这款产品后，一直在思考：这款产品如此畅销，竞争对手会是谁呢？她反复思考以后，认为她的产品“没有竞争对手”。因为她把可能出现竞争对手的地方都做了防火墙。首先，她是自己捕捞、自己加工、自己销售，产品更优、包装更简化、价格更实惠，这样的性价比很难有人做到，因此没有基地和加工线的人不是她的对手；而有资本投入的人，只懂销售、不懂产品，无法与她竞争。其次，她把食用期做到 15 天以内，大企业有无数流程，根本无法做到。

所以，真正懂产品的人，会在市场竞争中占据高地。“在有可能爆发的点上下功夫，把基本功修炼好。农业是山，微商是水，他们会流到你跟前来的，问题是你能否留住。”

3. 农产品深加工带来产业升级新红利

Q 蟹仔的成功开发，让我们不难看出，这种深加工产品会带来产业升级。

原来水产养殖户只卖大闸蟹，养殖也是单一的。秋天大闸蟹集中上市，大的价格不错，小的就不值钱了，而且一旦市场不好，蟹农负担很重。而现在小的蟹做成熟食，市场的空间扩大了。全中国的年轻人都是客户，不仅餐桌上吃，办公室可以吃，夜场也可以吃，消费场景完全变化了。蟹农也不用为集中上市发愁了。他们还可以专门养殖这种小螃蟹。

“互联网＋”产品创新带来了实实在在的产业链升级，带动了产业的发展。

4. 解决消费者痛点胜过任何营销手段

一款产品能不能口口相传，形成口碑，这就需要产品拥有尖叫点，能够切中用户的痛点。都说销售为王，其实最核心的还是产品。产品是 1，销售是 0，没有 1 再多的 0 也没有价值。这里必须重视数据流量。用户喜欢什么样的产品、什么形态的产品等，在大数据中都能看到。通过深入挖掘数据流量，获知最好的用户体验，快速迭代与更新把产品做到最好。没有最完美的产品，一切都有升级的空间。很多生产者功夫用错了地方，整天琢磨名字、包装、营销术，这些其实意义不大，好产品自己会说话。哪怕只有几个微商卖你的产品，只要他们销售得好，立即会有无数微商通过各种方式找到你。当然，互联网时代还需要传播的力量，所以一定要用好微博、微信，要融入圈子，这样当你做出好产品的时候会立即引爆。就拿猕猴桃来说，消费者拿到手不能马上吃是最大痛点。如果哪个生产者能够把自己的猕猴桃做个标注，1234567，每天一个号，那一定受欢迎。

做爆品，需要有专业的精神、理性的态度；需要有站在市场和消费者两个角度思考问题的方法；还要有互联网思维。只有解决消费者痛点，产品才有生命力；只有了解并尊重市场规律，营销才会有主动权；只有学会互联网思维，互联网才会给你插上翅膀。

第三节　品质思维让生鲜产品做到极致

农业是我国高度重视的领域。伴随着电子商务的快速发展，生鲜农产品电子商务在我国的发展也迎来了新契机。

一、生鲜养殖产品的打造

“一骑红尘妃子笑，无人知是荔枝来”本是唐朝诗人杜牧借以讽刺唐玄宗为博杨贵妃一笑，竟派人八百里加急运来荔枝的荒唐行为。当时让北方人望尘莫及的荔枝，由于现代物流的发展，如今对于寻常百姓却是再普通不过。电子商务的高速发展，使得网购成为现代社会购物的一个重要途径。因为物流局限，我国生鲜电商行业起步较晚，最近几年才得到快速发展。生鲜电商贵在“生鲜”，所以，产品的打造一定要在鲜活上下功夫。

大闸蟹在生鲜领域中的表现具有一定代表性。我们通过大闸蟹的案例来看看生鲜产品打造之道。

在江苏说到大闸蟹产业，除了著名的阳澄湖大闸蟹，发展最快的应该是高淳固城湖大闸蟹，这得益于“互联网 +”的力量以及产品系统的科学打造（如图 2-4 所示）。

（a）　　（b）

图 2-4　精选品质大闸蟹

固城湖是南京市高淳区的一个“内湖”，连接着长江水系和太湖水系，被称为江苏省饮用水水质最好的天然湖泊。固城湖属典型的草型湖泊，具有丰富的自然饵料，为养蟹提供了得天独厚的条件。固城湖沈家蟹的品牌创始人叫沈广龙。1999 年，沈广龙在他父亲的坚持下，报考了动物科学专业，并选修了食品工程。

1. 养殖方式决定产品品质

沈广龙真正开始进入大闸蟹养殖行业，已是大学毕业多年后。那时高淳大闸蟹的养殖已成规模，逐渐成为当地农业的重要支柱产业。但大闸蟹产业给家乡带来财富和改变的同时，问题也越发凸显，尤其是在养殖方式和销售模式上亟须改进。

家乡农业新的发展机会在哪里？这是沈广龙一直在思考的问题。

高淳是中国第一个国际“慢城”，美丽的生态景色和娴静的生活态度是这方水土的名片……生态才是高淳的发展方向！沈广龙认识到这一点，决定从大闸蟹产业的源头开始，打造一条从养殖到销售流通的大闸蟹产业链，进而带领家乡的农民兄弟，走上一条新的生态发展之路！

几经波折，沈广龙立足于高淳独特的生态环境，成立了南京康旭科技有限公司，打造沈家蟹、富侬堂等品牌，自建生态螃蟹示范养殖基地，从源头上把控好螃蟹的品质。

为了突破技术上的缺陷，沈广龙与南京农业大学、金陵科技学院、安徽农业大学等多家科研高等院校合作，致力于生态养殖、科学养殖的技术研发与服务，致力于生态养殖模式的建立、摸索与实践，致力于可持续养殖模式的倡导与引领。

在物联网方面，他与南京邮电学院、金陵科技学院、南京软件研究院等院校专家合作，利用电导原理，测量水体的溶解氧、pH 值及温度，并通过这三个数据的变化判断水质变化。建立水质检测中心，引进多台进口设备、国产知名品牌设备，做到精准检测水质，为生态养殖提供更多的技术支持和数据服务。这些数据通过网络传送到云数据库，用于长期分析和利用，在手机 APP 端也同样可读、可视，进行远程控制（如图 2-5 和图 2-6 所示）。

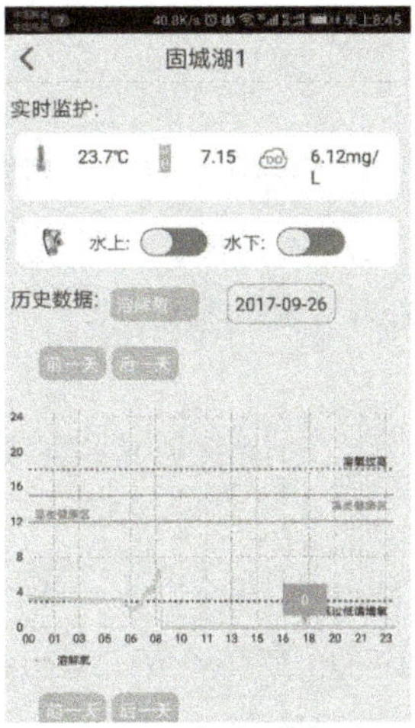

图 2-5　手机 APP 端检测的固城湖水文数据

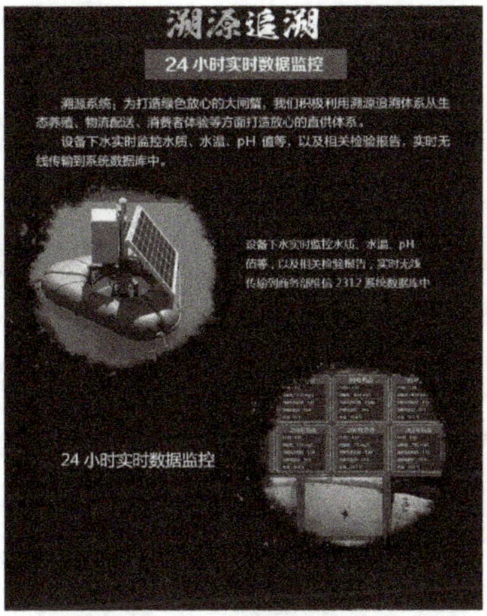

图 2-6　24 小时实时数据监控

现代物联网技术植入水产养殖，极大地提高了生产性能，为沈家蟹的品牌建设奠定了品质基础。

2. 销售模式需要“互联网 +”

养殖问题解决之后便是销售问题。现代渔业要养好，更要卖好！螃蟹收上来到有价值销售，中间还有很多门道。

随着大闸蟹电商的兴起，越来越多的消费者迷上了网购大闸蟹，足不出户便能尝到几千公里外的鲜美大闸蟹。因此大闸蟹也是各大平台电商的宠儿。2014 年“乐视网”涉足电商，就以“六大江湖蟹”作为突破口。为了稳定供应链，很多平台找大闸蟹供应商合作，一定要问有没有电商经验，担心一旦订单量大，后续难以处理或是弄错订单。

为应对此类问题，沈广龙开通了固城湖沈家蟹淘宝企业店，组建 15 人的电商运营团队，分设网络运营、美工、品控、物流等部门。他还受淘宝平台邀请成为“淘花源”的优质供应商及战略合作伙伴。沈广龙在摸索中不断改进和完善，把沈家蟹供应链流程标准化，在大订单处理上已经完全没有问题。

现代经济不仅是粉丝经济，也是分享经济，沈广龙深谙这一点。他先后建立微信公众号、新浪微博运营团队，不断发布螃蟹生态养殖的全程图片、视频，以及螃蟹相关知识、文化等，吸引粉丝关注，并充分挖掘粉丝的忠诚度，带动消费；利用营销手段，拉动粉丝分享，进一步促进销售。

经过多年努力，沈家蟹成功登陆有量平台、有赞平台、拼多多平台，并与大型微商团队、渠道商合作，积极参与多家社群建设，建立了不断迭代的“互联网 +”沈家蟹的销售发展模式。

3. 供应链是成败的核心

螃蟹收上来后送到客户手中，在物流之前，还有重要的一个环节：挑蟹。

一直以来，消费者在购买大闸蟹时都有一个误区，认为知名产地的蟹品质更好。其实阳澄湖也好，固城湖也罢，真正懂得吃蟹的人知道，大闸蟹好不好，并不完全取决于产地，螃蟹挑选也很重要。

挑好的大闸蟹，经过长途运输能确保蟹成活，并且尽量避免减损重量、保持新鲜度和营养价值，对于商家而言是一个极大的挑战。

大闸蟹在捕捞后 3 ～ 5 天内食用，口感最佳。因此在捕捞后 3 ～ 5 天内将大闸蟹送到消费者手上，并保证是活的，尤为重要。为保证挑好的大闸蟹在运送到顾客手中时依旧保持鲜活状态，每年螃蟹上市之前，沈广龙都会给全国各地的朋友寄螃蟹，只有一个要求，收到螃蟹后告诉他螃蟹有没有死、包装是否破损、口感如何等。大闸蟹的运输经过这些实验和测试完全成功之后，才开始真正对外销售。

很多大闸蟹的物流经验都是花了很大的代价才总结出来的。比如，大闸蟹的礼盒包装，很多商家在包装上打孔，开始沈广龙也这样做，但在实际运营中发现这样操作螃蟹死得很快。为解决问题，他根据大闸蟹的冬眠特征进行包装设计。包装完全密封不打孔，损伤率反而下降很多。沈家蟹包装如图 2-7 所示。对此，沈广龙解释道：“把冰放进去以后，当里面的氧气变少，4 摄氏度以下的螃蟹很快就进入冬眠状态，螃蟹消耗就少，不仅降低了运输损耗，还最大程度地保障了大闸蟹的成活率、新鲜度和营养价值。”

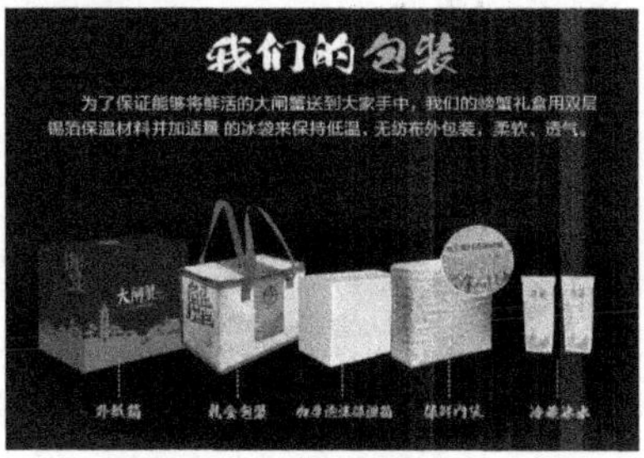

图 2-7　沈家蟹包装

如今，“沈家蟹”的包装与物流已经越发成熟，保鲜冷藏时间比传统包装延长了 2 ～ 3 倍。

“沈家蟹”销售给客户的每一只大闸蟹都经过严格把关，每一笔订单都于当晚 10 点前交给车间，工作人员凌晨 3 点开始徒手绑好每一只大闸蟹，加戴戒指。挑选的大闸蟹均是青背白肚金爪黄毛，体壮，敦实，两螯八爪粗壮有力，蟹壳呈青泥色，平滑有光泽且清爽，半透明。大闸蟹运输则全程采用顺丰绿色通道，保证时效，最大程度保持了固城湖大闸蟹的原汁原味。包装运输的箱体没有一个透气孔，箱内的冰瓶融化后也不容易漏水，保证了大闸蟹在运输过程中不受污染。

正是因为在包装和物流上做足了功夫，才能保证在最短的时间内将最好的固城湖大闸蟹送到消费者的手上。放在产品中的“温馨提示”，更是让顾客感到贴心（如图 2-8 所示）。据沈家蟹的客户反映，该品牌的大闸蟹打开包装接触空气后，只只生猛吐泡泡，蒸煮后蟹黄色泽鲜艳，呈橘红色和深黄色，洁净无杂质。

（a）　　　　（b）

图 2-8　放在产品中的温馨提示

4. 品牌打造成就价值

一晃 5 年多过去了，如今沈广龙还有另外一个身份，即“中国特色馆 • 南京馆”的微电商负责人。他的使命是，搭建高淳新农人平台，汇聚各方资源，共同促进高淳固城湖螃蟹的产业发展。

他说：“互联网和微商这几年的规模增长非常迅速，力量不可小觑。互联网的传播最终还是要通过人来进行，让朋友去相互推荐，所以在信誉问题上，一定要脚踏实地，哪怕发展慢一点，也绝对不能出一丁点纰漏。同时，我们也是想让固城湖螃蟹这个地理品牌让更多的消费者知道，而不是依附于其他品牌。”

在品牌打造上，不仅通过区域公共品牌发力，沈广龙也用心打造自己的商业品牌“沈家蟹”，用品质产品、客户口碑传播分享建立了沈家蟹业的知名度、信任度和美誉度，成就了价值。

沈家蟹是“互联网 +”养殖产品打造的一个典型案例。好螃蟹来自最基础的养殖，但对于网络消费者来说，更来自供应商的精心挑选、包装、完善供应链及贴心的服务。

二、生鲜水果极致产品的打造

大闸蟹因为鲜活而难做，水果其实也是有生命的。在生鲜水果领域，最难做的是杨梅，但是掌握了好方法，互联网销售杨梅也可以做到极致。

在浙江余姚，有一个把最难做的杨梅做到极致的“梅老大”。先来看一组数据：2016 年，梅老大杨梅销售 5 万公斤，销售额 300 万元。杨梅还未下树，就已经预售 2000 箱。2017 年，梅老大杨梅 5 月份已经预售 5000 箱，预计销售额突破 400 万元。

梅老大是如何打造杨梅单品爆款的呢?

1. 好杨梅是种出来的

孙来达小时候，父辈们就靠着种植杨梅来养活家庭。那时交通不便，他们只能用扁担将杨梅挑到镇上换来粮食。作为种植杨梅的第三代传人，孙来达除了传承种植技术，守护那一份匠心精神外，还肩负着探索杨梅营销方法的重任。

2009 年，孙来达组建余姚市梅老大杨梅专业合作社，从成立初期的 8 户到现在的 125 户，改变了一家一户“单打独斗”的局面，创立了“梅老大”杨梅品牌。为了让杨梅更有价值，孙来达还在传统种植的基础上进行创新，运用绿色生态方式种植杨梅，并通过疏花疏枝疏果、大枝矮化修剪、增施杨梅专用肥、果蝇物理生物防治等技术的应用和科学管理，使杨梅品质逐年提高，商品果率及精品果率明显提升。果型最大可达 32 毫米，单果最重达 18.2 克，果核微小，肉质细软，汁多味浓，肉柱圆润有光泽。

梅老大合作社对杨梅实行“统一采摘、统一分拣、统一预冷、统一包装、统一品牌、统一销售”，建立产销档案，实行末位淘汰制，社员们互相竞争，大大调动了各自的积极性，效果显著。合作社相比“单打独斗”，有以下优势：

第一，保障梅老大杨梅的品质和统一形象。合作社选择绿色精品优质果，从源头把控质量。

第二，达到标准化种植，培育出的杨梅口感统一。

第三，提高杨梅产品溢价能力。

第四，解决了当地农户的就业问题。

2. 杨梅是个“冷美人儿”，冷链包装很关键

孙来达创建“梅老大”品牌的初衷就是要做杨梅行业的标杆。但是，2009 年的一个杨梅寄送事故让他丢失了一个非常大的客户。这件事给孙来达上了一课，促使他下定决心改变杨梅的保鲜包装及供应链问题。

首先，要解决包装问题。

杨梅是比较娇贵的水果，有“一日三变”之说，怕挤压、保鲜时间短，容易发生霉变。为了解决杨梅包装问题，孙来达做过很多次尝试。起初使用塑料篮子包装盒，虽然成本低，但是耗损量极大。后来尝试使用竹篮子来包装杨梅，杨梅的损耗明显下降到只有 5% 左右，但是手工艺竹篮的成本太高，而且效率非常低（如图 2-9 所示）。

（a）

（b）

图 2-9　不断尝试的杨梅包装

尝试了一段时间之后，孙来达决定使用一种新的包装。他从盛鸡蛋的箱子得到启发，

将杨梅一颗一颗地分开来装（如图 2-10 所示）。采用真空预冷技术，在真空片的周围放上冰袋，装进特制的泡沫箱中。这样杨梅的损耗、成本、保险的问题得到了彻底解决。

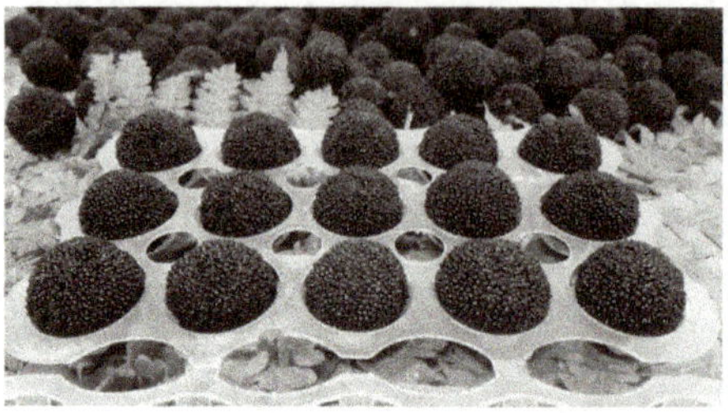

图 2-10　让杨梅焕发新生的创意包装

其次，要解决杨梅运输问题。

近几年，孙来达先后投入 80 多万元，对杨梅保鲜包装车间进行升级改造，建立了两个杨梅保鲜库及冷冻库。通过真空预冷，杨梅在低温下可以保存 20 天，果实品质及贮运性明显提高。为了保障杨梅的新鲜及送货速度，他选择顺丰速运及民航空运作为物流合作伙伴（如图 2-11 所示）。

（a）顺丰冷链运输，大中城市次日达　　（b）顺丰民航空运

图 2-11　顺丰速运及民航空运

3. “互联网 +”，杨梅的“网红”路

2009 年，孙来达基地主要面向游客，靠旅游业带动销售，游客可以亲手采摘新鲜的杨梅。这为孙来达积累了一批原始客户，梅老大杨梅赢得了良好的口碑。

2012 年，一些浙江企业将杨梅作为家乡的特产送给客户，得到客户相当高的评价。之后，杨梅成了当地企业送礼品的首选，而梅老大杨梅最受欢迎。这样，梅老大杨梅逐渐超越了产品本身的价值，作为余姚特产成为联系家乡人的纽带。这使得梅老大杨梅进一步得到宣传。

2013 年，梅老大杨梅合作社开始和本来生活网、沱沱工社等电商平台合作，实行网上预售，让梅老大杨梅的推广达到了一个高峰。

2015 年，“梅老大”品牌杨梅荣获宁波市第二届十大名果（杨梅评比）金奖。

2016 年，基地通过国家绿色食品认证，消费者认可度进一步提高；同年，梅老大精心设计的杨梅保鲜盒成功申请国家专利（如图 2-12 所示）。合作社订单化销售模式使得梅老大杨梅全部实现网上销售，并成功销往北京、沈阳、广州、深圳等全国各大城市。

2017 年 6 月杨梅节期间，央视 CCTV-7《聚焦三农》栏目组前来梅老大杨梅基地拍摄了《夏季水果的“出行”难题》。

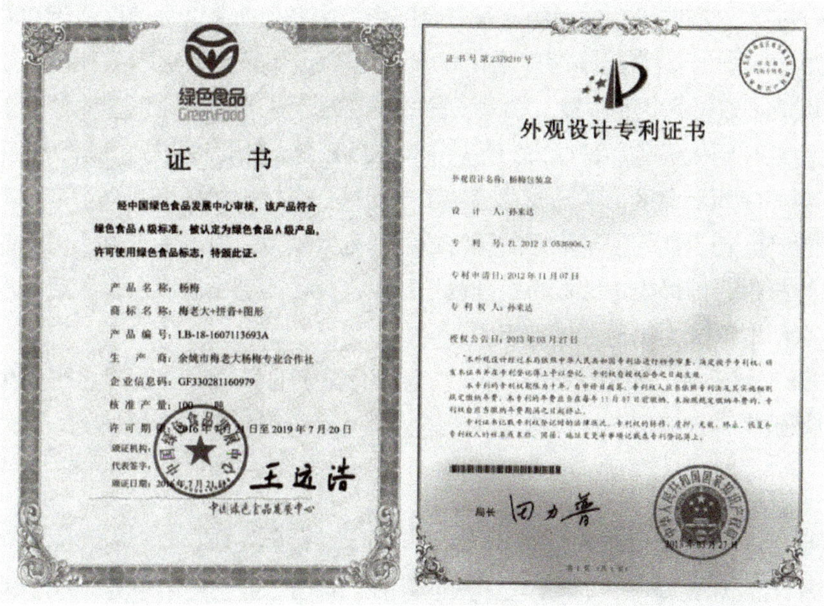

图 2-12 国家绿色食品认证和杨梅包装盒外观设计专利证书

4. 打造品牌取经路，终成杨梅生意经

梅老大杨梅打造品牌的过程也走了很多弯路，但这也是孙来达的一笔重要财富。现在，他在合作社业务模块中增加了培训服务，包括杨梅的种植、采摘、修剪和销售模式等。孙来达希望更多的农人可以从中受益，让更多的人通过种植杨梅发家致富。

5. 延伸产业链，造福更多人

余姚杨梅，颗大、色艳、汁多、味重，自古名誉海内外，其种植历史至少已有 2000 年。据境内河姆渡遗址的考古发现，7000 年前就有野杨梅存在。由此有“余姚杨梅冠天下”的盛誉。在孙来达的家乡，余姚市丈亭镇，家家户户都栽种杨梅。现在他有杨梅繁育苗圃 13.33 公顷，是通过中国绿色食品发展中心认证的杨梅种植基地，以精品杨梅采摘基地作为优质母本基地，确保杨梅树苗的品种纯正及提早挂果。通过近 10 年的努力，梅老大已发展成为当地专业从事杨梅苗木繁育、生产销售、保鲜速递、深加工探索为一体的杨梅农业科技单位。在宁波市农业局及林业局支持下，梅老大成为当地杨梅集产学研为一体的现代农业企业及余姚杨梅对外推广宣传的重要基地。与此同时，孙来达积极响应国家精准扶贫战略，把自己精心培育的活化石（杨梅苗）支援到中西部地区。

1995 年，余姚市由国务院经济发展中心、农业部等联合命名为“中国杨梅之乡”。余姚杨梅的主产区在丈亭，面积和产量在全国乡镇中名列前茅，种植面积近 2000 公顷，占山林总面积近一半，常年杨梅产量 2000 万公斤。近年来，余姚荸荠种杨梅还被引种到中西部地区的 10 多个市、县，取得了良好的效益。基地繁育纯正荸荠种、东魁种、水晶种及粉红种四大优势品种杨梅树苗，陆续支援云南、四川、重庆、贵州、江西、湖南、湖北和安徽等中西部地区，现已成功打造了全国数十个标准化杨梅观光示范园。部分观光园已经投产，在当地取得了很好的经济效益和社会效益。梅老大在供应优质杨梅种苗的同时，也提供目前最先进的杨梅管理栽培技术，让中西部山区农户引种后，没有后顾之忧，在最短时间成为杨梅种植能手。

墙内开花墙外香，梅老大走的是一条宽广而健康的绿色农业发展之路；深耕杨梅文化，用极致精神种好每一棵杨梅，让天下人都吃到绿色新鲜的余姚杨梅。

梅老大的案例最值得我们学习的是极致态度，在每个细节上下功夫。另外，把包装设计及时申请专利，成为自己的知识产权。将技术经验转化为生产力也很有亮点。全国新农人中，这样的案例还有很多。虽然他们没有大量的资本去投入冷链、仓配、保鲜技术等，但通过不断地实践、学习、试错，还是做出了极致的产品。可见世上无难事，只要肯登攀，新农人的创造力是无穷的。相信在未来，生鲜领域产品一定是百花齐放。

第四节　打造地域特色产品的网货

我国地域辽阔，农业物种丰富。但是，农产品如何走出地域市场，是很令人头疼的事情。在“互联网 +”农业红红火火的今天，似乎每一样特色农产品都有了“触网”的可能。但是，“触网”做电商，是否一定能够带来源源不断的订单呢?

答案是：NO！真正的畅销产品一定需要精心策划。

一、精准定位，做爆款

玉米，几百年前引入中国，是解决人们温饱的主要粮食作物，在中国北方被广泛种植。虽然苏南地区的工业发展有目共睹，但由于人多地稀，大规模农业种植几乎不可能实现。所以走精品农业，是经济发达地区农业发展的一个重要模式。

在江苏常熟董浜镇，种植的小玉米竟然成为网红产品。他们是如何做到的？

小玉米，种植历史悠久，为董浜本地传统品种，产量较低，每亩产量350～500公斤。其颜色金黄，颗粒饱满，糯性强，烹煮时香味四溢，口感滑润，富有弹性，营养丰富，在苏州地区深受欢迎。当地居民给它取了一个好听的名字：黄金小玉米。

由于新鲜玉米无法保存、价格低廉，深加工需要大量的基础投入，黄金小玉米还是没有解决董浜农民增收的问题。所以如何对黄金小玉米进行深加工，成了当务之急。

1. 利用地域经济和科技人才储备优势

董浜镇政府与常熟现代农业产业园区育苗基地合作，精选苗种培育；联合南京农业大学常熟新农村发展研究院综合示范基地，进行培育、检测，拒绝化学农药；同时引入国内唯一将有机废弃物直接转化为微生物液肥的企业，将微生物液肥用于农业种植，增强农作物的抗病能力，改良修复土壤，提高有机质，提高农产品品质。

2. 营销策划深加工

董浜镇政府邀请省内著名的农产品营销团队合作，对产品进行研发、设计、包装、定位，对玉米进行了深加工，做到开袋即食。

（1）小玉米的定位消费群体为儿童，所以取名“童颜”（如图2-13所示）。

图2-13 童颜黄金小玉米

（2）与新农联等社群、旅游组织联合召开产品发布会。同时邀请全国著名的电商平台（本来生活、京东）及几十个农特微商团队。

新农联创始人毕老师、郝老师等四位并排津津有味地品尝玉米的小视频，在微博和微信朋友圈广为传播，瞬间被点击了 10 万多次。一周的小玉米订单突破 2 万盒，相当于 32 万根玉米的销量。小玉米销往全国 70 多个城市，单根玉米零售价 4 元左右。

二、避免同质化，开发新模式

大多数地域性农产品，最大的问题还是严重的同质化竞争。

以新疆维吾尔自治区若羌红枣为例，来看看红枣地域产品新模式是如何打造的。

“若羌红枣”，顾名思义，产自新疆若羌县，为国家原产地地理标志认证产品，2016 年被国家商标总局认定为国家“驰名商标”。若羌县是楼兰古城的属地，所以若羌红枣又称为楼兰红枣。若羌红枣个大美观，椭圆形，晒干为深红色，才下果时肉脆枣甜，晒干后肉软甜润，吃后余香满口，历史悠久，享誉全国。

马振，是新疆土生土长的“80 后”。2006 年，他只身来到若羌红枣的核心产区——吾塔木乡，根据当时政府的招商引资政策，申请开荒 66.67 公顷，在寸草不生的戈壁荒滩上开启了红枣种植之路。

但是，随着新疆其他红枣产区的种植面积逐渐扩大，市场竞争日趋激烈，红枣价格节节掉落。另外，销售渠道都掌握在中间商手中，原本的卖方市场变成了买方市场。看着辛辛苦苦种植的红枣沦为廉价地头货，马振傻了眼。

在冷静分析红枣之后，马振认为唯有从种植源头上做不同才能杀出一条血路。从种植开始，马振全部参与管理，坚决不外包。他从外地运来农家肥，亲自把关所有枣园使用的生产资料，严禁剧毒农药和激素类药物进入枣园。

就这样坚持了 3 年，虽然红枣产量和别人施化肥、打激素的相比大幅下降，但他的红枣无论从口感还是安全性来说，都明显优于一般枣园的产品。连续几年的检测报告数据显示，马振的红枣 210 项农药残留及重金属残留结果均达标，不仅符合我国有机标准，还达到欧盟标准。为了营销，他注册了自己的品牌“巴音绿洲”，设计制作了包装。

然而，有了高品质的枣之后，随之而来的问题是：高品质的枣如何卖出好的价格？高端市场在哪里？高端客户在哪里？

马振毅然选择了电商这条路，因为互联网可以最大限度地节省沟通成本和获取最大的机会。2014 年夏天，他开设了品牌天猫店，一切从零开始。网上卖东西并没有想象中那么容易。原以为别人下单，发货就可以了；后来才知道这是一整套服务体系，从产品的包装、储存、运输、售前咨询、推广宣传、运营维护、售后服务都需要具备。

2015 年，马振通过一个微商代理知道了"新农联"农人社群，加入了社群组织的"新农联生产者联盟"。在那里，他感受到了不一样的电商。群里都是新农人，大家每天在微信群里交流经验、分享资源。马振的社交圈很快就变得更广了。新农联带领大家利用微博、微信等社交工具宣传自己和产品。大家不断完善自己企业的供应链，也通过社交电商开拓了更多的平台和渠道来销售自己的产品。

马振自 2006 年开始，一步一个脚印，开荒—种树—管护—加工—销售，10 年来从无到有：自己控制种植团队，所有生产资料均严格要求，长期使用有机肥，定期做数据采集和样本采集，做纯粹的有机农业。2016 年，马振的红枣基地正式取得国家有机认证证书，并计划申请欧盟认证。马振自有电商团队，在天猫商城和京东商城均开设"巴音绿洲旗舰店"，同时也是天猫商城唯一在原产地发货的有机红枣品牌。

2016 年，为了让更多的人了解新疆、了解若羌、了解若羌红枣，马振一手策划在基地打造了"若羌丝路天桥生态农庄"。枣园建设了一条红枣空中文化长廊和有机体验馆，并从全国多个省份引进了 105 个红枣品种，打造了西北五省品种最全的一个"百枣园"，成为若羌最具观赏价值和红枣文化底蕴的生态农庄，参观和观摩的人群络绎不绝。

马振还计划投资 200 万元建设红枣深加工车间及冷藏库，生产枣花蜜、枣夹核桃、红枣片、红枣丝、红枣粉等红枣延伸产品，让自己的品牌在若羌红枣这条路上走得更宽、更远。

三、从无到有，带动区域做强供应链

说到脐橙，大家首先想到的一定是赫赫有名的赣南脐橙。但今天我们要说的是龙丰果业，一个从无到有的地域产品如何在夹缝中脱颖而出，做好崀山脐橙种植基地，带动区域做强供应链的。

湖南省新宁县龙丰果业，始建于 2005 年，占地面积 1.5 万平方米，是融种植、生产、加工、销售为一体的农产品流通企业。多年来，龙丰果业坚持立足农村资源优势，狠抓产品质量，打造特色品牌，大力发展无公害农产品加工，走出了生产规模化、管理标准化、产品特色化的农业产业化经营之路。

龙丰果业现有脐橙加工仓储中心保鲜库 3 座，储存量 8000 吨。拥有国内先进自动脐橙分选线，标准化包装车间3个共1.5万多平方米，日分拣量达200吨以上。年加工销售量达到5000吨，销售额3000万元以上。2015年12月被授予“邵阳市龙头企业”。

龙丰脐橙于2000年注册“崀山”商标。崀山牌脐橙2002年和2006年被评为“湖南名牌农产品”，2007年通过了国家绿色食品认证，2008年获得农业部农产品地理标志登记保护。

脐橙生产基地的创建措施主要是与合作社果农签订种植及产品收购合同，由公司指派专业人士全年深入基地内进行产前、产中、产后全方位技术指导，推广绿色食品生产技术。凡产自绿色食品基地内的果子，公司一律高于市场价进行收购。这样充分保障了基地内果农的利益，形成了龙头企业＋合作社＋农场庄园的产业化经营体系。

（1）对基地内果树进行编号，建立生产档案。生产资料采购、投放，严格按绿色食品生产流程进行。成熟后果品的采购、验收、储存、检验、包装、运输、销售、售后及相关管理制度全程跟踪监管。

（2）对园地进行改造和果树品种改良。采用深翻压绿、重施有机肥及配方施肥、重度修剪等技术措施，物理化病虫综合防治，减少农药的使用量。实行绿色、无公害生产技术标准，严格按照绿色食品生产制度和出口标准操作，建立疫情疫病监测控制体系和质量安全追溯体系。记录出售脐橙批次重量、批次号、发往地、司机有效证件和车牌号码，如发现问题立即追回该批次脐橙。

（3）提高分选生产效率，降低果子的损耗和产品重量误差。公司在原有的分选线基础上，新建日处理能力200吨的水果商品化处理生产线，2.5万吨脐橙采后分选、保鲜、储藏库和库容5000吨的脐橙冷藏成品库。这样满足了产品的高品质要求，提升了品类附加价值，实现了脐橙产业的横向发展。（如图2-14所示）

（a）　　　　（b）

图2-14　脐橙自动化分拣包装流水线

2016年，龙丰果业脐橙等农产品年加工量2.01万吨，其中代加工1.18万吨。自营0.83万吨，龙丰果业精选10万箱黄金等级的果子赋予"崀山郝橙"品牌，让龙丰脐橙卖出了好价钱。企业由此成功转型。2016年，龙丰果业营业额突破6000万元，这也为"反哺"果农提供了强大的资金支撑，促进了产业的良性循环。公司希望这种努力能帮助更多的贫困户脱贫致富。公司在继续做好传统销售模式的基础上，开拓电商市场，在淘宝、天猫、京东、有赞微商城等大型网络平台开设旗舰店，并通过分销方式快速发展分销商，全力打造国内专业的原产地供应链。

农产品同质化很严重，如何建立自己的个性特点是每个营销者所面对的问题。地域特征、品种特征、种植方式特征、供应链特征都是我们可以挖掘的，但这一切都离不开品质这个内核。

第五节　深加工农产品打造之术

如果说，改革开放以来农村联产承包责任制、乡镇企业发展和农民外出务工是我国农业农村经济发展的三大机遇，那么农产品深加工就是新时期的又一个重大机遇。抓住了，就能推动传统农业向现代农业跨越式发展；抓不住，我国与世界农业强国的差距就会越拉越大。

所以，打造一批领军企业，以农产品深加工为突破点，致力于将安全、合格的生态食品，从田间直接送到百姓餐桌，最大限度提升农产品附加值是非常必要的。

蔬菜的深加工在很多领域都是做成冻干，但是市场认可并不理想。在辽宁省大连市，有一种蔬菜汁月饼，开创了微电商和产地结合的新模式。

拥有上千亩有机蔬菜种植基地的田祖生态庄园，多年来一直努力杜绝激素、抗生素、农药、化肥、转基因种子、除草剂等在生产过程中的使用，让种植蔬菜的过程更加符合绿色环保的要求。他们不惜成本，淘土三年，培育提高土壤有机质。

要做到有机，是要花费精力的。

第一，精心选种，选择优良的非转基因、非包衣种子。第二，搭建温室，监控育苗过程，保证发芽率，精选秧苗种植。第三，进口发酵菌种，结合农场动物粪便、秸秆、草炭土自制有机肥料。第四，灌溉用水达到国家标准。第五，用物理方法除草。第六，利用先进科技防虫、驱虫。

在这样高要求的种植环境下，蔬菜的价格成本骤然上升。虽然有部分消费者能够接受，但是在实际运作过程中，却没有那么美感。蔬菜的时效性要比一般水果农作物要短很多，损耗是田祖庄园面临的最大困扰。

另一端，对于做微商的小虎来说，如何最大程度地满足消费者的需求，是她这些年一直在研究的问题。以月饼为例，现在的消费者越来越注重健康。传统的月饼甜度高、添加剂多、口感腻，已经越来越不被现代消费群体青睐。

将蔬菜汁巧妙地加在月饼中（如图 2-15 所示），不仅使田祖生态庄园的问题迎刃而解，也使月饼有了创新。首次发布 1000 多盒蔬菜汁月饼试吃装后，消费者好评如潮。中秋节还未到，追加试吃竟然达到了 5000 份。

图 2-15　蔬菜汁月饼

在中国农业深加工领域中，以前可能需要大型企业自主研发、大量投入的时代或许已经被更加贴近市场的微电商和产地结合模式替代。因为他们更能满足市场需求，而且节省成本，贴近用户。

农产品网货的打造是一个系统工程，必须找到自己最具优势的点。农产品的根本在基地，无论新农人是否自己种植养殖，都需要有扎实的基地做基础。在此基础上，要针对消费者的痛点去设计自己的产品。让消费者满意，是我们的出发点和最终目标。

第六节 超级大单品打造

超级大单品不仅能够带动企业腾飞，还能够带动一个地区或者国家的产业（如新西兰奇异果）发展。为此，特别邀请超级大单品专家侯军伟先生撰写本节内容。

超级单品并不是随便都能成功的，但每一个成功的企业都有超级单品。如何去打造一个超级单品？具体步骤如图 2-16 所示。

图 2-16 超级单品打造的三个步骤

超级单品的打造过程是一个系统工程，企业要从消费者洞察开始，完成超级单品的概念提炼；通过场景化的表现，完成产品的策划；通过系统的推广，与消费者建立信任。

步骤一：通过真正的消费者洞察完成产品的概念。

消费者洞察，是要求产品经理能够真正地触摸到消费者的脉搏，从而完成消费者的心理素描，形成消费者"痛点"的提炼。痛点是什么？对于消费群体来说，就是企业能够通过产品解决消费者在某些环境下的问题，这个问题可能是物质的，也可能是精神的。比如，饮料的解渴功能，这是物质的需求；再如，白酒的宴请功能，这是一种精神的需求，不是为了喝醉，而是为了联络感情。只有对消费者有深度的心理研究，才能够找到每一个产品类别的消费需求。

步骤二：完成产品的场景化描述。

消费者购买任何产品，都是由不同的场景配合来完成的。对于一个新品来说，在创意初期，就需要把消费的场景设计好，只有场景清晰，消费者才会对号入座。

产品的场景化描述，是为了让消费者更易于理解你的产品，主要包括以下几项工作：

（1）场景化命名。对于任何一个产品，如果你的名字没有场景，就没有吸引力。比如，"六个核桃"，每罐产品有 6 个核桃的精华，即使企业不去这么诉求，消费者也会这么想；再如六月鲜酱油，经过 6 个月足期的全封闭酿造，当然是好酱油。

（2）包装场景化。要通过包装设计把消费场景进一步强化，完成消费者和产品间的链接，这也是为什么很多企业寻找代言人的原因。代言人就是一种场景，消费者看到代言人，就会因为熟悉而产生信任。另外，通过包装本身营造消费者熟悉的场景，比如“厨邦酱油”，其背景底色为绿格子布，这是餐桌的象征，是消费者熟悉的场景。

（3）口号场景化。要让消费者更快地记住你的产品，传播口号至关重要。通过场景化的传播口号策划，能够更快地让消费者认可。比如，怕上火喝王老吉；经常用脑，常喝六个核桃；厨邦酱油，晒足 180 天等。

步骤三：推广场景化，建立信任。

在产品进入市场后，推广的方法决定产品流行的速度。场景化推广的方式，最易于和消费者建立关系，能够与消费者形成互动，从而建立信任。信任是任何品牌成功的关键，通过场景化推广来完成从产品到商品的惊险一跳。具体来说，可以通过三种方式来做：

（1）终端媒体化布置：把终端当作一个传播的媒体来做，把产品的形象和消费者的“买点”清晰、系统地传达出去，比如可以通过 LED 屏广告的形式传达信息等。

（2）场景重现的推广：场景重现是为了让消费者更快地接受产品，比如“统一酸菜面”，在终端不断地去进行煮面、试吃等行为，让消费者不断有机会接触产品等。

（3）互动传播推广：无论是通过线上的活动还是线下的活动，让消费者积极参与是品牌快速推广的关键。要想让消费者参与，就要让活动和他们有关系。

我们相信，只有企业回归到营销的基础工作上，才可能形成持续的竞争力。而每一个企业都应该关注自己的产品，只有超级单品才能够让企业脱颖而出。

一、打造超级单品的四种方式

超级单品的打造，有以下四种方式可以选择：

方式一：创造了一个品类，并且成为品类的先驱者或领导者。

企业通过创新一款产品，并最终成为这个行业的品类代名词，其他企业的同类别产品都处于跟随状态，那么这款产品就是超级单品。

常温酸奶“莫斯利安”，它是由光明乳业开发的一款产品。在过去的 6 年中，莫斯利安从零做起，现在已经做到超过 50 亿元的销售规模。随着市场规模的不断扩大，这款产品也得到了广大消费者和同行的认可。于是，我们在市场上相继看到了各种同类型的产品出现，包括蒙牛、伊利等都推出了同类型的产品。

方式二：在已有的品类中创新概念，成为这个行业的领导品牌。

只有新品类才能出现超级单品吗？显然不是，已经存在的品类中也可以。如果能够创新产品概念和营销模式，完全可以在已有品类中打造一款超级单品。

“六个核桃”上市之前，同类型的产品已经很多，甚至已经有了领航者，比如“大寨核桃乳”，但销售一直不温不火。而“六个核桃”通过深度挖掘核桃类饮品的功能特点，并且赋予这个功能一个非常响亮的口号：“经常用脑，多喝六个核桃。”如此，使这款产品找到了自己的卖点。通过大力宣传，消费者将“六个核桃”与“补脑”联系在了一起，最终使这款产品成为同类型产品中的领导品牌。

方式三：提高产品的价值，成为价值的捍卫者。

当一个社会从物质需求向精神需求转变的时候，价格不是问题，价值才是重点。

蒙牛的特仑苏，它是我国高端纯牛奶产品中的第一款产品。在10年前，这款产品初次上市时，很多人认为这款产品定价高，肯定不好卖。但随着时间的推移，这款产品不断得到消费者的认可，并最终引领了乳品行业的高价值产品营销。同处于内蒙古的圣牧有机奶，通过专注于有机乳品的生产，成为当前乳品行业中的佼佼者。

随着民众消费水平的提高，消费观念也在转变，消费者会自然地认为所购买的产品要和自己的身份匹配。于是，消费者在购买的过程中就会选择产品所带来的价值，而不仅仅是价格。产品的价格是产品价值的量化体现，只要有相匹配的价值，价格不是问题。价值要体现在它在品类中的包装，以及它所在品类中的序列和影响。互联网时代中的消费者更在意的不是价格，而是这种产品的价值是否和自己的理念相匹配。

方式四：细分人群建立品类，成为领导者。

通过细分品类建立品牌影响，成为超级单品。旺旺集团的“旺仔牛奶”在市场上流行了十几年，包装从来没有改变，就是铁罐装的牛奶，一款带着标志性笑脸的产品在2015年的上半年销售额已经达到了54亿元。旺仔牛奶为什么能畅销这么多年，无人能敌呢？原因如下：首先，这款产品有精确的消费人群定位。其次，这款产品有非常好的口感。炼乳是最接近母乳口感的，很多小孩在喝了这款产品后都不愿意再喝其他产品。最后，它持续地用一个“旺仔”的形象在做市场的推广和消费者观念的灌输。估计很多的消费者早已经被旺旺的广告洗脑了。

二、超级单品的场景化营销模式解析

对于品牌农业食品企业来说，场景化营销是在互联网时代建立与消费者连接的最佳方式。简单地讲，场景化营销就是通过产品重现消费场景，通过渠道建立与消费者的密切关系，通过推广形成与消费者的互动，最终形成销售。

1. 产品的场景化设计

产品是消费者购买过程中接触的首要信息。我们要通过对产品的重新定义和设计，来完成场景化的表现。

（1）产品的场景化命名。

产品名就是购买理由，让消费者一目了然地知道这个产品是干什么用的，或者能够引起消费者的联想，通过这种联想和自己的生活建立关系。

产品的名字要让消费者产生联想，让消费者产生在某一个场景下必须去消费的欲望。比如夹馍酱，北方地区以面食为主，要吃馒头或饼，你就会想起夹馍酱。如果你有这样的一个饮食习惯，看到这个产品，会不会觉得和自己的需求场景很契合。当有这种结合的时候，你就会去购买。“加加酱油”有款产品叫“面条鲜”。我们知道酱油产品的分类都是红烧、老抽、生抽、海鲜等，但这款产品命名为面条鲜，为什么？它的指向性非常明确，就是说你在做面食的时候，用这一款酱油最好，消费者很容易理解。市场品牌99%都用的是老抽、生抽、海鲜酱油之类，只有1%的公司会从用户的角度思考问题。这是场景营销当中最重要的第一步。爆品的本质是我们看待这个商业世界全新的维度，而且是一个系统的维度。首先你要有这样的一个名字，让消费者能够联想到这个产品与自己有关系。

（2）产品的场景化设计。

产品在进入终端的时候，它的这种表现与消费者有联系、有连接。厨邦酱油的包装设计，整个背景就是一个场景：绿格子布（如图 2-17 所示）。在人们的潜意识中，有些场景是数十年形成的，只有看到某个场景的时候才能够触发。绿格子布是 20 世纪 80 年代家庭中最流行的桌布，用桌布做产品包装的背景元素，就是要触动消费者的记忆，并让产品和使用的场景紧紧地结合起来。当你在超市里面看到一大片绿格子布的时候，你一定想到它是厨房用品，是调味品。

图 2-17　厨邦酱油包装

通过场景的挖掘，让消费者产生熟悉感，就是你的产品包装形象要让消费者觉得熟悉，曾经看到过或者是用过。这种熟悉感会触动他内心的购买按钮。

2. 渠道终端的场景化营造

当我们的产品已经开发完成，就需要进行销售，而渠道是产品通向消费者的重要路径。如何营造渠道的场景化，让消费者进入购买场所后，就能够感受到产品所带来的信息，引起兴趣，促成购买？我们认为终端媒体化营造是渠道场景的重要构建方法。要把终端不仅仅当作销售产品的地方，还要当作一个媒体传播的地方。只有如此，你在终端的表现才能够超越竞品。

（1）终端的静态场景营造。

所谓的静态营造，是通过陈列、海报、广告牌、标签、荣誉等内容的有机结合，全方位树立消费者信任的品牌形象，形成终端强大的信息传递功能。

品牌农业食品其实更容易营造终端的场景，通过适当的道具就能表达出产品的信息。我们看图 2-18 所示的场景，用碎花布作为衬托售卖鸡蛋类产品。我们到这个产品前，很容易联想到农村的风情，有天然的产品的感觉。碎花布就是一个场景。

再看一下东湖醋在进行终端建设时做的工作（如图 2-19 所示），为了在产品陈列区更多地传递产品的信息，通过地贴的形式营造氛围。

图 2-18 碎花布衬托出浓浓的乡村风情，让人把产品和天然 / 健康联系起来

图 2-19 东湖醋产品陈列区地贴

为了提高消费者的信任度，我们需要用更高的信任背书。很多企业获奖无数，但消费者不知道，或者说没有把这些信息转化为企业的终端荣誉。

（2）终端的动态场景营造。

终端环境嘈杂，特别是KA类（KA即Key Account缩写，中文意为“重要客户”，此处指营业面积、客流量和发展潜力大的卖场，如沃尔玛、家乐福等），要通过动态的行为来影响消费者的购买决策。主要有两个方面，一是导购人员的介绍，二是LED广告播放。

动态场景的营造要素包括三个统一：

形象统一：导购人员的服饰要和企业的产品主色调基本一致，要和企业的视觉系统一致。

信息统一（产品卖点介绍要一致）：所有人员在介绍产品的时候说辞一致，包括电视广告、小喇叭等。

行为统一：所有的导购人员在让消费者品尝产品的时候，其动作要领一致，要做到标准化。

“一加一”天然面粉在终端的动态场景营造就值得学习。作为一家面粉企业，他们如何做到终端的场景化营销？

导购人员着装和产品的色调一致，形象统一，容易识别。

产品的上方就是一个LED广告，连续不断地播放企业和产品的信息，引起消费者的注意（如图2-20所示）。

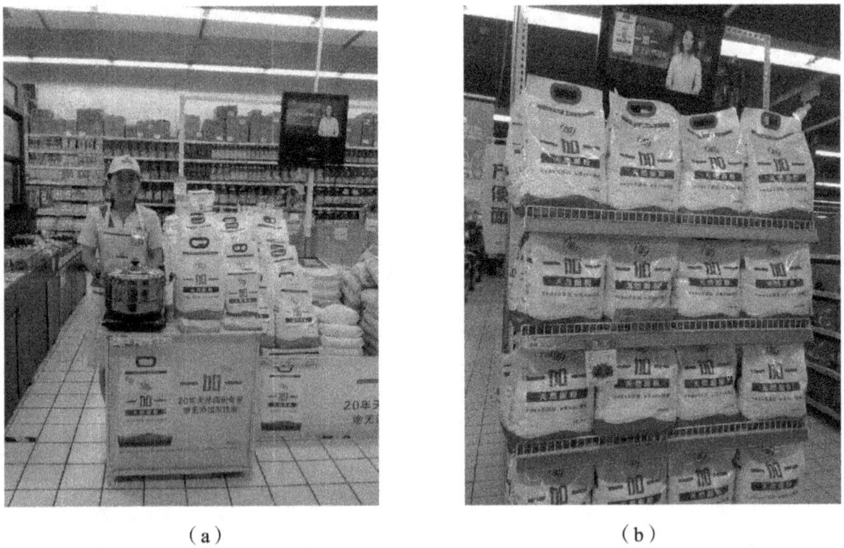

（a）　　（b）

图2-20　信息统一

面粉如何在终端通过场景的营造与消费者建立信任？"一加一"面粉的做法是直接用面粉做成各种花色的馒头，让消费者品尝，把一个"冷冰冰"的面粉转换成为热气腾腾的生活场景（如图 2-21 所示）。

终端场景的营造就是让消费者能够听到、看到、体验得到，利用终端所有能用到的有利位置，不遗余力地传播企业统一的信息，完成产品和消费者的沟通。

（a）

（b）

图 2-21　场景化营销

3. 推广的场景化营销

通过对推广活动的演示、讲解、赠送、互动游戏等，让消费者乐此不疲地参与。有了消费者的参与，产品的推广就容易完成。

场景化营销的推广环节，主要以营造现场感和参与感为核心工作。

（1）现场感营造。

让消费者能够具有身临其境的感觉和亲身经历的事实是现场感营造的两种类型。

身临其境主要是通过销售终端的场所进行营造。比如，做出店中店的感觉，让消费者能够迅速感受到品牌的影响力。上面所讲的请顾客品尝、终端布置等，都是营造现场感的方法。

亲身经历主要是通过邀约消费者进行体验。比如，到工厂参观就是一种重要的方法。当消费者亲身经历了这一过程，对企业的产品就会产生信任感。在乳品行业，参观工厂是常规的营销推广方式，也是建立消费信任的重要环节。

（2）参与感。

在互联网时代，消费者更愿意去参与。而品牌农业食品与生活息息相关，是更容易营造参与感的产品类别。

金龙鱼曾经推出一款蛋糕粉，叫杯子蛋糕（如图 2-22 所示）。这是一款满足城市白领早餐场景的产品，通过简单的操作，3 分钟就能吃到自制的新鲜松软的蛋糕，这为城市白领营造了一种自我炫耀的理由。每天早上 3 分钟就能够做一份营养早餐，消费者被鼓励珍惜自己的劳动成果。

图 2-22　广告图突出了容易操作、轻松上手的特点

当消费者自己制作出蛋糕的时候，会拍照发到朋友圈，去“炫耀”自己的劳动成果。这种行为就是由于消费者的参与而进行的二次传播。

“六个核桃”重要的场景推广是每年的高考季、春节季，通过产品和目标消费群体的生活结合在一起，产生明确的购买指令。比如在高考前，学生当然是天天用脑。于是，“六个核桃”就推出“复习用脑，多喝六个核桃”，这和“六个核桃”的主传播语“经常用脑，多喝六个核桃”一脉相承，而不会觉得突兀。这就是一种场景推广方式，让产品本身和消费者建立关联，制造这种连接。

超级单品的打造是一个系统工程。在某种程度上，是企业的战略。在当前的市场环境下，只有不断地营造场景，与消费者互动，才可能产生良好的营销效果。

超级大单品战略在农业产业链条上的运用，更能提升农产品的价值，增强其国际竞争力。新西兰佳沛奇异果就是农业产业链超级大单品的典范。中国的励志橙“褚橙”也是超级大单品的典型案例。

以上案例虽然表现方式各不相同，但是本质相同。无论是生鲜产品还是干果产品、粮食产品、深加工产品，“互联网 +”农产品打造都需要爆款思维、品质思维、网货思维、体验思维、定位思维、超级大单品思维；同时，还需要有靠谱的供应链和传播链。

第三章

“互联网 +”品牌农业之道

品牌是产品整体概念下“形式产品”或“有形产品”的重要组成部分。品牌策略也是商家产品策略的重要内容。品牌是用以识别某个销售者或某群销售者的产品或服务，并使之与竞争对手的产品或服务区别开来的商业名称及其标志。品牌是一个集合概念，它包括品牌名称和品牌标志两部分。品牌通常由文字、标记、符号、图案和颜色等要素或这些要素的组合构成。品牌的含义可以从属性、利益、价值、文化、个性、用户六个层次理解。对营销者来说，品牌有助于产品销售，树立形象；品牌有利于保护品牌所有者的合法权益；品牌有利于约束不良行为；品牌有助于扩大产品组合。

农产品营销不仅要解决商品到货币的转化，更重要的是体现增值和增收。想要可持续化，必须要有品牌打造。

在社会化媒体的传播营销中，没有品牌的产品无法让消费者信任。加上农产品严重的同质化竞争，可以说，无品牌不电商。

“互联网 +”农产品品牌塑造也有自己的特点和方法。

第一节　品牌建设基本方法

品牌能给企业带来财富，同样的商品贴上不同的品牌标签，就可以卖出不同的价格。品牌资产是一种超出商品或服务之外的价值体现，它通过为消费者和企业提供附加利益来体现其价值，与某一特定的品牌紧密联系。品牌资产构成，包含品牌知名度、品牌忠诚度、品牌联想、品质形象、附加资产等。

在品牌设计过程中，一般应坚持几个原则：

（1）简洁醒目，易读易记。

（2）构思巧妙，暗示属性。

（3）内涵丰富，有情有意。

（4）避免雷同，跨越时空。

品牌建设一般有三个阶段。

规划阶段：一个好的品牌规划，等于完成了一半品牌建设；一个坏的品牌规划，可以毁掉一个事业。

建设阶段：就是确立品牌的价值观。确立什么样的价值观，决定企业能够走多远。

形成阶段：企业要根据市场和企业自身发展的变化，对品牌不断地进行自我维护和提升，使之达到一个新的高度，从而产生品牌影响力。

品牌建设基本内容有：品牌定位，品牌设计，品牌传播及品牌组合、品牌管理更新，以及品牌的保护。

一、农产品电商设计品牌名称的基本元素

1. 目标客户元素

打造易于传播的互联网品牌，名称是提高客户认知和忠诚度的最直接资源。

产品是要提供给目标客户，为目标客户服务和提升价值的，所以要先解决产品目标客户定位的问题：目标客户是谁？年龄层次怎样？文化层次怎样？消费能力怎样？追求和需要是什么？产品能给他们带来什么价值？他们会怎么看同类产品？……

2. 产品元素

名称不但要符合目标客户的需求，还要能够植入产品元素。客户一眼就能确认这个品牌名称代表什么产品，而不是让客户琢磨不透。例如“你好芒”，虽然名称带有好玩的效果，但一个芒果的“芒”字，就已经基本上说明了产品是什么，又直接又好玩；还有做荔枝的“好给荔”，在互联网传播上，实在是给力；做椰子的“财神椰”也是如此，妙不可言！

同样的产品，不同的名字给消费者传递的信息完全不同。同样是土豆，“土豆姐姐”的名字给我们的信息是土豆，而“青春洋芋”给我们的是创业者的情怀；同样是销售核桃，“核桃兄弟”和“青皮君”给我们的也是不同的信息内容。

3. 文化元素

没有文化内涵的文字总是肤浅的，禁不起时间的磨炼和受众推敲，也不利于深度传播和挖掘。“你好芒”，借用我们日常口头语“你好忙”，口头文化色彩浓厚，适宜深度传播和不断被人们上口琢磨，而且每一次说“你好忙”就等于在推广传播“你好芒”。

文化元素也可以按照个人特色或者个人突出点去放大考虑。“李金柚”就是把柚子拟人化，人性化特点放大。食品界姜昆的品牌“姜姜好”把口语化传播做到了极致。

4. 传播元素

易上口、易记、易被二次及多次传播的。和个人一样，产品名称也是一种符号，是自己产品的身份符号。

什么样的名称最易传播呢？简单、极致，“柿子红了”“郝苹果”就是典型案例。

二、农产品电商品牌名称必要内容

由于互联网传播的特点，电商品牌名称要有个性内容。

（1）易记：当客户接触到品牌名称的时候，很快就能有深刻的印象，并且存储于大脑中，如姜姜好。

（2）内在含义：品牌名称对于客户来说，是一种价值的体现和提升，内在的含义是客户产生品牌共鸣的基点，如“趁枣”“崛杞”。

（3）受欢迎：品牌植入消费者心智，看到品牌名立刻感受到一种有情有义有趣的内涵，一种正能量，很受欢迎，才是成功的品牌名称设计。比如“好给荔”“中国郝苹果”。

（4）可延伸：一般互联网移动传播销售的产品，初步都是以单一产品为主，后期会跟进部分产品，所以在起名字时需要考虑名称是需要一品一名还是一名多品。如果一名多品，就需要考虑名称的延展性，不能局限在一个单品上，否则在延伸后就没有好的传播效果和营销成绩。比如“乡礼”“土豆姐姐”，单品延伸都可以。

（5）易注册：目前国内已有 2000 多万个注册商标，但商标注册审核严格。所以，朗朗上口、富有诗意、受众接受度高的名称很难注册上，如果使用了这样的名称，但不能注册，就没有意义。

名称一般建议三个字以上，五六个字以内。字数多了绕口难记，字数少了注册难。不注册可以使用吗？可以。但是，如果你的名称很好却没有注册，别人注册了你就是侵权，也就和你没有关系了。

总之，一个好的品牌名在能够注册的前提下，还必须满足四个特性：第一，具有行业、业务、产品定位；第二，朗朗上口，好记忆，容易传播；第三，具有明确的品牌印象，具有美好正能量；第四，具有明显的特征和独特性，不容易混淆同类品牌名。

一个品牌的定位成不成功最明显的标志，就是品牌名字起得如何，起好品牌名字是企业成功的第一步，名字起得对、起得好，品牌就成功了一半！

三、草根新农人如何塑造品牌

农产品中的褚橙、柳桃、潘苹果让很多人望尘莫及，因为它们“师出有名”。对于普通的新农人来说，如何打造自己的品牌呢？

1. 独特创新，个性诱惑

首先，创造品牌个性的人性化。人对人最感兴趣，要从产品看到背后活生生的人，如“农民小段”“李金柚”“倪老腌”“青皮君”。

其次，实现品牌形象的娱乐化。网络世界、虚拟世界，象征与符号创造的世界，需要以符号体系对接消费者。担任牵引作用的，不是产品，而是符号元素构成的店铺品牌形象。有相关研究证明，生动、可爱、充满喜感的网络品牌形象，能够吸引网民“闲逛”时注目与喜爱，如武功猕猴桃的“武功小子”（如图 3-1 所示）。

图 3-1 “武功小子”品牌形象图

最后，形成品牌内涵的精致化。用符号元素、形象设计构建精致化的品牌内涵，令消费者感觉品牌的质感。

2. 强化价值，突出理念

品牌战略是创造忠诚的竞争战略。

品牌需要强化服务体系，完善售后、提升服务体验；提升品牌价值，构建消费者的价值感；创造品牌忠诚，形成忠诚消费、习惯性消费。

根据新农人的成功经验，品牌打造可以从使产品成为大家愿意分享和传播的热点开始：

（1）创意品牌（玩品牌）。

社会化媒体传播，让很多消费者直接参与体验和传播。所以，好吃又好玩是大家的需求点，切合这种需求的品牌创意能够脱颖而出，能够抓眼又抓心。比如，“你好芒”“好给荔” “财神椰” “青春洋芋”等。

（2）聚品牌 。

产品、品牌的组合效应，可以让普通的产品产生不一样的效果。比如，新农人的“12个苹果”，就是聚农人、聚产地、聚农品……当这些聚合要素通过自媒体传播以后，会使所有的人眼前一亮。

（3）种品牌。

品牌品为先，没有品就没有牌。可以说品质是品牌的核心，而农产品的核心品质一定是来自种植、养殖的生产端。所以，很多品牌都从种植养殖端的宣传打造来树立自己的品牌力。比如，烟台守拙园自然农场丛东日持续不断地宣传他的种植的用心，他的品质的与众不同；新疆阿克苏曾曾把每棵苹果树当成自己的孩子。

（4）借品牌。

借力借势发挥，打造自己的个性品牌，也是草根创业的一种好方法。褚橙、柳桃、潘苹果是借名人；“汨粽”是借屈原跳汨罗江的历史传说；而“潘苹果 2.0”，就是在潘苹果品牌基础上，加上自己独特的标准和运营，向潘苹果借力。

四、如何让品牌形象更生动

第一，品牌故事化。故事化有利于多维度传播。将故事融入商品，让商品有温度、有情怀，容易传播，比如遂昌长粽，“中国人过中国节”（如图 3-2 所示）。这一份很特别的中国礼物，激发了消费者的民族荣耀感。

第二，品牌图片化。社会化媒体传播首先要抓眼球，一张图片胜过千言万语，如台湾“掌声谷粒”（如图 3-3 所示）。我们从包装图片中看到了精致而淳朴的农耕生活。

第三，品牌人格化。移动互联网是人的连接。当品牌以鲜活有个性的人格形象出现在大家眼前，所有的隔阂都消除了。当品牌代表了消费者口味时，消费者不仅买单，还会主动分享传播，如著名的“褚橙”“柳桃”“潘苹果”，以及新农人的“土豆姐姐”“维吉达尼” “蟹先生”。

第四，品牌彩色化。颜色最容易抓眼球，比如红罐凉茶、可口可乐、洋河蓝色经典。新农人土豆姐姐在打造个人品牌时，最善于用粉红色，营造万绿丛中一点红的效果，有效地凝聚了目光。

品牌打造非一朝一夕之功。我们必须要清醒认识到，要在做好品质的基础上塑造品牌。所以，不要随意讲故事，而要找到自己产品的“黄金支点”，做好品牌营销。

图 3-2 遂昌长粽“中国人过中国节”宣传图

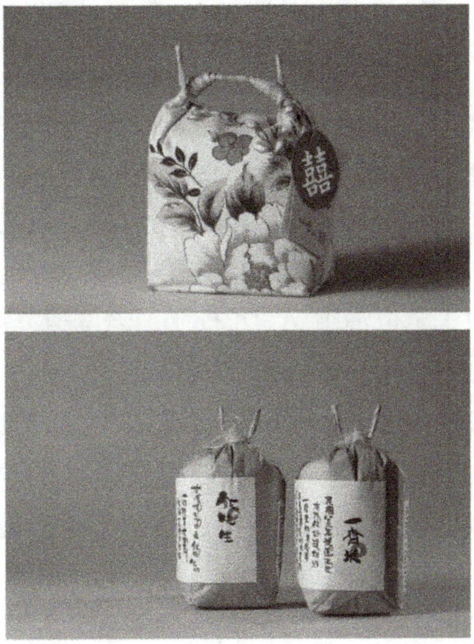

图 3-3 掌声谷粒包装图

五、互联网品牌打造四要素

“姜姜好”品牌在新农人小而美品牌中很耀眼。2017 年 1 月，“姜姜好”获颁农友会“2016 年度星品牌”，是唯一获得年度大奖的品牌。不仅如此，在食品及农产品领域，“姜姜好”是第一个在新浪微博被收录为标签的品牌，第一个成为超级话题的品牌，第一个登上美食榜 TOP1 的品牌。截至 2017 年 9 月，“姜姜好”超级话题阅读量已达 3.6 亿，相关话题累积阅读量超过 8 亿（如图 3-4 所示）！

图 3-4 “姜姜好”微博超级话题截图

“姜姜好”品牌于2015年2月由资深媒体人、网络大V姜昆创立，是一个定位于小而美、老味道的优质食品及农产品品牌。

伴随着“姜姜好”产品品类不断拓展，以及“姜姜好”品牌知名度和美誉度不断提高，越来越多的企业和品牌向“姜姜好”表达了合作的意向，而在销售层面，个人代理、团队代理、平台渠道更是络绎不绝，颇受关注。“姜姜好”品牌创始人“食品界姜昆”，总结其成功经验，主要归结于以下四点：

（1）定位清晰。“小而美、老味道”在当前及未来的消费环境中具有强大生命力，因为越是同质化严重，大家越是愿意吃一些与众不同的“小而美”食品及农产品，而“老味道”又在很多产品一味求新求异“走火入魔”时体现了继承传统、师古不泥的别样情怀。

（2）选品独到。如果是初级农产品，能选择特色、地标性产品就绝不选择其他，正宗、原产地是核心；如果是加工产品，能不添加食品添加剂和防腐剂就绝不添加，原汁原味、营养健康是核心。

（3）善用新工具。一方面充分利用微博、微信等新媒体的特长，全面撒网，重点捕鱼，不断传播话题、增加曝光度；另一方面主动结缘新平台，越是新平台，往往越有合作的潜力，而且与新平台合作的门槛相对较低，能有效降低运营成本。

（4）懂得搭框架。“姜姜好”创立之初，就在股东设置、企业规划等方面做了很多工作，并且在商标注册、版权登记上花费了大量的精力和财力。万丈高楼平地起，打好基础，添砖加瓦便容易了许多，也快了许多。

网无界，商有道。互联网品牌打造也有自己的方法，无论是取名字，还是品牌塑造、传播，定位很重要，善用工具，借力借势都很重要。

我们要把握品牌塑造的三个阶段：市场客户需求，产品品牌定位，公司品牌经营。需求是树根，产品是树干，品牌是枝叶，经营是养分。现实中，很多人忽略了最核心的第一步，而直接迈向第二步，这样的品牌先天不良，甚至会夭亡。

做好移动互联网品牌塑造的三大策略：

（1）品牌的本质是信任，信任是金，品牌战略的价值没变。

（2）把握移动互联网品牌特征：客户年轻化，品牌娱乐化，营销互动化。

（3）每个品牌的形成都具有独特性，品牌塑造过程需要差异化。

第二节 品牌定位之道

成功的品牌定位能对企业进占市场、拓展市场起到导航作用。品牌定位可以参考STP战略方法来实施。

STP分析，即市场细分、选择目标市场和产品定位。商家预先对各自的市场进行细分，并选择自己的目标市场，最后传达出各自不同的市场定位。市场定位的目的是企业在拥有较多的竞争者的市场环境中，通过对产品本身、服务、情感诉求等各方面的设计，力图使品牌在顾客心目中占据一个独特的有价值的位置。

市场细分是品牌定位的基本前提，目标市场是品牌定位的立足点，品牌定位是市场定位的核心和集中表现。品牌定位和品牌文化一旦确立，便必须持之以恒地执行下去。

定位理论，是由美国著名营销专家艾·里斯（Al Ries）与杰克·特劳特（Jack Trout）于20世纪70年代提出。里斯和特劳特认为，定位要从一个产品开始。产品可能是一种商品、一项服务、一个机构，甚至是一个人。

但是，定位不是你对产品要做的事，而是你对预期客户要做的事。换句话说，你要在预期客户的头脑里给产品定位，确保产品在预期客户头脑里占据一个真正有价值的地位。

总结来说，定位理论的核心是“一个中心，两个基本点”：以“打造品牌”为中心，以“竞争导向”和“占领消费者心智”为基本点。

定位理论已经在工业产品领域中广泛应用，“王老吉”就是成功的案例之一。

但在农业领域，很多农业企业或者基地，连包装都不舍得投入，更别说定位理论的应用了。目前这个局面好比改革开放初期，工业产品经历的过程，仅仅是为了生产而生产，和市场和消费者的需求及兴趣处于相对脱节的状态。然而，新农人的出现，带着学习和知识投入农业中，让更多的产品开始有温度，有目标消费人群。随着社交电商的崛起，新农人小而美的品牌开始精彩绽放。

一、从“李金柚”看社交品牌定位之道

品牌农业，大品牌有大品牌之道，小品牌也有小品牌之道。在社交电商时代，小而美的农产品品牌迎来了发展的好时机。

2014 年初，农特微商开始萌芽，这种以社交为基础的商业形态，迅速在微信朋友圈兴起。2015 年 9 月，微信报告显示，活跃在朋友圈的人群，18 ~ 36 岁年龄段的占 84%。可见微商的受众绝大多数都是“80 后”和“90 后”。于是，对于打造小而美的社交品牌而言，就有了非常好的人群定位。

“80 后”和“90 后”人群的特点如下：

（1）有个性，喜欢就爱，不喜欢也会比较直接地表达自己的想法。

（2）有创新精神，不愿墨守成规，看见新奇特的东西很快就能激发创意去迭代和更新。

（3）消费能力强。“80 后”大多有事业和经济基础，具备追求高品质生活的能力。而“90 后”则大多数是独生子女，父辈财富的积累让他们在优越的生活条件中成长，培养了辨别和消费优质产品的习惯。

（4）具有分享精神。跟随互联网一起成长起来的“80 后”和“90 后”，同样具有互联网所倡导的分享精神，他们看见赏心悦目或者喜闻乐见的事物，会毫不犹豫地跟身边的朋友分享。而互联网社交平台，为他们分享提供了非常好的场景。

把握这些人群的特点，在品牌定位上就会有比较清晰的概念，让产品有针对性。

以梅州金柚的商业品牌“李金柚”为例，结合分析“80 后”和“90 后”的特点，来看看经典小而美的社交品牌如何打造。

1. 品牌名称连接产品

广东梅州盛产沙田柚，柚果成熟后，果皮呈金黄色，故称作金柚。1995 年，梅州被国家评为“金柚之乡”。“李金柚”这个品牌的创始人叫李永生，而打造品牌的操盘手叫李恩伟，他们都姓李。所以，用“李金柚”作为品牌名字就变得非常有意义，既能代表创始人，又能直观地代表梅州金柚，辨识度非常高。

2. 品牌人格化

“李金柚”，品牌名称拟人化。李恩伟从“品格、品质、品味”三个维度对品牌进行人格化的打造。每个维度都用朗朗上口的八个字来进行阐述。例如，品格：真诚不欺，美味不负。品质：无须挑选，已是优质。品味：粒粒晶莹，如蜜香甜。在自明星、自媒体、自代言的时代，人格化的品牌就会显得更有温度，也更容易跟消费者沟通。

另外，在包装方面，“李金柚”的纸箱完全颠覆了传统土特产的形象，走的是简约时尚的风格。从外表看，看不出是一款农特产，自用和送礼都非常大方得体（如图 3-5 所示）。柚果用精美环保纸袋包住，既能保存水分，档次也显得高了许多。纸箱里配备的“开柚神器”，既贴心又便利。这种层层递进的开箱体验，从感观到实用性都给人们带来了极大的惊喜。

图 3-5 极品诱惑——李金柚包装图

3. 具有互联网思维的创意文案

互联网连接的是活生生的消费者，所以，“李金柚”这个年轻化的互联网品牌，更多的是要契合“80 后”和“90 后”消费者的需求，要有更多充满互动的方法。

（1）柚同“诱”，“诱惑三部曲”文创将柚子人格化，金色柚子好比是婀娜多姿的美女。

（2）幽默诙谐的文字为产品加分。

箱子封口贴上文字——“淡定，请轻轻撕开”；柚子的内包装袋子都是使用白色纸袋，一方面看起来档次高，另一方面长途运输途中可保存水分，不像平常的塑料包装，纸袋包装可以保证柚子的正常呼吸；内袋包装上的文字——“Hold 住，要温柔脱掉”；而每箱附上的开柚工具包装上撰有文字“action，可以下手了”（如图 3-6 所示）。这些幽默诙谐的文案让消费者如同面对一个亲密对象……

图 3-6 诱惑三部曲

（3）开柚神器——柚子是一种广受喜爱的水果，但剥柚子是一件令人苦恼的事情。

为了避免徒手撕开柚子所带来的苦恼，“李金柚”的每箱产品中都配有开柚神器。这是以日常开柚子的牛骨头为原型，用塑料设计出的开柚神器，为消费者解决了柚子好吃不好开的难题。

简约时尚人性化，正是这些文字以及设计，让本来平凡普通的柚子脱颖而出，夺得消费者的喜爱，客户收到产品都会心一笑。轻松开心的开箱过程，给客户留下深刻的印象，也就和客户有了沟通互动。

在文化内涵方面，附带的折页用非常优美的文字展示了梅州的生态环境、沙田柚从冒出花蕾到采摘的生长过程、柚果风干糖化、品牌发扬人李恩伟对家乡和柚子的情结……阅读过该折页的客户，大多能勾起内心的乡村情结，效果非常不错（如图 3-7 所示）。

图 3-7　极具文化内涵的折页

“李金柚”在上市后不到两个月的时间，就通过微信销售了 2 万箱；100 天时间，就成为农特微商圈的知名品牌，被无数新农人传颂和学习。“李金柚”的案例被很多大学当成研究农特微商的经典案例。

二、“粥拾柒”的定位之道

2017 年还有一款构思巧妙的农特产品，来自黑龙江五常大米的定位案例——“粥拾柒”，很受行业称道。让我们来看看粥拾柒品牌创始人邹健是怎样实现创意定位的。

五常大米受产区独特的地理、气候等因素影响，大米中可速溶的双链糖积累较多，对人体健康非常有宜。五常大米颗粒饱满，质地坚硬，色泽清白透明；饭粒油亮，香味浓郁，是日常生活中做米饭的佳品。五常大米素有“贡米”之称。为依法制止商贩假冒“五常大米”现象，五常市大米协会在哈尔滨市工商局指导下，在 1997 年向国家工商行政管理局商标局申请注册可保护原产地名称的证明商标，2000 年得到受理，2001 年 7 月 21 日获正式核准注册，成为黑龙江省第一个农产品证明商标。

大米类的品牌竞争可谓激烈，但产品的差异化都是围绕地域来展开。购买大米的消费群体也已从“60 后”“70 后”逐渐过渡到“80 后”“90 后”。这一过渡，需要重新定位对大米的理解。

既然定位于新兴消费群体，首先要了解这类群体的生活方式。

经过市场调研发现，大多数年轻消费群体对大米的消费逐渐减少，更多的深加工方便产品，比如比萨、汉堡、海鲜粥、方便面、米粉等非主食类产品上升为主角。这就说明，消费碎片化、兴趣化和快捷、时尚等改变了大米的主要消费场景。这个时候用故事来打动他们是毫无意义的，只有去迎合这些消费群体的生活方式，围绕消费碎片化、兴趣化和快捷、时尚等因素来设计产品。

“粥拾柒”，先把粥作为切入口，让五常大米的香味通过粥来影响客户。其创意如图 3-8 所示。

首先，要找到问题。

很多年轻客户不会熬粥，70% 以上的客户甚至不清楚用多少米可以熬多少粥，熬粥需要多少时间，需要时刻在厨房守着，担心溢出，等等。这些对于年轻人来说，都是很麻烦的事情。

其次，从问题中突破。

每包粥使用手撕即开的 100 克的一次性袋子包装，定量熬出 2 碗粥，解决了不知道多少米熬多少粥的问题（如图 3-9 所示）。

图 3-8　粥拾柒创意展示图

图 3-9　粥拾柒 100 克包装图

但是，对于消费者来说，兴趣集中在一碗粥是远远不够的。所以，在设计产品的时候又增加了16种谷物（黑豆、小米、薏米、玉米等），让产品有丰富内容（如图3-10所示）。

但是，在实际熬粥的过程中，又有问题出现了。米一般都是先熟，等豆类都熟了，米可能已经烂了。这些显然不能符合年轻消费群体的生活习惯。经过研发，粥拾柒将这些谷物进行烘焙，最后做到了谷豆米同熟的效果。

然而，最核心的问题，煮粥时间才是贯穿整个产品最大的痛点。快速简单的生活方式需要过程简单和有趣，而焖烧杯就是个不错的选择（如图3-11所示）。“让烹饪变得更有趣，半小时一杯粥”，让年轻人在任何场景都能轻松享用美食。

图3-10　粥拾柒宣传展示图

图3-11　粥拾柒焖烧杯

整个产品充分围绕定位人群的特点进行设计，效果当然火爆（如图3-12所示）。“粥拾柒”就这样诞生了，作为一款专门为新人类消费群设计的产品。

在很多农产品开发中，很多新农人都是以个人的消费理念出发，希望所有人购买自己的产品，以实现最大的效益。但是，随着互联网时代的到来，信息爆炸和竞争加剧，已经很少有老少皆宜的产品了。只有精准定位消费人群，解决他们的痛点，找到他们的兴趣点进行传播，才会引发内在的认同感，从而扩展分享，实现病毒式传播。所以，精准定位消费群体是我们唯一的出路。

图3-12　粥拾柒定位场景销售宣传图

第三节 品牌内容之道

品牌内容可以参考内容营销的方法。内容营销指通过合理的内容创建、发布及传播，向用户传递有价值的信息，从而实现网络营销的目的。网络的内容营销常见方法有：网站内容营销、许可 E-mail 营销、博客营销、微信公众号营销、内容分享营销。这些方法都可以运用到品牌内容推广。

在做内容营销时，应该建立起五大意识：一、资源基础意识，你创建的每一条信息都是你的内容营销资源；二、传播推广意识，创作不是目的，用户浏览及传播才有意义；三、隐性营销意识，营销的最高境界是忘记营销；四、预期效果意识，盲目的内容创作和传播无异于浪费生命；五、长效价值意识，自信、自恋，让自己的创作值得记忆和收藏。

电商的形式和内容随着消费群体的变化在不断发展变化中。

从工业品电商开始，成就了阿里巴巴、京东等大型电商平台。但随着移动互联网的发展，消费人群的改变，中产阶级的崛起，“80 后”“90 后”人群开始成为消费主力军，传统的产品销售模式已经无法满足新消费群体的消费理念和价值观。纯粹依靠流量低价获取客户的模式，事实证明已经不适合农产品上行，而且带来的负面因素甚至可能更具破坏力。

农产品是有生命力的产品，可能外表相同，但价格差异却很大。所以，在农产品上行过程中，种植人的情怀、环境因素、种植技术等内容，都是产品的一部分。

内容营销在农产品上行中精彩纷呈，大樱桃就有典型的案例。

“恋・红妆”，这个初听起来完全不像农产品的品牌，实际上是由农优一百和柏军果品联手打造的烟台大樱桃新潮品牌，旨在从心灵深处唤起每一位女性对爱与美好事物的本能渴望，无形中与樱桃这种本就自带美感的水果完美契合。

在2016年的樱桃成熟季，“恋・红妆”完成了一次内容营销大爆炸，品牌一举成名（如图 3-13 所示）。

如果传统樱桃品牌仍然依赖原产地、高品质等好樱桃本身就应具备的属性来促进销售，那么“恋・红妆”则将樱桃真正带入人们的生活场景中，通过完整的内容营销体验链为消费者带去情感性的享受，购买行为更像是一个附属的自然举动。

“恋·红妆”之所以能够迅速得到认可和主动传播，也建立在消费者对于“烟台大樱桃”的高品质认知，而其特别之处在于内容的原创力。

首先，“唇启朱樱，脸印红霞”的广告语，勾勒出端庄优雅的美女在品味樱桃时脸上浮现出幸福霞光的画面，让无数女性客户为之心动（如图 3-14 所示）。

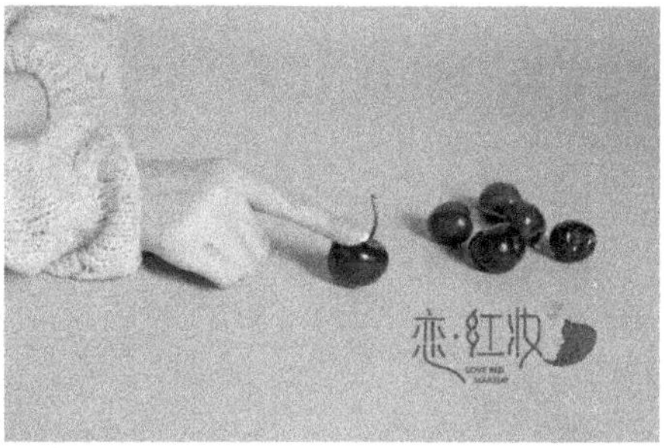

图 3-13　“恋·红妆”宣传图

图 3-14　端庄优雅的“恋·红妆”广告语

其次，“博美人一笑”的开箱体验，重新激起女性对自身魅力的定义。从诙谐有趣的“女神”与“女神经”入手，让每一位女性都能轻松对号入座，并通过密码在折页中找到开怀一笑的小乐趣，让消费者乐意为品牌溢价买单，实为“营销中的大智慧”（如图 3-15 所示）。

图 3-15　诙谐有趣的开箱体验图

最后，借助微博、微信、公众号商城、内容营销平台等新媒体和社交平台，以多矩阵和短平快的方式迅速将“恋·红妆”品牌打响。

这也为“恋·红妆”樱桃在 2016 年第一季带来了全渠道预售三天破 10000 箱的骄人业绩。

好的内容营销背后一定是品牌实力的全力支持。“恋 • 红妆”烟台大樱桃首战告捷离不开两方面的因素：一是产品好、供应能力强；二是在内容营销上找准了目标群体的心理突破点。前者是一切的基础，后者则是引爆的利器。如果“恋 • 红妆”只是单纯地宣传烟台大樱桃品质多好，也许早就湮没在众多的烟台樱桃品牌中了。

2017 年，“恋 • 红妆”品牌实现了品质、包装和体验的全面升级，以更具魅惑的黑色系包装惊艳来袭。

5 月 8 日，“恋 • 红妆”在微信朋友圈召开发布会，农友会勤劳农哥 8 个微信号同步推广，覆盖 4 万多粉丝。创始人李恩伟当晚在 10 个微信社群同步召开发布会，1000 多人在线收看，300 多代理转播朋友圈，当天晚上至少覆盖 15 万微信粉丝，完成了一次非常高效的产品发布会（如图 3-16 所示）。

5 月 20 日，“恋 • 红妆”在新浪微博以“爱要大胆说出来”为主题，发起转发抽奖活动，10 天时间吸引 12000 多位粉丝转发，覆盖粉丝人次超过 1000 万，达到非常好的品牌传播效果（如图 3-17 所示）。

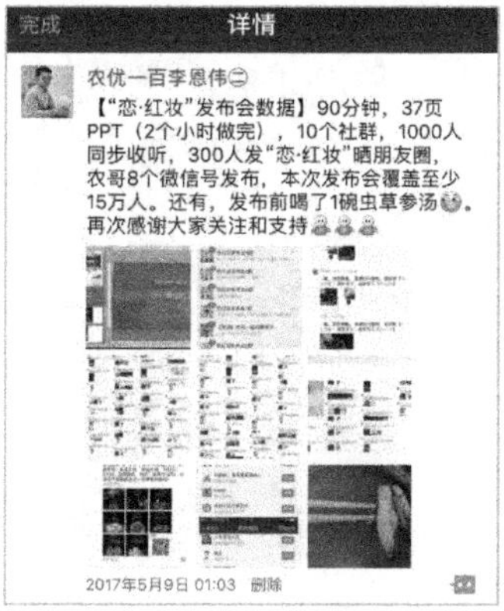

图 3-16 “恋 • 红妆”发布会数据图

图 3-17 “恋 • 红妆”微博转发数据

6 月 1 日，“恋 • 红妆”联手以内容营销为核心的垂直电商新零售平台“乡货圈”，玩了一场内容营销。他们玩起了跨界代言，一段“恋 • 红妆教你 4 步学会樱桃妆”的短视频迅速在网上热传。在视频中，女主角一边教粉丝们如何画好樱桃妆，一边为家乡的樱桃代言，引发了粉丝和网红们的传播（如图 3-18 所示）。短短 10 天时间里，腾讯和爱奇艺视频的播放量超过 300 万，帮助“恋 • 红妆”樱桃完成近 500 万的销售业绩，这无疑是一次通过内容升级和交易场景化的成功案例。

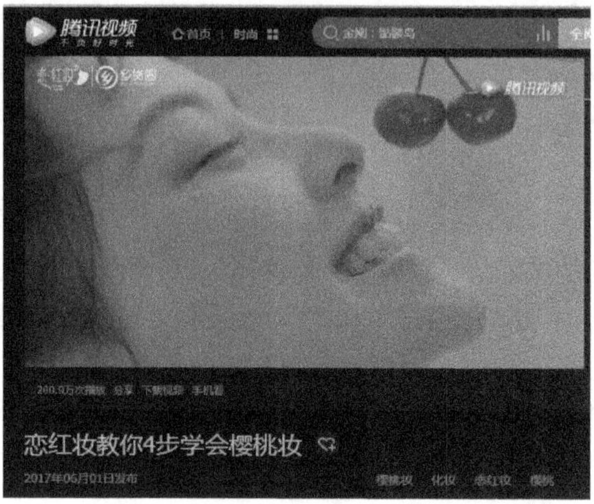

图 3–18　“恋・红妆”内容营销之“4 步学会樱桃妆”

2017 年，“恋・红妆”的品牌塑造和推广销售，还有一股来自高职院校的重要力量。广东科学技术职业学院的林海副教授，带领来自全国 58 所院校的老师们，组成移动商务师生团队，开展“移商助农”项目实战，销售业绩十分出色。

“恋・红妆”丰富的品牌内涵、强大的供应能力、匠心果农的情怀，激发了师生们的营销创意、文创灵感，一篇篇软文、一张张图片、一部部小视频在网上广泛传播。在专业建设、人才培养的道路上，这是一条特色创新发展之路。

正是因为“恋・红妆”将樱桃的女性主购人群的心理特征与产品绑定，用新颖的创意玩法吸引女性，无论是有趣的数字性格游戏还是爆红的樱桃妆，都让小小的樱桃具有了产品以外的丰富内涵，从而脱颖而出，成为烟台大樱桃品类中的独特品牌。

优质农产品的品牌塑造任重道远，“恋・红妆”希望能够带动更多的优质农产品品牌一起再创辉煌战绩。

让消费者通过内容参与到产品本身，让消费者成为产品的一部分，在“90 后”的客户群体中非常受欢迎。小而美模式，玩转内容非常适合农产品内容营销。当然，内容可以有很多种形式。例如，以种植人展开的内容、以地域环境展开的内容、以特色种植方式展开的内容，等等。2016 年的“柿子红了”，也是内容营销的典型（如图 3-19 所示），围绕“柿子红了”的内容在微信搜索中展示频率达到百万级。这也成就了“柿子红了”2017 年 1600 万元的品牌价值。海南的“你好芒”也是内容营销的高手，从走秀到表情包无时无刻不在触发着消费者的感性神经。

图 3-19 "柿子红了"宣传图

第四节 品牌传播之道

网络营销是企业整体营销战略的一个组成部分，是为实现企业总体经营目标所进行的，以互联网为基本手段营造网上经营环境的各种活动。提高品牌知名度方法很多。比如：广告、公共关系、VI 传播、事件推广、活动推广、新闻报道、人员推广、口碑效应、终端促销、网络推广。

如何做更有效？可以从以下几个环节进行策划：如何提供尽可能详尽而有效的营销品牌信息源？如何选择信息的载体和传递渠道？消费者和信息接收的渠道在哪里？如何处理好品牌传递中的噪声和屏障？在建立尽可能多的网络营销信息传递渠道，尽可能缩短信息传递渠道，保持信息传递的交互性，充分提高网络营销信息传递的有效性上下功夫，用互联网络及社会关系网络连接企业、用户及公众，向用户及公众传递有价值的信息和服务，为实现顾客价值及企业营销目标进行必要的规划、实施及运营管理活动。

移动互联网时代，信息碎片化成为现代营销的最大困境。

故事营销，一种经典传统的品牌营销模式。在昔日没有互联网的日子里，不少品牌借力故事营销，攻城略地、所向披靡，俘获了众多消费者的芳心。然而，面对互联网这一新兴媒介，古老的故事营销是否依然光彩夺目，打动消费者的心弦，实现传统营销模式在新媒体上的创新，是个值得思考的话题。

笔者选取了近年来新媒体故事营销中较为成功的案例，通过理性分析与思考，以期能对电商创业者日后的品牌传播之道提供参考。“真的有料”是新农人品牌塑造者和传播者，他们希望帮助坚持良心种植和生产的新农人，记录其背后的真实故事，建立诚信的产销模式，让消费者获得安全、地道、惊艳的产品，让新农人放心投入精益产出，共同推动中国农产品上行。

一、品牌农产品打造之道

1. 品牌的“因”与“果”

在经济学范畴，广义的“品牌”是具有经济价值的无形资产，品牌可以给其拥有者带来溢价，产生增值。大家都知道做品牌能够有经济收益，更多人关注做品牌的“果”——增值，而往往忽略品牌的“因”——能够产生增值需要做到什么。

“现代营销学之父”菲利普·科特勒在《市场营销学》中定义，品牌是销售者向购买者长期提供的一组特定的特点、利益和服务。所以，本质上，品牌是一种信用保障，是品牌方对消费者的承诺。而我们所讲的“互联网＋”品牌农业，和应运而生的“新农人品牌”，代表着新农业发展方向下，广大新农人对消费者的承诺。这个承诺是“小乐西瓜”的创始人宋会灵以敢给自己儿子小乐吃的西瓜作为出品标准；这个承诺是“维吉达尼（维吾尔语：良心）”始终坚持“差的果实，不给”；这个承诺是“万橙”以万里挑一的严格筛选标准，给消费者带来品质如一的黔阳冰糖橙。没有承诺和承诺的落地，品牌便无从谈起。

2. 品牌的打造：用体验让品牌落地

品牌农产品的打造分为商品化和品牌化两部分。

（1）“商品化”，是品牌承诺的具体呈现结果，是产品与服务的标准设立与稳定输出能力。产品品质对于品牌农产品的消费市场而言是核心竞争点，这也是“真的有料”作为新农人品牌的缔造者与传播者，做品牌前，以“三大原则，八项打分标准”针对每个品类进行严格选品的原因。

"三大原则"：天——原产地当季时令原则；人——价值观一致原则；物——优中选优原则。其中，优中选优对应"八维打分"：安全、新鲜、营养、外观、口感、包装、物流、综合服务体验。

品牌化的前提是产品与服务在商品化方面能够有市场竞争力，而非空谈包装，只讲概念。"千里加急小樱桃"的 18 小时送达体验，不仅是营销概念，背后保鲜包装的反复实验、供应链环节的优化（引入川航／京东／闪送的供应链优势）、各环节衔接与节点把控的严格标准都是践行承诺的必需。

（2）"品牌化"，是产品体验与服务达成的稳定延伸。品牌承载的更多是消费者对其综合体验的感知与认可，是一种品牌商与消费者购买行为之间相互磨合衍生出的产物。

3. 品牌的传播：用实力让情怀落地

品牌农产品的传播也是分为两部分，一方面是以内容为导向的品牌传播，另一方面是以实物销售为载体的全渠道零售（传播）（如图 3-20 和图 3-21 所示）。

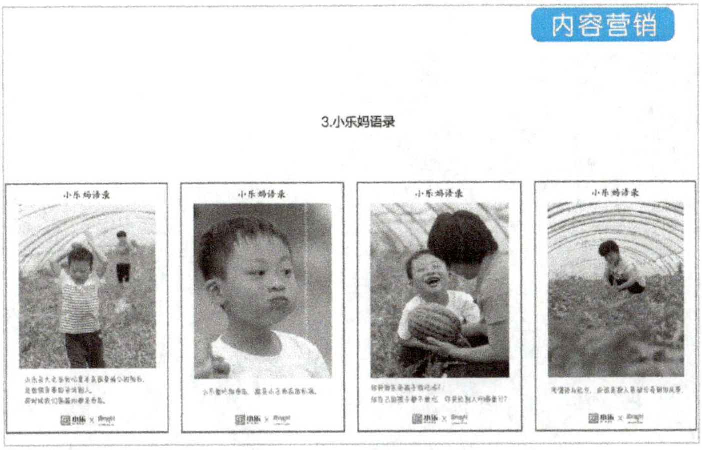

图 3-20　内容营销

内容型品牌传播，"真的有料"具有先天优势（如图 3-22 所示）。新农人纪录片在全网播放累计过百亿次，影响了千千万万的消费者与潜在消费者。而且，它有幸成为腾讯"企鹅优品"项目首批入驻自媒体，以丰富原创内容为核心，构建自媒体传播矩阵。"never give up""沙瓜先生民勤治沙"等内容驱动营销案例，证明了农产品品牌能做到自带流量的 IP 属性。

图 3-21　全渠道零售

图 3-22　真的有料视频图

销售型渠道传播，也是在“新零售”浪潮下，全渠道零售的传播布局。实物体验是消费者感知品牌的最好途径，产品销售是品牌传播最深度的交互方式。这包括无论是新零售代表“盒马鲜生”“线上电商＋线下门店”的体验升级，还是传统线下农产品流通渠道的既成格局。对于品牌农产品来说，让更多消费者听到的同时，也要具备让更多消费者看到并买到的渠道实力。比如：2016 年，小乐西瓜解决了北京区域线上销售、京东配送的线上体验闭环。2017 年，走出华北的小乐西瓜，不仅通过前置分仓完成了京津沪杭的配送覆盖，更通过“好果多”等新型体验式零售连锁走到了用户身边。线下体验与场景闭环对农产品的消费属性也至关重要。

二、品牌塑造与传播之道

1. 洞察消费者内心需求

一个精准的品牌定位，一次有效的营销活动，一句出彩的广告文案，都来自“洞察”，可以解释为不要只看表面，而要深入内心。

到底洞察什么才能打动消费者？是差异化口感，还是故事情怀？是核心产区生产的苹果，还是又甜又脆的苹果？是安全自然的番茄，还是找回的童年味道？

“真的有料”在帮助小乐西瓜打造品牌时，卖的就不是西瓜本身，而是一位母亲为了孩子的食品安全，而返乡种地的母爱。这个真实的故事本身就能打动人。小乐西瓜又是以宋会灵儿子命名的品牌，从包装到插画绘本，都是围绕着这个真实人物的故事延展。

他们的目标消费者就是中产阶级的妈妈群体。宝妈们舍得为孩子，每天花 59 元买一枚 5 斤重的西瓜。

小乐妈为孩子所付出的，戳中了她们的泪点，因为她们深知母爱的滋味。当品牌和消费者的价值观产生了共鸣，忠诚度自然就建立了，自发传播也就开始了。

那么，问题来了，如何洞察消费者的内心需求？

洞察绝不是来自“感觉”，而是通过实践，科学、客观地分析，从自身优劣、市场环境、购买场景、竞品分析等不同维度，综合交叉考量。

消费者访谈很重要，不仅能听取消费者的真实想法，还能让他们了解品牌，成为第一批种子用户。尤其是对于缺乏推广资金和资源的小农品牌，这是低成本高成效的品牌打造与推广途径。

“真的有料”在打造品牌时，结合了社群运营，与精准用户互动、交流，邀请他们来为品牌命名。他们的“甜心美莓”“喜蕃你”都是从社群头脑风暴中诞生的品牌名。

在洞察的过程中，可能会发现千人千面的现象。所以，只需抓住你最在乎的那一群人就够了，千万别试图让所有人都喜欢，那样会失去特点，让原本会跟随你的铁粉没了感觉。

2. 品牌定位基于卖点，高于卖点

洞察是为了更好地找出卖点，找出卖点是为了提炼品牌核心。对于大多数新农人来说，不是缺乏挖掘卖点的能力，而是缺乏提炼卖点的洞察力；不是缺乏创作内容的想象力，而是缺乏整合内容的执行力。

小乐西瓜在“真的有料”开始操盘前，已经销售两年了，但消费者的声音仅限于“西瓜很好吃”，无法用一句话去概括品牌的内核。

在经过和大量消费者的沟通，得到反馈后，他们总结出小乐西瓜的定位：“一颗用母爱浇灌的西瓜”。母爱意味着精细化种植，母爱意味着最好的、最安全的。品牌的差异化卖点，不言自明。微博传播效果如图 3-23 所示。

在此基础上，还需要挖掘品牌背后的精神和价值，提炼为可延展的人格化 IP。

农产品本身就是非标品，有人喜欢脆，有人喜欢沙，有人喜欢很甜，有人喜欢轻甜，我们仅仅去宣传特别好吃，是无法在短时间内实现“吸引消费者—转换消费者—沉淀消费者”的过程。当然，品质是一切品牌的基础，前提是你得让消费者发生第一次购买行为，真正品尝到产品。

图 3-23 针对产品的有效微博营销

3. 如何让内容广泛传播

有了品牌核心，所有设计、文案，都应该围绕它去延展，不断刻画，不断深化。

做品牌做营销的人都深知流量贵，推广难。所以在传播渠道上，“真的有料”建立了完善的自媒体矩阵，利用多达 50 个视频平台、自媒体平台、垂直类平台，免费传播他们创作的内容，实现单条文章或视频少则上百万，多则上千万的阅读量。不仅如此，他们还充分挖掘社群运营的魅力，尽力让每个消费者都成为传播者。

那么，问题又来了，如何创作能被传播的内容？

（1）传播内容有用、有趣、让人感动。

从这三点出发，“真的有料”原创了三档短视频节目：让人感动的——《有料新农人》、有用的食物科普知识——《有料食研所》、有趣的生活方式——《有料厨房》。每个节目的定位都不一样，每个节目都能覆盖收获不一样的用户。

在小乐西瓜预热和下市这段时间内，他们推出了不同类型的视频：小乐妈的故事（2016 年和 2017 年两个版本）、瓜农教你怎么挑到好西瓜、5 种快速切西瓜的方法、西瓜的 3 种花式吃法、小乐的英文故事、“六一”儿童节分享快乐（记录线下品鉴活动）、寻找世界上最好吃的西瓜动画故事。

在新浪微博，他们实现了零推广费用，单条视频（小乐妈的故事 2017 年版）点击率破千万的纪录。

除了视频，他们还制作了十几篇关于西瓜的内容，让小乐西瓜这个品牌持续在人们印象中出现。

（2）打造 IP，衍生文化产品。

因为目标人群的高度吻合，他们和国内知名英文学习机构，联合制作了五条关于小乐故事的英文视频。这些内容不是简单地销售，而是让孩子们在学习的过程中了解小乐这个人物，了解西瓜的知识，了解大自然，进而产生一种品牌知名度和依赖感。买单的是妈妈，爱吃的是孩子，除了要做给妈妈看的内容，还要俘获孩子们的心，让孩子们内心在叫：“妈妈，我就要吃小乐西瓜。”

他们每年都为小乐西瓜创作一期中英文彩绘本，让小乐陪伴孩子们成长。许多妈妈说，孩子睡觉前都抱着绘本睡觉，经常让爸爸妈妈给他们讲小乐的故事。这就是故事的力量，让城里的孩子向往小乐在妈妈为他打造的自然农场里的生活。

（3）产品即内容。

对于农产品来说，最好的内容莫过于产品。所以，“真的有料”在选择爆款时，一定会选口感有明显差异化的，品质有供应链保障的，如果运气再好一点，还可能碰到有故事的产品。

他们建立过一个蜜瓜品牌，叫“沙瓜先生”。它的背景是在中国四大沙尘暴起源地之一的甘肃民勤。当地环境极其恶劣，当地人大多外出务工，离开了家乡。在外打工的马俊河为了保护家乡不被荒漠吞噬，回到家乡。他带领乡亲种瓜、枣、枸杞等农作物，一方面实现了增收，另一方面也保护了家乡的环境（如图 3-24 所示）。

图 3-24　沙瓜先生

马俊河和志愿者们已经种了 10 年树，但这个故事却没多少人知道。“真的有料”前往当地拍摄了一部微纪录片，感动了上百万人，不仅带动了产品的销售，还招募了许多志愿者前往当地公益种树治沙。

在做品牌定位时，他们没有选择讲口感和地域，而是把它定义为“中国治沙生态瓜”。这是一个全新的概念。在设计包装箱时，利用箱子的四个面，分别简要地讲述了这个故事。用户收到“沙瓜先生”时，包装内有一个小玻璃瓶装着民勤当地的沙，以此感谢用户为治沙做出的贡献；还有当地的特色面糊，将其撒在蜜瓜上一起吃，能够体验当地独特的美食文化。

这些非常有特色的小细节，都是让用户自发传播的导火索。

名字只是品牌的衣裳，真正让品牌广为传播的一定是品牌的内核。所以，我们要在品牌内容上下功夫。洞察消费者内心的需求，创造有用、有趣、让人感动，能够自动传播的内容是最重要的。

第五节 品牌运营之道

品牌运营要注意以下几个方面：

首先，以建立强势品牌为战略目标，创建新型组织，创建并拥有品牌形象；这一品牌形象应该具有明确的核心及价值主张，打下富有内涵的文化基础；品牌形象必须足够立体，并经过充分界定；品牌具有足够的导向性，保证今后开展的营销活动都能与总体目标一致，没有分歧，更不矛盾。

另外，还要做好组织内外资源的管理和维护，做好协调，建立一种有效的管理机制，保证产业链上所有业务能高效、低成本实施，共同实施统一的、协调的品牌战略。

最后，要重视公共关系和社会关系建立，建立好跨平台、跨媒体合作，跨市场协调工作。

品牌建设已成为农业经济发展不可逆转的趋势。但是，举步维艰的渠道建设、高昂的传播费用，以及信息不对称带来的产销不平衡问题，使农产品经营者在塑造品牌时一筹莫展。褚橙、柳桃、三只松鼠等互联网农业品牌的迅速崛起，让传统农业企业看到了希望。

通过互联网技术及互联网思维的运用，可以从金融、生产、渠道、传播、销售等各个环节改造传统农业，并塑造出新型互联网农业品牌。随着农产品食品网购的逐渐普及，将农产品搬上电商平台，运用互联网思维建设农产品品牌是所有人的梦想和追求。

一、“郝苹果”品牌打造

在山西，一个没有任何知名度的苹果县城——翼城，2016 年却成就了一个小而美的品牌——中国“郝苹果”（如图 3-25 所示）。

2016 年国庆期间，山西新农人邀请新农联秘书长郝彦明到山西翼城考察苹果生产情况。山西翼城种植苹果有着几十年的历史，但当地经济长期重视煤矿产业，农业处于自然发展相对落后的境地。从地理纬度来看，翼城属于苹果的优质产区，但由于信息闭塞，当地农人没有品牌意识。消费者多数了解的是烟台苹果、洛川苹果、天水苹果等。同样的种植环境，价格却有着巨大的差异。翼城苹果的口感可以用惊艳来形容，但价格却是整个苹果生态区中最低的，经常滞销。

针对这样的情况，新农联秘书长郝彦明决定用自己的品牌以及 IP 为翼城苹果代言（如图 3-26 所示）。郝彦明是有着十几万微博粉丝及上万微信好友的网络大 V，在微商和农业圈内有着较大的影响力。但他第一次尝试用自己的 IP 为翼城苹果代言，也是需要付出极大的信任成本的。这时，他选择和新农联另外一个成员邹健合作，开始联手打造互联网第一农产品 IP 草根品牌——中国“郝苹果”。

图 3-25　中国“郝苹果”

图 3-26　郝彦明用自己的品牌为“赫苹果”代言

那么，如何从无到有打造整个品牌呢？

1. 包装设计

这个品牌最初的灵感来自郝彦明在苹果园的一张照片。这张照片把一个新农人的情怀表现得淋漓尽致，所以在设计包装的时候，就把这张照片设计成了邮票形式，寓意把这份情怀传递给消费者（如图 3-27 所示）。

图 3-27　每箱苹果里印有郝彦明代言头像的明信片

把情怀融入包装，是消费者拿到产品后的第一个感觉。所以，包装设计要有灵魂，这一点很重要。

2. 自媒体传播

得益于郝彦明在社群的影响力，以及在微博、朋友圈的通道，持续传播的"郝苹果"营销内容，吸引了无数微商、消费者产生兴趣，并产生好感。

"郝苹果"微博话题传播达到百万次，朋友圈内容基本天天被刷屏，自媒体营销产生了意想不到的效果。

3. 产品质量是品牌的推动力

通过内容、包装设计及网络大 V 的推动，在农业圈内，"郝苹果"成为传播热议的话题，但更为重要的是产品本身的质量。对于产品质量，当地合作方严格把关，每个流程都一丝不苟。首批发出去苹果 3000 件，竟然带来将近一周 1 万件的复购，山西翼城苹果知名度打响了。

品牌如何塑造 IP？笔者认为，打造品牌 IP 需要内部造血和外力赋能同时进行，形成天然聚合粉丝及自我赋能的能力。这样才能称为 IP。

IP 品牌，讲的是故事，传递的是情感，输出的是价值观。IP 品牌具有以下四个明显特征：

（1）天然的聚合力，具有天然的个性魅力。

（2）具有感染力，能够激发情感触动，不经意间就能撩拨消费者的心。

（3）拥有明确价值观，有自己独特的个性。

（4）具有创新性，自带话题，无论产品、渠道、传播都有自己的撒手锏。

二、"柿子红了"品牌打造

2016年，另外一个非常精彩的农产品品牌案例，非"柿子红了"莫属（如图3-28所示）。

在陕西富平曹村，一个新的农业品牌诞生了。在没有任何广告的投入下，全部依靠微电商自媒体，"柿子红了"这个品牌被微信指数收入，2017年被评估品牌价值1800万元。这个案例像教科书一样成为经典。

(a)“柿子红了”展示图

(b)富平柿饼晾晒图

图 3-28 “柿子红了”展示图与柿饼晾晒图

2016 年 9 月之前，柿饼在年轻人心中是爷爷奶奶辈吃的零食，像这样的农产品，在中国各地比比皆是，但品牌策划人邹健却看到了商机。

如果你在秋天来到富平曹村，映入眼帘的便是漫山遍野的红柿子，像油画一样美丽。陈平，一个看上去饱经沧桑的西北汉子，有一个伟大的柿饼梦想。

在推出“柿子红了”以前，富平的柿饼基本就是简单加工，然后低价进入超市，或者当原材料被韩国人收购，农民基本没有太多收益，以致种植面积有减少的趋势。在韩国、日本，柿子文化及深加工衍生出很多产品。富平柿饼这样的现状激发了陈平想要改变它的决心。

2015 年，陈平就投入很多精力打造品牌，走过很多弯路。他花了不少钱请人做设计，走大城市精品路线，包装材料几乎用销售月饼的高端材料，最后成本可想而知。由于不接地气，产品销路出现了很大问题。

农产品品牌之路到底怎么走？邹健团队应陈平邀请进行了全方位的策划。

第一步就是定位。首先要想到产品卖给谁？消费者怎么吃？和谁吃？在哪里吃？

在经过大量的市场调研后，发现柿饼的主要消费群体是中老年客户，就像很多传统的中国土特产一样。让年轻人成为富平柿饼的主力消费群体，成了产品设计的初衷。

第二步是根据定位人群设计包装，从颜色到消费群体的消费时间，再到消费习惯，制定产品重量 520 克和 1314 克，设计出 2016 年最经典、最火爆的农特爆款。

两款产品的设计，定位于不同的人群，销售时间也不尽相同。

第一款闺蜜版用来引爆市场（如图 3-29 所示）。闺蜜的含义：闺，大家闺秀，体现产品的秀气，深居闺中的神秘感；蜜，顾名思义，就是甜美的意思。为什么叫闺蜜版，因为定位消费人群是 1988 年出生至“90 后”的未婚年轻女性，引导社交元素中的闺蜜文化，用闺蜜文化来引导这些消费者帮助裂变产品。

销售前期通过“闺蜜”这款产品去引爆市场，立即就获得了“90后”的疯狂追捧。“90后”女性吃厌了工业化的产品，当这款个性化包装产品进入她们的视线时，整个市场迅速被打开了。闺蜜版富平柿饼成为整个柿饼市场的宠儿，溢价竟然高达2倍多。

在全国农特微商圈，以及重点城市的高端超市、进口食品店都不约而同地宣传这款产品。央视的《消费主张》《致富经》等栏目也被吸引过来，央视连续报道更是把“柿子红了”推到了史无前例的高度。

进入12月，过年的气氛越来越浓郁，“柿子红了”的合家欢（红色版）带着浓郁的年味进入了过年送礼的庞大市场（如图3-30所示）。以往过年，总是送水果、补品、干货类千篇一律的东西。当闺蜜版客户产生复购的时候，这款过年版合家欢在节日送礼的众多产品中赢得了“80后”的青睐。很多企业女性白领自发要求团购，也引发了企业送礼、家庭送礼、商业送礼大批量采购合家欢版柿饼。

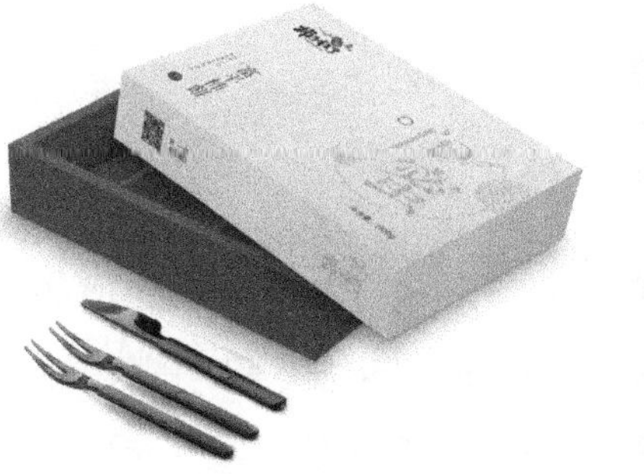

图3-29 “柿子红了”闺蜜版包装图

图3-30 “柿子红了”合家欢版包装图

这是中国农产品首次走上了时尚的舞台，走上了国际的舞台。当然，品牌的背后还是品质。为了保证品质，陈平投入从日本引进的先进生产设备，申请并通过国家绿色产品认证，这在国内也是首创（如图3-31和图3-32所示）。

图3-31 “柿子红了”现代化工厂

图3-32 陈平介绍柿饼制作工艺

2017年1月，销售的高峰期来了，越来越多的销售团队加入，整个微商界满屏全是“柿子红了”。从生产车间到打包车间、快递发货、内容运营、渠道对接、客服部门、销售代理、消费者……处在不同区域的团队通过互联网协作造就了中国农业互联网品牌的神话故事。

过年了，曹村的合作社开始分红了。农民到“柿子红了”基地大富合作社领取分红时的热闹场景，每一位农民的笑容让为此付出的工作人员动容。

中国的农业从地域品牌到企业品牌、产品品牌的发展之路，充分说明了品牌在目前农业发展中的重要性。品牌运营的核心，还是找到品牌的核心灵魂，建立互联网传播营销的产品和品牌系统。我们希望有更多的企业品牌、产品品牌诞生，共同推动农产品上行。

第六节　品牌品质之道

品牌资产具有无形性，难以准确计量，品牌在使用中能不断增值，增值中价值易于波动等特征。品牌的价值和提升度可以用品牌知名度、忠诚度、品牌的联想、品牌的形象及那些附在品牌上的其他资产，比如专利、渠道等来衡量。可以自己或者邀请专业公司定期评估。

在欧美，农民世代都在种植一个产品，质量代表他们的信仰，对土地和农作物有着起码的尊重。但目前在中国，农产品良莠不齐，农户急功近利的行为很常见。

随着经济的发展，消费者的诉求已经发生改变，从吃饱到吃好，再到吃健康的理念发展，让中国农业涌现出一批具有时代感、知识和情怀的新农人，是他们推动着农业升级换代。

一、阿智的极致荔枝

当我第一次踏入阿智的基地，就像进入杂草丛生的原始森林一样。他有着谜一样爽朗的笑容，特别是那一双憨厚透明的眼睛，这是在城市中很难见到的。

阿智毕业于中山大学，偶然得知农业生产过程中各种除草剂、无机化肥残留对人体的危害，于是决心投入有机农业中，这一坚持就是 10 年。

有一年，有个收购方预定荔枝，提前交了订金。等快交货时，荔枝却长得非常小。在市场上，这么小的荔枝根本卖不出价格。阿智面临对方退货的风险，一脸沮丧。有人给阿智提了个建议，只要稍稍使用一点化肥，果子短时间就能增大，价格还能提高。这一来一去就是 30 万元的收益。阿智没有动摇，断然否决了这个建议，情愿无条件地退还订金，也不愿意违背自己的初心。

因为这样的坚持，2017 年，阿智的荔枝得到了所有客户的高度认可。阿智甚至没有太多的营销策略，所有重点放在品控上。内行人都知道，荔枝是所有生鲜水果中，风险系数最高的，品控做得不好，就很容易腐烂。

阿智的品控是怎么做的呢?

采摘严格要求。第一，果实三分之二红；第二，果底部开始泛黄；第三，果底部要尽量圆（有些激素用得多的果难圆），纹路尽量展开。能达到这三点的果最漂亮，称为八成半果，但实际操作过程中难度很大，因为工人摘果会有误差（摘果工人数多难统一）。要最大限度地减少误差，就只有把八成半果的数量尽量留得多一些再摘，但这样无形中加大了果园的风险。如果没有订单在手，八成半果在树上不能超过三天，而且荔枝一天一个价，没有稳定的价格果园是不敢留果的。另外，熟果的热度相对青果会更高，所以在采摘下来后要尽快做预冷处理，以保证果品品质。

荔枝采摘后，还有困难需要克服。采摘的荔枝要提升达标率，而且要快让果冷却，安全存储。

荔枝从采摘到打包发货每个环节都不能有一丝马虎，不然很容易出现损耗。在选果环节，关键是工人的熟练程度、对果品的把握，要高标准要求工人。八成半以上果，摘果时往往会有一些果个头挺大但颜色不达标，有些工人不舍得筛选出来，觉得丢了太可惜了。这种行为被严格禁止。

阿智的荔枝是自然成熟，生产中没有使用化肥和激素，所以更耐存储一些，前提就是采摘环节和预冷环节的保鲜要做好。销售期结束后，阿智荔枝售后比例只有千分之三。这样的比例在行业内也是罕见的。从种植到最后走入市场，每个环节都需要专业的知识、科学的方法、匠人的精神才能把产品做好。品质不仅是方法，或者口号，更是新一代农人的精神和新的中国农业的标准。

二、冬树的极致猕猴桃

新农人追求品质的案例很多。来自陕西的冬树，产品不是很有名，但他的粉丝却跟随他多年。

冬树的初衷很简单，只为给孩子种出无激素的好果子。在他小孩出生的时候，机缘巧合，吃到了朋友从原产地寄给他的一盒没有使用膨大剂的猕猴桃。那个味道令他难忘，他决心揭露猕猴桃种植中膨大剂被滥用的现状。

1. 从种植优质果开始

通过寻访专家、学者及无数的种植基地，冬树了解到膨大剂会使猕猴桃口感大幅下降，储存期也会大大缩短，很容易腐坏。一般情况下，使用膨大剂猕猴桃亩产可以达到 1900 ～ 2100 公斤，甚至更多，而不使用膨大剂往往产量一半都不到。在利益驱使下，在市场上，不使用膨大剂的猕猴桃难觅踪影。一般果农家，也只会留几棵树的果子，不用药，自己留着吃，或者送城里的亲戚朋友……

另外，很多朋友因为猕猴桃种植使用膨大剂这个事，已经对国内的猕猴桃丧失信心，不再买猕猴桃吃了。作为父亲，当了解到膨大剂有可能对孩子的生长发育造成影响后，他便下决心去种无膨大剂的健康果，想要给孩子们吃上安心的好果子，给猕猴桃这一原产于咱们国家的“水果之王”正名！

从此，秦岭北麓山脚下这片“世界猕猴桃原生中心”“中国猕猴桃之乡”“猕猴桃国家地理标志保护产区”，便有了“山水秦岭无激素健康猕猴桃”（如图 3-33 和图 3-34 所示）。

图 3-33　冬树的自然生长翠香猕猴桃宣传图

图 3-34　山水秦岭无激素健康猕猴桃包装图

冬树守在计算机前不断补习猕猴桃种植知识，无数次在漆黑深夜独自开车往返基地……从未接触过农业的冬树，一起步就是从种植开始，而且要做跟行业潜规则对抗的事。一路走来，无数个坑，该吃的不该吃的亏，他都吃了一遍。在身心疲累和煎熬中，第一季“山水秦岭无激素健康猕猴桃”终于上市了。

2. 品质决定口碑传播

2015 年度，"山水秦岭无激素健康猕猴桃"作为市场上难得的良心种植的无激素猕猴桃上市。最初，面临各路激素果的价格战包围，销售十分惨淡。很多消费者都不理解他们的果子为什么比一般的猕猴桃要贵。初期销售的惨淡，让冬树经常彻夜难眠，总有"出师未捷身先死"的悲壮念头浮现在脑海。这么好的东西，真正良心种植的好果子，市场怎么会不接受呢？难道大家买吃的东西，给孩子和家人入口的东西，真的只看重价格而不关注品质吗？

皇天不负有心人。不久，随着复购的到来，果子越卖越火。消费者吃过无激素的果子以后，普遍反映比进口的果子还要好吃很多。有很多消费者通过各种渠道发来让人暖心的好评和鼓励，带给他们温暖和感动。

上海有一位客户已经全家移民新西兰，但是生意还在国内。有位朋友送了她一箱"山水秦岭无激素健康猕猴桃"，她吃了以后，专门委托朋友发来信息，说这是她全家吃过的最好吃的猕猴桃，超过在新西兰吃到的。后来，她分几次购买了将近 100 箱送给国内的朋友和客户。

还有一位客户，是在住院过程中，听到同房的病友推荐"山水秦岭无激素健康猕猴桃"，出院回家后念念不忘，下单给孩子买来吃。

功夫不负有心人，"山水秦岭无激素健康猕猴桃"最终在 2015 年度取得了 100% 的好评，接近 100% 的复购率。

品质不仅是责任，更是一种精神。品牌品为先，没有品就没有牌。任何时候，我们都要把品质打造放在首位。

第七节　品牌包装之道

品牌设计出来绝不意味着一定能持续永久。应该随着环境的变化对品牌重新定位包装，重新设计，塑造符合时代特征的新形象，为品牌补充新营养。品牌重新定位包装首先应该定期分析现有品牌，了解品牌扩展的可能性；审慎扩展强势品牌，注重品牌形象的统一，牢记产品的市场生命周期，避免品牌被株连，做好风险控制。

在农产品营销中，说到包装，台湾的“掌生谷粒”是最有代表性的。

产品带有泥土和稻花芳香的包装设计，最终获得了包括 2010 年中国台湾文创精品金奖、2011 年德国红点设计大奖和 2011 年亚洲最具影响力设计大奖在内的诸多奖项。

“有机的耕作，是一场安静的农业革命”——他们推出了有机养生的“一齐米”，农田位于花莲，用溪水浇灌，用牛粪养田，粮食生长完全依靠自然养分；碾磨的时候也特别注意力道，以求保存“那传说中吉光片羽的古早味”（注：古早味，闽南语，意为老味道）。而这样精心培育出来的粮食，更要用心包装来衬托。他们选用朴实的牛皮纸和纸藤搭配棉纸与笨拙的书法，每包米都手工称重、包扎，严谨而扎实，携带这一季最温热敦厚的情感（如图 3-35 和图 3-36 所示）。

图 3-35 “掌生谷粒”产品包装

图 3-36 独具匠心的乡土气息设计

掌生谷粒的每包米，都是手工盛装、称重、卷扎，“让内外的精神一致”。一个个仪式般虔诚的动作，只是为了让农夫的汗水、大地的风雨，能真实地传递给每一个收到这包米的人。“这不只是一包米，而是我们深深的祝福与掌声，对农夫，对大地，对收到与送出这份礼物的人。”

掌生谷粒希望做一个中国台湾农业的百年品牌，而“以农利国”就是它的核心价值。向内深度探索，以精致且细腻的手法创造台湾农产品的附加价值，向外输出文化，传递台湾当地生活的文化价值。这个农业品牌既照顾到产地的“生意”，使之生生不息，并且借由经营过程中的记录与传播，提升产品形象、深化产品价值。这是一种与当地农民建立的创新的伙伴关系！掌生谷粒就好像“出版”农业作者作品的出版社。农民们专心顾好每一期的收成，就像作家负责耕耘文字；作品的设计包装行销企划则交给有感情的专业团队。而劳动的生产者，仍是食物的拥有者。

浏览掌生谷粒网站，印象最深的是看到他们说：“这样简单的一包米，在我们心中填饱的不只是日常生活，也是饭桌上情感交流的媒介，更是对这座岛屿自然的渴求与尊敬”，“守护土地的农夫，不刻意布道，只是低头弯腰向土地致敬”（如图 3-37 所示）。

图 3-37　掌生谷粒宣传图

从掌生谷粒的包装和文案中，我们要学习的是尊重自然的态度，是对中国传统文化的诠释。农产品的内在价值就在农业和农耕之中。透过普通的白米，传达和呈现的是农业深厚的内在价值。

台湾农业在品牌创造过程中特别重视用文脉来提升价值，用文化创意和历史感来拓展农产品的市场。当传统科技遇上文化创意后，农业会变得时尚、充满情感并且变得有体验感。用文化手段去改造农业，农业会把生产、生活、生态更加完美地呈现在消费者面前。

只有传统农业加上文化创意产业才能真正地把农业做成第六产业。对此，品牌专家李志起老师有 6 个建议：

（1）战略：突出自己的特色，做出自己的个性。在台湾，我看到很多小而美、小而强的农业组织，产品都非常有特色。我想这应该成为我们的首选，农企哪怕只做一个产品，也要力求做精做强。

（2）经营模式：因地制宜。台湾农业在市场半径、经营规模等的考虑上都特别精细，很好地把握了周边市场。

（3）营销：深挖风土人情，嫁接文化。在服务的近 300 家客户中，我发现，那些能静下心来，在身边好好寻找历史、寻找打动人心故事的企业，不但产品能持久，更有着深厚的企业文化，这点是值得农业企业好好借鉴的。

（4）产品：追求一鱼多吃，创造更多的消费。农产品需要多加工、深加工、精加工。这样才会更贴近消费者的需求。

（5）沟通：多讲故事，多用情感制造溢价。当下营销的关键，是要会讲打动人心的好故事。在台湾，随处可见那些很温暖、很人性化的语言，即使是超市展台前的产品介绍，都充满着深深的情义。掌生谷粒就是用情感去沟通的好例子，它的每篇文字都能做到温暖并打动人心，所以尽管价格稍高，却仍然颇受消费者的欢迎。这就是多用情感制造溢价，赋予农产品充分的情感。

（6）形象、设计：一定要做好。这些是在细节上做一些提示，有些改变就像窗户纸一样一点就通，关键是怎么去利用，怎么静下心去找灵感。农业需要好产品，更需要好的营销。

放眼全国，我们拥有博大精深的饮食文化和农耕文明，农业企业家大有可为。正如品牌专家娄向鹏所言，未来 20 年，世界看中国，中国看农业，农业看品牌！品牌改变农业，农业改变中国！

第四章

“互联网+”农业创新营销

“互联网 +”农业作为互联网的重要组成部分，必然伴随着互联网精神和内容的不断融合。所以，具有互联网思维的一些生活方式、模式必然会在农业中融合运用。

进入移动互联网时代，农产品电商的发展也有了新进程，考验大家的不仅仅是产品商品化、商品网货化，还考验网货品牌化、品牌社交化、社交联合化、联合产业化。农村电商从早期的拼勇气、拼产品、拼活动、拼流量进入了中盘的拼实力、拼联合、拼链条的阶段，与时俱进，不断迭代是我们的出路。

第一节　农产品电商营销的主要模式

我国按照营销主体，传统农产品流通的模式大概分 4 种类型。

类 型	商品附加值	物流半径	物流成本	组织程度	流通效率	典型代表
生产者主导	低	极其有限	高	低	低	农村集市
低零售商主导	较高	有限	较低	较低	较高	农超对接
批发市场主导	较高	大	高	较高	低	
龙头企业主导	高	大	较低	产销关系紧密	一般	

资料来源：阿里研究院

整体来讲，我国传统农产品流通模式呈现出“结构不对称性”和“权力不平衡性”的主要特征。农产品流通的渠道结构呈现出“中间大，两端小”，农户中间流通环节纷杂，流通效率低下；同时农产品流通的渠道权力严重向农业龙头企业、规模批发商，甚至大型零售商倾斜，农户基本没有话语权，他们的利益得不到保障。

发展到互联网营销阶段，目前农产品电商主要是这几种基本模式，在此基础上有一些创新。

（1）平台卖货模式。典型的就是到各平台开店，比如淘宝、京东、苏宁易购等网络平台。这种模式，对产品和运营的要求较高，也有一定的资金要求。这种模式一般是产品相对固定，顾客不固定，以产品运营为核心，玩的是综合实力。

（2）朋友圈微商模式。这种模式以微信朋友圈最为典型。这种方式一般运营者和客户都是强关系。因为朋友圈和公众号导流的微店，都相对封闭，不存在比价的可能性，所以基本都是跑毛利的。这种模式以客户运营为主，甚至需要对用户进行一对一维护；好处就是只要用户信任你了，基本不会出现再去货比三家的情况。

（3）农场基地供货模式。这部分用户基本是自有种植基地或者养殖农场，他们给网店或者微商供货。这样他们就可以把精力集中到产品上，不必要为拍照、产品上架、运营推广、客服售后等繁琐问题分心。

1. 极致单品小而美

通过产品品种、品质、品牌、包装、体验、传播等，让消费者得到美好体验，通过口碑传播，不断产生新的购买。这种模式虽然在传播方面不断变化，但会长期存在，而且也是农产品上行的主要模式。前面介绍过的扁担姐的大闸蟹、余姚梅老大杨梅、玉米兄弟农场等都是典型代表。

单品突破是网络传播特点的必然产物。互联网传播只认第一，不认第二，所以只有让自己的产品迅速占领细分领域的第一和唯一，才会被迅速传播，才会有巨大的消费热度。

2. 超级单品供应链

供应链是农产品电商的生死链。中国有很多地标产品，不仅有特色，而且规模也很大。比如烟台苹果、洛川苹果、赣南脐橙、库尔勒香梨，等等。农产品上行最终还是要落实到产业的带动上去，新西兰的佳佩奇异果就是最好的榜样。随着移动互联网的发展，跨地区跨行业营销联动成为现实，所以整合资源打造区域超级大单品供应链也成为方向。2016 年，春天柏军果品的日供 2 万单樱桃供应链、中秋节期间陕西武功县日销 8 万单猕猴桃的供应链就是典型案例。

新农人对农产品上行最大的贡献，不在如何种植和加工，而是营销和供应链服务，让好产品能够走出最初一公里，完成最后一公里，走向消费者餐桌。在供应链服务方面，也有巨大的发展空间。陕西新农人何飞杰原来是做洛川苹果电商销售的。在电商实践中，他看到大量农产品做电商需要供应链服务，及时转型做供应链服务商，不仅解决了很多产地农民的实际困难，自己的利润也翻了几倍。

"销而优则供"，做供应链服务现在是很多优秀农产品电商创业者的新方向。

3. 季节性大单品联合作战

新鲜水果单品的销售时间很短，像樱桃只有 15 ～ 20 天，为销售产品打造的专业团队如何发挥更大作用？沿着产品的成熟时间推进销售的芒果军团、樱桃之旅、草莓世家等，已经有了很好的探索。而同一个团队不同时间段做不同的单品也有很好探索（如农优一百李恩伟：柚子、樱桃、桃子、螃蟹）。另外，在新农人里，不同单品团队合作也很好，比如芒果团队做螃蟹、苹果团队做芒果等。

从目前的实践看，不同单品团队合作具有巨大的发展潜力。这样做，既符合互联网的合作精神，也具有专业深度，强强联合，资源共享，产生 1 加 1 大于 2 的效果。

4. 深加工产品有深度

2015 年，加工产品在农特产微商领域已成为重要亮点。新农人“果大王”能够在三个月实现月销售 200 万元以上，是因为有螺蛳粉这个深加工产品。黄桃罐头这个深加工产品让很多团队和经销商迅速崛起。陕西的柿饼、面皮、肉夹馍等也让很多团队销售火爆。土豆姐姐、扁担姐姐能够“永红”也在于她们土豆饼、Q 蟹仔、咸鸭蛋等深加工产品的开发。同样，在农特产电商领域，深加工产品具有特别的优势。

5. 农旅结合生态链

农业是生产、生活、生命、生态、生意的综合体，在移动互联网时代，我们的体验更加生动。不仅是农家乐、采摘、体验，与农村、农业、农民生活娱乐相关的，一切农村与城市消费者相连接的产品和服务，一切基于移动互联网的生活，我们都可以将其变成一种农产品电商模式。

6. 全网营销拼协同

早期的网商一般是在一个电商平台或几个电商平台发力就可以了。随着移动互联网的普及，现在的大网商很多是网络生态系统了。他们既是天猫淘宝的宝贝，也是微商的榜样，同时还是各种平台的供货商（如西域美农）。烟台的柏军果品就是如此，在天猫、淘宝、拼多多、微商平台加团购，做得风生水起。农特产微商的黑马马锐，凭借多年“淘系”的战斗力做微商，第一个月就实现销售百万元，现在的团队也是在淘宝、有量和拼多多上协同作战。

7. 跨社群联合操盘

2016 年，年货节兴起的多种产品联合操盘，2017 年有了新进展。春节后“你好芒”

的芒果基地一下子去了几十个团队，烟台“柏军果品”、“蟹先生”阳澄湖螃蟹也是如此。未来很多好的生产基地会变成多个品牌、多个社群、多个团队的联合基地。而年货节各自带着优势产品联合作战更是成为常态。

8. 品牌营销显魅力

如果说 2015 年以前还可以通过一个好名字扬名立万，现在只有好产品、好供应链、好服务、好传播为核心内容的品牌才能有立足之地。产品商品化、商品网货化、网货品牌化、品牌社交化考验每一位新农人。农产品营销不仅要解决商品到货币的转化，更要实现可持续地增值和增收，这就必须要有品牌打造。在社会化媒体传播营销中，没有品牌的产品无法让消费者信任，尤其是在农产品同质化很严重、食品安全被高度重视的今天。在“褚橙”“柳桃”“潘苹果”之后，新农人的品牌营销更是精彩纷呈。

9. 线上线下相结合

线上营销我们有很多探索，便如果总是基于线上传播，哪怕有几万人的团队，也像过山车似的，销售过山车、团队过山车，团队成员今天是张三的，明天就是李四的。如何解决这个问题？方法是将线上线下的营销活动相结合。今后最强大的农产品电商一定是线上线下相结合，提供精准社群（社区）服务的。

10. 政府搭台，企业和农民联动

“互联网 +”及“精准扶贫”，给农产品电子商务的推进，注入了长期的政策能量，给农业电商创业带来机遇。在我国，政策红利是重要的推动力。如今各级政府对农村电子商务极其重视，“互联网 + 农业”已经成为标配。这种形势下，必然有更多的农民觉醒，更多的农特产品进入商品化、网货化、品牌化序列中。政府搭台，企业和农民联动成为未来重要的趋势和生态。

没有一成不变的营销模式，只有始终如一的高品质产品、供应链和服务。所有的模式需要的永远是自己差异化的高品质产品，同时具有互联网合作精神，做好应有的连接。

第二节　为农之道

农产品电商的基础是“农”字，核心也是“农”字。不懂农业，没有品质过硬的农产品，再好的营销，也是昙花一现。扎根“农”字才可以让电子商务成为有源之水、有根之木，同时也让我们的传播更接地气、更富有生命力。让农民增收致富、让农业科学发展、让农村繁荣美丽，这是所有新农人肩负的神圣使命，问题在于，这个“农”字如何在营销推广中体现出来。

城市小农郝色彩通过矫情的营销，把农业生产过程、各种农业元素尽情传递给了消费者。

郝色彩在南京种植了几百亩的水稻（如图 4-1 所示）。针对大都市的白领消费人群，她公开展示了自己用心到“矫情”程度的生产加工过程（如图 4-2 所示）。

图 4-1　“矫情”的郝米种植田

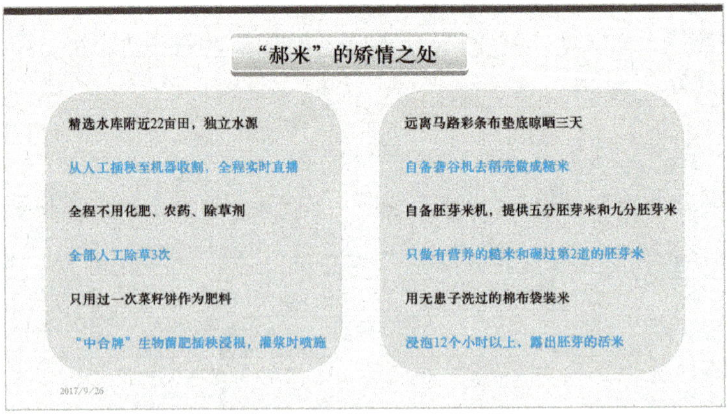

图 4-2　“郝米”的矫情之处

（1）选择种植地非常矫情，一定是山泉水流过的田地，没有任何污染。

（2）选择种子非常矫情，不仅要非转基因的口感最棒的老品种，而且还要做水土检测，是最适合当地水土的老品种。

（3）肥料和杀虫更加矫情，全部是接地气的专家把关。

（4）耕作管理必须全部是人工，因为机械烧汽油，也有污染。

通过以上良田、良种、良法的展示，让消费者初步了解了她的认真。但是，这些要素大部分生产者都可以做到，她需要进一步展示她的亮点。

（5）针对消费人群主要是大城市的白领，很多人没有亲自到过稻田，她通过稻田里的青蛙、水蛇、野猪的脚印等来展示稻田的良好生态。所有的听众都不由得惊呼：哇，有水蛇！哇，还有野猪的脚印，生态环境太棒了！

消费者被吸引与购买之间还是有一段距离的，所以还要展示她的用心。

（6）人工收割、很精心地晾晒……她进一步演绎。哦，她装米的口袋都是纯棉布的。这还不算矫情，最矫情的是，要用无患子洗过的纯棉布来装大米……看到这里，所有的人都被震撼（如图 4-3 所示）。一个如此矫情的女人做出来的大米，还有什么可挑剔的呢？

图 4-3　用无患子清洗过的装米布袋

看到这里，每个人都想马上品尝“矫情”的大米。郝色彩是在南京种植的大米，无论如何矫情，她的大米能跟东北五常大米直接比口感吗？客观地说，一定是有差距的。比如，北京的白领消费者一定是常年吃五常大米的，直接品尝南京大米一定不会点赞的。怎么办？她想到了“田忌赛马”，比优势。

（7）她对自己的优势太了解了，所以有备而来。她的糙米已经浸泡了 12 个小时，肉眼能够直接看到小胚芽了。她把已经长出小胚芽的米先给大家看，面对可爱的生命，所有的人都会心头一软（如图 4-4 所示）。这时，她再把糙米做成米饭给大家品尝，所有的人都觉得太香，太有味道了，于是争先下单购买。

图 4-4　12 小时糙米浸泡

真是矫情到家了。笔者向她要一百斤，她不卖。为什么？因为活的胚芽米，最佳食用时间不超过 15 天，15 天你家能吃多少米？

矫情营销的启示：

（1）做农产品需要坚持情怀和初衷，做出高品质的产品。

（2）极致的产品来自每一个细节。

（3）为用户展示生产过程，让用户体验和感受（如图 4-5 和图 4-6 所示）。

（4）不断创造用户感兴趣的热点。

图 4-5　直播种植过程①

图 4-6 直播种植过程②

因为这种认真到极致的矫情，所有人都理解和了解了她的用心，从而产生对产品的信任，所以都成为忠实用户。

农业并不神秘，也不需要忽悠。把农业生产过程真实展示出来，把你的用心通过细节展示出来，消费者一定会用购买投票的。

第三节 为商之道

既然电商的落脚点还是商务，我们还是要用心做好"为商之道"。商务营销所涉及的产品、价格、渠道、促销，消费者关心的产品亮点、痛点、价值点，人性追求的独占感、炫耀感都应该是我们关注的。既然商务是核心，我们就要去深入研究，找到农产品适合网络特点的营销方法，创造我们的营销佳作，体现农产品的尊严和价值。

百瑞源枸杞通过性感营销，将土特产卖出了金子价。这一著名案例，就是通过亮点、痛点、价值点的挖掘，充分体现了普通农业生产的内在价值。

这个案例是品牌策划大师李志起老师的佳作，"一斤枸杞卖到 2000 元的秘密"。

宁夏枸杞非常著名，但在当地，一斤散装枸杞一般都是 20 元左右。龙头企业百瑞源公司为塑造品牌，请李志起团队去策划。作为国内著名的营销策划团队，肯定不能在 20 元这种区间找噱头，必须找到百瑞源枸杞的独特亮点。

1. 发现亮点：头茬枸杞让百瑞源脱颖而出

李志起老师的团队经过深入调研，发现了头茬枸杞这个亮点。头茬枸杞颜色鲜亮，口感鲜美，营养更丰富。这个亮点的挖掘吸引了所有人的眼球，价格立马涨到 298 元 / 斤。

但是，亮点就像美女的漂亮衣服，不能永居价值高地。头茬枸杞不是百瑞源枸杞独有，所有的枸杞都有头茬枸杞。今年百瑞源首先发现这个亮点，收获首发红利，明年所有的枸杞都说自己是头茬枸杞，百瑞源还能继续收获高价红利吗？

2. 解决痛点，继续端坐价格高地

能花费 298 元买一斤百瑞源头茬枸杞的人肯定都是讲究生活品位、珍爱生命的人，他们最注重的是食品安全。很多枸杞不仅有农药化肥重金属残留，加工中也会使用硫黄。枸杞本是营养品，但很多因此变成了慢性毒药。这是消费者的最大痛点，解决痛点应该能够占据价格高地。

李志起团队马上去做各种检测。他们高兴地看到，百瑞源枸杞经过 700 多道农药重金属残留物检测，检测结果全部为零，太棒了！

3. 挖掘人性：炫耀感、独占感的实现

一切营销到人为止（钱在人的手上），所以营销之道一定要对人性进行挖掘。独占感、炫耀感是人性中很重要的感觉。为此，李志起团队进一步策划，只有极少数 VIP 会员才能享受到百瑞源那个山头 700 多道农药重金属残留物检测为零的头茬枸杞，价格每斤 2000 元。这和高尔夫会员一样能够彰显尊贵身份，百瑞源头茬枸杞马上供不应求（如图 4-7 所示）。

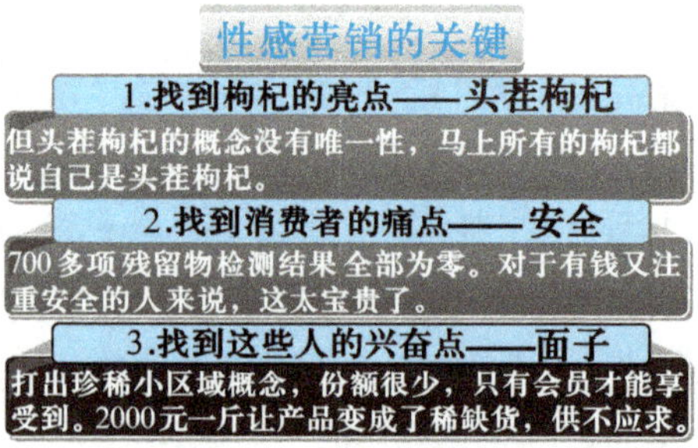

图 4-7　性感营销的关键

这个案例比较极端，但值得我们深思。

（1）红海中永远都能找到自己的位置。

（2）好产品永远都是第一位的，没有好产品，策划没有根。

（3）新农人和产品都值得深挖价值和故事。

（4）人性的高度，永远不能忽视。

性感营销的核心不是亮点，而是价值点。新农人做营销一定要找到自己的差异化价值点。“我很丑，但我很温柔”，温柔是你的核心价值所在，只要你用心奉献你的温柔，你也是很性感的。

农产品上行是我们的使命，让好农品更有尊严和价值需要我们永远进行修炼。钻研营销之道，我们永远在路上。

第四节　跨界合作之道

现阶段打败你的不一定是对手，而是一个过路人。

因业绩下滑，尼康宣布关闭中国的工厂。尼康是被同行打败的？不是。尼康表示是由于智能手机的普及。

你不跨界，便有人跨过界来“打劫”。这句话警示所有的市场竞争者。我们的对手已经不是传统意义上的对手了。比如，康师傅和统一方便面销量急剧下滑，它们的对手却是美团、饿了么等食品外卖网站；打败口香糖的不是益达，而是微信和游戏“王者荣耀”。在超市收银台这个消费场景，过去顾客在排队交费的时候感觉无聊就往购物篮里拿上两盒口香糖，今天大家都在看微信、刷朋友圈、玩“王者荣耀”。共享单车一元钱随便骑，卖自行车的店铺、修自行车的小摊子，生意都一落千丈。

在这个飞速变化的时代，你无法想象下个竞争对手是谁，你也很难猜到新兴的什么行业会打败传统的什么行业。我们唯一能做的，就是保持开阔的视野，每当有新鲜事物出现的时候，多去发散思考一下，说不定就可以比别人早一点看到未来，早一点抓住机遇。

你不自我革新，不自我变革，就只能落到后面！

新模式创造新生活，不接受新事物，只能被淘汰出局！

互联网的核心是连接。把不同地区、不同行业、不同阶层、不同产品的人通过网络连接起来，打造更精彩的农业产业链条。进行互联网营销，一定要走出圈子，不能狭隘，要更多跨界联合。

“丘姜君恋上扁担姐”，就是跨界营销的典型案例。

丘姜君是在福建龙岩种植小黄姜的，连续三年在淘宝小黄姜类目中销售额第一，有了很好的基地和供应链基础。2015 年初，他开始了新的认养模式的探索。可是，宣传不错，很少有人真正去认养。

丘姜君打电话求教笔者：“为什么认养这么难推广呢？问题出在哪里？”我说：“你原来淘宝上的客户都是小买家，普通消费者谁会去认养一亩生姜，哪怕一分地生姜他们也消费不了啊！”

客户定位有问题！丘姜君恍然大悟。那么如何定位呢？我认为应该选择企业或者机关食堂，还有食品加工企业。这时，我一下子想到了扁担姐，她做小龙虾一定需要好的生姜。我马上跟扁担姐做了交流，扁担姐说：“太好了！我每年都为生姜操心呢！”扁担姐认为丘姜君的生态小黄姜品质好，而认养模式价格又实惠，真的很棒。

丘姜君和扁担姐就此跨界合作，打开了巨大的发展空间。对于丘姜君而言，既然扁担姐喜欢这种认养模式，他可以复制到和扁担姐同类的各种大闸蟹、小龙虾生产者那里去，合作者太多了。而扁担姐也是这样认为，既然生姜可以认养，其他佐料也可以……

互联网时代，营销合作的时空完全被打开，我们一定不能拘泥于原有的渠道和平台。当然，跨界合作也有两个核心：第一，好的产品如何成为好的网货？如果丘姜君没有实现商品化、网货化，和扁担姐就没有连接的基础。第二，好的网货如何有效形成营销链？必须要有有效的连接点，那就是社群活跃，新农人抱团，互为代言人，互为连接点。

第五节 创新营销模式

“互联网 +”农业本身就在不断创新发展中，所以，只有与时俱进，不断创新营销方式才能更好发展。

这几年，互联网创新营销模式很多。

一、会员制

会员制除了一些百货、餐饮、酒店等行业可运用之外，农业也同样适用。会员制模式与众筹、认领在形式上没什么区别，本质上还是有很大的不同。虽然都是先付款，再享用，但会员制在服务内容和形式上有别于其他两种。那么，到底什么情况下，我们应该用什么模式会比较好呢？会员制模式到底有什么好处呢？

一般农场，或者是订购农产品，这两种情况比较适用会员制模式，而众筹和认领相对来说范围更广一点。采用会员制的好处就是专属、定制、独享。例如，农场采用会员制，每个会员 5 万元一年，给你提供价值 5 万元的产品之外，你还可以随时来农场进行体验，其他客户没有这种福利，这是农场会员制的一种玩法。而农产品的会员制是，客户订购一年的产品，每个月给他快递产品，必须加入会员才能享用。比如，销售蜂蜜采用会员制模式，每月快递一瓶，一年 12 瓶，每个月都是不同的蜂蜜、不同的包装，会员专属款。这样，客户会有不一样的体验、不一样的感受。

杨学彬的彬彬农场就是对农业会员制的有益探索。

杨学彬 1988 年从日本留学回来，就从事跟健康食材出口相关的工作。因为这些产品基本都出口到日本，他从中学到了用“自然农法”把控农产品种植和生产的一整套方法。1992—1993 年，他在广州成立公司，专门负责这方面的外贸业务，业务很快就蒸蒸日上。

自 2008 年起，杨学彬正式涉足国内农创项目。最初三年，他做有机肥，后与人合伙在广州建农场，最终自己在广东河源开办彬彬农庄。整个过程，有过曲折、有过成绩，但杨学彬只秉承一个理念：自己的产品一定得是安全、好吃、让人放心的。

（1）坚持不用农药，自然农法生产。

10 多年和日本人做生意的经历，让杨学彬深深懂得用高标准、高要求，来种植生产农产品的优势和好处。因此，他首先选择做有机肥，希望帮更多农人改善土壤，种出更多好质量的农作物。但是，他发现国内更多的人还是急功近利，只在乎产量。

为改变这种情况，为圈内好友提供高品质的好产品，杨学彬从2010年起，与人合伙在广州番禺建了一个农场，种有机蔬菜。他坚持不用农药，除草只用人工，并用蚯蚓疏松土壤。用这套自然农法种出来的蔬菜，更加甘甜好吃，一入市就大受欢迎。但是，因投入大、产量低，合伙人最后放弃了这种做法，杨学彬只得与他们分道扬镳。

2012年，杨学彬包下广东河源万绿湖边的一块地，建起彬彬农场。他继续坚持采用自然农法种植火龙果、柠檬等，并用自己的名誉来为产品担保。

（2）不做单一产品，坚持常年有好产品供应。

在农场产品的选择上，杨学彬也没坚持所谓的单品突破原则，而保证常年有好产品供应会员。除了火龙果、柠檬之外，他还提供西红柿、菠萝酱、米酒、松茸野生菌等，为会员提供多种多样的配套组合和产品选择。

为保证这个目标的实现，彬彬农场还和当地的一些优质农户合作。这些农户用自然农法种植和生产，所产出的优秀农产品则由彬彬农场负责销售。同时，他们还积极寻求与相关农场合作，将自己农场生产和本地直采相结合，以此来保证会员能常年享受到优质、安全的产品。

通过不断努力，杨学彬在农友圈知名度越来越高，彬彬农场服务的用户也越来越多，常年服务的普通用户在2万人以上，经常找农场买产品的忠实用户也有两三千人。

彬彬农场临近的河源万绿湖，与浙江千岛湖同是以浩瀚的湖水、青翠的群岛构成美丽风景资源的主体。两湖均是人工湖，同于1958年开工建设，有“华南新丰江、华东新安江”之说。相比千岛湖，万绿湖区内工业产值几乎为零，生态环境更加良好。

杨学彬充分利用这些环境优势，在开发农场旅游资源的同时，保证产品良性销售。

首先，利用众筹，邀请岛主加入，共建农场。

杨学彬当时定的众筹价格是一个岛主10万元，可享有10年时间每年25天的农场免费住宿、消费待遇，自己或朋友去度假都可以，还能享受1%的收益分成。

因众筹项目性价比高，刚开始时，就有10多个好友加入众筹，短时间就筹得150万元。整个项目筹集资金500多万元，这50多人成了彬彬农场忠实的种子用户。

因资金足够，杨学彬后来停止了众筹，但仍有人愿意以18万～20万元/10年的价格继续参加，可见项目的受欢迎程度。

其次，体验为王，打造会员满意的度假胜地。

众筹加上自己的投入，杨学彬用在彬彬农场上的建设资金多达1500万元。他充分有效地利用这些资金，以会员满意度为第一出发点，把农场建成值得好好体验和享受的度假胜地。

农场开发的项目包括度假别墅、配套餐饮、钓鱼基地、各类采摘游体验等，通过"农庄+私房菜餐厅+度假+宅配"的混合模式，让会员在体验休闲玩乐的同时，也能充分享受到有机自然食品。

最后，以产品为根，把自己定位成顾客的"食家+营养师"。

除了在线下用旅游体验拉动产品销售外，彬彬农场也在线上建起彬彬商城，并通过微信朋友圈营销等方式，售卖当季鲜果、养生粗粮、本物酵素及自然食品四大类产品，包括紫心火龙果、红皮黄心土豆、青柠、黑小米、火龙果酒、鲜松茸等一系列产品。

彬彬农场卖的这些产品价格其实不低，比一般超市高40%～175%。但是，他们坚持品质上乘，将自己定位为会员和高端客户的"美食家+营养师"，秉持不仅卖给客户健康食品，更为其寻找新生活方式的做法。彬彬农场坚持"吃当季、吃当地、吃当天"的原则，因而广受会员欢迎，从而保证农场收入稳定，越做越好。

彬彬农场坚持自然农法生产好产品，坚持先服务好会员，再带动更多口碑销售的做法，是值得普通农场经营者学习的。

二、预售制

农产品最大的问题不是种植或生产，而是经常会遇到供大于求的局面，导致农户种植或生产的农产品无法销售出去，或者是亏本，低价甩卖。如果能够采用预售的模式，先收钱，再种植，这样就可以很好地控制风险。而用微信正好可以做到这一点，通过朋友圈、微信公众号和社群进行预售。预售有以下好处：

（1）市场反馈。

通过预售我们可以知道产品的市场反馈情况如何，可以了解客户对这个产品的认可程度、需求情况，以便我们在种植和生产初期做出反应，适当调整，满足客户的需求。

（2）用户数据。

预售的时候我们需要收集每个客户的资料，如姓名、手机号、地址、职业等信息。有了这些数据，我们就可以了解产品的客户是谁，用户在哪里。这个很重要。以前，我们的产品卖给谁，谁吃了，根本不知道，但有了预售之后，这个问题就解决了。

（3）降低风险。

以前我们总是把产品种植或是生产出来再推向市场，结果市场不认可，客户不买单，导致卖不出去。农产品大多数都有一个特性，季节性短、保质期短，如果在一定的时间卖不出去，就只能打折出售，甚至烂在地里或仓库。现在通过预售，客户先下单，我们根据客户的订单进行生产，可以说是零风险。

比如，板鸭是一个季节性产品，生产和销售加起来只有两个多月的时间，如果通过预售模式，先把客户的订单收集起来，知道销售数量，我们按订单生产，就可以很好地控制库存。以前，我们总是有困扰，不是库存太少，导致客户流失，到手的钱都飞了，就是生产过剩、亏损。这两个结果我们都不想看到，最好的办法就是先预售，再生产。

预售虽好，可是不很容易操作，原因在于没有人会轻易相信你。预售之前，要解决几个问题：

首先，有人际关系。在这个粉丝经济时代，你没有粉丝，一切都免谈。预售首先要建立在有粉丝，有人际关系的情况下进行，只有几个好友，是万万不行的。如果没有人际关系，就要借助网络大V和大咖一起合作，帮你来完成。

其次，有信誉。预售需要人家对你有信任。如果你没有信誉，朋友都不和你来往，更不会先付款给你。所以说，诚信是多么的重要。

再次，有品质。预售出于人家对我们的超高信任，我们绝对不能辜负，必须保证产品质量过硬。如果没有一个好的产品，不建议进行预售，预售的产品必须是经得起市场考验的。

最后，懂感恩。只有懂得感恩的人才能走得更远。我们不是做一次生意，也不是只预售一次，一定要记得那些参加预售的朋友，对他们进行生日祝福、新年问候、礼物回馈等。我们要时刻记得他们，他们是我们的第一批传播者。

农产品预售的案例很多，“小橙印象”赣南脐橙就是其中成功的典型，一个农特微商新人十天预售了6000箱赣南脐橙。

2014年底，刘小鱼放弃了广州的高薪工作，回到相对封闭机会较少的家乡江西赣州，一切又从零开始。那时，农特微商圈火爆，全国各地新农人在推广农产品，微信这个新时代的工具，让农产品有了一个全新的展现舞台。当她看到微信圈里涌现出非常多农产品品牌时，内心非常激动。“我也要创建一个属于自己的农产品品牌，把家乡的农产品推广出去”，一颗梦想的种子就这样萌芽了！在这样的梦想驱使之下，2015年9月，她开始了对家乡地标性农产品“赣南脐橙”品牌化创建之路。

经过一个多月的品牌策划、VI设计、包装设计，“小橙印象”10月1日正式上线了。上线后，她开始启动一系列的宣传、招商推广（如图4-8和图4-9所示）。没有想到的是，招商非常成功。在短短10天内，她招募了几百个经销商，付费经销商200名，口碑推广用户100多名。大大小小的团队和平台开始伸出橄榄枝合作，“小橙印象”先后与鲜锋君（微信渠道NO.1的生鲜大团队）、大有名堂（资深阳澄湖大闸蟹销售团队）、馨莎团队（最稳健发展的全球购团队）等大团队合作。各种小团队也很多，还有一些微信平台，以及微信渠道之外的平台来洽谈合作。短短 10 天，预售出 6000 多箱订单，这么大的订单量，大大超出预期！

图 4-8 “小橙印象”宣传图

图 4-9 “小橙印象”包装图

一个进入农特微商圈不到两个月的新人，一个全新概念包装的新品牌，在 2014 年赣南脐橙销售竞争异常激烈的朋友圈，不得不说这个成绩不算太差！很多同行朋友问她：你是怎么策划的？怎么宣传推广的？怎么招商的？怎么寻找精准用户和精准经销商的？怎么启动团队合作的？这是大家最关注的问题。刘小鱼分享了自己的经验：

（1）农产品品牌打造要重视形象设计和概念包装。

视觉形象设计非常重要。

我对品牌的理解，去繁就简，品牌就是商品在消费者脑海里的一种图式记忆。我们处在一个信息爆炸的社会，每天有海量的信息出现在消费者面前，如何让消费者能记住你的品牌呢？当他们闭上眼睛，谈起某个品牌的时候，脑海里浮现的几个场景，画面和联想，就是这个品牌的核心要素，也是我们品牌创建者要去重点打造，并通过各种宣传途径去植入消费者脑海印象的要点，即品牌符号和品牌联想。品牌符号帮助消费者简化他们对品牌的判断，将品牌想表达的无数信息，用一个符号来全部表达，消费者只要看到这个符号，就联想到品牌背后的内涵。这个品牌符号体现在商标与包装设计中。品牌联想是通过符号的表现让顾客联想到品牌背后的其他内涵。所以，一个新品牌，它的视觉形象的设计是非常重要的。

因此，我非常重视对品牌商标的设计，其间换了两个设计师，通过日夜讨论、打磨、改稿，设计出符合我要求的“小橙印象”标志。这个商标设计出来后，获得很多人喜爱，它时尚写意，充满表现力和感染力。很多做农产品的朋友经常问，怎么设计出来的，找哪个设计师。其实设计并不是最重要的，我们向来都是“策划先行”，你需要有一个非常整体全局的策划思路，才能告诉你的设计师往哪个方向走。因此，在视觉形象设计之前，必须有概念的提炼和包装。

商标设计采取赣南建筑的剪影水墨化效果，背后的脐橙像一轮艳阳冉冉升起，整体风格时尚、写意，非常具有表现力和感染力。这个商标设计是一个完整的视觉形象，它有地域性标志，有产品品类，有文化内涵，颜色丰富，使用在很多场景上都非常好看。很多朋友喜欢这款商标为图案设计的包装袋。

概念包装会让产品脱颖而出。

所谓的概念包装就是，大家都在卖这个产品，你的有什么不同？在口感、品质、原生态、种植各方面都大同小异的情况下，你如何脱颖而出？

这时，我们可以从情怀、人文、地域文化、个人情感故事等方面着手。赣南脐橙是一个地标性的农产品，在传统大众心里已经占据了一定的位置，但同时它给人的印象也是非常传统和充满乡土气息的。目前，市场上流传的各种脐橙包装也是非常不符合当下消费群体的审美情趣。所以，我希望给赣南脐橙一个全新的包装，让这个产品拥有时尚、动人的外观，同时也拥有内涵。就像一个美女，既要漂亮也要有内涵。这个内涵如何寻找？整个赣南地区是客家人聚集的地区，可以说赣南脐橙是客家人的脐橙。客家人作为世界上非常庞大的一个群体，拥有自己的传统文化。我们龙南县盛产脐橙，品质不输给其他地方，甚至会更好。龙南更是一个客家文化传承得非常彻底的客家小镇，所以我将客家文化与赣南脐橙进行绑定，起名为小橙印象——客家印象，小橙印象，客家人种的好橙！同时，选取了客家文化里比较重要的一个建筑——客家围屋的一个剪影作为品牌设计中一个重要的表现元素应用在商标设计中（如图 4-10 和图 4-11 所示）。

图 4-10　小橙印象商标设计图

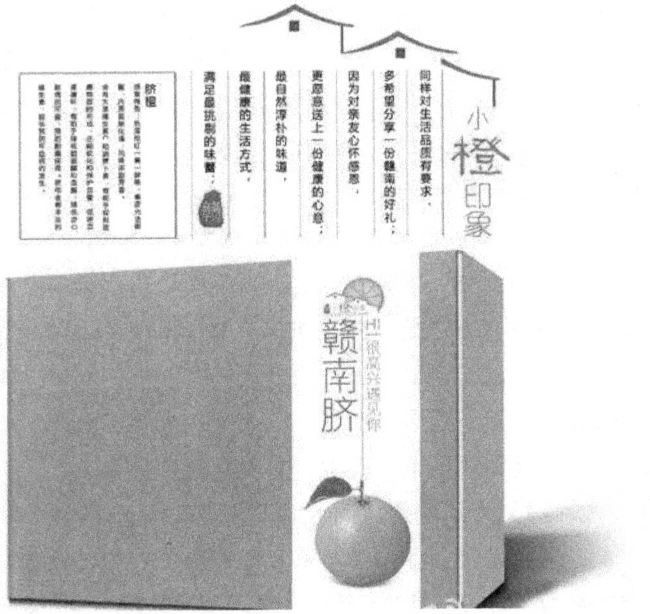

图 4-11 浓厚的客家文化品牌图

我希望我的品牌，能够唤起客家人的乡土情结、思乡情绪，能够引起遍布全国南北客家人的情感共鸣。同时，客家文化与赣南脐橙能够进行绑定，在推广赣南脐橙的同时推广了客家文化，成为客家文化的一张时尚新名片。

品牌策划包装就绪，然后就是宣传和推广、招商。如何在非常短的时间内招募到精准的经销商？我想说，品牌包装的完美程度和招商效果是成正比的，品牌概念越好、产品描述越好、照片拍得越好、资料越丰富，招商的时候就越有优势。

（2）微信以人为渠道，社交、情感、圈子是关键词。

你是如何理解微信的？如何理解作为一个社交媒体，却呈现出如此欣欣向荣的商业形态？你对微信理解得越透彻，那么你玩微信营销就会越好。

微信农产品圈子和传统微商圈子不太一样，你如果想在短期内让整个农产品圈子都知道你，是有法可循的。这个圈子并不大，在圈子里混熟了，大家认可你了，自然会销售你的产品。我记得第一次跟“勤劳农哥”交流的时候，他说过一句话让我印象非常深刻。他说：“微信就是以人为渠道，人后面就是巨大的渠道，同时这些渠道也需要很多好的产品。”如何让这些渠道都知道你呢？你只要找到领袖推荐，会在比较短的时间内让圈内人都认识你。多一些领袖推荐，加你的人就越多，这些加你的人都是精准的意向经销商。

我们在圈子里混，更不要忘记社交、情感这两个关键字。首先是交朋友，情感交流，互相信任了，合作自然也是水到渠成。很多朋友不明白这个道理，非常急功近利，彼此还很陌生，一加好友就发一大堆产品资料，希望你做他的产品。我为什么要做你的产品？我既不认识你，又不认可你，互相又没有信任。这种拓展方法成功率是不高的。

（3）组建团队和团队合作。

品牌策划包装就绪，宣传组合拳打完，领袖推荐完，会有非常多的精准经销商来加你。你自己也要做一些自传播，渗透到朋友的朋友圈中。这时候会有一个非常集中的粉丝暴涨阶段，就要及时组建自己的团队，开群管理，通过一场接一场的产品说明会、微商实战培训激活这些人。当时我在几天之内连续开了 5 个百人群，开产品说明会、微商培训会，开完会抛出代理政策，趁热打铁，马上收预付款。当时有 200 多人付费成为经销商，这些人也是后期小橙军的骨干力量，出货量蛮大的。

同时，我自己也策划了一些推广活动。如“招募小橙天使口碑用户”，是针对零售客户组织的口碑推广活动，招募了约 100 名天使用户，采用预付款方式。

关于团队合作，前面我讲到，微商圈子是社交，是情感，是信任基础的生意。2015 年上半年，我在传统微商领域里学习了半年，认识了非常多的朋友。经过半年的发展，当初一起起步的朋友都获得了一些成绩，拥有了自己大大小小的团队。所以，当我自创品牌，迈出这一步时，我的姐妹团队成为我的第一批合作团队，大到 300 多人的全球购馨莎团队，小到多个 100 多人的美食群团购。这些是我的最坚实的支撑力量。这里有几个关键词：个人魅力 + 价值 + 做人。我的团队合作都是水到渠成，很少去费力谈和拓展，这有赖于平时个人魅力的打造，还有个人价值。所有合作都是有利益的，你身上是否有价值让伙伴信任你，会捧你，平时有没有乐于助人，有没有与人用心相交，人品是否过关，这都是很主要的。

关于团队合作，还有一点是最好找到理念一致的团队。生鲜产品会遇到非常多的问题，如果缺乏强烈的信任关系，很难支撑下来。比如，我们曾遭遇物流堵塞、北方寒流、包装、霜冻等种种问题，彼此信任的合作团队始终一路支持，缺乏信任的团队就停止了合作。

（4）解决基础物流、包装、品控等问题。

做农产品，相信大家都很清楚，物流、包装、品控环节是很重要的。物流方面大家要根据当地的情况去做物流测试，不好的及时换掉。包装方面在创意、好看、新颖等条件之前，最关键的还是牢固、耐摔，要经过严格的物流测试，不要一味为了降低成本，而选择不好的材质。这些相信大家都有经验，也是相对更容易调整的。农产品最难的其实是品控的问题。我最想说的是，品控就是我们的生命，有时候宁愿舍掉一些利益，也要坚持品质。

当你全力以赴向前冲的时候，全世界会为你让路；当你在努力做事的时候，会散发一种磁场，吸引志同道合的朋友帮助你。在我运作“小橙印象”的几个月过程中，遇到了许多朋友，给予了无私的帮助和建议，让我感觉奋斗的过程一点都不孤单。我作为一个初涉农产品的新人，因为梦想的驱使，孤身一人操盘农产品品牌，因无知而无畏，因无畏而收获很多，收获了宝贵的操盘经验，收获了一支优质的团队，收获了一批认可“小橙印象”的忠实粉丝。虽然遇到了许多的问题，但是都迅速地解决了。相信，未来，有了经验的积累和铺垫，“小橙印象”会更好！

三、众筹

作为热度飙升的互联网金融的一个分支，众筹对很多人来说已不再陌生，但在最传统的农业领域采用众筹的方式，尚属新鲜。

最简单的农业众筹模式就是消费者先筹集资金，让农民根据需求进行种植，农产品成熟之后直接送到用户手里，在一定程度上可以理解成农产品的预售。这种模式被业内称为订单农业——根据销量组织生产，降低农业生产的风险。

农产品众筹在国内已经非常常见，比如“本来生活”与众筹网联合推出的尝鲜众筹，他们众筹的项目是延安宜川红富士。在选择品类上，“本来生活”可谓独具匠心：第一，苹果的受众面极为广泛，可以说不吃苹果的是小众；第二，山东、辽宁、河北、北京的红富士对于北上广尤其是北京来说，早已司空见惯，完全不算是特产了，而他们主打的“北纬 35° 、海拔 1000 米”的延安宜川红富士是一线城市较为少见的苹果，有足够的吸引性。不过，由于众筹网的风格和创意属性，尝鲜众筹并不适宜众筹网，并且农产品生产链很长，具有极大的不可控性，后续服务无法保证。经过几次尝试后，众筹网在自己的项目发起规范中不允许发布的项目第一项就是食品、农产品、酒类项目。农业众筹网站准则不同，它弱化了创意和情感属性，而是还原了农产品原汁原味的属性，不讲故事不凸显创意，只是强调 F2F（Family to Farm，家庭直达农场）这一特点，让城市消费者与新农人之间进行无缝对接。农产品众筹目前还需要一段观念的培育期，大众有着稳定的农产品消费习惯，不是说变就能变。不过，该变的迟早是要变的。

以上都是消费型众筹，农产品众筹还可以是股权型的。现在很多新农人正在酝酿各种创新型的农产品众筹形式，比如端午众筹一个粽子品牌，集合众人的资金，然后回报股权，炒概念玩花样层出不穷。当然，众筹，筹的不一定非得是资金，也可以筹市场、筹智慧、筹产品、筹技术、筹公益、筹土地、筹农场、筹乡村旅游……

一个非常要好的朋友让我支持一个新农人朋友的众筹，上线三个月了，眼看时间就要截止，完成的金额才 5%。我对朋友说，他的众筹方案设计有问题。那么，他的问题在哪里呢？

我们先看几个成功的众筹案例。

1. 大学生众筹茶山

2014 年，来自福建茶乡的中国传媒大学学生王晓湘发起了茶山众筹。我们看她的众筹说明：

100 钱包块茶山。

除了 100 块钱，我们更需要的是你对这个理念的认同。

农业众筹在美国有一种潮流的称法“Family to Farm”，意为家庭到农场，属于终端消费者体验，由消费者意见决定产品的形态。茶行业长期处于成本不透明的状况，买卖茶叶价高则优吗？你肯定被骗了，更多的时候消费者其实是为信息的不对称买单。现实中，茶农跟消费者之间隔着重重阻碍，我们要做的是将消费者权益还给消费者，投资者也是消费者，花了钱就能知根知底地喝到自己园子里产出的放心好茶。

我的承诺与回报：

一是两盒有机茶叶。

投资 100 元，和大家一起包下这座山头，你能一年内，两次收到该茶山出产的有机茶叶，再也不用担心市场上买来的茶叶太贵，农药又超标。这个时代，信任无价！

二是参加拍卖会的机会。

支持我们后得到的茶叶如果不是自己喝，那就拿来卖。我们将于 2014 年 10 月和 2015 年 5 月完成茶叶生产后，与金融界、车界的众土豪联合举办两场“不知名茶产品发布会兼拍卖会”，现场提供一整年的茶叶视频生产实录、质量检测说明书等。试想一个拥有中国传媒大学这样强大媒体资源的品牌，一个拥有无印良品一样气质包装的品牌，一个拥有“掌生谷粒”一样文化经营的品牌，加上仅仅一座山头有限的产量，一旦开卖将是怎样的供不应求！

三是娱乐。

在这一年内，我们将为我们的 100 元支持者提供茶山实地考察的机会，具体有茶山除草体验、茶树修剪体验、茶叶采摘体验、茶叶制作体验、茶山野外派对、茶包装设计大赛等深度体验服务。除此之外，我们还将邀请有兴趣的股东到茶乡参加类似《爸爸去哪儿》一样的户外真人纪录片拍摄。当然，更多活动创意期待你补充。

四是志同道合的朋友。

对于所有认同“不知名茶”产品理念的100元支持者，我们提供一个“广院下午茶”社交平台，也提供货真价实的下午茶甜品和茶水，欢迎各位100元支持者随时参加，全年免费。参加地址多处可选，将根据支持人数所在地灵活移动建立下午茶基地，比如不知名茶北京、上海、厦门分群等。

众筹结果：

如今，“不知名茶”已经包下了1000座茶山，成了一个有近400个“股东”的品牌。在意大利米兰举办的世博会邀请了茶山众筹发起者王晓湘和她的“不知名茶”团队参与中国场馆部分的展示，希望她和她的团队带世界领略中国茶的魅力与风情。王晓湘希望未来能够在全世界的知名学府里都开一家“不知名茶”线下体验茶馆，让国外的年轻人也了解中国茶，让茶真正成为一种时尚的生活方式。

这个众筹案例非常经典。参与者入门非常简单，只需100元，获得的回报非常巨大：一座茶山，即使是具体的两盒有机茶叶，价值也是1000元以上。另外还有体验、娱乐、拍卖会和志同道合的朋友等，非常巨大的收获，符合互联网思维。

2. 伏牛堂米粉众筹

2015年“双11”，伏牛堂的“方便”米粉在京东众筹上，一个月筹集了50万元。其创始人张天一分享了众筹经验：

50万元，虽然钱不是特别多。但是，有将近两万人支持我们。一个湖南米粉，在一大堆智能产品中脱颖而出，不说是绝后吧，也算是空前了。

但起步，其实是不太顺利的。一个米粉，跑到主要做3C产品的京东众筹上，又不是重点项目，被摆放的位置也不是很好。这可能意味着没有流量，随时夭折。所以，我们想了一个点子，举办了一场“万人快衫”的活动。

具体是这样实行的，我们有一个社群，叫霸蛮社，里面都是我们的粉丝。我当时为这个社群专门开了一个档位，请求社群的成员每人给我们1元钱，结果一天之内就有8000多人支持我们，并帮助我们传播。

因为这件事，虽然我们整体众筹金额不多，但支持人数特别多，被顶上了京东的热门项目，最后在这个项目里排到第一名。

到了这个时候，众筹才算进入了良性循环。最终我们让2万人参与了这场京东食品众筹。

在这次众筹过程中，我们发现一件很有意思的事，微信端的流量与 PC 端京东的流量，是 1 ：1 的关系，而微信端的流量肯定是我们自己带来的。

这件事启发了我，过去的项目众筹，都是一个好的产品，借助众筹平台的流量实现引爆。现在做众筹，项目太多，流量不够分，只能靠自己。伏牛堂这次众筹，让我意识到品牌自身的能量。通过品牌自带流量完成项目最早的原始积累，然后再来吸引巨头平台的流量，才能让众筹顺利开展下去。

伏牛堂方便米粉众筹成功，完全是移动互联网社群化的成功。移动互联网打开了地域限制，老乡、同学、志趣相同的朋友等人缘关系都可以连接，并且在互联网社群的有效组织中根据主题不断发酵，成为很好的营销传播载体，带动众筹获得成功。

3. “袁米”众筹

一款名为“袁米”的大米在众筹平台创造了惊人战绩：众筹额 5 分钟破百万元，2 小时破千万元，在短短一个月的时间里最终筹集资金达 2000 多万元。这不仅创造了农业类众筹最快纪录，更打破了曾由网易丁磊创造的 1900 多万元的农业类众筹的历史纪录，刷新中国农业众筹最高金额。数据一出，让人“叹为观止”。袁米是怎么做到的？

袁米是由我国著名的“杂交水稻之父”袁隆平先生及团体，经过四年时间研究出来的在盐碱地和滩涂土地上大面积种植的高品质碱生稻。袁米碱性，富含 12 种微量元素，以及丰富的微生物。神农岛之《农业企业家内参》发文进行了分析：

（1）名人效应。

和“褚橙”一样，“袁米”的成功也具有不可复制性。如果说褚时健是褚橙的灵魂，那么袁隆平就是袁米的精神支柱。袁隆平先生作为我国著名的杂交水稻之父，就知名度来说可谓路人皆知。利用袁隆平的名人效应来吸引人气，甚至以他的名字来命名，不仅让这个产品一推出就吸引大家的关注，而且有名人背书更是让众筹项目可信度提高，让大家对这个产品更感兴趣。

（2）讲故事。

一个好的故事是一个众筹项目成功的关键。文案讲述一个有情怀、有梦想的故事。故事是最容易被传播的，里面一定要有一部分内容能够引起支持者的共鸣。袁米就给大家讲述了一个非常有情怀的故事。

这个故事有理性，让投资者感到项目专业，却易于理解。众筹投资者能意识到这是个好项目，解决了客户的“痛点”，填补了市场的空白。而且完成这个故事，融资者做比别人更有优势。袁米的众筹就很好地做到了这一点。袁隆平对产品的背书，让产品更具有竞争性。功成名就的袁老，在本应颐养天年的年龄，还为了改造盐碱地的梦想而努力，深深震撼和感染了互联网用户。

故事里还阐述了众筹融资者对市场的独特分析，让投资人认为你是个玩市场于股掌的"老猎手"。但你这个老猎手很坦诚，不仅告诉了众筹投资人企业的优势、特点、资金用途，还坦陈了项目可能的风险。这个真实、理性的故事让投资者相信了你，相信了你的融资项目。

"中国水稻之父"袁隆平的梦想非常激动人心，那是伟大的中国梦："在我国，人均耕地面积 1.38 亩，我们要用占世界 7% 的耕地养活占世界 22% 的人口。全国盐碱化土地面积约为 14.8 亿亩，如果所有的盐碱地能变成良田，我的梦，也算实现了！"

这样的激情，这样的梦想，仿佛让投资者看到了两三年后创业成功的盛景。投资人感受到了众筹投资所带来的，那种无以言表的参与感、成就感，仿佛这钱一投下去，就会在不久的将来创造历史，成为传奇。

（3）众筹项目能获得认同感。

袁米，不只是米，而是更多的意义——在我国，有面积广大的盐碱地和滩涂。在未来，如果袁米能推广到全国各个盐碱地和滩涂。只要三年时间，就有希望推广面积到 1 亿亩。这 1 亿亩，可以解决 8000 万人口吃饭问题。虽然大家还未吃上袁米，但已经用语言和行动，对袁米表示了支持。千余人直接下单购买，就是强有力的证明。甚至，还有热心网友，在对袁米表达美好祝福之外，还出谋划策。

（4）强渠道、强有力团队推荐。

这次袁米的推广，由吴晓波本人全程亲自跟进，吴晓波团队全力支持，利用吴晓波的名人效应和渠道来推广，让袁米的项目迅速扩散出去，让大家了解。

（5）提供令人心动的回报。

有了回报以后才会让支持者一起实现众筹的项目。在袁米众筹的其中一个项目中，投资 15 万元的项目，可以成为袁隆平科研项目的共建人，并且只选择 34 人。

可获得如下回报：

① 袁米碱生稻东营基地 1% 分红权，参与每年分红，3 年后 112% 回购，不扣除前期分红的方式结束合作，年化预计 10%（具体以最终协议为准）。

② 3 年后可以协商成为袁策生物科技有限公司正式股东，与袁隆平成为创业伙伴。

③ 袁策公司上市后有机会内部认购股票。

④ 连续 3 年，每年享有 8000 元的消费权益，可直接用于袁米线上店铺消费（产品包括袁米精米、糙米等，以及有机蔬菜、有机鸭蛋、大闸蟹等衍生品）。

⑤ 被邀请参与4月下旬袁隆平青岛海水稻中心揭幕仪式，并参与线下路演，与所有袁策团队，包括袁隆平会面合影。

⑥ 被邀请与袁隆平一起参与世界首批碱生稻收割仪式。

⑦ 每年还会和孩子一起被邀请参与稻子成熟收割、农事体验活动等，让孩子近距离接触大自然。

⑧ 获得袁隆平签名证书。

⑨ 袁峭电商终身金卡，8.8折优惠。

看了这几个成功的众筹案例，我们回头再看我们那位新农人朋友的众筹方案。他的众筹文案就是付多少钱，以后给你多少产品。这样的众筹，你自己会动心吗？所以，众筹的核心一定要有核心价值，要有引爆点，要有传播点，而不是简单通过众筹来预售产品。另外，众筹相对于以往的零售模式，提供了另外一层附加值——用户的参与感。近几年，都市居民兴起一股“回归田园”、在郊区置地种田的消费潮流。由众筹带来的这种体验式服务的叠加，丰富了传统农产品零售的“玩法”，使产品得到了更大的升值空间。

做好农业众筹要有七好：好玩，要有一个好故事；好项目，好产品，好创意；好平台，京东、阿里巴巴、众筹网等；好友圈，做好第一批支持者及粉丝；好传播，利用好新媒体、自媒体；好回报，设计好投资者回报模式；好背书，众筹项目发起人要值得大家信赖。

毋庸置疑，农业众筹前景可期，发展空间巨大，但它的发展必然经历漫长、艰苦的市场培育阶段。

做好众筹，需要注意以下几点：

（1）众筹有门槛，自身条件要够硬。现在的众筹平台不少，但都会在发起人自身的硬性条件（公司和个人资质等）、产品层面、公司运营层面设置不同的门槛和要求。想要众筹的农创人，前提是保证自身条件够硬。

（2）众筹是个筹人、筹智、筹钱的整体过程。不能把众筹仅仅当成是一个融资和找钱的工具。其实在众筹过程中，我们可以结识很多有用的人、筹集到很多有用的智慧。比起纯粹的金钱，这些资源在很多时候会发挥更大的作用。

（3）想玩好众筹，要学会造势。聚集、发动身边的有用资源，帮忙裂变传播、蓄积势能，这是众筹能够引爆的重要前提动作。

（4）众筹的结束＝真正运营的开始。大家千万不要以为，众筹一做完下线，整个过程就结束了。众筹结束时，是真正运营的开始，发起人必须通过各种途径，将这些参加众筹的种子用户，转化成带投、带销、带传的共建人，这样才能最大化地融入社会化资源，而“开放的心态＋持续的运营”能给众筹带来更大的价值。

四、认领

认领模式最近几年开始盛行起来。以前一亩地可以产生1000元的价值，但通过认领模式之后，可以让它价值翻10倍，变成一万元。这是怎么做到的呢？

认领是采用主人制模式，谁认领这块地，谁就是主人，这块地所有的产出都归他所有。一般采用这种模式的，都是有机绿色农产品，如有机大米、土豆、脐橙等农产品。认领人不需要自己去打理，统一交给农场主打理。认领人可以实时地了解自己认领的那块地每天的情况，也可以平时交给农场主打理，到周末带朋友、家人到自己认领的土地种植、浇水、施肥、采摘等，亲自体验那种田园生活，感受不一样的生活。

除了可以体验之外，自己认领种的菜，或水果都在自己的监控范围之内，从播种到结果，整个过程一清二楚，保证无污染，有机绿色，吃得放心，这才是最重要的。现在的人最关心的是食品安全，而去菜市场买的菜，无法保证这一点，对于很多城市人，认领是非常好的解决方案。

五、从卖产品到卖生活方式

互联网的核心是连接，是人与人的连接。所以，人才是营销的出发点和终点。如果要激发人的兴趣，一定要把销售从卖产品升级到卖生活方式。

丘姜君围绕生姜，实现了卖农产品到卖生活方式的转变。

2011年，丘姜君拖家带口回到家乡，贫困县长汀。此时的他，人穷志不穷，扬言说要返乡创业。殊不知，他是在外面实在混不下去了，只好倦鸟归巢。其实，他没明白创业的真正含义。

开始，“无奈”这个词语整整伴随了他一年，他说这是蓄势待发。2012年的一天，他在淘宝开了个小店，突然变得忙了起来，从未有过的勤快。早上3～4点，他到市场采购当地土特产，然后回去补一觉，睡醒后就整天处理接单、发货。在一个不到10平方米的工作室里，一个人一天可以做2000多元的营业额。这个效率，在今天看来仍然是很好的成绩。

选对了互联网创业，选品可没那么容易。在众多的土特产中，他选择了生姜作为自己店铺的爆款。据 2016 年阿里巴巴平台官方统计，网络上卖得最火爆的几样蔬菜，生姜位居第 2 名。选品对了，可是够卖吗？能保证食品安全吗？他想到了自建基地。可是，创业没多久，还来不及改善工作和生活条件呢，哪有积蓄去建基地？好不容易说服一位姜农种了 50 亩生姜，丘姜君却告诉他不能用化肥和农药，人家就不愿意干了。高品质不等于高售价，这个道理普通农民都懂。他又开始犯愁了，鼓起勇气打电话给淘宝客服，问能不能给他的小店开通一个提前预售收款的功能。可是，当时这个词语还新鲜呢，要是马云听到，预售功能就不会那么迟才开通了。此路不通，被拒绝的丘姜君只好一个个电话打给他的比较大的客户，告诉他们，按照大家的要求，姜种下去了，如果提前付款可以得到优惠。大部分客户果真支付了预付款。丘姜君又把他的大客户从全国各地请过来，连续几年举办“姜湖论健”大讲坛，还为此打造出一个美丽的姜村。最多的一年，他拿到了 200 多万元的预售款。2013 年，山东“毒姜”事件爆发，他又借机搞了一场大型的“聚划算”活动，卖出 3 万多笔。这可是把双刃剑，毫无经验的他，一下子亏了 20 多万元。此时，他发现一个产品和它的品质及价格不是适合所有消费者的。之后，他的目标客户就越来越精准，现在仅凭 5000 粉丝就能养活二十几人的团队。

有了些积蓄，丘姜君就开始做起一些简单的初加工。那时候，从源头开始自己种植，自己加工和销售，还是比较有优势的。但是，这些门槛毕竟太低，后来者越来越多，许多新手急于出货，价格也变得越来越乱，根本没有哪一家的价格是可供参考的。于是，他又想到了“品牌 + 生态农业”。他为基地申请了有机认证，又请设计师做了整套的 VI 形象。但是，这些在短时间内都看不到效果，消费者不会因此而买单。

思索再三，他突然停下脚步，用了 2 年时间去中国台湾和日本考察品牌农业，希望找到新的突破口。2016 年，他建起了新的标准生产线，生产数十个跟姜有关系的系列产品，自己没有资质生产的就委托其他工厂生产。难道这是要搞产业链？是也不是，丘姜君要做的是“第六产业”。

2017 年，丘姜君的“第六产业”雏形终于出来了，包括观光基地、观光工厂，甚至连办公楼都是可观光的。而这仅仅是伏笔。5 月，首家“丘姜君姜疗生活馆”在他的大本营长汀县开张运营。姜疗生活馆包括姜湖论健讲堂、姜疗商品展销、姜疗室，三位一体，有机结合。姜疗生活馆的整个风格完全生活化，但暗藏着许多健康元素，让消费者在不知不觉中享受了健康的姜疗生活。丘姜君还有更大的梦想，就是要实现全球加盟连锁，由专卖店、直营店、加盟店三种形式组成。

“互联网 +”农业带来了营销的新风口，也带来了消费者的新生活方式。从卖产品到卖生活方式是互联网营销的螺旋式上升。

六、聚焦精准人群，发力细分市场

当前，农产品市场的同质化竞争很严重，深耕细分市场，是进行突破的一条有效路径。

同样是卖大米，肖波通过定位“宝宝”市场，实现了月销从 5 万元到百万元的突破。

由于我国全面二孩政策的开放，我国的母婴消费逐年上涨，并且预计每年将新增超过 300 亿元的母婴消费，这么庞大的消费空间，我们农创人能从中分一杯羹吗？答案不言而喻。肖波看准了母婴市场这块大蛋糕，通过研制宝宝米“米小芽”，进入母婴大市场，而备受宝妈追捧。月销售额从年初的 5 万元增加到 9 月份的百万元以上，9 个月猛增 20 倍，而且获得了章子怡、梅花资本、AC 加速器的数百万元天使轮投资。

1. 精准定位造就品牌

肖波曾供职于通用电气，2013 年帮东北老乡在微信中出售大米，后来在舒兰组建了小波农场。正是这个农场的组建，让他有了研发米小芽的基础。

2016 年，肖波发现 6 岁孩子不好好吃饭，有偏食的倾向。为了孩子，他开始研究食物的奥秘。他发现主食大米中有营养的胚芽不容易提取，留有胚芽的胚芽米有粗纤维不容易消化，而容易消化的精米、碎米又没有有营养的胚芽。

因此，肖波就和小伙伴一起研究开发出既能保留胚芽，又能去掉粗纤维的技艺，研发出米小芽。米小芽的特点是体积小、营养多、易消化、口感好、安全，适合宝宝食用。于是，肖波将米小芽定位为宝宝米，专为宝宝提供的健康、营养的放心米，并从以下 5 个方面来夯实和保障这个产品定位。

（1）古法种植，原汁原味。在北纬 44° 稻米黄金产区，种植大米，全程人工古法种植，保障大米品质。

（2）只提取精华的胚芽部分。米小芽采用了高标准的供应链管理和加工技艺，实现只提取最有营养的部分，保证宝宝食用米的健康、营养、安全。

（3）采用现代化的企业管理模式管理生产。全程现场监控，自有封装工厂和仓储，控制关键节点来确保大米的安全性。

（4）独立第三方监督和检测。

（5）自家人成为体验米小芽的首位客户。

以上产品定位和保障，有益于解决消费者以下 4 个痛点：

（1）宝宝不好好吃饭，偏食等。

（2）宝爸、宝妈担忧食品安全。

（3）辅食有营养的不吸收，能吸收的却营养不足。“米小芽”体积小，含有稻米 66% 的营养，而且极易吸收。

（4）锻炼宝宝的咀嚼能力。宝宝的咀嚼能力强弱不仅影响肠胃功能，对语言能力的发展也至关重要。米小芽根据儿童不同年龄段生理特点推出 4 款不同颗粒大小及营养配比的产品，以此来锻炼宝宝的咀嚼能力，受到了很多宝妈的欢迎。

2. 线上为主，开拓线下渠道

米小芽产品研发出来后，被送到了章子怡手里，用来给其女儿喂食。因效果良好，章子怡决定投资。国际明星的站台背书，成为米小芽被人所知的一大亮点。肖波于是趁热打铁，在营销推广方面，分线上线下展开了系列动作。

（1）与垂直母婴平台合作，搭建网上商城。

米小芽和母婴之家、蜜芽等母婴垂直平台进行合作，并且在淘宝、天猫、京东、微信商城等都建立了自己的销售渠道。

（2）组建母婴社群，进行社群运营，着力提高用户黏性。

（3）通过自媒体平台，介绍辅食、米胚芽知识，制作原创视频文章，进行内容营销。

除了线上的动作之外，肖波也不忘在线下发力。例如：与银行、母婴机构等一起联合营销；参加展会，对接代理和零售商，发展线下渠道等。

不论是与自媒体合作、让用户试吃，还是组建母婴群体、让关键意见领袖帮助传播，都是为了打造品牌，打造一个值得妈妈信任的好品牌，让宝妈和忠实用户享受更好的体验和更优质的服务。肖波能将米小芽品牌做到妈妈心坎里去，主要有两个法宝：

（1）高度苛求质量和安全的死磕精神。

（2）扎实的管理能力。肖波在通用电气等外企工作 17 年，在供应链管理、生产、仓储、物流、质量控制等方面积累了很强的业务基础，这对米小芽的品牌打造、产品供应升级等都帮助很大。

农产品上行，网无界，商有道。最重要的核心之道还是爱心、用心、专心、精心、耐心。

魏延安认为，一是在跨界融合上下功夫，既要懂互联网，又要懂农业；二是模式需要继续打造完善，在细节上下功夫，从农业实际出发，制作好的操作流程、规则等；三是鼓励继续创新，从不同领域探索。

第五章

“互联网 +”农业之社交电商

马云在乌镇互联网大会上讲话："这是一个摧毁你却与你无关的时代；这是一个跨界打击你，你却无力反击的时代；这是一个你醒来太慢，干脆就不用醒来的时代；这是一个不是对手比你强，而是你根本连对手是谁都不知道的时代。在这个大跨界的时代，告诫你唯有不断学习，才能立于不败之地！今天你还很贫穷，是因为你怀疑一切，如果你什么都不敢尝试，你将永远一事无成；机会总是留给有准备的人……"

机会是留给有准备的人的，面对社交电商的机会我们应该如何准备呢？我们首先要看看机会在哪里，如果有机会，我们应该如何去抓住。

其实，拨开重重迷雾，用理性和趋势的慧眼去审视农产品电商的生态，我们会发现，2016 年社交电商形势已经很明朗，不仅新农人重视，各种农业企业组建社交电商团队，各地政府也纷纷出台政策，支持移动电商创业。著名的县域电商模式——浙江遂昌模式的创始人潘东明在 2016 年初写了一篇很有影响力的文章《再出发——预见 2016 农村电商》，他在引言中写道："谁也不曾过多关注，这一轮移动互联网的大趋势，恰恰是给农村带来的最大机会。过去所有做法都将逐步淘汰，转向移动互联网逻辑下的社群化、本地化、本地化生态圈的经营，这才是 2015 年后农村电商的新未来。"潘东明认为，新模式要从过去经营实物到经营人，从经营产品到经营社群，从经营线上到经营本地化 O2O 生态圈。可以说，在"互联网 +"农业的天空下，社交电商时代已经到来，社交电商重要的组成部分——农特产微商将成为推动农产品上行队伍中一颗耀眼的明星。农特产微商是"微商不微"。2016 年，中国微商行业市场交易规模为 3287.7 亿元。随着传统电商流量红利渐失，移动与社交相结合的微商市场成为各电商及品牌竞相布局的渠道之一。随着微商法规出台、传统电商和品牌入局，艾瑞咨询认为微商市场未来仍有较大的发展空间，预计 2019 年微商规模将近 1 万亿元（如图 5-1 所示）。

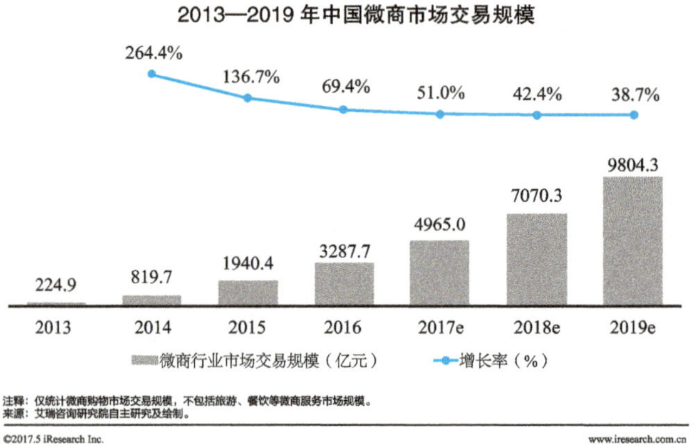

图 5-1　2013—2019 年中国微商市场交易规模

第一节 社交电商、农特产微商爆发的基础

社交电商正在以不可思议的速度发展。公开资料显示，2016 年“拼多多”的付费用户超过 1 亿，月成交总额超 10 亿元，日均订单超 100 万单；2015 年云集微店年度销售额增速超过 500%，2017 年第二季度销售额达 18.3 亿元，在 2017 周年庆期间，单日销售额突破 1 亿元。

农村网民正成为中国互联网发展的重要增长动力。自 2012 年以来，农村网民的增速超越了城镇网民。和城市网民相比，农村网民呈现以下特征：

更年轻。从年龄结构上看，与城镇网民相比，农村网民更趋于年轻化，30 岁以下各年龄段的农村网民比例均高于城镇网民，而 30 岁以上的农村网民比例则低于城镇网民。

更移动化。农村网民使用手机上网的比例高于城镇网民，而使用其他设备的比例则低于城镇网民。截至 2013 年 12 月，农村网民使用手机上网的比例已达到 84.6%，高出城镇 5%。手机上网成本低、易操作，使农村地区居民上网成为可能，成为农村居民上网的主流设备。

社交电商是移动互联网的必然产物，具有深刻的政治经济和人文基础。

1. “互联网”及“一带一路”倡议

“互联网 +”及“一带一路”倡议宏观力量，给农产品电子商务的推进，注入了根本性的长期的政策能量，给农特产微商创业带来机遇（如图 5-2 所示）。在中国，政策红利是重要的推动力。看如今各级政府对农村电子商务的重视程度，可以感知“互联网 + 农业”已经成为标配。这种运动式的推动，必然让更多的农民觉醒，更多的农特产品进入商品化、网货化、品牌化序列中，也有很多的新农人会运用社交化的微商来传播销售农特产品。

2. 产业链升级呼唤互联网“赋能”

我们经常在各种媒体上看到各地农产品“滞销”的信息。农业产销信息不对称，往往让农民受伤。而地头上贩子的压价，又让农民不得不使用化肥农药增大产量，这与

重视健康的社会环境是相抵触的，从而又增加滞销的概率。通过社会自媒体的力量，通过电商的力量，让产地价格和消费区价格达到平衡，促进农产品直接到消费者餐桌，意义重大。

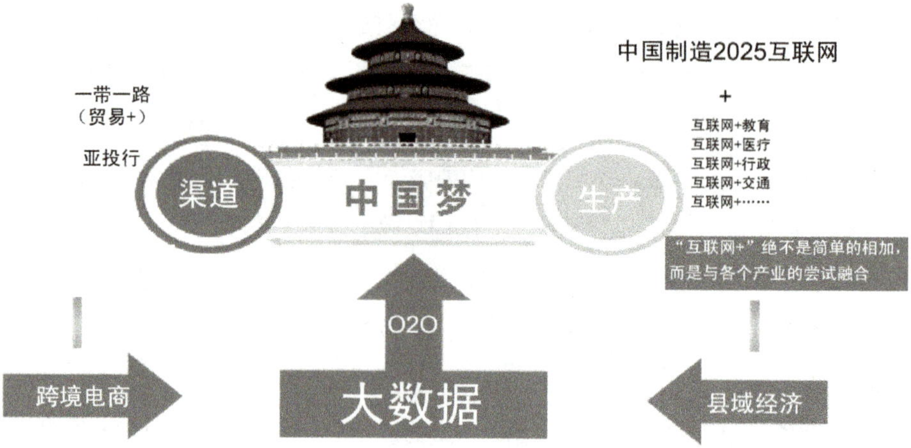

图 5-2 "互联网 +"及"一带一路"倡议

3. 农特产品具有广泛的消费基础

目前国内正处在消费升级的时代，"80 后""90 后"逐渐成为消费主体，消费理念从"吃得饱"到"吃得好"，再到吃出健康，吃出个性和品位。在这种大环境下，农产品的品质、品牌都需要提高。随着人们生活水平的改善、消费观念的改变，更多人重视食品安全、重视产品品质和个性化体验，这些都给农特产品微商带来发展空间。

4. 新农人的崛起

新农人的崛起让农特产品标准化、商品化、网货化、品牌化、社交化成为现实，让农特产微商的运营成为可能。

农特产品要实现互联网销售，必须进行系列产品设计和供应链打造，传统农民难以胜任，带着知识、技术和再造故乡梦想的新农人应运而生，成为"互联网 +"农业的主力军。

5. 微分销平台的开发和升级助力农特产微商发展

每一次重大的技术变革，都带来生产方式的转变。2015 年以前，农特微商之所以做不大，是因为没有量身定做的工具平台。在朋友圈卖面膜还可以，但要卖体量大，运输复杂，利润很低的农特产品，没有专门的工具平台是不可能做大的。2014年下半年开始，微店、有赞等微商平台出现，2015年“有量”平台专门针对农特产微商设立部门，2016年，阿里巴巴也专门设立微商平台，2017年专注农特产微商的“订单兔”更着重社群社区的订单管理。农特产品借助移动互联网上行非常高效，也便于更多人参与。

6. 新农人社群引领农特产微商发展

2013年开始，中国大地上出现了很多基于互联网的新农人社群。他们开论坛、做案例、做展示、做培训，引领新农人抱团发展。几年来，已经有上百万的新农人在农业产业链条上各领风骚，成为各地电商创业、扶贫的带头人。

7. 微商商业因素

移动互联网发展初期，微商运营的多是面膜这类产品。这类产品市场相对狭窄，加上多层次分销系统“压货”模式不利于可持续性发展，最终导致体系“坍塌”。但是，这些商业实践为农特产微商转型积累了商业的后续力量和资源。新农人组织不断推广和打造的各种成功、失败案例的涌现，让更多的人在此基础上学习、总结和发展。

8. 快递业的革命

十多年以来，电商的发展带来了快递业的革命。生鲜电商的崛起，促使顺丰、中通、圆通、邮政等快递公司针对农产品特点进行业务开发，解决了大部分农特产品上行的问题（如图5-3所示）。

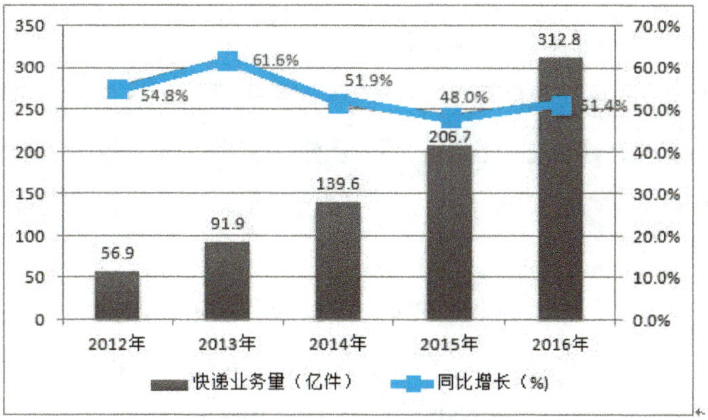

图5-3 快递业务增长曲线

9. 移动互联网的普及

移动互联网、智能手机已经普及了，大家都生活在手机上，与此相关的生活方式必然成为消费场景，成为我们的生产方式。有句话说，消费者在哪里，我们就到哪里去。

10. 传统电商红利期已过

传统电商是指各种平台类电商，这些平台电商在“互联网 +”农业的发展中有不可磨灭的贡献，目前还是“互联网 +”农业的重要力量。但是，互联网的发展很快，平台类电商对于更多的初级创业者来说，不仅流量贵，流量转化难，长期形成的各种潜规则和高昂成本已经让后来者“望洋兴叹”了。而移动互联网的去中心化，人人都是分享者的特点，使所有人获得了新的机会和爆发点。

近几年，新农人微商创业百花齐放的局面，各种农特产微商模式的实践已经充分证明了农特产微商因其独特的魅力，正在成为新农人创业的好工具，成为消费者相互分享的好载体。随着“互联网 +”农业的推进，农产品标准化、品牌化和供应链的不断完善，农特产微商将具有更大的发展空间。

社交电商时代已经到来，只有把握住这个机会才能与时俱进。我们要做的是了解社交网络的特点，掌握规律，从而让社交电商成为推动农产品上行的好工具。

第二节　如何抓住社交电商的机会

“易观发布”把社交电商定义为：基于人际关系网络，借助社交媒介（微博、微信等）传播途径，通过社交互动、用户自生内容等手段来辅助商品的购买，同时将关注、分享、互动等社交化元素应用于交易过程之中，是以信任为核心的社交型交易模式。

经营者可以考虑采取以下营销策略：

策略 1：互动式体验营销。今天中国的消费主力是“80 后”“90 后”，适合他们的体验营销形式，一是功能体验营销，二是娱乐体验营销。

策略 2：个性化的限量营销。什么样的产品最值钱？当然是稀缺的产品。稀缺感呢？首先就是限量，其次就是限人。

策略 3：自我式的网络购物。

“90 后”追求自我，有很强的“群体主义”意识。QQ 圈子、微信圈子大行其道。影响圈子内的一部分人，进而形成圈子内的口碑传播，或者在企业圈子中打造品牌的知名度，都是高效的营销手段。

农特产微商的趋势已经非常明显。农特产微商是移动互联网时代的产物，是时代给予新农人最好的机会，问题是我们如何能够抓住趋势，做好我们的农产品上行。我们还是要做一些系统性思考。

首先，要考虑的是趋势。顺应趋势，我们就会有属于自己的发展空间。那么，现在最大的趋势是什么？是随着移动互联网的普及而带来的新商业系统。过去传统商业和传统电商都要在移动互联网的基础上重塑，这是所有人都要经历的，这恰恰是移动互联网先行者最大的机会。著名的“北大才子一号土猪”创始人陈生说要拥抱互联网，因为消费者在变，而传统电商的榜样“三只松鼠”要大力布局线下店，因为消费者在哪里我们就到哪里去。“网无界，商有道”，所有的营销最终都是拥抱消费者。消费者现在都在移动互联网上，同时又生活在社区中，所以，“社群＋社区”是新零售的重头戏。充分运用自己在社群中的资源，积聚用户，同时接地气，深入社区，解决最后一公里的便利，空间巨大。

其次，要考虑的是我们的优势。优势就是个性，就是差异化，你的产品和服务能够给你的用户选择的理由。大平台车厘子亏本倾销，我们去消费就可以了，没有必要去比拼。农产品的独特地域特征，加上几千年来的农耕文化和传统习俗给了我们无限的差异化理由。大平台要派买手去各地找寻好产品，需要巨大的费用，而我们就在本地，拥有天时地利人和，我们要把自己的优势用足，转化成生产力，转化成有竞争力的产品。新零售的主题词是回归，回归产品，回归性价比。所以，我们要静下心来，真正找到自己的优势，再集中精力去发力。

再次，要考虑的是路径。方向对了，努力坚持行走就可以了。但是，竞争非常激烈，别人坐动车了，我们还在用独轮车，肯定不行。但在乡间小路上，独轮车就胜过宝马车。在这个问题上，很多人战略战术非常混乱，经常搬起石头砸自己的脚。在这里，需要明确的是，互联网时代，人就是最好的连接器、最好的渠道，所以不要轻易设“总代”；

同时也要清晰地给自己一个定位，是直接做消费者销售，还是针对经销商。不同的定位有不同的打法，专业的人做专业的事，生产者踏踏实实做好自己的产品，对接各种渠道全网营销。一个人做全链条是很难的。即使自己已经有用户了，该对接渠道还是要对接渠道，品牌推广需要借助“势能”。在这里还要强调的是，供应链是农特产微商的生死链，供应链的问题要提高到重中之重。

最后，要充分运用好“社交”武器。社交电商与传统电商的区别在于社交属性。很多朋友“朋友圈无朋友”，就在于把朋友圈变成柜台，把朋友直接变成顾客。要做好社交，必须充分运用好移动互联网的传播和连接性，做好社群，做好展示，做好共享。

把握趋势，找到优势，同时找到适合自己的路径，在此基础上还要重点运用“移动互联网”的力量，做好整合营销。个人的力量是有限的，融入这个时代，打造强大的供应链、传播链和营销链，才有我们的未来。

第三节　社交电商的主要形式

一、强关系社交

我们知道一个词叫“狐朋狗友”，其实就是利益社交的代名词，就是交情不深，互相利用。而现如今的社交电商时代，强关系社交是更深的信任社交和关系社交。

什么是强关系？传统概念上的强关系是一个社会学理论，是指个人的社会网络同质性较强（交往的人群从事的工作，掌握的信息都是趋同的），人与人的关系紧密，有很强的情感因素维系着人际关系，按常理来说，由家人、同学、同事等组成。

但是，随着中国互联网的发展，现在没有了见网友的概念，电商、微商这个圈子里，好像我们的朋友圈都是网友，又好像都是朋友，我们很多生意或代理、分销都在微信朋友圈或是来自微博。从这种意义上来说，从原来的网友、博友等弱关系进一步向强关系转化，很多的粉丝和网友经过长久的互动和交流，慢慢地从弱关系转变为强关系，今天的强关系通过互联网有了升华，有了新的通路和概念。

强关系如何运用于电商？关系需要维护，而更好地维护不是每天线上“请安”或是“早上好”，更多的是线下活动。所以有一句话说，线上交流多次，不如线下“饭醉”

一次！这也印证了关系的维护与处理更好的是线下活动。

行业内一个知名案例就是阳澄湖"蟹鲜生"。为了得到更多的代理及代理的信任，他们一家一家，一人一人地登门拜访，充分显示自己的诚意和信心。只有线下的交流，才能让代理朋友更加信任自己。当然这一切强关系的基础是人品和产品靠谱。

通过互联网社交电商，强关系的范围越来越宽，就像一个关系网，这个网不断地通过社交，通过互联网扩大。然后，通过自己的人品和产品去背书，更多的弱关系转化为强关系。有一天，我们发现，如果没有了互联网，没有了微信、微博，我们的生意、我们的生活该如何继续，都是问题（如图 5-4 所示）。

强关系社交也可以运用于特定的圈子。广西融水"苗妹无网店网销牛肉干月 30 万"就是很好的案例。

融水县"90 后"苗妹小陈在朋友圈卖牛肉干每天几百包，她甚至没有任何一种形式的网店。一个"90 后"苗妹的朋友圈能有多少人？一个月几十万元的销售额如何实现可持续性？这些问题一直萦绕在我心头。2015 年 10 月见到了小陈，第一眼就喜欢上这个漂亮灵气浑身充满阳光的女孩（如图 5-5 所示）。做营销，人品第一，社交圈营销，情商很重要，这个魅力十足的苗妹很有优势。

图 5-4 越来越多的社交关系离不开社群

图 5-5 "90 后"苗妹小陈

三句话不离本行，我们进入了交流环节。

我问："无网店"的网销如何实现？每月真的有几十万元销售吗？

她说，自己父亲用传统工艺做的牛肉干，朋友们喜欢吃，朋友圈分享越做越好。但是，没有企业食品生产许可（QuaLity Safety，QS），所以没有办网店。每月销售仅仅用微信支付的都在 20 万元以上，可以看记录（如图 5-6 所示）。

我问：你的朋友圈有多少人？有这么大的消费力吗？你有多少分销商？

苗妹表示，她的朋友圈人并不算多，才 1000 多人。按照圈子营销的惯例，是不足以支撑这样大的销售量的。小陈对于我说的分销商好像听不懂，说她没有分销商。可是，小陈说，她的朋友圈里有1/3是她的好姐妹，这些好姐妹很多都在KTV工作。KTV里唱歌喝啤酒，人们特别喜欢吃牛肉干，一次就要五包十包。很多客人吃了以后觉得好吃，就会再点一些带走（牛肉干热销的秘密在线下圈子）。

图 5-6　交易记录

苗妹从容不迫回答着我的问题，同时也看到我眼中不断闪烁的问号。苗妹拿出牛肉干放到盘子里说："老师，您先尝尝吧。"牛肉干有原味，有微辣，有加辣，我逐个味道品尝。牛肉干鲜香味美，吃了还想吃。作为资深吃货，当我品尝以后，也会购买，还会推荐朋友购买。

"互联网+"时代，草根创业也是各种"模式+"。苗妹看似没有章法的圈子营销，恰恰是最符合互联网思维的社群精准营销。电商扶贫，要更多去发现和培育这样的草根创业者，他们才是活力无限的大地英雄。

二、兴趣社交

PC时代，提到兴趣社交，人们的第一反应就是"豆瓣"。豆瓣曾长久以来作为一种生活方式存在于它的用户群中，它的广告语"发现生活"也印证着这一点。如今豆瓣已经陪伴我们走过了十多年的时光。在兴衰起落如过山车一样的互联网行业，豆瓣能够用不紧不慢的脚步走上十年实属难得。因为有着共同的兴趣与爱好，大家走在一起，有一定的黏性。那时还没有社群这个概念，当时称圈子，但已经是一个社群模式。

广场社交是人与人之间弱关系的连接，圈子文化是人与人之间强关系的体现，而兴趣社交则可能会将本来弱关系的人通过标签、兴趣爱好、行业属性等串联起来最终发展成强关系。比如，我们身边的车友会、数码公社、电影发烧友等，都是基于一定的兴趣和爱好产生，而兴趣与爱好是人类交流共同语言的基石，为强关系社交奠定了坚实的基础。

兴趣社交与电商的结合有着巨大的前景。2015年以来，生鲜电商圈里出现好多产品与兴趣社交有关系。比如"蘑蘑哒""智慧菇"，一盆只需每天喷水就可以不断生长，最后还可以吃到鲜美蘑菇的产品，一款提升孩子体验交流、学习、兴趣的产品，让孩子见证生命的力量。蘑菇每天都有生长变化，每天还在浇水、拍照中产生各种互动，这种神奇的生命产品极大地提升了产品受众的热情。产品的受众是孩子，物美价廉，每个家长都愿意给自己的孩子买上一份。而孩子们在幼儿园及学前班的分享，又让更多孩子喜欢这个产品。所谓好的产品自然会传播、会说话。

这里需要着重指出的是，兴趣社交产品也需要迭代。再好的产品或兴趣都会有生命周期，“80后”熟悉的QQ现在使用率在下降，现在盛行的微博使用率活跃用户也在下降，更不用说原来盛行的搜狐门户及新浪门户网站了。所以，兴趣社交也需要迭代，每个时期，大家的兴趣点不一样。而且，在互联网速度的冲击下，所有产品都加速了迭代的进程。2015年风靡的“你好芒”，不断变化包装及玩法，目的就是不断地激发大家对互联网玩法的新意。如果产品不更新，玩法不迭代，再好的产品也会被淘汰，比如风靡一时的开心网、人人网等。

社交电商时代，兴趣社交会主导我们对产品的定位。我们的产品定位于哪些人群？这些人有着怎样的兴趣与爱好？如何通过我们的产品激发定位人群的兴趣与爱好？我们的产品如何让消费者在自己的圈子里分享？让产品自己说话，自己会传播，是产品定位中很重要的内容。

二、产品社交

每当笔者谈到产品社交时，总有人会问：产品和社交有什么关系？先产品还是先社交？

1. 产品社交化

2015年，我们所说的社交电商、农特微电商，出现了好多社交产品和品牌。比如，你好芒、李金柚、博士妈妈、玉米兄弟，这些品牌在传统的时代，感觉就是一个称谓，这些品牌也没有正统的品牌那么正规，而是大家身边的口头语或是拟人化的语言。但是，就是这样嘴边的常用语，成为今天更多的社交网红品牌。产品社交化也是我们农特微电商品牌社交化的必由之路。

2. 先社交后产品

为什么先社交后产品？给大家打个生活中不算太恰当的比喻，我们想求人办事，比如去看病找个熟人，或是孩子上学找个门路等，如果原来认识这些人，或是自己的交际圈中有这些人，这些事都好办多了。但是，如果因为想去看病或者想找路子让孩子上个好点的学校，再去找关系找人，是不是感觉很难？

同样，做产品也是这样。我们先用社交打通各种关系，然后再销售产品维护各种关系才是更好的选择。优质的农产品没有人会拒绝，而现实中送礼送健康，送优质的农产品，更能得到大家的欢迎。

3. 社交变现

社交变现，或是大家熟悉的词语“粉丝变现”“资源变现”，其实是一样的。现在知名的微商或是渠道商等，这些人本身就存在很强的资源，或是很强的关系，包括我们熟悉的“褚橙”及“潘苹果”等。所以在社交电商时代，他们也很容易通过这些资源推广变现。

4. 产品社交如何引爆

农业红人秦海就是很好的社交电商代表，用社群打造农产品品牌，零费用聚集 10 万粉丝。

秦海，“每时茶”创始人，2013 年下半年从公关营销领域转型农业做茶。他曾任职苏宁电器品牌策划部长，担任电商公关经理及公关公司副总经理等职，服务过“360”、新浪微博、乐视超级电视、中兴旗下努比亚、苏宁易购等知名互联网及科技巨头。

正是因为秦海职业经历的特点，每时茶在最初就具备了一定的传媒营销基因。这对一个农产品品牌是至关重要的。因此，每时茶开始就是一个诞生于微信社群的互联网茶叶品牌。每时茶基于目标消费人群，通过全程邀请消费者参与，进行产品策划、设计、体验、分享、销售的方式，实现消费参与、口碑传播、品牌共建。2014 年 8 月底上线销售至今，每时茶主要通过公众号社群进行销售，积累粉丝近 10 万，累计销售近千万元。曾被新浪科技、创业黑马、北京人民广播电台、《中外管理》杂志、《重庆商报》等媒体报道，曾登陆 CCTV2 创投节目《创业英雄汇》。

（1）为社群而生。

每时茶的广告语是“做靠谱茶，交靠谱人”，从骨子里就带着以产品为媒介进行社群、社交互动的特质。

开始，每时茶还处于酝酿阶段，就通过微博等社交媒体平台，征集品牌打造的意见。在产品打造过程中，成立了每时茶顾问团微信社群，并在每一款新产品上市前均进行社群互动沟通。

从产品创意、策划、包装设计、销售、测试、反馈、传播，以及对接茶园基地及工厂整个流程，全程都向用户开放，让他们一起参与。通过这样的方式，潜在顾客对每时茶产品如何来的、过程是怎样、反馈怎样都有充分的了解，在一个人群相对有限的群体里打造出一个信任品牌便成为可能。这样一来，不但收获了第一批种子用户，而且建立并提升了品牌活力，往后还能进行产品及股权众筹。

这里，微信、微博等社交网络载体起着重要的作用。微博和微信是不同的载体，但本质都是以好的内容做信任、做互动，都离不开人的社交本质。微博在扩散影响力上是微信无法比拟的，而微信则更适合在熟人间分享。两者有区别，不可简单对比。但对于移动互联网时代的品牌来讲，两者都是缺一不可的。

微信是每时茶用来解决日常沟通及“与顾客在一起”很好的渠道。目前，每时茶除了通过基于微信服务号的移动店铺进行日常销售外，微信还扮演着拓宽社交圈和日常客服及购买很重要的角色。在目前产品销售中，每时茶有 1/3 的销售来自微信店铺。

通过微信，秦海将与自己一样在创业的朋友聚在一起。秦海喜欢跑步，加上过去从事公关营销的经历，每时茶的社群建设便从三个人群开始：跑步人群、营销人群、创业人群。同时，秦海在个人微信、微博上的信息发布，也都围绕这三个方面及自身产品实践展开。

针对跑步人群，自身跑步带动线上社交，同时用产品赞助跑步活动；针对营销人群，不断进行经营总结，通过自媒体传播、活动分享；在创业人群上，秦海还与朋友打造了创业小社群“创业工社”，定期举行分享活动，这些都为个人及品牌提供了信任背书。

随着信息越来越开放共享，渠道正被碎片化，人便成为产品终极的渠道。自始至终地保持品牌和用户在一起，确实不失为一种理想的品牌推广策略。

（2）产品精神至上。

目前，国内多数农产品最大的问题在于一个“农”字，离商品、产品还有较远的距离。每时茶的产品到目前也只有六七款，秦海归纳了自己产品打造的逻辑。

首先，用时间去打磨。都说互联网“唯快不破”，在产品打磨上求快未必是好事。一个产品的上市，需要经历测试、策划、预售、上市、运营、服务等完善的过程，而不是传统意义上的农业操作手法——把水果从树上摘下就拎着去市场卖了。

每时茶的第一款产品“安化黑茶手筑茯砖”经历一年多。秦海开始拿着农产品形态的茶到处乱撞，到最终从做好一个产品开始的转变就历时半年多。从做好一件事情、一个产品开始，这是一种战略上的升华。

其次，好产品离不开好源头。对茶而言，一块好黑茶，更离不开原料的优良。一方面是产地的地域限制，该地的气候、地理环境对茶叶原料的基本面构成绝对的影响，比如安化境内就是肥大的大叶种；另一方面，高山环境决定了茶叶会远离污染源。这样的原料，不深入产地的人是看不到的，因为它们仅属于当地有时间有近水楼台便利的少部分人。

秦海曾多次深入产地，对原料和整个加工流程都进行把控。在每时微信店铺上，甚至将手筑茯砖茶的原料筛选标准、加工工艺要求、哪家工厂生产的等细节都进行了公示，尽最大可能做到透明。

再次，好产品离不开好工艺。秦海的手筑茯砖茶，鲜叶制作成黑毛茶后，需要存放一年再行加工。很多厂商当年就开始加工，每时茶坚持最经典的工艺传统。

而茯砖茶加工中最核心的工艺在于发花工艺，每个时间点、温度、湿度都必须经过精确的掌控才能保证良好发花。让人头疼的是，天气可能对产品的加工品质和后期存放的品质构成较大影响。空气湿度大，下雨太久，茯砖潮湿后可能发霉。每个工艺细节都可能带来产品品质的巨大差异。每时手筑茯砖黑茶正是出自安化黑茶核心产区手艺最好的制茶师傅。

最后，好产品首先要力求方便。茶叶在饮用的过程中，因为涉及冲泡等繁复的过程，中国的茶叶消费在大众人群中并不像英国、土耳其等国家那样普及。除了产品自身的特性外，这也与中国茶叶企业，很少关心消费者的服务体验不无关系。

秦海初入行业就瞄准了这样的市场盲点。他说："我们一开始就在构想怎么样才能让一公斤的手筑茯砖茶取更方便、切更方便、携带更方便（如图 5-7 所示）。"

图 5-7　朴实无华有内涵的手筑茯砖茶

有一段时间，秦海四处寻找包装设计师。尽管花了一些费用，但最终还是对所有设计方案都不太满意，最后就自己手工去剪裁。“我们给手筑茯砖茶做了一个茶杯型的开口，底部做了推口的引导，我们提供了备用便携袋。这使得曾经包得严严实实只能撕毁包装才能取用的局面彻底改变，打开开口就地可以切，茶末不会到处跑，切完了开口处可以往前推，出差或上班想喝可以切下来带着走。”在他看来，这个小的细节改动，可能是整个茯砖茶发展史上从未有过的开创之举。

除了这个细节，每时手筑茯砖茶还确实做了很多别的茶产品很少考虑的事情。从将茶刀作为一个标准配套附件，到提供试用装、不喜欢就可以退，到提供便携的备用袋子，到为茯砖茶提供简单而有趣的饮用说明，这款产品确实将用户体验放到很重要的位置。

四、网红社交

网红经济是以时尚达人为形象代表，以红人的品位和眼光为主导，进行选款和视觉推广，在社交媒体上聚集人气，依托庞大的粉丝群体进行定向营销，从而将粉丝转化为购买力。

2016 年，红人产业产值（包括与红人相关的商品销售额、营销收入及其他生态环节收入），接近 580 亿元人民币。

什么是网红？“网络红人”，是指在现实或者网络生活中因为某个事件或者某个行为而被网民关注从而走红的人，或长期持续输出专业知识而走红的人。他们自身的某种特质在网络作用下被放大，与网民的审美、审丑、娱乐、刺激、偷窥、臆想、品位及看客等心理相契合，有意或无意间受到网络世界的追捧，成为“网络红人”。因此，“网络红人”的产生不是自发的，而是在网络媒介环境下，网络红人、网络推手、传统媒体及受众心理需求等利益共同体综合作用下的结果。

网红在“互联网 +”农业上有巨大作用。网红在自媒体时代是聚焦中心。自媒体时代，应该说给了网红更多的发展空间，原来推动媒体宣传或是炒作的核心媒体是搜狐、新浪等门户网站，因为那些门户有太多的流量。而自媒体时代，微博、微信各自带流量，每个人都可以成为自媒体自带流量，这些自媒体都可以成为现实传播的核心。这些自媒体代言农产品，让更多农产品走进朋友圈，成为消费者关注并传播的“秀”品。

农业需要网红。自媒体时代，网红是自带流量的，只要有了流量，对于品牌传播、品牌塑造、下单成交都是有促进的 。而网红作为一个时髦的词语，与传统农业结合，应该说是时代赋予的机遇。改革开放几十年，农业的转型升级还很慢，需要更多的时尚元素带动，需要更多的策划大师、更多的广告服务、更多的品牌策划等来参与推动。

农业网红“林妹妹”是网红社交的典型。林妹妹从设计师转型做农业，成为农业网红，实现朋友圈从 800 人到 10 万多粉丝的华丽转身，从直播到扎根好产品，塑造好品牌，走出了一条丰富多彩的微电商之路（如图 5-8 所示）。

她的作品很多：

——“杨贵妃”卖荔枝第一人！成功打造了贵妃庄园品牌，上线 15 天，销售破万箱（如图 5-9 所示）。

图 5-8　农业网红代言农产品

图 5-9　“杨贵妃”卖荔枝

——成功打造爆款山楂条，月销售破 2 万份。

——中秋节定做 Hello Kitty 月饼，20 天销售 5000 份。

——电商爆款白小甜阎良甜瓜，上线 7 天销售 5 万件，销售额 200 多万元。

——亲自设计“自游空间”时尚艺术公寓，探索农旅结合新模式。

林妹妹是如何多维度塑造爆款单品的？从她的“白小甜阎良甜瓜”案例，我们来看看网红营销路径。

（1）好产品触动顾客。

从好吃、好看、好玩三个方面分享好产品。

好吃：陕西阎良是我国甜瓜地标产区，阎良甜瓜以甘甜爽口、风味纯正、肉厚腔小、耐储耐运而享誉全国。好吃的产品触动了顾客的味蕾。好看：视觉营销，给顾客美的体验，可以培养一批忠诚的用户。好玩：跟顾客互动，让顾客主动分享。

（2）塑造品牌差异化。

电商圈、朋友圈水果大部分都是比价格，用普通的包装，加上自己logo的彩盒包装。白小甜阎良甜瓜从包装、定位上面与市场上很多甜瓜有着很大的差异。

方法一：定位于小文艺。小清新在消费者被众多同类产品包围的时候，能够让其去选择不一样的白小甜阎良甜瓜。

方法二：包装设计与市场普通的差异化。

方法三：实用性。采用一箱6个的包装，消费者如果一人吃也不会觉得太多，跟朋友分享也方便。

方法四：情感营销。文案采用怀旧故乡情结。用户会被好的传播内容吸引，从而促进交易，实现流量变现。

（3）为自己代言。

林妹妹每款产品都是自己代言。自己代言能够减少代言费用，贴近消费者。她客串时下流行的电视剧主人公白浅的形象，为白小甜阎良甜瓜代言。同时，请各大社区领袖为林妹妹产品代言，如新农联郝老师、农友会农哥、海吃会九哥、柚子大王李恩伟等。

（4）传统销售渠道＋社区商业。

在传统的销售渠道加社区营销模式下，让产品在多渠道曝光、发售。

白小甜阎良甜瓜产品发布会，联合西安市电子商务协会、阎良农业局、阎良工商联、阎良电子商务协会、阎良区关山镇政府、咸阳区电子商务服务中心等单位及电商销售平台、自媒体大咖、微商军团长和当地媒体共同举办。发布会当天成功签约了10家电商销售平台。

林妹妹还联合成熟的渠道供应链公司美德鲜，联合传统的水果批发渠道、商超共同发售白小甜阎良甜瓜。

同时，农业自媒体联动。2017年5月13日农特微商节，林妹妹化身5月最火电视剧《三生三世十里桃花》中的白浅代言白小甜，各大自媒体大咖、社群领袖联合推广。联合广东菜篮子工程，深入各大社区，举行试吃、团购等活动，方便消费者了解产品、购买产品。他还联合社区水果店做社区配送，联合业主群、吃货群、宝妈群等领袖，做推广活动。

网红林妹妹从一个充满灵气的设计师转型新农人，她的每一款农产品总会给消费者好的品质和美的感受！

互联网让世界变小了，而自媒体概念的爆炸式流行，让很多人开始有意识地对自己用心经营。新农人的微传播非常契合自媒体品牌传播的理念，不仅能抓住用户的眼球，更能抓住消费者的心。

农产品上行的途径呈现多元化特征，充分利用上行的途径，可以提升农民在供应链中的博弈能力和话语权。微信、微博、网红直播等社交电商的兴起是对传统商贸流通体系的变革，通过产业链的重塑打造农产品新商贸模式，推动传统农业的革命。但是，无论什么形式的营销，最终都是定位、产品、品牌、供应链和传播。新农人只要把握这些核心，就能在纷繁复杂的“模式”中找到自己的路。

第四节 社交电商平台

为什么平台也需要社交？中国的互联网媒体进入自媒体时代之后，所有的商业形态都向粉丝化、社群化、社交化转变。中国的互联网电商平台，应该说是沿着中国互联网的发展，由原来的一号店、我买网 1.0 的互联网电商模式逐渐向 2.0 时代进化。同时，带有团购、拼团、社群、公众号粉丝经济等的电商平台是移动互联网的产物。而梅子淘源、本来生活食享会、有好东西等平台则进一步与新零售相连接。

一、平台社交的典型有量

有量平台，成立于 2014 年，专注于电商软件和服务提供商，通过社交功能搭建供销关系。2015 年上半年，有量团队找到当时最具影响力的微商张大发团队合作。张大发团队可以称为 2015 年第一支有组织的微商团队，下面有十几个团队，每个团队的战斗力都很精锐，到今天应该说是微商军团的鼻祖，拥有分销团队几千人。有量平台和张大发团队的结合，可以说是“喜结连理”。有量平台迅速让张大发团队从手工下单到平台下单，大大提高了效率，张大发团队也通过微商的实践，迅速提升了品牌运营与后台技术，可以说是互惠互利。有量至今也是农特微电商的主要平台。

二、“本来生活”食享会的社交电商模式

大家听说过“本来生活”，也许更多是通过“本来生活”打造的案例“褚橙”。原先定位为平台电商的“本来生活”慢慢向社交电商转变，通过“社区＋社群”模式

探索城市的落地电商模式。这种模式有两点突破：

第一，通过整合当地城市和社区、社群微商代理，达到一定的落地配送量，从而解决生鲜一件代发的瓶颈。

第二，通过本来生活平台，积累大数据。未来一定是大数据时代，掌握大数据，有助于达到产销平衡，以至于更精准地根据需求和市场预判对农产品精准投放。

三、专注的平台社交电商工具——订单兔

在战争中，没有好的武器就会吃亏；同样，在商业竞争的舞台上，如果工具用得不好，就会处于下风。新农人要想从电商、线下店把客户抢过来、把流量抢过来，就必须随时发掘和使用好工具。

回顾刚刚过去的三年，如果没有微信，就不会有农特微商。

把农产品卖给熟人，在中国至少也有上千年的历史了。为什么农特微商在最近的三年里忽然爆发，成为影响农特产品流通的重要力量？就是因为有了微信，就是因为农特微商使用微信的能力远远超过了电商和线下店。朋友圈就是农特微商的流量源，微信群就是农特微商的客户关系管理系统（CRM）。

我们的生意离不开微信，但微信毕竟只是一个社交软件，不能支持高频、复杂的商业交易。所以订单起量后，处理订单就成了农特微商最花时间、最头疼的事情。如何用好工具，提升工作效率呢？以下是 3 点建议：

1. 把重复的劳动交给机器

微商团队搞促销活动，是销量和新客的重要来源，但也伴随着高密度的订单整理工作。忙中出错，几乎不可避免。一个单子错了，可能十个单子的利润就搭进去了。

订单兔有一个功能叫“转发销售”，微商团长在订单兔里制作一个转发销售的页面，发给自己的团员，团员直接转发这个页面给买家。买家购买后订单归集、利润分配、系统自动就完成了。团员不需要做任何订单整理动作，订单到团长这里，都是可以直接交给快递公司发货的标准订单格式，错单、漏单的情况都可以避免。这样就把微商团长的时间节省出来，就可以集中精力做些开拓性的工作。

2. 方便下游代理

对于做批发业务的农特微商来说，下游代理卖得好就是自己卖得好，所以要服务好自己的下游。

（1）不给下游添麻烦。有很多供货商，把自己的产品挂在开放性的平台上，让代理去平台上下单。这样供货商是省事了，但代理却更麻烦了。代理出于对团队的保护，不愿意他的下级在开放平台上下单，所以就要自己手工把订单整理成平台规定的格式，又多了一道工序。

订单兔是一个封闭的工具，每个人只能看到跟自己建立关系的、直接上游的产品，所以微商团长不用担心下游流失，就敢用跟上游一样的工具。这样订单就可以在同一个系统里流转，大家就不需要重复整理订单信息。下游把整理订单的时间省出来，就能有更多的时间去卖货。

（2）要给下游提供促销工具。订单兔的拼团接龙、社区团购等功能，可以有效地促进农特微商的零售。上游把产品上架到订单兔，把代理链接发给下游微商，下游微商就可以轻松地使用这些功能做促销。

（3）要区分平台和工具。互联网平台和互联网工具是本质不同的两个东西，农特微商要把它们区别开，配合使用，才能收到最好的效果。

有量、采源宝都是非常棒的平台。平台的特征是开放性，开放的优点是你在平台上做广告，就能吸引到客户的眼球，可以迅速形成销售；开放的缺点是你的客户会看到你的竞品，并且有可能造成你的客户流失。

订单兔的定位是纯工具，工具的缺点是无法做广告，买不了流量。优点是你的客户永远是你的客户。

笔者建议，快速拓展业务的初期，可以在平台上发展新客户，将形成交易关系的老客户拉到自己的微信里，用工具来管理。

3. 用好大数据

这是一个大数据的时代，农特微商一定要用好数据。打开订单兔的后台，我们能够清晰地得到如下数据：

（1）产品复购率。复购率是农特产品最核心的指标，复购率不仅是销量的保证，也是新客户的来源。农特微商上架新品，一定要做复购率测试，复购率高的产品要重点做。

（2）下游销售数据。谁的销售能力强、谁的销售积极性高、谁的销售状态不佳，从数据上可以一目了然。通过数据了解团队人员的状态，管理工作就能有的放矢、事半功倍。

（3）经营效果。有很多微商做了很久还是一笔糊涂账，连谁欠自己钱都不清楚，当然就不可能把生意做好。打开订单兔的后台，可以清晰地看到自己的销售额、利润、应收账款等。掌握这些数据，就能够看到自己经营的问题所在，可以有针对性地制订改进计划。

订单兔也在积极地推进行业大数据的公开工作，希望能够给农特微商经营提供参考。

新农人和传统农人最大的区别就是对新工具的态度。我们的祖辈和父辈们，他们的生产工具可能几百年才有更新，在新的技术革命发生时，他们的反应是最慢的。但是，新农人不同，新农人可以敏锐地发现好工具，用新工具把自己武装好，并借此获得战争的主动权。做好社交电商，选择适合自己的工具平台很重要。

第五节 社交电商团队打造

俗话说“火车跑得快，全靠车头带”，团队也一样，一个强大的团队要有一个好的带头人，他应该是团队的“领袖”。

一、社交电商团队打造的主要方式

第一种，公司化运作的微商团队。

以西域美农为例。西域美农很早接触微商，是一个公司化运营的微商团队。公司设有售前、售后、接单等各个职能岗位，通过倒班或是轮班制应对各种订单及服务。西域美农是从传统平台电商走出来的农业电商供应链公司。

第二种，社会化微商团队。

这些团队成员来自社会各阶层，有的是宝妈，有的是白领，有的可能就是专职微商。他们有着共同的理想与思路，在农特微商路上相互扶持，走到一起。在核心的带领下，他们组织自己的微商团队。他们虽然没有拿工资，每个人却可以说是充满斗志，废寝忘食地工作。

二、社交团队打造实例

从农特微商销售女王“京姐”，见证一个人到一个团队的传奇。说起“醉靓果”生物科技发展有限公司，可能知道的人并不多，但一提起它的创始人“京姐”，在广州的微商圈内可谓声名大噪，坊间流传着不少她的传奇故事。2014 年 3 月，刚踏上微商之路的她，一个夏天仅凭借朋友圈两百粉丝零售了 16 万元女装；2015 年 3 月，单凭一己之力 20 天内卖出丝袜一万双；2015 年 5 月，带领刚组建的醉靓果团队 17 名成员，9 小时售出油桃 600 公斤；2016 年，带领薏米茶团队连续 5 个月蝉联全国销量总冠军，年销售 10 万盒，总销售额达 2951 万元；2017 年，醉靓果团队荣获十大农特微商团队之一荣誉。京姐一次次创造纪录，又一次次自己打破纪录，她被圈内公认为微商界的“销售女王”。

很多人都很好奇，一个踏入微商圈不到三年的弱女子，竟能取得如此傲人的业绩，究竟有何过人之处？

京姐，本名尹东京，湖南人，出身于一个普通的农村家庭。在做微商前，她在一家民营企业做着一份月薪 3000 元左右的文职工作，没有所谓的高学历，也没有优越的家庭背景和广阔的人际关系资源。加入微商大军后，她不会混社群，也没有找过大咖推自己，完全凭借一股子敢想敢拼的劲，一步一个脚印，硬是在千万微商大军里闯出一片属于自己的天地。

三年前的她，还只会在淘宝上买买买，压根没想到有一天自己会走上微商的道路，更没想到有一天可以成为两家公司的创始人，拥有醉靓果、厘想、京姐三个品牌及 360 名并肩作战的兄弟姐妹，并间接为近 2000 名家庭主妇提供了时间自由的就业岗位，帮助她们走上创业之路。

很多人说，京姐天生就是干销售的料。她很感激这个大众创新、万众创业的时代，给每一个小小梦想提供了可以生长的土壤。她不愿辜负它，就像不愿辜负自己的岁月，不愿辜负这一路走来给予自己力量与考验的人与事。做微商的三年里，她哭过，伤心过，激动过，兴奋过，彻夜不眠的日子都有过，她就是个打不死的小强，像水一般做人，像山一样做事，她坚信所有辛苦付出都会获得回报。

1. 从月薪 3000 元到月入 20 万元

在微商圈里单打独斗一年，虽然取得了不错的销售业绩，但京姐深深感受到人外有人，天外有天，微商圈里做到销售流水上千万元的大有人在，自己那点小成绩根本不算什么。她意识到一个人的力量是有限的，要想再往上走，一是找对产品，二是依靠团队的力量。

凭借对市场的敏锐判断力，京姐感觉 2015 年农产品将是一个微商爆发的风口。于是，她果断地抓住了这个商机，沉下心来分析市场前景与需求，并着手团队的筹建及发展规划，开始走上农特产品销售之路。

2015年4月26日，醉靓果团队正式成立。醉是取陶醉的意思，也有“之最”的寓意；靓是指靓丽、漂亮；醉靓果的初衷就是将最（醉）漂（靓）亮、最好的果子分享给身边的人，让大家吃了会陶醉，念念不忘。

让醉靓果团队取得开门红的是大沙河油桃。为了确保果子质量，她先买了3箱回来测试，还找了几个好朋友按拿货价给她们试吃。得到大家一致好评后，就正式开售了。没想到，卖着卖着，圈里好多人都想跟着京姐卖油桃。结果，半个月时间醉靓果出售了4000公斤，直接卖到基地老板喊停，村子的果子都没有了。这次售卖结束时，京姐给大家评选冠军、亚军、季军，虽然奖励的钱不多，才几十元一个人，但大家都高兴疯了，一群人一起干成一件事的成就感让大家兴奋无比。

然而，在农特产品销售路上，京姐走得并没有想象中顺利，坎坷不断，栽了不少跟头。比如，与供货商谈合作的时候，说得好好的，出现售后的时候却各种推脱，只能自己贴钱赔付的情况时而有之。有时，水果基地爆仓发不出货，代理和客户一个劲儿催，压力巨大，难以入眠。还有一次，10吨哈密瓜全部烂掉，不仅赔了钱，信誉也受到了损伤。京姐顽强地扛过来了，从中收获了不少经验教训，也在实践中收获了一个充满人情味和正能量的团队。出了问题，没有人会抱怨，而是大家一起想办法解决，共渡难关，这一点令京姐感到欣慰。

京姐做农特产品两年多，虽然月流水不算低，但利润很低，且长年累月地熬夜也把身体给熬伤了。作为团队领头人，她不得不思考团队更大的走向。

2016年2月，京姐开始了解一款薏米茶产品。通过亲赴工厂实地考察，她非常看好祛湿茶养生系列，也看好大健康产品在未来的发展趋势。于是，她在3月毅然加入薏米茶总代核心团队，4月份销售出5600盒薏米茶，成为全国冠军团队。此后连续五个月蝉联薏米茶销售团队总冠军，这也是醉靓果成立以来，单品首次突破了200万元/月的流水。

2016年，醉靓果团队总销售额达2951万元，薏米茶单品销售10万盒，红心猕猴桃2万箱，醉靓果新疆灰枣30吨，“柿大大”17.5吨，红薯42吨。而作为醉靓果团队的创始人，京姐个人从2015年11月开始月收入便稳定在8万～10万元，2016年月收入平均保持在15万元以上；2017年更是突破了月纯利润20万元大关。她用不到3年的时间，实现了从月薪3000元到20万元/月的财富逆袭。

2. 坚守品质的“拼命三娘”

京姐“销售女王”的名气在圈内越来越大，似乎什么产品到了她手上都能火爆起来，因此找上门来寻求合作的供应商络绎不绝，每天都能收到从全国各地寄来的各类产品。

在选品上，京姐始终坚守着将最健康的农特产品分享给身边人的初衷。大家都笑称京姐在选品上比选自己的另一半还要谨慎。

醉靓果最高峰的时候拥有 100 多个产品，月销售内部流水 23 天达 76 万元，但所有的产品，98% 以上京姐永远会是第一个“小白鼠”，亲自品尝。只有京姐品尝过关，才能入围醉靓果的产品待选名单。然后，京姐还会在团队里按拿货价安排至少 15 份试吃测试，再根据每个人试吃的信息反馈，民主投票表决是否上架销售。京姐透露，太多的农特产品供应商都打着有机纯天然的名号，实际情况如何不得而知，所以在选择和基地合作前，她也会亲赴基地现场考察，确保顾客买到的都是真正的健康产品，让顾客的每一分钱都花得物有所值。在醉靓果，不管什么产品都自己先体验，自己认可的产品才可以分享给他人，已然成了一条被所有人认可的不成文的规矩。京姐说：“我们不要铺天盖地的 PS 广告，我们自己和每一个客户都是产品的代言人与传播者，我们做的是口碑营销。”

而醉靓果上新品的速度也让京姐冠上了“拼命三娘”的称号。团队要上新品，就要和供货商对接，而对接产品常常要到深夜大家都不忙的时候才能谈。关注京姐朋友圈的人都知道，她经常凌晨 2 ～ 3 点还在发朋友圈，熬夜是常事。往往大家进入梦乡的时候，她正在和基地对接新品，也惹得代理们总是“抱怨”她半夜搞试吃活动。

3. 口碑是最好的吸粉利器

醉靓果水果精英团队成员全部来自京姐生活中的朋友、同学、朋友的朋友、客户转化、朋友圈长期关注她的人，她没有出去讲一堂课，圈一个代理，跟京姐的都是跟京姐一条心，认可京姐的为人才进来的。所以，京姐的水果团队到现在没有超过 300 人，她要的是精，不是量，希望别人跟着她是来赚钱而不是来打酱油的。而醉靓果团队个个都是好样的，一个顶多个，200 多号人战斗起来从来不输于 500 人以上的团队。

京姐向往自由，对待团队成员，只要不触碰基本的底线，也会给予足够的自由空间。她希望大家不是一头扎进钱眼里，还要有自己的生活，有可以思考的时光。作为领头人，很多时候是辛苦的，担子很重，但必须担下，还不能叫苦。她的愿望也很简单，让跟着她的人有肉吃，还能吃得开心。她希望在她团队里的人，都能比较快速地成长，她自己也愿意将所拥有的圈子与团队中的每位伙伴分享，她希望这个团队带给大家的，不仅是经济上的财富，更重要的是生活的充盈、成就与幸福。

京姐用心地带领团队，始终站在代理的角度考虑问题。为了给大家减库存，规避囤货的风险，京姐做薏米茶一直坚持自己贴人工，采取一件代发的操作模式。这份诚意让跟着她的人彻底没了后顾之忧，这也就不难理解为何大家现在仍死心塌地地跟着她干了。她们都说，遇见像京姐这样亲和力爆棚、有担当、有情怀的领头人是她们这辈子的幸运。每个人内心由衷地认可便是最好的口碑，无须言语，自然散发的人格魅力便能圈粉无数。

4．规范化管理让团队拥有爆发力

一年做到近3000万元的销售额，这份可喜的业绩离不开公司规范化的运作与管理，以及所有代理辛勤的付出。说到微商，大多数人的印象是一群天天在朋友圈刷屏，整天自说自话卖着三无产品，且大多都是三天打鱼两天晒网的游击队。然而，醉靓果团队将改变你对微商的看法。

一个人的格局有多大，就标志着他能走多远。京姐在团队成立之初，便意识到单靠朋友圈刷屏卖产品，迟早要倒在千军万马过独木桥的微商路上。要想站稳脚跟、发展壮大，就必须走出一条供应商、代理、客户三赢的路子，必须打造一支能打仗、打胜仗的正规军。于是，醉靓果成立了管委会，11名管委会成员职责清晰、分工协作，包括营销策划、平台对接、财务管理、产品知识、内部培训、接单管理、文案设计、售后服务、团购管理等各方面都有专人负责，为所有代理提供一条龙服务（如图5-10所示）。除此之外，经过近两年的摸索，公司已逐步建立起一整套完善的管理机制，售前与售后都有标准操作流程，整个团队高效有序运作。在醉靓果，哪怕你从没接触过微商行业，没有太多人际关系资源，只要你自己肯学，肯坚持，也能快速上手。

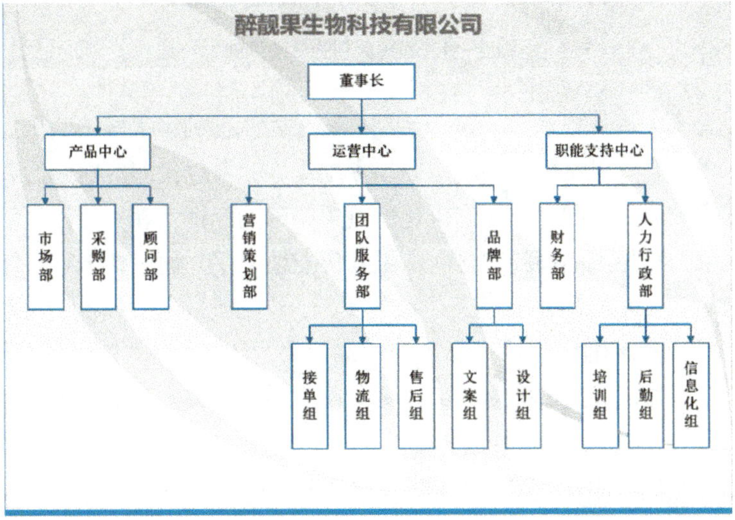

图5-10 公司管理体系

比起大张旗鼓地做推广，吸粉圈代理，京姐更愿意将心思花在团队规范化建设和人才的培养上。管委会除她以外的 10 名成员全部是她内部培养起来的，现已全部成为醉靓果公司的董事，个个业务精干。京姐一直强调团队成员要精不要量，坦言吸纳 50 名三天打鱼两天晒网的僵尸代理，还不如用心培养一个能干上进的。京姐对合作伙伴也有一定的要求，不达标者，清理劝退出团队。对于一些出货慢的，京姐也会时常开小灶，私底下沟通了解具体情况，对症下药，传授销售秘籍。

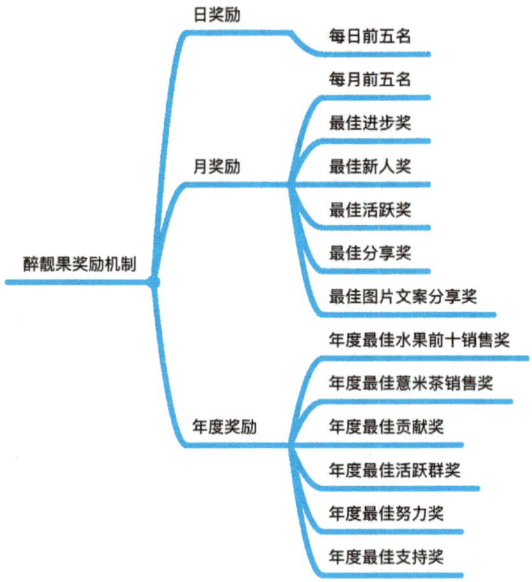

图 5-11　面面俱到的奖励机制

“授人以鱼不如授人以渔”，这句话在醉靓果团队得到了很好的验证。比如，在做薏米茶短短 3 个月时间里，醉靓果就培养出 6 位优秀标杆总代理，她们的薏米茶月纯收入都稳定在五位数以上。同时，她们也是醉靓果团队的标杆代理，现在都能独当一面。迪妈妈是醉靓果公司的产品顾问，之前水果销售业绩平平，通过薏米茶短短三个月时间逆袭成功，实现了从月入 2000 元到五位数的飞跃，这跟她的努力和执行力是分不开的。现在的迪妈妈在醉靓果团队，不仅个人销售业绩优秀，月收入基本稳定在 3 万～ 5 万元，而且对产品的专业知识掌握得非常透彻，被大家称为醉靓果产品资料库。像迪妈妈这种情况在醉靓果不在少数。

为了奖励这些优秀成员，醉靓果团队建立了公开透明的绩效机制（如图 5-11 所示），内部代理每天有日奖励，月底有月度奖励，年终有年度奖励。“我希望团队里有这样一种氛围，好的更好，不够好的努力变好。我也让那些业绩拔尖的做课程分享。我们是一个团队，大家共同成长，团队才会越来越好。一个人走得更快，一群人才能走得更远。”京姐如是说。

只有完美的团队，没有完美的个人，互联网时代重视分享与合作，团队更重要。好的团队带头人、好的团队目标、好的产品、好的激励手段、好的管理都很重要。

第六节 社交电商必须解决的问题

社交电商、农特产微商说起来容易，做起来很难。农特产微商绝对是个系统工程，有很多问题需要重视并加以解决，比如选品、供应链、包装、物流、设计文案、塑造品牌等。新农人要想玩转农特产微商，就必须通盘考虑，全面推进。

1. 选好爆款

社交电商、微商传播是在移动互联网进行的，是在朋友圈引爆的，所以要选有特点、有差异化、抓得住眼球的产品，容易腐烂的、容易磕碰的、让消费者体验不好的不能选。抓眼、抓心才能抓口碑。也可以说，农特产微商“无爆款不登场”。

2. 尽量标准化

农特产品虽然是非标准产品，但在营销过程中要让消费者容易评判，符合他的预期。实现标准化还需注意产品的前后一致。2016 年 3 月 3 日，笔者去杭州阿里巴巴总部参加天猫生鲜论坛，天猫推出了“标准联盟”。不得不说，阿里巴巴战略高度始终是一流的，要做好生鲜电商，没有标准是不可能成功的。当然，农产品的标准化是非常难的事，我们要在实践中找到我们可以实施，消费者又能够判别的标准。比如，遂昌红提，就给消费者一目了然的标准。精品遂昌红提一斤多少个、颜色如何、糖度几度，都有具体标准。

3. 练好笔杆子

新农人没有资源、没有背景、没有宣传费用，要让自己的产品成为爆品，必须自己给自己代言，要围绕品牌建设，多用笔杆子进行好的营销传播，把生产销售过程中的故事进行分享。很多新农人朋友发怵写东西，其实，写微博做推广并不需要长篇大论，真情实感、生产过程的真实展示。就像扁担姐的大闸蟹那样，非常温暖；就像成县农民小段那样非常真诚；就像守拙园丛东日那样充满感恩。有时候一张图片胜过千言万语。

4. 用好嘴皮子

更多地去说，更多地去分享，要该分享就分享，该推广就推广，该销售就销售。营销和传播最终要有机结合。就像今天我给大家做分享，大家都记住我了。移动互联网说到底是分享经济，不做广告做分享，从分享到共享。

5. 打造供应链

农特产微商必须要重视供应链问题，因为农产品的非标性和季节性，如果供应链问题解决不好，一切的努力都是白费。供应链是农特产微商的生死链，这个问题我想很多朋友都有深刻体会了，这是真正的痛点。所谓好产品不是你发出时的好产品，而是到达消费者手上，消费者体验感好，才是好产品。新农联之家就有很多因为供应链不完善而失败的案例，农民辛苦从深山老林中采摘的野生猕猴桃，因为包装物流不完善，全部成为废品。而韶关的冰糖橘因为快递单打错，经销商系统瘫痪。供应链做不好，前期销售越好，后期失败越大。

6. 加强渠道建设

真正的农特微商发力在于渠道，在于分销，这是有产品、有基地、有供应链的新农人一定要做好的功课，不是只靠微博、微信、微店销售产品才是微商。在这里要提醒大家的是，一定不要去跟分销商抢客户，很多人搞不清楚自己的定位，在给分销商的消费者发货时放自己的二维码，都是不符合行规的。分销商做好了，最终受益的还是你，因为你知道自己的产品哪些人最喜欢，第二年可以加大力度。

7. 做好顶层设计

方向不对，努力白费。方向选择比努力更重要。每一个创业者都需要生存和发展的空间，所以无论在什么领域开始创业，都要有企业家意识，都需要有自己的商业模式。新农人也不例外。农业是持久战，农业领域的风险更大，而农产品电商营销，不仅要懂营销、懂电商，更要懂农业，所以挑战性更大，更需要在创业之初就有自己的事业顶层设计。李志起认为新农人构建自己的商业模式时，需要问自己 12 个问题：

（1）我到底是谁？我有什么优势？我掌握了什么资源？我能用这些资源做什么？互联网时代，互联网速度，我们坚决不要从零开始，一定要从自己的优势开始起步。比如，北京的阿卡农场，创始人是海归，他就是充分运用好他的海归资源，做好这些海归人群的安全食品的供应。

（2）我的客户到底是谁？他有什么特点？他需要什么？我们的能力资源到底能够提供给他什么？我们只有深入了解客户表面的喜好和内心的需求，我们的产品才能有可持续性消费。

（3）对于客户，我们要深入了解三点：痛点、痒点和兴奋点。解决并满足客户这三点需求，会有巨大的商机。

（4）我能做什么样的产品？我们的产品能否颠覆我所瞄准的市场？有什么创新？我们的产品一定不要简单停留在功能上，应该是：产品 = 功能 × 情感。比如红枣，我们宣传时把它和爱情相结合。

（5）设计好自己的营利模式。比如，百瑞源枸杞，把旅游和产品体验相结合，打造中国枸杞博物馆，用旅游来带动产品营销。枸杞博物馆每年销售额 2 亿元，参观人群 40 万人。这样大的人流量，我们根本不用愁产品销售。与此同时，百瑞源枸杞还把销售搬到网上，电商销售 4000 万元，扩大了营销空间。

（6）如何保证自己的产品和资源具有不可替代性？一定要更多去沉淀和占领更多的核心资源、核心工艺。农产品往往带有独特的地域特征，有很多人文故事，有不少独特工艺。这些地域特征、文化资源、历史典故、核心制作工艺、创始人的故事等就是我们的王牌。

（7）你如何去跟目标消费人群有效沟通和传播？要有好的故事，好的传播，好的工具，好的渠道。具体有以下三个观点：

流行就是流量。要把握流行的趋势，创造流行的活动和话题。要能够创造流行话题，掀起流行话题，例如 2014 年的“冰桶挑战”活动。

分享就是获取。这是一个分享的时代，我们一定要学会各种分享，如发红包、免费体验、让利、抽奖、品尝等。

口碑就是病毒。让消费者自动分享传播，如“12 个苹果”，采用打赏的方式，让消费者觉得很好玩，自动传播给自己的好友。

（8）能不能尽快建立消费场景？在物质生活极大丰富的时代，喝咖啡喝的不是咖啡，是一种生活方式。所以，我们要营造消费场景，让产品背后的故事和体验场景给消费者带来不同的需求满足，如枸杞馆的参观体验，枸杞红了的采摘体验。场景就是消费，就是销售。

（9）学会建设自己的社群。移动互联网时代，社群具有强大活力。枸杞馆的一个旗舰店，一年的销售额 2000 多万元，核心客户不到 100 人。我们要经营好自己的社群，找准社群中的意见领袖。

（10）学会用跨界的方式玩转自己的经营。要跨界用活资源，不要从零起步，如做活动，广场大妈就是好资源。

（11）给自己的企业构建一个良性循环的生态系统。我们的事业链条中，还能和谁去合作？和谁能够互补？和谁去并肩作战？要创建共赢的生态，大家一起去成长。产业链的上下游，企业内外都要通过合作的方式建立新联链，如枸杞馆引入旅行团，大家一起发展共赢。

（12）不忘初心。农业是艰苦的，需要长期坚持，所以，我们一定要不忘初心，用平常心做可持续发展的新农人事业。

创业是人生最辉煌的篇章，农产品电商让好农品更有尊严和价值。我们需要有战术，更有战略，有行动，更有思考，在正确的方向下踏实前行。

第七节　社交电商的营销之道

社交电商作为电商的一个重要组成部分，有着自己的特点。社交是灵魂，传播利器。所以，熟练运用社会化传播之道很重要。

一、社会化传播之道

社会化媒体营销就是利用社会化网络、在线社区、博客、百科，或者其他互联网协作平台和媒体来传播和发布资讯，从而形成的营销、销售、公关处理、客户关系维护及开拓的一种方式。社会化媒体涵盖的范围很广，我们新农人常用的是微博、微信公众号、微信朋友圈、博客、QQ 空间、视频、论坛等。随着移动互联网的普及，社会化媒体传播营销成为农产品电商的一个重要手段。

2017 年 3 月 31 日，微博月活跃用户达 3.4 亿，超过 Twitter 成为全球用户规模最大的独立社交媒体公司。视频内容的增加也使微博吸引了更多用户。微博的商业化也稳步推进。第一季度微博营收达 13.7 亿元，同比增长 76%，净利润同比增长 278%。此外，微博支付用户突破 4800 万，签约的微电商达人超过 1 万人，微博电商自媒体扩大至 500 人。

凭借用户规模的优势，微博成为内容生产者传播信息和与粉丝互动的重要平台。明星名人和媒体也普遍将微博作为信息首发平台。不断增加的优质内容又吸引了更多用户使用微博（如图 5-12 所示）。这样的正向循环不但使微博的用户规模和活跃度持续增长，还推动了微博内容生态的优化。

微博营销就是社会化传播的一个重要阵地。对于缺乏背景、资金和人际关系的草根创业者来说，微博是比较可靠的阵地。"新农人"这一群体自诞生之日起，就具有亲互联网的特性，并在互联网平台上不断发展壮大。但是，很多初涉微江湖的新农人，对于微传播的作用虽有充分的认知，但在微传播的理念、方法、技巧上却有着一定的误区，导致很多朋友的微博缺少互动、不会互动，最后自己也失去了写微博的兴趣。在此，笔者结合多年做微博的经验，整理了一些体会和方法。

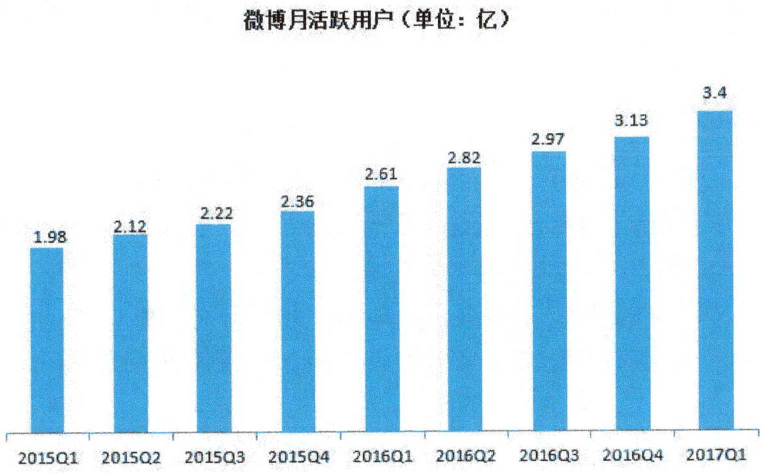

图 5-12 微博月活跃用户

1. 引人入胜是根本

传播是由人来完成的，所以让人产生兴趣、互动转发才是根本。

（1）内容为王。要长期坚持产生内容，内容要有价值、好玩、有利益点，有了内容才会有话题传播互动。

（2）兼顾形式。表现形式要尽量轻松活泼，大家不是来受训的，有时候一张图片胜过千言万语，一句调侃就会产生共鸣。

（3）体现温度。每个新农人都应做个有温度的人，继而让大家看到你的有温度的农产品。有温度的人将改变以前冷冰冰的农产品营销模式。

（4）耐心坚持。微传播非一朝一夕之功，很多朋友没有耐心，世界上确实没有无缘无故的成功。

2. 真诚互动是灵魂

以下四种现象一定要避免：

（1）主微博中艾特（@）一堆人，严重扰民，即使不拉黑也会被屏蔽。

（2）斤斤计较对方有没有关注你，总是刻意去讨粉，而忽略了自身是否具有吸引力这一前提。微博互动最重要，对方是否关注你不重要，因为关注有限制。另外，你自己不互动，没有原创，关注你也没有意义。

（3）对方的微博从来不互动转发，自己却总是一味地通知对方。

（4）不去看朋友的原创，总发私信去问一些令人尴尬的问题。这四个毛病是微传播大忌。

3. 用好圈子是关键

（1）要找到适合自己的圈子进入。人以群分，找对圈子很重要。很多圈子是交融的，做透一个圈子等于做熟十个圈子。但进入圈子后就要专注，进入一百个圈子都默默无闻，不如用心做好一个圈子。

（2）要做圈子里的热心人，以真心换真心，为圈子多做贡献。

（3）要找准圈内有影响力的、喜欢传播的热心人，跟他做朋友，把他变成你的传播者。

（4）在圈子内多做品尝赠送活动，让自己的产品成为圈子“名品”，一提起产品就想到你，一提这事就知道用你的故事。

（5）要持续分享，进入圈子又不断打破圈子，从而持续不断地产生价值。

（6）多参加圈子里的线下活动。

4. 名字有学问

古话说：一举成名天下知，名不正则言不顺。名字就是你的品牌。

（1）名字要好记，要响亮，要更多传递你的信息，如食品界姜昆、勤劳农哥。

（2）要简单、直截了当，如土豆姐姐冯小燕、甘肃好农品老孙。

（3）名字不要太长，不要用生僻字、不要用外语或符号，不要经常改动。

5. 定位很重要

要先给自己定位，给你要交流的人群定位，然后在你的名字下面填上简介，以便与你交往的人了解你、找到你。简介就是你的广告，一定要精、要直接，直达人心。另外还要选一张阳光的照片，你是做营销，就要用一切机会展示自己，宣传自己。信任从了解开始，从细节开始。

6. 关注有诀窍

关注是交朋友的起点，有效的关注才会让粉丝有效地增长。在获得 500 个有效粉丝之前，每天要主动关注 30 人。关注要从目标人群中寻找，尤其是行业高手关注中去找。比如，做土豆的你就从“土豆姐姐冯小燕”关注互动的人开始，做大闸蟹的就学习“扁担姐的大闸蟹”，她关注和互动的人理论上都是可以关注你的。

7. 内容要设计

内容是核心价值。很多人在这方面很随意，有的人一上来就卖产品，根本没有人理睬。要针对你定位的目标人群来设定内容，说什么，如何说，什么时间说，都要结合自身实际设计微博板块。农产品营销可通过自然风光、劳动过程、生产过程、农夫故事、产品特点、制作品尝、历史渊源等体现，这些要有连续性、趣味性，要有照片，一张好照片胜过千言万语。要适当配合长微博和新浪博客，以彰显你的深度和高度。

8. 互动有策略

微博是馈赠经济，互动才会有交流、交际、交易。

（1）重点人的微博必须要转评，每转必评，评出亮点。

（2）自己好的微博一定要精心选择通知的对象，但不要在主微博中通知大咖，主微博发出后需分别通知，一次不超过 3 人，要把同圈子的放在一起通知。

（3）大咖点评后要马上跟评转发。

（4）要重视圈子内引领者引导的矩阵传播，积极参与。

9. 活动有讲究

例如，转发有奖、评论有奖等活动的互动都很重要。但是，要想把活动做活，内涵很多。很多人只是做到送产品品尝，转发扩大影响，其实大家收到产品之后的反馈非常重要，尤其是挖掘朋友的朋友，学问很多。

（1）对方发出的分享微博要最大程度转发评论，让更多人知道他是你产品的使用者。

（2）及时跟对方交流品尝后的感觉，促成购买。

（3）让对方再把你的产品送给他的朋友，不断扩大圈子。

（4）不断举行渗透新产品的活动，把活动做活。

（5）让一批大咖代言形成很有力度的“运动式”活动。

10. 有效循环

精准深挖客户资源，一次销售变成终身客户，一种产品变成多种产品，一个客户变成一个圈子，周而复始地循环。一旦做好了这一步，那么，你就是微博营销高手。微博的精妙处就在于传播快，传播广，而且可追溯，所以，深挖客户资源，形成圈子销售是可能的。

除了微博，微信也是重要的社会化传播途径。2016年年度数据显示，微信和WeChat（海外版微信）合并月活跃用户数达到8.89亿，月活跃账户比去年同期增长27.6%。另外，50%的用户每天使用微信的时长达到90分钟，消息日发送总次数较去年增长67%。视频通话总次数1亿次，较去年增长180%。而微信红包的日发送总次数达到2.35亿次。

真正的农特产微商销售，更多的是通过微信朋友圈和微信公众号、微信群开展，对于微信社群如何打造，后面有专题论述。

农产品上行是使命、是一场没有终点的修行。微博、微信也需要运营，需要不断学习，不断总结，坚持，坚持，再坚持。

二、创新之道

农产品同质化很严重，如何让好农品更有尊严和价值？挖掘产品内在的文化和差异化，讲出动人的故事是惯用手法，但往往匠心味太重，如果能够运用技术和工艺进行创新，那么将更加精彩。“奢侈的营销”创新让普通的玉米须、玉米麸登上奢侈品博览会，成为畅销产品。

“达哥拯救老味道”的创始人达哥，作为资深媒体人跨界做农业，五年时间创造了很多案例，经常被“黑马营”请去做分享。其中，玉米须和玉米麸产品很有看点。

玉米须在《本草纲目》中就有记载，被称为龙须水，对“三高”人群有很好的降低指标的效果。可是，直接从玉米地里捡回来的玉米须是无法直接冲泡来喝的，因为玉米经过200多天的生长，玉米须是暴露在外面的，风吹雨淋日晒，导致有很多细菌、农药化肥残留，还有无数的虫卵……

要制作能直接冲泡的安全玉米须必须要进行产品创新。达哥的团队在玉米地里不断地试验，发现玉米须长出来 7 天的颜色最漂亮，马上就套袋，到第 15 天采收。这时的玉米须营养价值最丰富，采收后在阴凉处晾干，色彩和口感香味都很棒（如图 5-13 所示）。

玉米麸也是同样的道理。玉米麸是饲料的好原料，因为蛋白质高、纤维素高。高蛋白、高纤维、低热量的玉米麸是瘦身美容好选择，但因为高纤维，口感不好，很多人无法直接做食品食用。达哥的团队进行加工钻研，采用极高规格的研磨，玉米麸很细，加上一定比例的豆粉，不仅好吃，营养价值更好，是刚出生宝宝的妈妈们的最爱。

文艺范的包装，让白领们找到归属感。产品是为他们量身打造的（如图 5-14 所示）。

图 5-13　晾晒玉米须

图 5-14　文艺范的玉米须包装

定点展示体验，让定位的消费人群能够品尝到。针对这两个产品的特点，达哥团队开始精准的产品体验活动，各种企业年会、论坛的奖品和茶歇，都有他们的身影。

玉米须和玉米麸进入“奢博会”，进一步提升了品牌，消费者以此为荣，并且晾晒自己是它们的使用者。

好农品有尊严和价值需要故事，更需要在创新中重塑价值。

三、营销之道

社交电商的根本目标是“商”，营销是社交电商永远的核心。如何做好农特产品营销呢?

广西柳州市农产品电子商务服务中心带领新农商团队创造的“淘宝＋微店＋公众平台＋微社群”的全新矩阵式“互联网＋”农业营销模式，让茶香粽瞬间引爆销售并带来良好口碑，值得我们学习。

2015年6月初，三江县东竹茶业总经理郭朝阳通过柳州市农业局的介绍，找到了柳州市农村电子商务服务中心农产品电商经理宣宏隆。郭朝阳想把三江的红绿茶与三江香糯相结合，生产出一款带有茶香味的粽子，取名侗寨茶香粽，希望通过电子商务给茶香粽找到合适的销路。

三江县自古就有“好山好水出好茶”的美名，又有明清时期的贡品“三江香糯”，把两者结合做出的茶香粽，独特的做法加上家喻户晓的农特产，这个粽子的销路应该是不错的。但是，现实的压力却很大：5月底，柳州市不少糕点商，已经大量生产出传统的粽子，并在6月之前就铺好了各大超市、面点商铺，茶香粽这时想打入柳州市场，有些艰难。而且，根据茶香粽的定价和定位，如果到市内、县区的线下门店进行销售，用户是普通老百姓，这更是一种挑战：一边是包装精美和大批量的廉价粽子，另一边是老百姓向往物美价廉的挑剔心理。所以，茶香粽想走线下门店，恐怕会举步维艰。

1. 社交电商助力茶香粽起航

宣宏隆立即组织新农商团队进行头脑风暴。团队有人提出开个淘宝店，宣宏隆否定了这个建议，因为根本来不及；又有人说把茶香粽放到别人的大平台上销售，但这个想法的投入和产出让人难以放心，加上时间太紧迫，也不可行。最后，宣宏隆提出，可否一试社交电商：把“企业＋产品”媒体化，再通过企业全体员工、新农商团队共同进行传播营销，以达到最大化的推广效果。

说干就干，大家当晚就制定出营销传播方案。第二天，团队分配工作，各司其责，要在最短的时间内，做出一个漂亮的“企业＋产品”形象展示秀。

“企业+产品”形象展示秀的制作需要一些时间。另外，宣宏隆在用心寻找用户群体，朋友圈、社交群、各行各业人员……这些用户一定是精准的，并且要保证大家的传播推广不会让他们感到厌烦。

2. “企业＋产品”形象展示秀

6月4日，宣宏隆把“企业＋产品”形象展示秀投放到第一个用户群里，群里的回应都是赞不绝口（如图5-15所示）。不过，这并没有让用户马上产生购买的欲望。随后，他们继续将企业的“企业＋产品”形象展示秀投放给其他用户，一样得到的是“秀得很漂亮”“粽子看起来很好吃”等回应。

图 5-15 “企业 + 产品”形象展示秀

“企业 + 产品”的媒体化得到了众多人的认可与赞扬，可没有人有购买的意向。总结原因，之前的那些工作都是“社交电商”的基本套路，到了这个转折点，很多人往往都会沉不住气地抛出价格、联系方式等令人十分反感的东西。

为此，宣宏隆再次向团队强调：社交电商的本质是，做圈子而不做广告；做口碑而不做品牌；做影响而不做销量！如果我们跟传统电商、微商一样，刷的是广告、催的是下单，那就脱离了社交电商的本质，得到的就是用户的排斥！

他们的“企业 + 产品”形象展示秀有两个触点：一个是企业的公众号二维码，另一个是微商城的入口，能让有意向的用户扫码购买。他们进行的是一种交流式的推广，并不是生拉硬扯地要求用户马上下单。

这样的推广活动一旦开始，就不会轻易结束。他们每天都将信息有技巧地推送给精准的用户。很多人遭到一两次的质疑就会产生挫败感，失去投放广告的信心。其原因，一是没有使用合适的方法和技巧；二是急功近利的心态导致用户反感；三是心态没有放平衡。

当这些都做到位以后，我们需要的就是坚持推广与耐心等待。

3. 营销活动通过检验

6 月中旬，东竹茶业接到了一笔 385 盒的大订单，需要连夜加班生产。接下去几天的下单数，每笔都有几十盒到一百盒，即使有人订购一盒，东竹茶业也会耐心地发货与热情地跟进。

这是可喜可贺的成绩，证明社交电商的方向和思路是可行的。虽说用户通过二维码触点进入后，会在手机端商城下单购买，不过大部分订单还是通过电话联系的。

做社交电商不可忽视每一个触点，不仅是商城二维码、公众号二维码，还有联系电话与微信号等，毕竟这些是能让用户最直接咨询与了解产品的端口。

4. 社交电商魅力何在

从茶香粽的案例可以看出，社交电商的真谛是媒体化的运用：企业媒体化、产品媒体化、高层媒体化和员工媒体化。这 4 个重要元素被媒体化后，自身就形成了“生产—广告—推广—营销”的生态一体化营销模式。做圈子而不做广告，做口碑而不做品牌，做影响而不做销量是社交电商必须遵循的原则。

四、社群之道

互联网的核心是连接，社群是互联网连接的集中体现，讲人性不如讲群性。在移动互联网时代，如果不懂社群，基本上与成功无缘。如何做好社群？勤劳农哥是新农人社群领袖之一，下面是他的社群之道：

经常有人说，自己粉丝不够，圈子不大。没人天生是大咖，新农人积累人际关系资源是一个长期坚持的事，简单的做法不妨从行业圈子开始，只要是圈内人，精准人群，交个朋友总没错。一般来说，你为人靠谱，而且有想法，愿意主动去帮助他人，你一定会有福报，别人会在他的圈子里给你做信任代理，推荐身边的朋友给你认识。如果你有好的产品，那直接就是潜在合作。

社群是由意见领袖主导的，大家愿意加入，是因为相信他能够为我们带来知识或人际关系或资源，有很强的组织管理能力、领导力。

社群是资源整合汇聚地，由创始人来搭建连接。比如，推荐会员，让大家相互认识，不定期组织线下聚会，线下一次沟通交流胜过线上关注三年。另外，筹备大型活动，可以发动大家共同宣传、参与筹办，尽量让成员主动参与进来。社群的最大价值就是帮助成员之间建立关系，互相帮助，资源共享，共同参与。

1. 如何跟社群成员建立友好关系

新人刚加入一个组织，想尽快与大家打成一片，其实还是有方法和诀窍的。

每一个新人入会，社群组织都会让他编辑好个人介绍。这时，一定要把自己优秀的地方展示出来，比如你之前的工作背景、目前拥有的资源、产品销售业绩，一定要展示好的一面。

这样，组织会通过微信群公告提醒所有成员看你的个人介绍。大家进社群就是希望认识一点某些方面厉害的人，或者有资源的，只要你人不差，都会愿意加你做好友。加好友也是为自己未来积累人脉，所以社群是新农人拓展人际关系最重要的平台方式。

2. 如何让大家加深对你的印象

第一种方式：私发红包（固定金额：至少 1 元起，土豪随意），就是主动给通过的好友先发一个红包表示心意，然后发一个简短的个人介绍，让对方加深对你的印象。与对方打个招呼，交换手机号码，表示日后保持联系，或者有机会线下见面。

第二种方式：要保持一定的群活跃度，多互动，多帮助他人。熟悉里面常活跃的人，了解他是做什么的，经常跟大家聊的话题是什么。如果是生活闲聊，主动去互动，一定是认可和正能量方面的回复。如果是行业或者产品话题，在自己能力范围内去互动，回复尽量专业，有自己的独特观点，让大家慢慢了解你。不懂千万别乱说，关注大家聊的话题，不说话，也是一种学习表现。

第三种方式：巧借微信红包，赢取大家认可。每个群都有红包一哥，一般是常用红包出场或用来活跃群，冒出一句：“不知道为什么，就是突然想发一个红包。”这种富有娱乐趣味的方式是土豪或豪放派，咱们出手没那么大方。

一般成员怎样发红包呢？花钱也要花到用处，要有效果。我们来假设几个场景实际操练。

（1）自己想宣传点什么，打广告或拉票，寻找帮助。群聊时，经常突然看到有人发一个链接或者一些产品信息，打断大家沟通，这事干得太损了。这里建议大家观察群情况，在不打断别人对话的情况下，先在群里面打个招呼，简单开个头，告诉大家自己要做点什么事，先发个红包，感谢大家的信任和支持，等大家领了红包再发出你的内容或者链接。

最起码，在这个点上发红包是应该的，让大家帮你转发、投票或者点赞总要自己先表示诚意。

（2）有时候，群里面成员报喜或者群主公布好消息。比如，生日、结婚、生孩子、得奖、产品大卖等。这些信息发出来，都希望得到大家关注。这时候，你主动用红包贺喜，让主人公开心。你帮他发红包庆祝，群里其他成员领到你的红包也开心，好人印象立马提升。

（3）群有时候很沉静，没什么人说话。这时候，你的一个红包就会起到激活作用。比如，上午好、周末愉快、大家好等，自己灵活想一个理由。红包总是积极的，没人会讨厌，你这样做，群主也看得到，会记下你为群做的贡献。另外，其他群成员得到你的红包，会觉得你人不错。

（4）自己开心就好。感谢大家，平时通过群信息学到很多东西。不一定需要人家先帮你，你自己先付出，别人是能够感受到的。

第四种方式：讲课。授课是最好的吸粉方式，另外也是个人品牌曝光与产品推广的最佳方式。当然，不是什么人都可以讲课，自己的产品确实做得很好，或者你在某一方面做得很不错，这个机会群主才会安排。

对于有能力抓住这个机会的新农人，要好好把握这样的方式。当自己的产品被当作案例分享的时候，你就很容易获得大家口碑相传，以及信任背书。所谓人红是非多，一定要注意圈子人际关系的维护。

3. 社群发展需要线上和线下结合一体

线上的最大优势是打破区域限制。互联网空间无限，大家可以认识全国各地的新农人，建立联系，相互沟通学习。线上不利的一面就是信任问题。由于大家没见过面，不知道对方情况是否真实，所以线上不利于深入探讨问题，详细讲解麻烦，产品合作也都有所保留，比较谨慎。

线下的最大优势是建立信任感，线下一面胜过线上关注三年。人都是相信自己看到、听到，以及感知的，每个人都有自己的性格特征和看人的标准。所以要和对方深入沟通，请教学习，洽谈合作，一定要线下登门拜访。

线下不利的一面就是成本高，一个是时间成本，另一个是金钱成本。比如你出差一趟，一般没有至少两天时间出不了远门，机票或者高铁票都不便宜，还要住宿酒店，请对方吃饭。这些都是成本。

综上所述，线上和线下并不冲突，而是针对不同的事情、事情的重要程度，采取不同的沟通方式。

其实我们可以这样做，早期我们可以通过线上认识，大家彼此了解对方做什么，简单沟通交流谈得愉快，双方都有个好印象。如果出差顺道去拜访，或者近期要决定的事情，洽谈合作，这个完全可以通过线下来深入沟通。主动约其实也是一种诚意，专程找别人谈事，证明你对他人的认可和事情的重视，对方能够感受到你的诚意。

4. 如何在社群推广产品

（1）活动赞助：为群主赞助产品，给他的微博或者朋友圈做粉丝福利，因为群主也需要活跃他的粉丝（或者赞助给社群官方微博做粉丝抽奖）。

（2）试吃体验：赠送产品给社群创始人试吃体验。一般来说，产品不出现质量问题，群主都会帮你晒单，发社群或者朋友圈推荐。

（3）赠送好友分享：你可以通过私聊，赠送群里好友产品，对方一般会配合帮你发朋友圈宣传。

（4）赠送社群骨干：社群一定有做得优秀的人，虽然你跟对方不熟悉，但作为群友，私聊赠送产品让对方指导一下，一般是可以的。当然，别人会帮你晒单，就不一定了。但不熟悉之前，赠送产品希望对方能够给予改善建议，也是在维护关系，这就值了。

（5）征求群主意见，在群里面做活动。建议免费赠送，控制成本。活动目的是希望大家品尝指导，有机会可以合作，哪怕是单纯混个脸熟，请大家品尝一下。

（6）发红包吸引大家注意。产品上市的时候，在群里面发一个红包，然后推荐自己的产品，吸引大家关注。

总之，参与者才是最大的受益者。社群更多的价值在于为你连接人际关系。人的背后就是资源，而不是直接帮你销售（属于间接销售），所以大家要抱着学习和开放的心态去参与社群发展。

五、抱团发展之道

“互联网+”时代，不仅仅是跨界营销，所有的成功案例无一不是在“+”号上出彩。草根创业者缺乏资金、资源，要可持续发展必须做好“抱团”。问题是很多人不知道与谁抱团，也不知道如何抱团?

1. 与谁抱团

与谁抱团，新农人做事业首先要解决好这个问题。虽然互联网打破了时空界限，但草根新农人去拥抱著名的大企业，显然是不切实际的，因为对方没这个需要。草根新农人选择抱团的对象一定是草根创业者，彼此组成蚂蚁军团。很多人有疑问，大家都是生产者，抱团有意义吗？意义非常重大。不说每个生产者都是消费者，都需要消费自己生产产品以外的产品，就是相同品类的，也有不同的特点、不同的成熟期，可以互补。同样的品种也可以聚合营销，打造超级大单品供应链。今后，“联合”是唯一的出路。

如何迅速找到这些草根创业者去抱团呢？当然是去找新农人相关组织了，他们已经形成有效联合发展的团队，比如新农人联合会、农友会、新农堂等。

2. 抱团的姿势很重要

很多朋友加入了新农人组织，但因为姿势不对，效果并不好。哪些姿势更有效呢?

（1）社群积极分子。很多人进入社群很长时间了，总是潜水，从来不分享、不点赞、不发红包，热火朝天的社群的活动从来与他无关。你自己都忘我了，谁会记得你呢？社群中的积极分子总是得到更多资源，天道酬勤，永远没有错。

（2）自媒体积极分子。“五道沟有机农场主”得到新浪微博的中小V扶持计划的扶持，10天涨了30万粉丝。很多人不理解，为什么这么样的好事给他了？那是因为他的积极付出，四年时间发了十几万条微博。自媒体不仅能帮助自己打造知名度，也能帮助更多小伙伴做宣传。如果你积极互动传播，也会得到更多人关注。

（3）线下活动积极分子。线下交流的感情是线上无法实现的。“甘肃好农品老孙”陪同笔者参加甘肃成县、天水等地的活动，得到了大批资源，实现了从单个蜂蜜产品到

“甘肃好农品”的跨越。甘肃成县“靠谱的核老大”，本人的条件并不好，貌不出众，才不惊人，甚至也没有爆款产品，但从2016年加入新农联社群开始，就开始积极付出，做热心人，不仅线上积极互动，还到线下参加各种活动，认识了一大批人。在此过程中，他学习了打造产品和品牌的方法，2017年下半年打造的核桃品牌“青皮君”受到广泛关注。

（4）合作伙伴抱团。“博士妈妈”是很好的案例。她不仅参与很多新农人项目的投资，自己的产品也开放引进投资小伙伴，共同的利益让抱团更紧密。

农产品上行是我们的使命，势单力薄的草根创业者要善于抱团。但是，我们不能拘泥于小圈子，要走进圈子共享资源，又要走出圈子跨界合作，以此做强做大。

第八节　社交电商的培训体系

一、社交电商离不开培训

社交电商，是移动互联网时代的产物。作为新鲜事物，社交电商需要更多的培训与带动。2015年，各大微商团队纷纷出现，数不胜数，但两年后能够继续下来的，就是在不断总结、学习，且有一套理念和实践的团队。

要说到社交电商培训，新农联当仁不让，是社交电商圈里最早开始办培训班的。2015年初，新农联互联网农业讲习所成立，培训了五期学员。当时农业圈里的名人几乎都来自新农联讲习所，如你好芒、玉米兄弟、王家姑娘、博士妈妈等，今天他们都是农业圈耀眼的明星。

2015年下半年开始，农业圈里培训遍地开花。那时还没有成体系，大家各自拉社群培训，组织自己的小圈子，开始农业的社群微商模式。到了2016年，自组织的商学院开始成立，包括新农联商学院。这些自组织的商学院带动了更多的农业创业者，更多地引领着社交电商的发展。

二、学以致用的禾心农学院

王家姑娘，“禾心社”创始人，互联网开放时代的一位女性创业者。从一个人月销几万元土蜂蜜，到一个宝妈团队一年 1000 多万元的农产品销售，其间创造了销售 10 万余袋四川特色牛肉干，一个月销售 300 余万元四川红心猕猴桃的佳绩。

2016 年 6 月，“禾心农学院”的前身“匀和农学院”正式启动，在半年的时间里陆续招收百余名学员。学员包括品牌创始人、销售团队老大，或者准备投入农特微商的“小白”。学员单月销量累计破千万元。

2014 年 2 月，王家姑娘带着 45 万元开始了创业之路。她独自来到四川雅安大山里定居，开始中华蜂蜜的事业。然而，一年之后，45 万元只剩下 5 万元。最初在网上跟她一起销售的 60 多名小伙伴，也全部因为没有销路“死”完了。

2015 年 2 月起，由于微信上的销售量远大于合作实体店的销量，她将方向转入微信、微博等。因为当时的护肤品微商非常红火，所以，她开始观察模仿别人的销售方法，同时加入了一些社群，学习更多别人的经验。慢慢地，她总结摸索出一套自己的经营方法。

在销量见长的路上，她想起自己曾经也是睁眼瞎的状态，于是开始定期总结营销经验，在微信上建群免费分享。没有想到，从最初 100 多人，到后来 500 人满群听她的课。她第一次意识到同行对知识的渴望。但是，由于业务繁忙，免费分享没有坚持下去。

而后的两年内，学习和总结的经验越来越多，销售团队越做越强，销量也越做越大，王家姑娘开始在圈内有了一定知名度。她开始不断收到陌生同行的咨询，关于如何做好农产品销售，如何进行团队招募管理，以及如何进行产品营销等。因为日常工作太多，她没有太多的时间去一一解答。

这样的情况维持了有一年半载。她看到很多人跟自己最初一样一腔热血，或者遇到瓶颈，还有太多同行缺乏基础的营销观念。于是，她考虑在项目不忙的时候，总结出自己的经验教训，开设一个系统的农学院专业培训班。

她的想法一出，便得到了很多人的响应。第一期学员招募 30 名，在社交媒体、微信、微博等一发布，980 元一期的课程，几天时间就报满了。

既然是收费培训班，就需要科学设计培训课程，帮助低门槛创业者掌握技巧。

1. 阶段性设置对应课程

随着互联网的发展，社交媒体的广泛运用，更多人涌入这个自由的创业时代，没有曾经的资金、资源门槛。任何人都可以轻松通过软件和身边的朋友，销售自家产品。然而，很多人不明白包装如何去做，顾客哪里去找，又如何去建立起一个有力的销售团队，维持业绩源源不断地增长。

“禾心农学院”从最基础开始设计课程，旨在让每一个零基础的人，学习完整套课程之后都可以初步掌握销售技能。

课程分为以下三个阶段：

（1）小白零基础阶段（零售为主）。

① 如何打造朋友圈及微博等获得顾客的喜爱（微信篇）？

② 3 招搞定自媒体粉丝的裂变。

③ 万能文案 3 天销售上万元水果。

④ 4 个绝招零售 100 单。

（2）销售团队搭建（零售 + 团队销售）。

① 如何 3 天招募一个 30 人销售战队？

② 3 个关键节点建立团队的凝聚力。

（3）团队管理（团队销售）。

① 如何激活一潭死水的销售团队？

② 如何制定激励政策，让代理积极出单？

③ 终极团队管理秘籍。

2. 课程学以致用，学分制培训

为了让学员更好地学习知识，培训基本采取小班制度，不超过 50 人一期。培训人员分组，选举组长、班长、学习委员等岗位。每节课的知识，会给出 3 ～ 4 天的实操时间，第二节上课时提交作业，并打分。最终评选出优秀学习小组，发放奖学金。……

任何知识学习了进行应用，才能得到最好的领会。

3. 优秀学员分享，迭代最新知识

学院的课程基本涵盖了个体创业者一路上会遇到的基本问题。老师通过总结近 3 年的经验，提炼分享出来，让大家在每节课后去实践，从而找到适合自己的方法道路。

农学院课程开了第一期之后，便有学生不断推荐新的朋友来学习。于是，农学院培训课就一期一期办下去了。课程结合时下前沿的发展模式和思路，再进行融会贯通，让老学员学习之后，依然可以再次进修，不断进步。而且，学院也会邀请优秀的往届毕业生回来为大家分享经验，不断迭代更新知识体系。

在学习的过程中，很多创业新人或者团队老大，跟同学之间形成了合作。有品牌创始人也在学员中寻求到深度合作，招募到志同道合的伙伴。同行业、同思维的一群人，相互精准结合，再次形成一个新的商业社交圈。这也是农学院建立之初未曾预计到的。

第九节　社交电商技巧篇

1. 社交电商军团长修炼秘籍

在固城湖大闸蟹节上，“小王子李丹丹”这个刚大学毕业的微商军团长让所有人对“90后”肃然起敬，对农特产微商创业充满期待。一个6月底才走出大学校园的小姑娘，每天的纯收入已达2000元（还是低调的说法），她是如何做到的呢?

（1）找到自己的优势点。作为一个在上海读书的四川女孩，李丹丹并没有很大的人际关系圈，她从自己的老师、同学圈子开始。她的起步从送出2000多元的产品开始。老师们收到她赠送的产品，觉得品质确实很好的产品，一定会推荐并购买的。老师的影响力大家都懂的，李丹丹的产品迅速引爆。

（2）搞定群主，进行团购。老师和同学的圈子必定有限，要真正做成可持续性发展的大商务，必须走进大圈子。如何走进大圈子?现在社群很多，李丹丹开始混圈子，她很聪明，每进一个群，先潜伏几天，了解这个群。一旦确定这个群有价值，她马上开始活跃，发红包、发幽默，让大家认识自己。在此基础上，她和群管、群主搞好关系，并征求群主同意，搞团购（利益与群主挂钩）。群主支持的团购一般都很受欢迎。

（3）复制。随着业务扩大，一个人已经忙不过来了，李丹丹马上开始打造团队。她找了四个同学给她当助理，团队让她的业务倍增。

（4）瞄准行业里的熟手。作为军团长，招募优秀团队成员永远是基本功。李丹丹的秘诀是瞄准行业里优秀的熟手。为了与这些大腕合作，她每天都要去他们的朋友圈学习，找到共同话题交流，找到切入点准确出击，同时配合激励。现在，她有了23个高手军团长，有的可以单品做十几万单。

（5）红包加夸奖。很多新人开始找不到自信，在培训基础上，李丹丹用针对性的红包加夸奖的方法，让所有人激情四射。

（6）产品是基础，培训很重要，将朋友圈做成小杂志。李丹丹的朋友圈从来不晒产品，不刷屏。她认为，真正的业务一定不是在小小的朋友圈，应该是一个良性发展的系统。

2. 社交电商运营技巧

社交电商作为一种营销方式，必然有其自身的特点，营销运营也有很多技巧。以下是一些社交电商的实践总结：

（1）微商卖货动作拆分为六步：①产品，如何把你的产品设计符合互联网销售的属性；②内容，如何梳理你的内容；③如何跟你的客户展开关系；④如何建立信任；⑤如何形成购买；⑥如何形成传播。

（2）微商选择产品的六个要点：高毛利、竞争少、质量可控、大众需求、容易传播、客单价 200 元以内。

（3）微商主要群体定位：大学生、初创业者、有单品货源的小商户、自由职业者、喜欢聊天的女孩子、白领和家庭主妇兼职。

（4）老顾客介绍新顾客的三个关键：①对顾客自己的好处；②对于他转介绍的朋友的好处；③给出一套最简单的转介绍方法。让人帮你转介绍，一定要做到宣传简单，活动好玩，参与有利益。

（5）微商从来都不是疯狂加粉丝、发广告这么简单的事情，它是一个系统的工程，从最初的产品选择、客户群体分析，到微营销工具的使用、账号的定位、内容的产生、关系的发生、信任的建立、客户的成交、客户的追单、老客户的传播等，需要一步一个脚印做起来。

（6）朋友圈营销的三大利器：点赞、评论、内容发布。朋友圈是强关系的私密社交平台，越私密的社交平台，用户对信息的容忍度越低，信息一旦发得太多，就会引起别人反感。

（7）朋友圈推送时间不规律是误区，推送时间归结为以下：上班派，7：30～8：00；午餐派，12：00～13：00；下班派，17：30～18：30；晚餐派，20：00～22：30；被窝派，00：00～2：00。

（8）微信朋友圈加粉丝的 11 种办法：①导入手机通信录；②绑定 QQ，添加 QQ 好友到微信、雷达加好友；③扫描二维码；④摇一摇搜寻同一时刻摇手机的好友；⑤添加附近的人；⑥利用微博群加粉丝；⑦利用微信群二维码加粉丝（在社交平台搜关键词微信群二维码，比如腾讯微博、人人网、豆瓣、新浪微博、天涯等）；⑧公众号软文法；⑨利用漂流瓶捡瓶子；⑩扔瓶子添加好友；⑪自己建主题群，别人拉人添加。

（9）朋友圈加粉丝的注意事项：①立足用户属性，展开精准营销；②对用户负责，不仅仅把用户看作自己赚钱的工具；③不求数量，但求质量，僵尸粉是没有用的。

（10）什么样的内容网民最喜欢？以下三类信息类型网民最喜欢：①利益类，利己或者利他；②娱乐类，明星绯闻或者好玩有趣的信息；③情感类，共鸣感、爱心或者侠义心。

（11）生产内容的四大原则：真实性、一致性（网民的三大心理特征是：好奇、怀疑、获取价值）、持续性、实用性。

（12）引发粉丝互动的四个关键点：①留余地。你的内容要让客户有参与的空间，你要学会引导你的粉丝参与进来。②找痛点。让客户参与互动的关键点：激发客户的情绪。痛，这个关键点就是你的内容要和客户产生很强的共鸣感，你说到了客户的痛点、怕点、痒点。③爱的传递。④带有生命气息。人们关注一个人，首先是想了解他的真实生活，其次才是能从他这里获取什么。

（13）微商广告的精准投放，瞄准互联网上最活跃的白领、妈妈和学生三个群体的活跃时间。白领是上班中和睡觉前，妈妈群体是宝宝睡眠时间，学生群体活跃时间是放学后和放假时。天天发广告的微商，是最无奈的微商；而连一条广告都懒得发的微商，是离死不远的微商。一个好的微商，一定是内容规划做得好的微商。微商每天发布的内容一般要保持在 5 ～ 8 条，生产内容要符合网民心理，坚持做原创，发送的时间段要根据你的客户群体的生活规律来定。

（14）微商的代理通常会遇到的 4 个问题：①心态问题。都想一夜暴富，需要 1 ～ 2 个月的积累和学习。②没有办法和技巧。做微商，最低的档次就是卖货，高手贩卖的都是影响力和个人品牌，是自身。③缺乏榜样。④缺少不断的鼓励。

（15）通过内容和粉丝发生关系的实战技巧：①发布粉丝最关心的话题；②转发买家见证；③第一时间回复买家的评论；④帮助粉丝解决问题；⑤多做活动；⑥真诚的态度。

（16）如何在互联网上建立信任？社会学大师查尔斯·格林在《可信赖的顾问》中提到一个公式，用来计算商业领域的信任，信任 = 可信度 + 可靠度 + 亲密程度 / 自我意识。

（17）社交情绪管理原则：男性偏爱通过吐槽表达自己更牛；女性通过分享产生愉悦感。对所有人来说，分享内容的动机一定是为了表达自己及用户自己信仰的品牌精神，而不是协助品牌传播广告。

（18）导致微商不成交的主要原因有 4 个：①缺乏信心（个人 + 产品 + 公司 + 品牌）；②产品卖点太多；③销售人员成交恐惧；④没有做好后期客户管理。

微商打造朋友圈要注意下面这些问题。

（1）朋友圈缺乏丰富的内容，好友会慢慢地取消对你的关注，因为没有价值的内容，是不会被关注的。所以，多想想怎么去生产制作更多的有价值的内容吧。实在想不出来，就学习用小学 4 年级的语文水平写公众号推文，至少写朋友圈文章。

（2）内容的生产方向：可以是生活的、工作的感悟，可以是育儿的心得，或者各种爱好的互动类信息。反正人都是对新鲜事物有着好奇心的；我们需要做的是对朋友圈的人群进行标签化管理，并针对不同的群体，输出不同类型的能引起共鸣的内容，进而产生互动。如果是做同城的，建议还要考虑怎么做内容，能让自己的用户针对相关内容主动参与到线下活动来。

（3）丰富产品线，越多越好（当然，品质必须保证、体验必须保障）。社交电商的用户转化逻辑和平台电商的转化逻辑是不同的。淘宝类店铺，消费者进来就是精准地要购买某件商品的，绝大多数都是通过直接搜索进来的精准访客，店家是靠打爆一个链接，进而产生精准流量、促成交易，创造效益。所以，平台电商所有的工作都是围绕着一两个单品做的优化；每天的各种数据，都是针对一个链接的。而朋友圈的社交电商，人家不是为了买你的东西，当你的客户而活在你的朋友圈的！如果我们的内容也是单一商品不断地轰炸广告，每天几十条地晒，试想，如果是你，你愿意接受吗？所以，要适当丰富品类，适当地丰富有限品类商品的内容。

（4）微商的朋友圈商业，目前正在快速地进入一个洗牌期。品类丰富、内容丰富、原创性高、价格实惠、消费频次高的产品，将会是接下来的主流，不要幻想一口吃成胖子，既要有高利润款，也要有低利润的引流款，高频和低频消费的产品都要有，合理进行组合。

（5）季节性的产品，必须在季节内，控制好消费者的消费频次，控制好产品的质量和服务的质量。和真正有实力的产区供应商，或者全国性的品牌供应商建立良好的合作关系，实现好品质和品控的多重保障。

（6）近期，微商个体创业还是主流，但个体供应农产品，肯定不会是主流，甚至很难生存。有专业化供应链管理能力的团队和企业才能活下来。以前的那种家里有一亩果园五分地就能拉代理队伍千的历史将会过去，供应链条进入洗牌期。

（7）让朋友圈好友因为某一爆款产品记住你，并持续地消费这个产品。然后，用其他的辅助产品，持续输出价值、维护情感。这也就是我们说的组合拳。比如，草帽哥种植的吉人玫瑰火龙果，就是一个长达半年产期的持续爆款单品，大家都因为这个产品认识他，并产生合作。用时髦的话说，就是爆款自带流量、引流、激活朋友圈！

（8）少吹牛，多做实事。比如，用软件制作虚假的交易截图对话，夸大自己的产品功能等，这些都是错误的。互联网时代，信息对称水平每天都在提高，要验证一个事情的真伪，很容易。

（9）少在朋友圈炫耀，多传播一些温情的内容、多一些感人的真实案例、多一些实实在在为消费者考虑的细节。这比在朋友圈炫耀自己赚了多少钱、买了多少豪车都管用。

（10）线上聊百遍，不如线下见一面。能线下见面的，尽量见一面，这样更容易建立了解和信任。

总之，以微商为代表的社交电商本质就是信任零售，微商的崛起不仅会带来更低的连接成本，也会给草根创业者提供更多的创业机会。社交电商会成为未来新零售不可忽视的力量。社交电商已经成为推动农产品上行的重要模式，也是新农人创业的好载体。掌握好社交电商的营销之道，农产品会更有温度、更有魅力地上行。

第六章

“互联网 +”农村电商面面观

与传统的公司电商发展模式不同，农村电商的特点是集群效应明显，发展的结果不是单一的公司壮大，而是某个区域，比如一个村、镇的集群效应。这既有背靠共同的区位的原因，也与中国农村特有的文化、传统有关。这种密集的同质性的商务活动的集中，一方面会引发一定的竞争，另一方面也极易形成共同的联盟和完整的产业链条，如网店专业服务商和物流快递公司等相对完善的配套体系。

农民由于受到农村环境和自身素质的影响，交通不便，信息沟通不便，很难把握市场的需求，传统的交易方式下，农民很难从事商务活动。网络的普及使农村电商对市场的把握和认识程度与其他电商处在同一水平。农村电商的最大优势就是起点低、有独特的区位性产品和集聚的优势，而网络空间能直接、无限性真实地反映现实世界人们的各种消费需求。与互联网结合，满足不同层次的需求，农商就能够创造巨大的效益。

在农村电子商务发展初期，对网络和平台的依赖较强。网络交易平台的出现，尤其我国社会化媒体、移动电商的快速普及和发展，一定程度上为农村电商解决了后顾之忧。农村电子商务主体只需在平台上注册和提供适当的图片广告，通过自己搭建的互联网社交圈就可以实现供需的对接，从而顺利销售产品。

“互联网 +”带来了中国经济翻天覆地的变化。陕西省共青团省委农工部长魏延安在《被电商改变的时代》一文中阐述，电商改变了中国商业的版图。2016 年，中国电子商务交易规模达到 26 万亿元，较上年增长约 20%； 2016 年，中国网络零售交易额达到 5.16 万亿元，同比增长 26.2%，是同期中国社会消费品零售总额增速的两倍有余；其中，实物商品网络销售交易额近 4.2 万亿元，占同期社会消费品零售总额 12.5%，占比较 2015 年同期提高了近两个百分点。 “十二五”末，全国开展在线销售的企业比例增至 32.6%，电子商务服务业市场规模达到 1.98 万亿元，传统产业与新兴业态相关从业者达到 2690 万人。

电商改变了中国人的生活。2016 年，中国网购用户规模达到 5.1 亿人，网购风潮逐渐向农村漫延，甚至对电商概念不甚了解的边远山村，也借助手机上网的渠道开始了网络购物的历程。2016 年， “双 11”，天猫创下 1207 亿元巨量交易额的同时，也制造了一个创纪录的物流订单量——6.57 亿件。这在过去是难以想象的，上亿人晚上守候在计算机或者手机旁边，焦急等待着 11 月 11 日零点的到来，然后蜂拥而上，开始网上抢购。过去一些闻所未闻的东西在网上叫卖，过去一些不可能长途贩运的东西现在网上也卖得相当火，一个被电商颠覆的时代到来了。

电商改变了传统的商业造富路径。电商让传统企业漫长的成长过程大大缩短，两三年就可以让一个企业飞速成长。最典型的就是“淘品牌”，即专门在网上销售而没有实体店的品牌，曾经被传统企业讥笑为“空手套白狼”，但经过多年培育，一些淘品牌越做越大。以服装电子商务企业“韩都衣舍”为例，2008 年品牌创立时只有几间房子几个人，但到 2013 年企业员工超过 2000 人，淘宝网店铺会员人数突破 800 万。卖坚果的“三只松鼠”上线 5 年，营业额实现从零到 50 亿元的增长，顺利提交上市申请。

电商改变了传统企业的成长模式。企业就是要盈利的，但这一条放在电商行业似乎就不一定适用了。自成立以来，亚马逊一直保持着不盈利的现状，但并不妨碍这一电商巨头继续飞速增长和诸多资本的竞相垂青，资产目前已经超过 1000 亿美元。因为在电商时代，顾客资源就是财富，新的商业模式本身就是价值，资本于是趋之若鹜。在中国，以京东为代表的平台式电商，其超常规的增长也是以不盈利为基本特征的，烧钱、扩张，再烧钱、再扩张，一路在资本的豢养下成长为电商巨兽，直至股票上市，再次创造一个电商造富的神话。

电商也改变了传统商业竞争的基本战略。大数据作为一种战略性思维和战略性手段开始广泛运用于电商行业，运用大数据去分析客户的需求，进一步提高电商的营销和服务能力；运用大数据去整合物流体系，进一步提高效率和降低成本；运用大数据去深度重组产业链，重新定义传统商业的生产销售模式。

同样，电商也带来了县域经济前所未有的大变革。如果说淘宝村更多的是草根创业者的杰作，那么，2013 年从浙江遂昌电子商务探索被定义为农村电商“遂昌模式”开始，县域电商和后来的电商扶贫、电商示范更多体现了政府的推动。2013 年到现在，县域电商在全国范围风起云涌，带动了中国农业、农村、农民的深刻变化，带动了精准扶贫的纵深发展，内容极为丰富。

农村电子商务从星星之火，发展到已呈燎原之势。它促进了农村传统产业的互联网化转型，带动了城镇化发展；引领了农业产业转变发展方式，为其提供了现实指引；改善了农村产业结构，为县域和农村开辟了一个全新的网上销售市场，为传统产业的产品提供了新的销路。自 2014 年实施电子商务进农村示范工作以来，农村电子商务发展取得了三个方面的成就：一是助力扶贫攻坚作用显著。2014 年、2015 年扶助贫困县 89 个，占比 34%，老区县占 77%，大部分是老区县。二是带动各类企业加速进入农村电子商务领域。三是吸引返乡创业创新的氛围日益浓厚。如何在农村电商发展的新阶段，探索出农产品上行新增长点，带动电商精准扶贫深入发展，带动农业产业链新生态是我们的使命。

第一节　县域电商典型模式

在我国已有 4 种典型农村电子商务模式成功的案例，例如沙集模式、遂昌模式、成县模式和通榆模式。

（1）沙集模式。以农户为主体，农户很多都是返乡创业的农民工，他们自发地在发展电子商务中起到主导作用，该模式门槛低、收益快、具有可复制性。沙集模式的特点是网商成为县域电子商务发展的核心，草根网商自发长成，从无到有催生了当地服务商及相关产业链的形成。

（2）遂昌模式。遂昌县大力建设农村线上和线下公共服务平台，为遂昌电商创业提供专业公共服务，实现了“农产品进城”和“消费品下乡”。遂昌模式为农民提供双向服务，以定点定人的方式帮助农民购买生活用品、售卖农产品、缴费、进行基层品质监督，有效地解决农民与市场对接问题。

（3）成县模式。县委书记带头，政府做信用背书，用微信、微博等工具进行社交网络服务，其模式特点是按照品牌、物流、网店、宣传“四位一体”的思路，先用成县核桃打响知名度，再带动成县紫皮大蒜、成县土蜂蜜、成县手工挂面等农特产品走向热销。

（4）通榆模式是吉林云飞鹤农牧业科技有限公司通过电子商务平台，将通榆县优势农副产品以统一品牌向全国销售的原产地直供。

沙集模式走的是草根自发的细胞裂变的道路；遂昌模式是运用电子商务综合服务系统帮助农民完善日常生活，走平台化道路；成县模式是利用微博、微信进行微营销，然后整合资源推广更多的品牌，走的是微营销道路；通榆模式是建立农产品品牌，走的是农产品规模化、标准化、销售品牌化道路。后三种模式均成立了县域电子商务协会，并有专业的第三方主体进行运营。

社科院信息化研究中心主任汪向东在《农村电商的新进展、新趋势》一文中明确指出农村电商已经进入新阶段：2015 年，是中国农村电商史册中又一个具有里程碑意义的年份。农村电商的新进展，不仅体现为量的快速扩张，而且更重要的，它还是一次新的阶段转换。发展阶段变了，要解决的中心问题变了，这是今天正确把握农村电商趋势的关键点。农村市场覆盖的新进展告诉我们，农村电商正在快速地从“早盘布局”进到“中盘绞杀”。当多个市场主体进入农村市场开展竞争，今天这个村点是你的，明天是谁的还不一定。农村电商竞争的新局面，在一些地区已成事实，并且还将在更大的范围展开。

随着“互联网 +”的推动，电商扶贫也成为精准扶贫的重要内容。全国各地政府推动农村电商已经成为一种“运动”。农业部、商务部等更是推出了“示范县”工程，全国各地都热火朝天开展了“互联网 +”农业、“互联网 +”精准扶贫的运动。政府如何参与推动更有效？现在也出现了很多“模式”，从农产品上行的角度，笔者认为比较典型且有借鉴意义的还是浙江遂昌模式、甘肃成县模式、吉林通榆模式和陕西武功模式。

1. 浙江遂昌模式：扎根市场，与时俱进

2013 年 1 月 8 日，阿里巴巴淘宝网全国首个县级馆“特色中国——遂昌馆”开馆。2013 年 10 月，阿里研究中心、中国社科院发布“遂昌模式”，遂昌被认为是中国首个以服务平台为驱动的农产品电子商务模式。这种模式是以本地化电子商务综合服务商作为驱动，带动县域电子商务生态发展，促进地方传统产业特别是农产品加工业，“电子商务综合服务商 + 网商 + 传统产业”相互作用，形成信息时代的县域经济发展道路。“遂昌模式”获得 2015 年 CCTV 最佳商业模式奖，遂昌模式创始人潘东明得到汪洋副总理亲自接见。

遂昌模式包括两大内容：首先，以“协会 + 公司”的形式建成“地方性农产品公共服务平台”，定位为“农产品电子商务服务商”，探索解决农村（农户、合作社、农企）对接市场的问题。其次，推出“赶街——新农村电子商务服务站”，定点定人，在农村实现电子商务代购、农产品销售、基层监督执行等功能。遂昌“赶街”项目的推出，掀开了农村电商的破局序幕。赶街的意义在于，打通信息化在农村的最后一公里，让农村人享受和城市一样的网购便利与品质生活，让城市人吃上农村放心的农产品，实现城乡一体化。

在“遂昌模式”中，政府是支持者，主角是从上海返乡创业的企业家潘东明和他的团队。正是因为这种清晰的定位，“遂昌模式”创始人潘东明能够始终在模式的形成和发展中占据主导地位，根据事业和市场的发展不断升级“遂昌模式”。2016 年，遂昌模式更升级为移动互联网逻辑下的社群化、本地化以及本地化生态圈的经营。

遂昌模式最有价值的是，始终坚持与时俱进，不断根据互联网发展升级和迭代。

遂昌模式每年都有不同内容，但核心始终是围绕农产品上行。几年来，遂昌模式在农产品上行的内容和模式上一直引领全国：2013 年，全国第一个在互联网上大规模跨区域卖遂昌土猪肉，第一个系统销售“遂昌黄金鸡”，第一个用遂昌标准卖红提。2016 年，潘东明在《再出发，预见 2016 农村电商》中表示，农产品上行的社群化、社区化和本地生活化趋势，现在农村电商倡导的农旅结合、众筹、体验营销、共享等，遂昌都是先行者。

2. 甘肃成县模式：一把手发力，打破地区闭塞

甘肃省成县县委书记李祥很有开拓精神，也很实干。2013 年初，他就在新浪微博开了实名微博“成县李祥”。微博的开放性让李祥的视野更开阔。看到微博上很多新农人红红火火地推广产品，看到浙江遂昌风风火火地通过微博大咖展示电商的新发展，考虑到成县有 3.33 万公顷核桃，李祥决定尝试互联网的力量。

2013 年 6 月，李祥邀请当时农业互联网圈子很有影响力的“热爱农业的老赵”和“毕慧芳农业”去成县交流分享农产品电子商务的趋势，进行互联网电商知识普及培训，让更多的干部群众了解互联网的力量。李祥在核桃上市前，通过他的微博大力宣传成县核桃。他在微博联系核桃卖家，甚至展示成县核桃的多种吃法。在之后的日子里，李祥的微博内容没有一天不提到核桃，被网友称为“核桃书记”。在李祥的带动下，全县干部开微博，主题全部是卖核桃。成县成立电商协会，中心也是卖核桃。从 6 月到 9 月，3 个月的时间，成县核桃通过互联网卖到 28 个省、直辖市。互联网的力量让所有人震撼。成县核桃这个超级大单品的成功打造，成为打通成县电商产业链，带动成县电子商务腾飞的起点。

成县模式的启示：一是将电商作为一把手工程，主导电商开局。二是集中一切力量为成县核桃打响知名度。三是政府营销。县委书记带头，四大班子、乡村干部齐上阵，用微信、微博等工具进行营销。集中全县人力物力，全力突破。

成县模式在西部欠发达地区特别具有价值。在知名度和影响力较低的情况下，县域电商的可信度有赖于权威的背书，当地政府是重要的权威之一。在资源有限的情况下，县域电商可集中优势兵力做好“单品突破”，然后带动其他商品共同发展。

3. 吉林通榆模式：资源优势地区“借船出海”

吉林省通榆县靠近内蒙古，是典型的农业大县，农产品丰富，但受限于人才物流等种种因素。通榆县政府根据自身情况积极“引进外援”，与杭州常春藤实业有限公司开展系统性合作，成立“云飞鹤舞”公司，为通榆农产品量身打造“三千禾”品牌，

将通榆县优势农副产品以统一品牌面向全国销售，形成独特的原产地品牌产品直供模式。同时，通榆县配套建立电商公司、绿色食品园区、线下展销店等；初期与网上超市“1号店”签订原产地直销战略合作协议，通过“1号店”等优质电商渠道将本地农产品销售到全国各地，后期开展全网营销，借助电子商务全面实施“原产地直销”计划，把本地农产品卖往全国。值得一提的是，为解决消费者对农产品的疑虑，通榆县委书记和县长联名写了一封面向全国消费者的信——“致淘宝网民的一封公开信”，挂在天猫“聚划算”的首页。这一诚恳亲民的做法赢得了网友的一致称赞，很大程度上提升了消费者对于通榆农产品的信任感。

“通榆模式”的四大经验：

（1）政府背书是关键。

通榆农村电商由第三方公司运营。第三方运营商要想快速地融入当地，政府做好背书工作是关键。首先，当地县委书记、县长高度认同电子化的方向，并认真考虑了项目落地可能遇到的诸多困难。县政府将农村电商作为当地“一把手工程”，由县委书记、县长和运营公司负责人等组建“通榆县电子商务发展领导小组”，为电子商务发展提供政策支持。在项目运营的过程中，书记、县长全程参与设计、策划。其次，组建强大的协作机构。抽调各部门的年轻干部成立“通榆县电子商务发展中心”，协调组织各种资源，为项目落地“保驾护航”。再次，成立专项基金，出台一系列扶持电商创业的政策，支持电商发展。最后，用行政力量为电商发展建立“绿色通道”。

（2）以“基地支撑”为前提。

通榆位于北纬45°，地处世界公认的“黄金粮食产业带”，是有名的“杂粮杂豆之乡”“绿豆之乡”“葵花之乡”。首先，“通榆模式”的合作伙伴包括村落、乡镇，以及一些有固定基地的深加工企业。通榆地域辽阔，各乡镇都有不同的特色，通过异质化产品整合能够增强供应链的竞争力。其次，联合当地实力合作社，组建“三千禾”合作社联合社。运营商通过合作联社影响合作社，然后由合作社影响农民，从而进行生产方式的革新。最后，与农科院建立合作，借助专家、研究机构的力量，进行品种、品类优化，在种子、种植及深加工等领域注入科技力量。

（3）走“统一品牌”路径。

长期以来，通榆农民的销售渠道狭窄，缺少品牌意识，产品溢价能力低。因此，塑造品牌是产品走向市场化的重要路径。首先，注册“三千禾”品牌，建立通榆农产品分包装中心，进行统一包装。其次，建立多层质检体系。最后，加强产品溯源体系构建。

（4）进行营销创新。

农产品本身的创新很难，如何利用营销手段进行创新是一大难题。首先，通榆丰富的产品资源、环境资源是一大亮点。其次，“让书记、县长做代言人”。代言的背后，是书记和县长要为本县农产品品质承担责任，这也是通过政府公信力提高产品信誉的一种方式。再次，通过大量的营销活动，打响通榆品牌，比如“东北新鲜葵花淘宝开售”“七农下江南”“聚土地”等活动；高度重视“微传播”，通过微博、微信等社交网络传递品牌价值。最后，重视用户体验。将“杂粮主食化”等养生理念通过微信公众号等渠道传播，并邀请用户作为“品质督导”试吃产品，监督产品品质。

通榆模式启示：政府整合当地农产品资源，系统性委托给具有实力的大企业进行包装、营销和线上运营，地方政府、农户、电商企业、消费者及平台共同创造并分享价值，既满足了各方的价值需求，同时带动了县域经济的发展。作为人才缺乏、管理落后的地区，引入第三方企业来共享资源、带动发展，借船出海，是一条出路。

通榆模式对于北方具有资源优势，但人才缺乏的地区，具有借鉴价值。

4. 陕西武功模式：立足交通区位优势搭建舞台

魏延安总结陕西武功模式是“从县域电商到电商经济的跨越”。陕西省武功县是传统农业县，农产品“买难卖难”问题一直困扰着农村经济的发展，在电商发展初期，也存在缺乏人才、缺乏有差异化竞争力的网货等问题。为破解这些难题，武功县政府深挖武功县在咸阳机场附近，具有“铁公机”（铁路、公路、机场）的区位优势，大胆提出“买西北、卖全国”的模式，立足武功，联动陕西，辐射西北，面向丝绸之路经济带，将武功打造成为陕西农村电子商务人才培训地、农村电子商务企业聚集地、农产品物流集散地。

“买西北、卖全国”的模式成功实施后，武功县不仅成为陕西省电商示范县，也成为全国电商的榜样县，县域电商增长速度全国领先。武功县先后吸引西域美农、赶集网等 20 多家电商企业入驻发展。300 多个网店相继上线，全县电商日成交量超万单，日交易额达 100 多万元；10 余家快递公司先后落地，农村电商试点在 14 个村全面启动，电子商务真正走进农村、惠及百姓。农村淘宝在武功也如火如荼。全县 40 多个村级服务站月成交额 4000 多万元，订单量 5 万多单。最好的村级服务站一个月交易金额破 400 万，收入最好的超过 2 万元，平均合伙人收入 3500 元。

武功模式的关键特点：①“集散地”的规划充分发挥了交通便利，仓储和物流业发达的优势；②以配套完善的电商园区为依托，大力吸纳外地电商到当地注册经营；③整合了西北的物产资源，突破了本地物产有限的约束。

从表面上看，武功模式成功是由于武功县的交通区位优势。多年的经济发展已经在物流、冷链方面有了较好的基础，这对电子商务最核心的竞争点——供应链有很强的支撑，继而提升当地电子商务的整体竞争力。实际上，武功县领导班子充分运用因地制宜的方针，把自己的优势运用到极致。在"买西北、卖全国"的战略成功实施以后，与时俱进，不断更新内容，无论是本地产品和人才的挖掘，还是公共品牌的打造（如猕猴桃的公共品牌"武功小子"）都是武功县农产品上行的杰作。客观地说，中国比武功区位优势更好的地方有很多。武功县之所以成功，在于他们用心挖掘优势，打造具有竞争力的电子商务舞台。武功模式适用区域：交通便利，仓储和物流发达，有商品集散地潜质的地方。

县域电商模式很多，各地要做好自己的生态体系，需从以下几个方面发力：

（1）从农产品上行发力。农村发展、农业升级、农民增收的关键在于农产品上行，而农产品的上行，简单理解就是将农产品通过网络销售出去。农产品到农商品只是简单一跃，内涵却很丰富，需要涉及的环节很多。首先，既要保证农产品质量，又要保障产品供应，还要做好农产品的标准化和规模化生产。其次，初级农产品的附加值较低，而且在销售中面临食品卫生管理等问题，要积极推动农产品加工业的发展。再次，品牌就是价值，要着力打造名特优产品，提升农产品的附加值。最后，对于生鲜农产品来说，冷链物流是最大的瓶颈，要夯实物流基础，推动智慧供应链建设。

（2）从"三产"融合发力。消费品下乡和农产品进城仅是农村电商发展的一部分，农村电商还应该与农产品加工业、休闲农业、乡村旅游、订单农业等新业态结合起来走"三产"融合的发展路子。通过农村电商，拉动特色小镇建设和田园综合体建设，将农业、旅游业、农产品加工业充分融合，延长产业链，提升价值链。

（3）从支撑体系发力。农村电商要健康可持续发展，就需要线上线下融合发展，线下支撑体系是线上交易的载体。支撑体系承载着整个农村电商生态，要做好以下几个方面：首先，注重支撑体系在农产品上行的认证、追溯、品牌、品控、流通等方面的服务功能；其次，加大人才的培养力度，让本地人才能留得住、留得下；最后，加强资源的共建共享，推动区域之间联动和市场共享。

第二节　电商扶贫新路径

综观各种农村电商典型发展模式，就全国农村电子商务而言，主要存在两种不同形式的农村电子商务。一种是以“浙江遂昌模式”“甘肃成县模式”为代表的自上而下的发展模式，它主要靠政府主导、国家投入、官办平台、自上而下发展。另一种是以“江苏沙集模式”“义乌青岩刘模式”“江苏堰下村模式”“河北东高庄模式”为代表的自下而上的发展模式。它主要以市场驱动、市场主体自主投资，利用市场化电商平台，自下而上发展。其基本特点具有“四新”：新的交易模式、新的交易主体、新的交易理念、新的市场生态。在发展过程中，这两种农村电子商务发展形式同时并存，各具优势，但都存在弊端。两者相互促进，但又各自为战，这种状态直接影响着我国农村电商的长足发展。为此，如何将这两种农村电子商务发展模式有机地融合起来，形成一个全新的、良好的推进机制，已经成为各级政府和专家学者研究的焦点和热点问题。

平台推动的农村电商模式，以打造虚拟品牌“网络超市”为核心，通过产地直采，将符合严格筛选标准的产地产品纳入平台，帮助产地农民实现农产品销售的电子商务化。

精准扶贫是国策。“互联网 +”在精准扶贫中发挥了巨大作用。电商精准扶贫已经从理论到实践，从县域到乡镇，从企业到草根创业者，形成有效的产业链、生态链、发展链。

一、县域电商与精准扶贫

农村电子商务带动农民脱贫致富，最终还是要落实到农产品上行这个问题。所以首先要解决这几个根本问题：电子商务能做吗？做什么？怎样做？谁来做？这几个问题，甘肃成县解决得非常到位。我们来看看电子商务生态建设如何助力成县推动精准扶贫的。

“互联网 +”的兴起，引领和驱动了农村电商发展，在三农领域掀起了一场有声有色的“运动”。“互联网 +”精准扶贫，地方政府如何把握导向，有效参与推动呢？成县做出了响亮的回答。作为很有代表性的模式之一，成县模式是“一个核桃的逆袭”。

面对人才匮乏、交通不便、信息闭塞的地区现状，成县突出问题导向，实施强有力的一把手工程，转变千万草根的思想观念，激发普通大众的创业激情，汇集自媒体的引擎动能，让“烫手”的核桃带动千年古县登上致富的“天梯”。

成县模式成功有很多经验，电子商务生态建设是核心。

1. “核桃书记”引爆自媒体

无论哪一种版本的总结，成县电子商务的起步都绕不开“核桃书记”和他的自媒体团队。

在农人圈活跃的微博主们一定能充分领略到甘肃成县微团队的风采，他们是微博农人圈中一道亮丽的风景线。成县李祥、猪爹王宗军、成县农民小段、核桃姑娘小程程、陈东平微博、成县村干部小芳芳、高波学习等，成县的微博团队从不同的角度，把成县的美丽风光、健康土特农产品、勤劳质朴的农民、丰厚历史底蕴的乡土文化、与时俱进的成县政治经济发展全方位展现给世人，让人们从心底产生向往。微营销吸引了世人对地处西部、默默无闻的甘肃成县的关注。

说到成县的电子商务，必须说到成县县委书记李祥。他的新浪实名认证微博是“成县李祥”。通过自己写微博，李祥体会到微博对沟通联系群众等政务工作具有很好的促进作用。为探索成县农业支柱型产业核桃的创新营销之路，2013 年 6 月，李祥邀请农人圈的活跃博主到成县分享经验，并一起策划了以成县核桃营销为主打产品，以助农增收为目标的成县电子商务模式。6 月 10 日，成县李祥发出了这样一条微博：“今年核桃长势很好，欢迎大家来成县吃核桃。我也用微博卖核桃，上海等大城市的人都已开始预订。买点我们成县的核桃吧！”当日此微博被《人民日报》微博转发，进而有了 100 多次转发与跟评：“支持县委书记微博卖核桃。”这条微博的访问量达到 50 多万次，成为成县核桃网络营销的先锋。“成县核桃”瞬间成了当时的网络“热词”。通过微博、微信等网络新媒体的广泛宣传，成县青皮鲜核桃很快在上海、兰州等地的大型超市上架，还有 20 多个省通过网络销售。成县核桃深受消费者的喜爱。

可以说，成县电子商务发展的主要特点就是新媒体“微营销”。通过设置微博话题、开设微信栏目，讲述电商创业故事，宣传特色农产品，推介本地网店，开展网络预售。截止到 2016 年 3 月，全县已开通单位政务微博 629 个、个人政务微博 3500 个、政府微信公众平台 90 多个。其中，“陇南美”微信公众号的订阅用户已超过 62000 人，总阅读量超过 2.1 亿。

“微风暴”对成县人民的观念转变起到巨大的作用。活跃在微博、微信上的不仅有公务员、大学生村官、草根创业者，还有很多五六十岁的村干部和村民。

2. “核桃逆袭”带动构建产业支撑系统

电商最终的落脚点是“商”。做好“商”的基础是商品这个载体。另外，电商扶贫最终也要落实到贫困户农产品的销售和服务上去，所以从电商的产品商品化开始，到产品的规模化、标准化、品牌化，都需要产业支撑系统的构建。电商产业支撑系统的构建才是可持续发展的根本。纵观全国各地成功的电商案例，无一不是有好产品作为自己的基础。而我们所谓的好产品并不是一般意义上田间地头的好产品，而是能够到达消费者餐桌上的好网货。从好产品到完善的电商销售，需要进行以下四个方面的转化：

（1）产品需要商品化。产品到商品的转化非常关键。产品包装、规格、定价、标签等是基础要素。

（2）商品需要网货化。商品到网货的转化，需要做适合电商消费人群的包装设计，规格上也要适合快递运输，方便计费。另外，适合快递的外包装也是关键的一环。很多人失败都是因为商品在快递途中破损和变质造成的。

（3）网货需要品牌化。网上消费和线下不同，需要高辨识度，还有信任度，这都需要由品牌化来实现。

（4）品牌需要社交化。移动互联网时代，手机已经成了人们生活的一部分，每个人每天都会刷朋友圈，看看自己好友的动态。大家都通过分享来传播生活中的点点滴滴。所以，品牌的打造要适应这一变化。

成县电商支撑系统的构建正是围绕这四个转化展开的。

成县的电商发展源自“一个核桃的逆袭”。核桃是成县特色主导产业，为了打开成县核桃的知名度，首先确定寻找差异化。面对新疆、云南、山西核桃的强势营销，成县在网络上强调核桃的“鲜”，用鲜核桃撬开了市场。“核桃书记”微团队的矩阵宣传，使成县核桃知名度迅速扩大。2013 年 9 月 12 日核桃节开幕，成县核桃通过网络热销到 27 个省市自治区。

在推动核桃产业升级的同时，成县还重点构建产业支撑系统。成县立足核桃、大樱桃、土蜂蜜、大蒜、土鸡、挂面等特色农产品量大、质优的优势，着力实施农产品提质增效工程，加快推进农村土地流转和专业合作社建设，大力发展林药、林禽、林油、林粮等立体经济。成县特色产业面积突破 78 万亩，发展专业经合组织 608 户、农业龙头企业 17 户，发展网货供应平台 24 家，形成了 30 多个系列 100 多个品种的网货供应体系。

3. 大众联动释放电商创业活力

随着农村电子商务的推进，普遍遇到的第一个难题就是“人才”。有人才能成功，农村电商发展尤其需要带头人。所有的农村电商成功案例都是因为有带头人。

在人才培养方面，成县鼓励返乡青年、农村致富带头人、未就业大学生、大学生村官等草根创业目标人群通过开办个体网店、创办电商公司、自建电商平台三种方式开展创新创业活动。截至 2016 年初，全县共开办网店 902 家、电商企业 22 家，创办电商平台 8 个，形成以农产品电商、旅游电商、文化产品电商、本地生活服务等为主的农村电商发展业态，累计电商销售总额 5.16 亿元。草根网商代表不断涌现，带动了很多贫困农民家庭脱贫。网商的成功销售，带动了成县电商扶贫事业的纵深发展。

电商扶贫对于很多人而言都是新探索，所以一定会面临新问题。真正实现精准的电商扶贫，不仅需要有专业化的团队和专业化的运营，需要电子商务生态环境的构建，更需要我们不忘初心，持续不断地创新，坚韧不拔地努力。

成县电商扶贫之路也是千县万乡电商扶贫的缩影。

二、乡镇电商扶贫

成县电商扶贫让我们看到了“互联网 +”在县域电商扶贫中的作用。电商扶贫在中国农村 4 万多个乡镇也已经深入开展，并且成为乡镇的重要工作内容。乡镇电商扶贫比县域电商扶贫更接地气，也更能执行到位。乡镇电商扶贫如何借助互联网，根据不同扶贫对象实施精准到位？乡镇电商扶贫如何建立可持续发展的生态？如何让农旅结合，建立特色小镇？如何打造有发展力的创客空间带动零散草根创业者？福建省南安市向阳乡蔡映辉书记的“一三六”乡镇扶贫之路很典型。

福建南安市向阳乡是省级贫困乡，是南安市最高、最远、最困难、人口最少的乡镇，也是泉州市 30 个重点扶贫乡镇之一。近几年，蔡映辉通过探索并践行“一三六”三农“互联网 +”精准帮扶，增强扶贫工作的可持续性，初见成效。

1. “一三六”三农“互联网 +”精准扶贫

“一”是瞄准提升乡村两级干部带领群众脱贫的水平这一目标，全面提升服务能力，特别是互联网营销能力。

“三”即针对三类对象，实施精准帮扶。

第一是“造血式”帮扶，主要针对合作社、家庭农场、农村种养大户中的创业家庭。

帮助做好土地流转，积极争取上级支持，支持人们走出去开拓市场。县乡多方筹措资金，设立造血式帮扶资金，委托农村商业银行按照银行程序放款，由乡镇党委政府确定帮扶对象，根据项目的情况给予贷款免息或贴息，帮助其发展壮大。

第二是“献血式”帮扶，主要针对打零工、从事来料加工、留在当地照看孩子读书及孤儿、单亲困难等家庭。市县乡发动社会各界献爱心，借助公益组织的力量，进行一对一地助学，并建立健全跟踪制度，不让一位学生因家贫而失学。

第三是“输血式”帮扶，主要针对重病、残疾、孤寡老人家庭。乡镇全面摸底，建立动态台账，将各级惠农政策集中到对这些困难人群的帮扶上，把长期的帮扶与不定期的慰问相结合。

“六”是实施生态农业支撑生态旅游的战略，让百姓真正能赚到钱的“六个环节”。在互联网改变世界的大潮中，贫困乡镇党委政府需要具备互联网思维，需要有的放矢，针对乡镇发展的瓶颈，将工作的重心聚焦到“挖掘资源、培育资源、对接资源、组合资源”上，高效地推动扶贫工作可持续进行，力求“以农产品为入口、以生态体验旅游为通道、以特色住宿为追求”的慢生活社群能够花开向阳。

2. “互联网 +”精准扶贫的途径

（1）拉网式普查，将资源转化为电商语言。

作为被扶贫乡镇来说，辖区内每个村都需要扶贫，形成区域性的电商生态环境，更有利于资源整合和可持续发展。乡镇配合开展电商精准扶贫的第一环节就是全面普查，主要包括“自然条件、旅游资源、文化资源、农村技术人才、困难老人及小孩”等，把资源电子化、图片化、视频化，形成有利于在网络上传播的要素。在此基础上，乡党委和政府应把电商扶贫作为工作的重中之重，理清发展思路，做适合网络传播并被大众乐意接受的宣传材料。

（2）宣传发动全覆盖，将观念导向网络思维。

贫困的地方都面临着思想保守、信心不足的问题，都存在人员大量外流，只留下老弱妇孺，人才严重不足的发展瓶颈。没有互联网的时代，要全面转变内外乡亲的观念，绝对是一个大难题，而现在一切将成为可能。

方法一：建立宣传主阵地。博客是比较有效、方便的，将乡里的动态都形成博客，把博客建成宣传的窗口，同时建立微博、微信公众号。

方法二：建设宣传分哨所。乡镇主导，并引导干部、内外乡亲在微博、微信、QQ 群体、论坛等传播家乡的变化，慢慢形成一个以乡镇领导干部为核心的网络宣传团队。发挥本乡镇在外同乡会、在读大学生的作用，将他们整合起来成立多个微群、QQ 群，为宣传家乡做贡献。

方法三：推动媒体与网络互动融合。通过发展特色农业与乡村旅游，慢慢吸引媒体的关注，将媒体的报道转载到乡镇官方的网络宣传平台上，加大宣传力度；探索“平台 + 网红”的理念，积极走出去对接众多电商平台和微博农业大 V，让地方平台与他们形成组合发展的态势，不断提升知名度，慢慢提升内外乡亲的信心（如图 6-1 所示）。

方法四：乡镇领导要亲任宣传大使。将面对面与网络宣传相结合，带着宣传资料到各个村的角落、在外同乡会，将发展思路、所干实事等向留守乡亲、在外同乡会进行现场宣传，凝聚人心；带着宣传资料外出招商、向每一个到乡镇考察的人员介绍，同时将活动内容做成博客，让更多的乡亲关注，慢慢地提升党委和政府的向心力和威信，为推动电商扶贫打好基础。

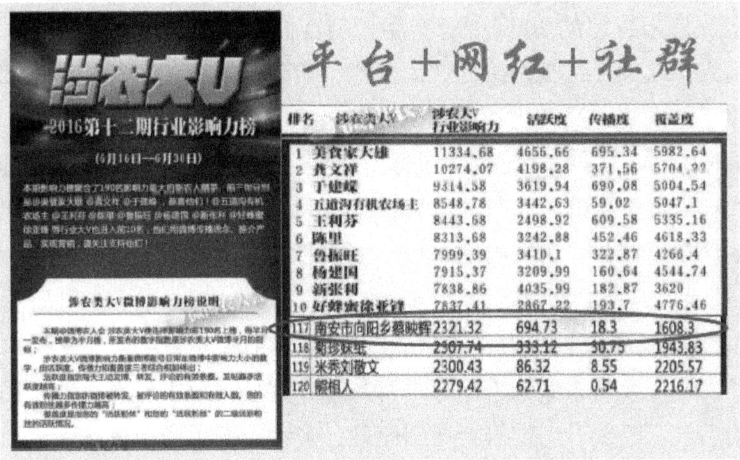

图 6-1　平台 + 网红 + 社群

（3）促进土地流转，将土地转化为创客空间。

电商只是扶贫的手段、渠道，扶贫的根本还是土地的价值要能够体现出来，这里的第一步是为城市居民提供健康农产品，第二步就是把城市居民吸引到乡村体验乡村生活。如果只停留在第一步，那还远不能实现农民致富，因为土地的产出价值是非常有限的。在探索出农产品有稳定价格并拥有可持续销售渠道的基础上，要大力发展休闲农业旅游、体验农业旅游等，这样不仅能使土地的价值提升，还能带来民宿、农家乐等相关产业的发展，实现全域发展，也实现全民性的增收，真正实现三农突围。要达到这个目标，建立稳定的土地流转机制是前提和保障，这是乡镇党委政府最重要的工作，也是最难的工作。土地不一定全部流转，但一定要有很多成片流转的基地，才能发展乡村旅游，才能让乡镇四季都有特色，每个周末都能吸引城里人。要做到这一点，一方面要转变村干部、乡亲们的观念，将土地经营权比较优惠地流转给有实力的企业家进行规模开发，带动整个乡镇农业和旅游的发展；另一方面要引导企业家在流转土地上发展特色农业、生态旅游，特别是要带动出租地的农民形成利益共同体。

（4）造血式抱团创业，将农民培育为电商团队。

万事开头难，贫困乡镇发展的起步阶段，唯一的资源可能就是一些种植、养殖大户。这时候还没有，也不可能有大的企业家到乡镇投资。乡镇应推动这些农村土专家、大户成立合作社、家庭农场，并进一步成立产业协会、农业公司。必须在一开始就推动其树立“市场为先、品质至上”的意识，利用互联网进行营销。在这个过程中，要积极对接上级各部门的惠农政策，争取领导的关注支持，提升造血能力，进而发展壮大；而且要抱团相互营销。向阳当地的20多种农产品，创客们全部统一电商销售价，并在创客和向阳农村电商人员之间提供批发价，让大家能够实现可持续、有利润地抱团，提高农业生产的规模化、市场化、品牌化和组织化程度。各合作社带头人要有全局、团队观念。其中，最重要的是要建立监督管理教育机制，每一个农户、每一位带头人都要意识到“农产品质量是农业电商的生命”，每一个农户都要共同维护乡镇的原生态健康品牌。如何保证农产品的质量，这是乡镇重要的职责，要多管齐下，建立完善的机制。

（5）引资借力，将团队整合为平台。

本地团队受自身视野、能力、资金的制约，很难成为整合全乡资源的带头人。这个角色也不能由党委政府来做，否则会不可持续，迟早失败。随着本地农民抱团创业的推进，乡镇的名气不断提升，发展会遇到瓶颈，乡镇应把招商引资和引进人才摆上重要议事日程，对合作社、家庭农场、协会、农村手工艺能手等资源进行整合，将乡镇内各种可开发的资源推出招商，让有经验的电商人才嫁接、让大学生创业团队入驻、让在外有实力的乡贤回归，进一步提升基地的规模和档次，让乡镇的各种资源慢慢汇集到一个或多个平台上。比如，遂昌潘东明建设的赶街平台，这个平台用来统一规范扶贫的三要素：生产、信息（电商）、物流。

（6）对接市场，将平台嫁接到全国。

农产品干货必须立足于全国市场、鲜货立足于同城及周边，这样乡镇的发展才有空间，也才可持续。要做到这一点，不能单靠对接一个平台、一种销售渠道，而应该全网营销。在乡镇内部应该一个平台运作，对外应多平台、多渠道进行推广。乡镇的中心工作就是将平台营销对接到各种平台，调动各种网络宣传平台来推介，并在各个平台上建设“乡镇馆”，在各个县市区借各类大平台，建设线上线下具有特色的集餐饮、农产品销售、乡村旅游推介与组团为一体的“乡镇馆”，并以“乡镇馆”的名义参加各类展会。乡镇应总结经验并推出创业成功的典型，积极参与全国各地的论坛、峰会，并争取到大学、党校等各种场合宣讲、分享，吸引更多的人关注。这是最有效的营销，也是保证市场销售的重要方式。

3. 精准帮扶显成效

（1）改善民生与推动创业。

改善民生是党建工作的落脚点，向阳乡始终将脱贫作为重中之重，不断推进“一三六”三农“互联网 +”精准扶贫工程，当地百姓收了租金、领了工资、得了实惠。

① 基础设施不断完善。2011 年以来，向阳乡累计投入 5000 多万元用于教育事业、造福工程、社会保障、卫生计生、水利等其他基础设施建设，为精准脱贫奠定了良好的基础。

② 精准扶贫扎实推进。“造血式帮扶”有了明显成效，全乡建立 60 户“造血式”精准扶贫对象动态信息，举办“造血式”精准扶贫培训会，向阳创客优先销售贫困户农副产品。慢山庄开展了众筹预售养鸡，坑头村开展利用“闲人、闲地、闲时、闲钱”养鹅，山夫合作社开展送苗、送肥料、包收购……整个向阳乡的人力资本被盘活，增强了“造血”能力。

③ 创业氛围日益浓厚。在抓好民生事业的同时，政府积极推动乡亲自主创业、抱团创业，不等不靠的自力更生精神得到弘扬。与此同时，向阳乡还投入 120 万元与福州“优空间”共建“向阳优空间”，探索“城市众创空间与田间地头众创空间共赢”的特色道路。

④ 培训交流持续强化。类似向阳这种高山偏远山区，发展农村电商最大的问题就是缺乏人才。向阳通过 5 年持续努力，聚集了 50 多位农业创客，他们是向阳农村电商的基础团队。正是因为有了这支接地气的青年电商团队，向阳对外对内开展了农村电商现场教学与培训。2015 年，国务院扶贫办（蓉中）培训基地组织 3 期贫困村创业致富带头人培训班到向阳优空间进行现场培训及教学；第二十一届全国支农调研交流会福建分会暨第三届福建“爱故乡”主题调研在向阳优空间举行；香港理工大学 50 多名师生，也在向阳开展了为期一周的游学交流会。同时，向阳优空间自主设计课程，对向阳精准扶贫对象和留守妇女开展了 3 期培训，促进他们发展微商和电商。

（2）特色农业与生态旅游两手抓。

党员干部带头创业，规划“四大基地”，做活特色农业，打造“四季花海，七彩向阳”。

① 农业规模不断扩大。海山果林场建成 166.66 公顷芳樟示范基地，进行精油提炼（即

芳樟醇），列入全国推广项目；创建贤芳佛手品牌，系列产品“佛手丹”入选第三批、第四批泉州伴手礼；建成100公顷红心地瓜基地。通过吸引台商投资种植原产于巴西的树葡萄，实现农业引入外资零的突破。

② 电商平台不断夯实。促成与顺丰、邮政速递的合作，从根本上解决了向阳的物流难题，向阳生鲜农产品进入大城市，2015年农产品电商销售近千万元。依托厦门YBC创业协会，组建微商、电商团队，建设新农人联合会向阳创业站，分销创客有100多人。向阳创客联合南安市供销社创建掌管生活城市O2O平台。在福州微乐、厦门吉象吉送、漳州吉马O4O、泉州商虎鲤城创业工厂、同安马上行等诸多平台建设向阳馆，努力将向阳建设成全国农村电商创业聚集培训基地。

③ 旅游资源不断开发。进行全乡旅游资源普查，组建四大旅游组团，启动向阳乡旅游产业规划。大力推进坑头村美丽乡村建设，推动特色民宿改造试点，以点带面，努力实现生态农业与乡村旅游相互促进、深层次融合，进而建成集优质的饮食文化、建筑文明、创意享受于一体的特色民宿慢生活（如图6-2所示）。向阳创客依托农场资源和五台千年古道、第一代海神通远王开展乡村体验朝圣旅游，成功实现了“博客、来客、游客、香客、顾客”的良性转化。2014年，海西“慢生活”示范基地获评泉州休闲农业示范点。

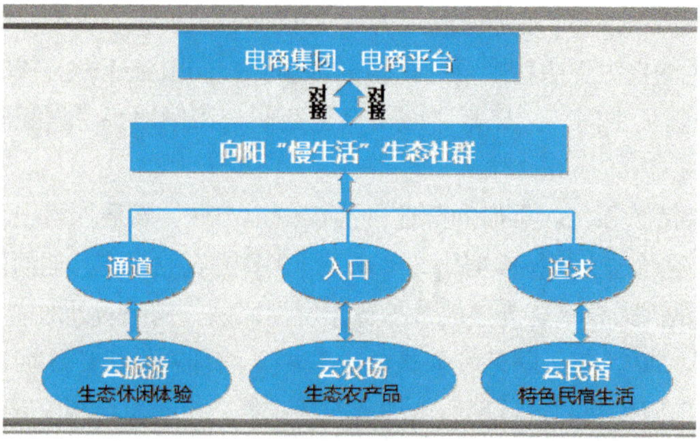

图6-2　向阳“慢生活”生态社群结构

（3）八方帮扶与自力更生。

向阳的发展成绩，主要得益于政府的帮扶政策和社会各界对帮扶工作的关注，以及向阳人民“自力更生”的精神，内外创客能够“安心”扎根。土地综合规模利用，提高土地使用效益，破解了山区发展瓶颈。

在耗资4500多万元的村道建设中，除了上级帮扶和来自土地增减挂钩政策的资金投入外，有600多万元来自村民集资、捐资。

精准扶贫，重在扶人，扶人的根本是自力更生观念的树立，重在能够安心在向阳创业。“三农互联网+创客中心”的成立，整合了全乡各合作社、家庭农场和农业公司，探索出了一条“富民强乡”之路，效益初步显现，实现了有梦想的内外创客“安心”扎根。

三、草根创业者的精准扶贫

草根创业者在精准扶贫中也是一支不容忽视的力量。草根创业者在县域电商扶贫、乡镇电商扶贫中发挥了很大作用，带动精准扶贫深入发展。

1. “90后”的电商扶贫新玩法

草帽哥，原名谢强，他从山东安丘樱桃滞销、陕西礼泉苹果积压等多次助农事件中探索出了一条全新的道路——通过对农村物流的优化改革，推动农产品销售方式的革新，进而实现精准扶贫。

谢强是农人互助社发起人，“90后”新农人代表，深圳市回到故乡农业科技有限公司的创始人兼CEO，乡亲们亲切地称呼他为“草帽哥”。他首创全国农人互助公益型社群，免费为中小农户做传播推广，为消费者寻找最优质的农产品原产地，并深入农村帮助农户转型互联网销售。

（1）解决滞销农产品，揭开助农扶贫新篇章。

① 山东樱桃滞销事件。

草帽哥出生于江西省赣州市一个偏远的小村庄，村里发展的落后始终是他心中一道坎。2014年4月，他带着一盒家乡特有的绿壳土鸡蛋奔赴深圳，从刚刚兴起的农特微商着手，希望能探索出一条适合农产品销售的电商之路。

当年6月，山东安丘爆出樱桃滞销的新闻。草帽哥得知这一消息后，立即与当地果农取得联系，与果农探讨了樱桃的购销和运输方案，并在朋友圈发起了爱心助农活动，发动微信好友一起来帮助果农解决樱桃销路问题。

为了让所有爱心购买者都能在第一时间吃到新摘下的樱桃，草帽哥同顺丰快递进行航空运输合作，确保客户当天购买的樱桃次日便能送达。在樱桃的包装上，他采用“泡沫盒子+冰袋+外包装箱”的多层包装方式，极大地降低了樱桃在运输过程中出现腐烂和挤压变形的可能，保证了樱桃的新鲜口感。最终，通过自身微信粉丝以及新闻媒体的力量，几天之后，安丘樱桃每天的销量便达到了1500公斤！

② 摸索新的助农思路。

这次助农活动取得了一定的成功，草帽哥引起了业内及媒体的关注，而他也陷入了深思：怎样才能避免农产品滞销？

草帽哥认为，只有打通原本相对闭塞的农产品的信息流通环节，建立起消费者和农民之间的联系，才能实现农产品的良性流通，让农产品不再滞销。如此一来，消费者能够吃到更优质的农产品，农民也能更清楚地了解市场的需求，从而根据市场需求来进行生产和销售。

2015 年，草帽哥发起了“农人互助社”，通过联合新农人互帮互助的方式，免费为社群成员推广产品。他首次提出农产品电商“五化一改”方法论，在品牌打造、供应链升级、营销体系打造等方面为社员提供帮助（如图 6-3 所示）。通过将近一年的探索，平台的“众包式零售”模式日趋成熟，发挥了意想不到的作用。

图 6-3 农人互助社，众包式零售的一种模式

陕西礼泉是中国苹果大县，在 2015 年底出现了严重的滞销。

年关将至，当地苹果行情还是很惨淡，这让很多果农的心揪了起来。2016 年 1 月，当地果农通过农人互助社找到了草帽哥。在初步了解当地苹果滞销的严重性之后，草帽哥在当天晚上订了一张前往陕西的机票。第二天刚到礼泉，他便不停歇地去果农家里了解苹果滞销的情况，又考察了当地的物流状况。随后，他和德邦快递西北分公司达成了合作，为快速发货做好准备。

在经历了 13 天的宣传推广之后，草帽哥通过农人互助的方式，成功地帮助近 20 户果农卖出去了共计 30 多万斤的苹果，极大地缓解了苹果滞销给当地带来的压力，让果农们过了一个好年。

③ 精准扶贫的雏形。

每年的 5 月是菠萝上市的季节，也是广东湛江徐闻菠萝上市的旺季。以前每年这个时候，一辆辆大卡车进出菠萝园，满是丰收的喜悦。

然而，2016 年，徐闻菠萝种植户却是个个紧锁眉头。在 5 月初短短 10 天之内，当地的菠萝价格一路暴跌，最低仅 0.12 元 / 斤（地头收购价）。无人问津，果农只能眼睁睁看着菠萝烂在地里。徐闻农业局通过各种渠道积极救市，但仍有 10 万亩菠萝待售，预计会出现大面积巨额亏损，果农将面临惨重的损失。

在经过深度的思考与讨论后，草帽哥决定深入果园基地，与更多的农户直接沟通，调查菠萝滞销情况与原因。他实地考察了滞销菠萝的品质和口感，帮助当地果农销售菠萝，尤其是家里生活条件比较困难、菠萝品质比较好的果农。

需要注意的是，以往的每一次助农行动，都仅仅是按照地域（如县、乡级别）来开展的，并没有精准到哪一户。如此一来，助农行动并不能保证帮助到那些最需要帮助的农户，更不能保证效果的可持续性。经历了徐闻菠萝事件后，农产品精准扶贫最初的雏形便出现了。

（2）正式开启电商精准扶贫之路。

通过经验的积累，草帽哥取得了一定的成绩，也拥有了自己的商业体系。农村电商这条路不管成功与否，通过农产品的输出来扶贫才是他心之所向。成功的经验很简单，任何时候都不忘记自己出发的目的。

① 做好服务与连接是农村电商的核心。

2015 年 10 月 14 日，李克强总理主持召开国务院常务会议，决定完善农村及偏远地区宽带电信普遍服务补偿机制，缩小城乡数字鸿沟。互联网巨头的不断进入和政府部门的扶持力度加大，使农村电商呈现出惊人的增长速度。但是，很多商业巨头只想把城市商品带到农村去，真正能把农产品带到城市的寥寥无几。

草帽哥认为，很多农民因为知识结构、地方发展落后等原因，对使用计算机、手机进行信息化通信存在障碍，要想让线上电商与线下农民连接起来，中间要有服务者，或者叫连接者。好的连接者都是用心做服务的，农村电商亟待破冰的是服务问题，无论是政策推动还是电商企业布局，需要搭建统一的农村电商服务平台，将好的农产品卖出去。

应对农产品滞销，解决农产品电商物流难题，需要加大对基础设施的投入，大力推进农产品冷链物流建设，全面优化农产品物流网络，对农产品供应链中的加工、包装、库存和配送等环节统一制定实施符合现代物流技术的标准。

② 不忘初心，精准扶贫。

很多人走太远之后，就会忘了出发的理由。草帽哥常年奔波于各个产地，看遍了一线农人的艰难辛苦，所以更看重扶贫项目。他致力于制定一套体系，以农产品销售扶贫规划为龙头，以扶贫项目为载体，结合当地农产品实际，和政府部门规划相衔接。积极完善农产品品牌规划，按照“规划到村、项目到户、增收到人”的原则，结合村级发展实际，突出基础设施建设、特色产业发展等重点，大力发展农产品产业增收项目。按照贫困户个性需求和共同特征，因户施策，了解贫困户需求，制定帮扶方案，落实具体帮扶措施，确定每个贫困户扶持发展内容，实现规划帮扶到户。

方法一：精准规划农村扶贫发展目标。一是高标准编制总体规划，更好地结合当地农产品实际。二是能够积极完善村级规划，结合村级发展实际。三是实现规划帮扶到户，按照贫困户个性需求和共同特征，因户施策。

方法二：精准帮扶，到村到户。一是政府帮扶到村镇，确保每个贫困村都做到有帮扶。二是村镇干部帮扶到户，建立干部驻村帮扶机制。三是动员社会帮扶，积极创新社会参与扶贫机制。

方法三：精准整合和管理扶贫资源。一是农产品品牌化管理，充分发挥和利用现有的优惠政策，带动贫困地区农业产业结构调整。二是农产品平台销售资金精细化管理。三是信息系统化管理。

方法四：精准考核扶贫质量和效果：将以上三点结合起来，建立一套完整的农村农产品互联网销售体系，实时监测当地互联网销售情况，进行农产品精准扶贫情况的质量考核和效果监测。

③ 将改善农村物流当作精准扶贫的切入点。

农村人口多居住分散，对电商物流体系提出了极高的挑战。网络覆盖率和人口密度、地域发展程度息息相关，农村的网络情况同城市相比差别很大。缺乏拥有专业知识的电商人才是农村电商发展中遇到的最大阻碍。

农村落后的物流系统是制约农产品电商发展的一个极其重要的原因。

这一系列的问题能否通过一种创新的模式得以解决呢？

经过一番思考和推演，草帽哥终于找到了一个切实可行的方案，并在相关政府部门的推动下开始了他的改革实验。

他与礼泉县圆通快递进行深度合作，不仅拿到了圆通快递的最低价，还租用了圆通的一个仓库作为快递中转站。

他发动各村的干部，将在网上销售自家产品的农户子女拉到一个微信群里，给他们最优惠的快递价格（农户子女自己发货是 12 元 / 件，加入这个微信群则能降低至 8 元 / 件）。原本需要手工抄写的纸质面单，全部由电子面单代替，农户子女只需将订单信息在群里发给客服人员即可。每个村建立一个快递收集点，农户每天定时把打包好的包裹送到这里，每天有货车去各个村收集包裹。如果发往某个目的地的包裹数很多（如深圳），便直接将这些包裹通过物流发往该地，再在当地进行落地配送。这样不仅降低了物流发货的成本，也大大地提高了时效。

通过近 3 个月的摸索实践，2017 年春节前每天发送的包裹数已经超过了 5000 件，而这还仅仅是靠几个村的试点，和几个微信群的力量。

为了缓解日益增长的包裹数量带来的人工压力，草帽哥基于微信服务号开发了一套快递下单系统。如此一来，农户的子女在接到订单之后，只需把订单信息录入系统内，系统后台便能收到他们的订单，不仅避免了人工对接产生的信息遗漏，还实现了线上付款和数据的实时统计。草帽哥为这套系统（平台）起了一个生动而亲切的名字：乡亲镖局（如图 6-4 所示）。

图 6-4　Q 版乡亲镖局

（3）回到故乡，让乡村更美好。

农村智慧物流共享平台让使用物流服务像使用地图导航一样智能便捷。

信息流通平台化，平台连接着农户和消费者，打通了供需两端的信息流通环节，既可以发动消费者一起来帮助某个农户，又能发动农户为某个消费群体生产定制化的个性产品。

平台智能提供最佳运输方案，从运输路线到经费耗时全部为农户提供最佳方案。

现在，农户不仅能拿到比之前更低的快递价格，还能通过平台新型的“统一区域物流 + 落地配送”的模式提高物流时效，保障客户体验。

随着供销两端的数据沉淀，乡亲镖局最终会成为最了解农户经济状况的平台。如此一来，平台便可以为广大农户开拓农资交易渠道（如团购化肥等），也能够为农户扩大生产、优化种植模式、打造自身品牌等，提供强有力的金融服务。

草帽哥在农产品电商和爱心助农领域里不断探索和积累，收获了助农为乐的喜悦，也经历过挫折和无奈。他得到了越来越多的认可，他的目标是学会与更多的农产品打交道，建立与农户的信任，帮助他们更好地卖产品，给他们带来更多收益。他坚信，只要初心不变，用心做好连接者与服务者，通过不断创新实践，将不会再有难卖的农产品，城市里的人可以享用到更多的来自五湖四海的家乡味。草帽哥公司的名字是“回到故乡”，让乡村更美好是他的理想。

2. 淘宝村带头人

贾培晓，草根创业者，2017年随阿里巴巴董事局主席马云赴日内瓦参加联合国电子商务周活动，让世界看到了中国草根创业者的风采。

“80后”贾培晓是山东滨州市博兴县湾头村人。1999年，他从大学计算机专业毕业，在东营打过工，开过小饭馆。无论在哪个行业，他心里的梦想始终都在，一直想把老家的商品推广出去。

（1）不离不弃的编织情节。

贾培晓从小在编织环境里长大，奶奶、姥姥、妈妈及周围的婶子大娘常年都是靠编织草编制品维持生活。这是祖辈传下的手艺。那时，博兴县的草编制品是以外单出口为主，5天为一个交货期限。印象最深的是，姥姥经常交货后会用编织换来的收入买油炸果子给他吃。这份期待，这份满足贯穿了整个童年，这是贾培晓和草编感情深厚的直接原因。贾妈妈为了多编织几件货物，常常是点灯到深夜。晚上醒来无论几次，贾培晓都能看到妈妈还在编织，吃饭的时候咬一口馒头继续编织，很少坐在饭桌前安静吃饭。妈妈这样辛苦，仅仅是为了多赚点钱。怎样让更多的人了解和使用草编？怎样才能让家乡的草编商品卖个好的价钱？随着年龄的增长，这个问题一直积压在他心里。2006年，看到周围同事在淘宝网买东西，贾培晓豁然开朗：这不就是很好的一个销售渠道吗？

（2）网店发展带动了就业。

2006年秋天，贾培晓的淘宝小店正式营业了。新的问题来了，一是根本没有生意，二是周围人并不理解。贾培晓没有灰心丧气，只要有时间就去淘宝论坛的“故事居”发帖子。那时候没有直通车，没有其他直接的引流工具，只有用这样的方法引来流量。2006年，农村网络并不普及，很多人对网络和计算机的认识就是不务正业的孩子才接触。邻居朋友都觉得贾培晓废了，整天对着网络着迷。因为没有生意，他无法向别人证明这是做的正事。大概有4个月的时间，基本没有卖过东西，到了年底的时候，销售出去了几单。生意真正好起来是2008年，从原来的几天一单变成一天几单。2009年，村里人都知道网上销售了，在网上销售的人逐渐多了起来。电子商务带动了当地物流快递业、木器加工业、纸箱包装业的发展，编织工人实现增收，并形成完整的产业链条。2012年，贾培晓的淘宝店销售额达到300万元，自2014年，年销售额均破1000万元。在他的影响下，现在湾头村有网店经营户800多户，湾头村2013年网上交易额达到1.17亿元。2016年，博兴县全县电商达到12000户，直接间接带动就业12万人，全县网上零售额突破15亿元。

（3）致富不忘家乡。

2014年7月，在当地政府的支持下，贾培晓成立了博兴县汇创网络服务有限公司，承载了博兴县农村电子商务公共服务中心的职能，为全县从事电子商务的企业和个人创业者提供基础培训、技术服务等电子商务一体化解决方案。贾培晓从青岛杭州等地聘请高端专业的电子商务人才。汇创公司是山东省第一家农村电子商务服务机构，主要致力于提升农村电子商务水平，扩大就业渠道。根据博兴县区域生态优势及全民创业需求，在农村电子商务工作快速发展的同时，解决技术、人才、沟通、营销等制约区域子商务发展的瓶颈问题。汇创公司每周固定时间免费提供面对面点对点的技术服务指导，向网创人员提供“零库存、低成本、无风险”的分销服务。公司还到学校和其他淘宝村为电商创业青年进行电子商务课程培训和相关业务指导，而且和滨州市职业学院建立合作关系，成为大学生创业实践基地。

2014年，贾培晓被团中央、农业部授予第九届“全国农村青年致富带头人”称号。

贾培晓的成功，是很多草根创业者带动家乡发展的一个缩影。在中国大地上，贾培晓这样精准扶贫的带头人还有很多。

3. 季节性下乡创业

草根创业者遍布全国，经营模式不同，创业方式不同，但都可以参与到电商扶贫中。贵州的阿西创造了季节性下乡创业扶贫的模式。

阿西在贵州毕节一个贫困农村家庭出生长大，通过电商扶贫就是他农村电商创业的初心。2009年大学毕业，他从深圳回到贵州开始了农村电子商务创业之路。他坚信互联网电商能够把农村好产品销售出去，带动乡亲们脱贫致富。农村电商发展好，能够解决农村贫困问题，也有助于留守儿童、留守妇女、空巢老人问题的解决，还能传承农村民族手工艺，并能为城市的消费者带去绿色无污染的健康食品。

数年来，阿西从传统桌面计算机互联网时代到移动互联网时代，做了许多农特产电商项目。他操盘了中央电视台《舌尖上的中国2》，主推美食雷山鱼酱、蜡染刺绣香囊、刺梨、古法红糖、雪莲子等电商项目，许多媒体有过报道。雷山鱼酱电商项目促进了农村鱼类养殖、辣椒生姜种植和木姜子采摘、鱼酱生产加工，带动了几十位黔东南雷山县农民脱贫。蜡染刺绣香囊项目带动了黔东南上百名农村妇女绣娘脱贫致富。刺梨和雪莲子电商项目带动了贵州毕节农村大量农民增收，农民业余时间从事雪莲子剥壳工作，平均每月每人多挣近千元。

为什么说季节性下乡创业是电商扶贫新路径呢？

农村孩子一直渴望走出农村到大城市去成家立业。很多人现在只是为了回农村寻找好产品，不一定要长期待在农村发展。由于互联网的便利，在大城市同样可以做带动农村扶贫的互联网电商项目。

农特产品通常都有季节性，有种植生长的季节性，也有销售的季节性。所以，对许多知识青年来说，季节性下乡更好，尤其是创业初期。

农村电商发展缺乏人才，而知识青年也不愿意长期待在农村。所以，倡导他们季节性下乡，做乡村创客，把自己的旅行爱好、闲置时间、互联网电商知识技能、城市资源与农村扶贫相结合。年轻人有旅行需求，可以把季节性返乡或下乡当作旅行，到农村待几天或十天半月，开发农特产到城市销售，这样就能开启自己的农村电商创业之路。

农村原生态产品在大城市更有市场。季节性下乡创业者更了解城市消费者的需求，离消费者更近，也便于服务推广。

相对于永久性下乡创业群体来说，季节性下乡群体更大、更灵活。在移动互联网共享经济时代，他们也是农村电商扶贫的生力军。

季节性下乡创业的实操步骤：

（1）心态准备：移动互联网是一个多重职业的时代，城里的年轻人可以充分利用自己的闲暇时间和互联网电商知识技能、城市资源参与农村电商扶贫。

（2）关于选品：季节性下乡适合单品切入，选择有市场基础的，大众熟知的地标性特色产品。产品最好有故事内涵，便于运输，利润空间较大，售后较少。

（3）季节性下乡：锁定某个单品后，就季节性下乡考察。最好先选择家乡农特产品来做，这样自己更熟悉，也有更多人力物力可以调动。如果不是在农村出生长大的创业者，就去实地考察寻找合伙人。合伙人主要负责组织货源、把控品质和打包发货。下乡前通过网络社交媒体也很有可能找到当地靠谱的合伙人，通常是直接养殖种植生产加工的负责人。这个步骤要解决供应链和品控问题。这是农特产电商创业的基础保障。

（4）搜集素材：下乡后找到靠谱的好产品和合作伙伴，就拍照搜集各种文案素材。要把与产品相关的场景和环节都拍下来，自己代言，挖掘产品背后更多的故事和卖点，写成文案素材。

（5）关于包装：包括产品包装和快递包装。在制定包装解决方案后，通常在淘宝采购产品包装材料和快递纸箱等包装材料。前期不能采购太多，进行预售推广后再加大包装材料采购量。预售或众筹可以降低创业风险，也有市场调查作用。

（6）关于推广：从乡村回到城市后，就整理图片素材，写一篇文案和产品描述。自己不会的环节请朋友，或者在淘宝等网站上找在线外包服务商。推广方式以线上新媒体为主、城市社区线下推广也根据自己的情况操作。

季节性下乡创业是电商扶贫新路径，草根创业者参与电商扶贫大有可为。

在政府推动电商扶贫的进程中，要重视草根创业者的力量。星星之火，可以燎原，草根创业者遍布乡村，农村是熟人社会，草根创业者的电商扶贫作用显著。

第三节 公益农业探索

人之初，性本善。每个人的内心中都有仗义助人的侠肝义胆。所以，公益一直都是济贫救困的好手段。移动互联网时代，因为传播打破了时空局限，所以农产品营销中也经常使用公益营销的方法，帮助滞销农民。但是，公益营销也需要正确的方式，否则照样行不通。

一、破解公益农业叫好不叫座

2016年上半年，“笨生鲜”的一次热心助农成为一个著名的“死亡案例”。2016年4月22日，有媒体报道广东徐闻8万亩菠萝滞销。5月8日，“笨鲜生”店铺在“聚划算”帮农民卖菠萝，1天卖了60万斤。然而，让人完全没想到的是，“笨鲜生”店铺16日发表声明，因为农民坐地起价，成本高涨，代办在菠萝中掺杂熟果，导致发货和品控出现严重问题。“笨鲜生”店铺也因此而关门。

这种案例比比皆是。2015年2月15日，陕西新农人“嘻哈虎娃”在微博上倡议帮助陕西果农解决几百万斤酥梨滞销的问题，让果农过一个开心年。酥梨自2月16日预售，3月1日发货。每箱梨10斤，15元；顺丰快递费、包装费、材料费等40元；合计共55元。到16日晚，微博阅读量达几十万次，转发几百条，但实际下单购买者不多。当时我们组织大家以此为话题进行讨论。对于助农效果不理想的原因，综合起来有以下几种：

（1）品种不太适合。

梨是普通的大宗水果，单价不高，多地区种植，同类可替代产品较多，不具备唯一性。电商尤其是微商比较适合精细高档的水果，因其价格较高，客单价也较高，物流成本相比就显得不是很高。而且，网购高档水果的消费者，都不会过多在意物流费用。产品特性决定了市场销售，酥梨不适合这种销售模式，产品价格低，运输费用高，就近销售更合适。

（2）对产品不了解。

该酥梨的口感怎么样、品质如何、质量安全有无保证，这些情况大多数消费者都不了解，心里没底。对于网络上的消费者而言，买一个不了解品质又没有品牌的东西，难度可想而知。消费者的购买欲不是一个公益呼唤就能号召起来的。

（3）价格结构不合理。

10 斤 55 元的价格，且不说高不高，单就 15 元的货值和 40 元的运输包装成本而言，就让消费者感觉不值。花了不菲的价钱，买到的却是高额物流运费，这使梨本身的价值大打折扣。大家最终吃的，只是酥梨而已。

（4）出现公益审美疲劳。

从 2014 年 9 月的礼县受灾苹果公益热卖开始，网络上“微博助农”的爱心公益活动此起彼伏、络绎不绝，久而久之，公众便产生了审美疲劳。在农业领域，公益、助农等标签虽能解一时之忧，但容易违背价值规律。任何农产品要市场化持续流转起来，首先必须符合商品的属性，货真价实，等价交换。既然是经营性生产，就不能指望公益性销售，公益可以借助，但不能滥用。

（5）缺少线下对接。

这涉及一个定位问题：“微博助农”到目前为止还仅仅是个传播平台，其作用更多地限于传播农产品供应信息，搭建桥梁，而非组织销售。这就需要在线上传播信息的同时，组织好线下对接。毕竟几百万斤的库存，不是你一单我一单的线上消费就能消耗掉的。

（6）缺少营销策划。

可将这类公益助农纳入“主题营销”或“事件营销”范畴，分成寻找热点、切入话题、前期预热、线上线下互动、跟踪报道、营销升级等环节，进行精心策划。这方面有很多成功的案例可供借鉴，如王老吉汶川捐助等。

（7）缺少社会联动。

作为一个系统的主题活动，公益助农要想取得好的效果，必须凝聚社会各界的力量，如媒体宣传、运输物流、包装设计、仓储冷鲜等各个方面，共同组织实施。爱心助农不仅仅是某个新农人的行为，需要社会的力量，如组织者、物流等，都需要尽一份力来降低成本。

另外还有其他因素，比如春节前集中购买，部分消费力已提前透支；消费者有过不愉快的微博公益助农消费经历等。

通过分析，基本可以找到问题的症结所在。大家说的公益，属于意识形态范畴，是消费的更高层次。文化、情感附着于产品或企业之上，消费者在对产品、企业及背后的团队未做深入了解的情况下，文化、情感一时很难建立起来。公益助农，很难单纯地、长久地助农，存在一定的局限性。

那么，对于微博助农中提到的这类生鲜农产品，消费者购买时的消费心理到底是什么？不外乎以下方面：追求特色，周边没有，不经常吃；高品质，产地直供，产生尊贵感；绿色安全，质量有保证；价格没超出预期，能接受；网上下单，送货上门，购买较方便；公益心，举手之劳助农增收；恰好有用途，满足临时需求。

进一步梳理，上述内容还可以归纳为：追求特色、追求高品质、追求绿色安全、追求合理价格、追求公益情感满足。如果再抽丝剥茧，我觉得是高性价比。这也是消费者的核心痛点。毕竟人性如此，没有人愿意花费 2 元钱来买明知价值 1 元的东西，而且三番五次这样。这不是钱的问题，而是会产生心理上的自我否认，甚至挫败感。

因此，在微博助农这样的农产品公益营销中，提出如下建议：

（1）销售以市场为主，公益以传播为主。

任何农产品都要遵循市场规律，价格不能偏离价值。公益销售必须有策划、有通路、有好产品做基础。微博助农以公益传播为主，众多大咖的传播，解决因信息不畅导致的滞销。在这个过程中，公益者可以去帮助策划、组织、对接。

（2）核实产品品质。

为消费者提供相对全面、准确、可信的综合介绍，包括产品产地、特色、质量检测、相关认证等。这是公益助农营销的前提，我们不能推荐没有质量保证的农产品。

（3）针对产品策划营销方案。

要因品种而异，选择不同的消费群体和消费区域。营销的根本在于有针对性，面面俱到，效果往往会打折扣。比如，某种档次的某个品类果品，要开展公益助农营销，首先要选准对象：是针对高端消费者，还是大众消费者；是企业集团采购，还是个人购买；是线上电商，还是线下门店。

（4）开展体验式营销。

可以借鉴淘宝试吃或大众点评的操作模式，提供部分样品供消费者试吃，然后分享消费体验。这种先尝后买的方式，相当于让部分消费者背书，容易取得整个消费者群体的信任。

（5）降低成本，提高产品性价比。

目前困扰生鲜电商的主要是物流成本过高，因此尤其需要降低流通成本。尽量缩小农产品销售半径，即在一定区域范围内传播并销售，同时多选几家物流商，从而降低绝对物流成本。在绝对成本无法降低的情况下，可以通过拼单走量、集中供应等方式，提高单笔订单总额，降低均摊成本。

（6）精选线下渠道，优化服务流程。

通过线上宣传，积极寻找线下的大型超市、生鲜连锁、深加工企业等，力争实现规模化供应。同时要完善售前、售中、售后服务流程。

（7）整合社会资源，谋定而后动。

要事先研究制定详细的方案，包括活动主办方、协办方、宣传途径、目标群体、活动时限、供应产品总量、产品价格、运输方式、参与人员、成本控制等。要让具有一定公信力的社会组织发起，提高活动的影响力和号召力。要尽量让社会各界参与进来，提供公益援助，降低各个环节的成本。

二、礼县苹果公益营销成功之道

公益营销也有很多成功的案例。比如，2014 年甘肃礼县苹果受灾，礼县副县长潘喆微博、微信发起，新农人联合会的“食品界姜昆”等第一时间呼应，形成全国新农人和爱心人士的联动，一周时间就把礼县九图村受冰雹后外表坑坑洼洼但果肉品质不错的 27 万斤苹果销售一空，带动了礼县苹果的热销，带动了礼县电子商务的发展（如图 6-5 所示）。

图 6-5　感动人心的“情感”营销

礼县受灾苹果的公益营销是成功有道：

第一，要实实在在为公益做事，做出真公益。礼县苹果受灾有目共睹，这样的公益营销是真公益。

第二，要有信任背书，产品要靠谱，过程可控。礼县副县长潘喆的背书很有力量，而且政府对整个销售过程都很重视，组织专职团队落实所有事项，包括快递运输。

第三，要货真价实，让消费者得到实惠，不能用公益绑架消费者。5 公斤冰糖心花牛苹果 49 元到家，确实很实惠。

第四，要把握时机，不要违背习俗和价值规律。

三、情怀助农，大爱无疆

草根创业者的公益助农，方式多种多样。广东好人吴秀兰的公益助农也值得我们学习，她让我们看到一种情怀、一种大爱、一种励志。

广东始兴县的农村妇女吴秀兰，在年轻时经历了车祸和癌症的折磨，但她从不放弃希望，以顽强的意志，不断地谱写出生命的强音。由于自身的经历，吴秀兰非常关注食品安全问题。她在对市场调查时发现，当前许多进入市场交易的农产品农药残留超标，各种添加剂、膨大剂被滥用，严重危害消费者的身体健康。经过对市场的调查分析，吴秀兰认为目前消费者越来越重视食品安全，注重绿色生态，生态农产品在未来具有较大的市场。2008 年，她在粤北家乡成立了农民专业合作社，开始进行砂糖橘、皇帝贡柑的有机模式种植。合作社是以种植生态农产品为发展核心，农产品的市场竞争力明显占优势，受到消费者的热捧。经过几年的努力，合作社的生态农产品渐渐形成了规模，也为吴秀兰带来了一定的经济效益，使她对发展生态农业更有信心。

1. 倡导生态农业，共享发展成果

吴秀兰从小家里非常贫困，她深知农民的不易。农民文化程度普遍不高，种植养殖缺乏技术指导，农村信息不畅通，难以获取最新的市场资讯。这些都是农民致富道路上的绊脚石，要想帮扶农民，必须清除障碍。她游走于周边的农民家庭中，与农民交流谈心，让农民加入合作社，一心一意帮助农民发展生态农业。在她的努力下，合作社由成立初期的 5 名社员发展到现今 66 名社员。合作社按照“合作社 + 农户”的利益共同体模式进行运作，帮助果农解决农产品销售、宣传推广、产品品质、包装物流等问题。合作社还对农民进行电子商务运营指导，使很多农民实现了在移动互联网销售自己的农产品，把当地的特色农产品销往全国各地，有效带动了农民增收，促进农村经济增长。

2. 投身公益事业，推动乡村发展

吴秀兰是个懂得感恩和博爱的人，命运几次让她与死神擦肩而过，她有了更大的

信心活下去，要让自己生命中的每一天都比昨天更精彩、更有意义。她从 2008 年开始参与公益活动，从身边做起，积极响应妇联的号召，认领单亲小学生进行帮扶助学。她每年定期向北京农家女学校捐款，资助农村贫困地区和贫困家庭 16 ～ 20 岁的大龄辍学女童或女青年。

2016 年，吴秀兰在广东省绿芽乡村妇女发展基金会的支持和指导下，成立了始兴绿芽社会工作服务中心。始兴绿芽社会工作服务中心属于在民政部门正式注册的公益组织，主要为乡村的困难群体提供社会工作专业服务，组织各种公益性的社会活动，扶助弱势群体，构建更具幸福感的和谐互助乡村。2016 年，始兴绿芽社会工作服务中心联合广东省绿芽乡村妇女发展基金会、招商局慈善基金会、爱佑未来慈善基金会等机构设立了第一个项目——始兴县七北村“半乡学堂”。该项目主要内容为帮助七北村建立一个综合文化活动室作为村里的公共空间，为村民日常休闲娱乐和交流学习提供平台，改善村庄的人文环境，提高群众的文化素质和文明程度；在村里培育妇女工作小组，为项目的持续开展提供人力资源，开展公共文化娱乐活动和公益活动，活跃村庄的氛围；每年定期举办农业技术、家庭教育、妇女骨干、夏令营等培训活动，提高村民的科学素质和更新家庭教育观念，为村里的孩子营造健康成长的环境。

3. 公益农业探索，实现共同致富

吴秀兰认识到，自己的农产品不仅具有市场竞争优势，也深受消费者的青睐，这说明自己走发展生态农业的道路是正确的。如何提高产品的销售量，打造特色知名品牌呢？吴秀兰进行了以下几个方面的努力：

（1）公益宣讲，共享帮扶。

2015 年秋，广东绿芽乡村妇女发展基金会聘请吴秀兰为“乡村学堂导师”。导师的职责是为乡村妇女公益讲课，帮助培训乡村妇女骨干，让乡村妇女成为建设美丽乡村的主力军。吴秀兰借助在全国各地和网络社群进行公益讲课的平台，为乡村妇女讲授生态农业发展模式、农产品的品质提升和网络营销、健康教育知识，以及科学种养的经验方法等，与她们分享自己的经验和成果。这种推广的方法，提高了自身品牌的知名度，让更多的人了解生态农产品，提高了产品销量。而且，通过分享，结合时下的精准扶贫工作，能够帮扶农村妇女发展当地特色农产品，让她们实现脱贫致富。

（2）公益活动，展示宣传。

2016 年 10 月 15 日，时值第八个“国际农村妇女日”。广东省绿芽乡村妇女发展基金会，联合爱佑未来慈善基金会、南都公益基金会、招商局慈善基金会，共同发起“乡伴计划”项目，计划首批在全国各地支持 15 个村的项目中心。吴秀兰是第 5 个申请到

该项目的。基金会要求乡村项目运营要以帮助乡村妇女发展需要为前提，每月积极举办公益活动。每次活动都会有很多农业专家、绘画艺术家、摄影家参与，他们不仅是活动参与者，更是产品的潜在客户。合作社的农产品都放在项目中心展示架展示出来，让农产品都在“乡伴计划”活动中展现在大家面前。每次活动产品的销售也非常可观。

（3）公益路演，推广宣传。

许多公益基金会都会定期组织一些公益性活动，如公益路演、义卖活动等。吴秀兰经常参与公益活动，献出一份爱心的同时，也增加了自己产品的曝光度，拉近了与客户的距离。有些客户购买产品是送亲戚朋友的，这样不但带动了其他消费者，而且起到较好的宣传推广目的。

公益性是指为了公众的利益，农业的公益性首先要保障农产品安全，这也正是吴秀兰发展生态农业的初衷，为了让消费者吃上放心的农产品。吴秀兰的目标是，整合社会资源，把生态农业与乡村公益结合起来，推动乡村人文、生态与经济良性发展，帮扶贫困农民脱贫致富。

公益营销要尊重习俗，尊重价值规律，尊重消费者。更好的产品和服务，更好的传播和信任链的打造，能让公益农业更加深入人心。

第四节　农村电商人才培育

农村电商的发展，人才是关键。国家扶贫办友成企业家扶贫基金会探索了“募课革命”，即把全国优秀电商专家的课程录制成视频，在全国各地贫困县针对性地组织播放学习，系统培养人才。而且，基金会还在探索“新师徒制”，由已经成功打造电商案例的专家做师傅，贫困地区的创业者做徒弟，从实操项目入手，由此解决贫困地区的人才难题。

一、农产品电商创业八大坎

农村电商的培训首先要找到问题，针对问题进行培训。供应链专家黄刚对农村电商颇有研究。他认为农产品电商的每一个创业者，都会面临四大问题：资源缺乏、资金紧张、人才匮乏、商业模式落后。所以，如何科学地解决这些问题，成功落地做本区域的标杆，成为所有创业者关注的核心，也是农产品上行的关键所在。

1. 卖货思维转型难

客观地说，依靠平台创业（尤其是淘宝系），是农村电商最初的创业入口。2014年以前，依靠淘宝系创业带动了中国电子商务前所未有地发展，将县域本地的农特产品，通过淘宝平台开店销售的模式随处可见，淘宝村、特色中国淘宝馆也是农村电商的一面旗帜。但随着移动互联网的普及，各种电商模块的分流，2015年以来，淘系创业者压力越来越大，流量越来越贵，流量转化也越来越难，直通车的成本越来越高。县域农产品电商创业者纷纷试水社交电商，但真正实现转型，还面临很多问题。

传统淘宝一直是卖货思维，是产品导向，开店、装修、引流……靠的是卖货赚钱，没有沉淀核心价值、没有品牌思维、没有病毒式的营销、没有场景化的体验、没有人格化的背书，更谈不上渠道众包思维。所以，很多淘宝店主面临的问题是复购越来越少，流量转化越来越难，这种典型的“坐商”模式亟须转型，否则电商创业之路越来越难。

2. 拼价格思维，没有价值空间

受淘宝“店”商模式的影响，很多电商创业者长期以来的生存方式就是拼价格卖产品，只问销量不问价值，没有品牌意识，卖货不少，利润却不高。有的陷入恶性的价格战，甚至亏本赚吆喝。随着电商越来越多，竞争加剧，很多创业者只能继续刺刀见红拼价格生存。因为没有品牌和人格化思维，电商同质化竞争严重，最后造成劣币驱逐良币，没有可持续发展的空间，更没有尊严和价值。

3. 盲目打造单品

有些创业者，缺乏实践，没有打造产品、品牌和供应链的经验和积累，看到农产品电商创业风生水起，就盲目上手，想卖自己的产品。没有经过产品塑造、品牌打造、品牌营销孵化、渠道运营管理、供应链的协同支撑……这样的结果可想而知。

4. 没有信任链，不可持续

互联网营销，打破了时空局限，消费者与产品和产品打造者远隔千里，如何打造信任链很重要。产品人格化，让消费者看到产品背后活生生的人，是打造信任链的重要一环。传统电商只拼价格的模式，很难建立信任链条。

现在移动互联网的深入，不仅仅是建立追溯体系，举办各种分享体验活动，也可以让消费者了解农户的种植信息和农户的姓名，让“吃货”和原产地的生产者建立面对的信任。

5. 不重视物流供应链

供应链是农产品电商的生死链。农产品电商是一个“1”和“0”的原理，“1”是物流供应链服务，“0”是销量；销量做得再好，如果没有物流供应链服务的支撑，一切“0”都没有价值。农村电商创业者失败，80% 倒在供应链上，所以从运营角度看，“1”应该是电商创业者必须重视的核心。

6. 渠道单一，缺乏互联网连接思维

一说到做电商，很多人第一反应就是在淘宝开店。很多电商示范县，也把开店作为硬指标，非常单一。其实互联网的核心是“连接”，每个人都可以成为互联网的渠道和经销商。社群社区是巨大的消费场所。中国的一个县，少则几十万，多则上百万人口。最便捷、最高效、最精准的方式是，让本县的消费人群通过多种方式聚焦产品。比如：高档社区物业联合推动试用体验；与美容会所、健身中心建立利益管理的用户推荐；与企业联合打造集团客户的试用和商业合作对接……

方法很多，这些方法都有别于传统商业模式。这些方法的核心是直接把用户精准挖掘，实现线上线下融合发展。

7. 不会商业化、品牌化经营

大多数农产品电商创业者，只会做买卖，不会把买卖打造成一种模式、一个案例，通过案例和模式来影响和引导一群人，树立一个地区的标杆。榜样的力量是无穷的，一旦成为标杆，创业者的价值立即凸显。要真正实现从买卖升级为商业模式和案例，县域电商创业者应该这样去做：

首先，通过互联网，认识更多的同类人群和行业专家，让他们成为你的老师或顾问，帮你快速找到适合自己的经营模式和方法，打造自己的运营案例。

其次，要借力做大。要让别人跟着你干，让更多的消费者信任你，你就要学会借力。请行业具有一定品牌基础的产品运营导师、行业大咖给你代言、背书，把自己的品牌做大。

最后，不要认为在本区域做市场，眼光就局限在本区域。聪明的做法是把自己打造成成功的案例，成为全国的标杆，这样才会有更多本地的用户、合作伙伴、渠道等追随你。

通过以上方法，最终实现个人和企业品牌化，从而获得行业更多的认可，对接更多资源，打开更大市场。

8. 管理欠缺，团队不稳定

中小微企业创业者所面临的最大问题就是人才问题。特别是县域创业者，能够打造一个可靠的运营团队不容易，找到志同道合的合伙人更不容易，愿意扎根县域，具有互联网商业新思维的人更是凤毛麟角。

中小微的县域创业者，大部分缺乏成熟的企业运营管理经验，所以企业经营管理问题将是县域农产品电商创业的重大短板。

现在的很多年轻人容易被互联网诱惑，变得浮躁，在很大程度上会导致电商团队的不稳定。真正要培养具有归属感的企业氛围，培养持续价值导向的成长空间，同时让员工获得可观的薪水，难度极大。

如何走出这些坎，打造电商生态体系，是农产品电商从业者努力的方向，也是农村电商培训重点所在。

二、农村电商培训系统

如何让农村电商人才迈过上述八大坎？农村电商人才如何培训？ 请进来，走出去，理论和实操要相互结合。

成县“核桃兄弟”陈龙辉在成县电商中心工作实践中总结了很多经验。

人才短缺的问题，已经成为制约农村电商发展的一大因素。其实不仅仅是农村电商缺乏人才，现如今各行各业都缺乏人才。那么，如何解决这个问题呢？社会各界普遍认为应该先从培训开始破局。基于这个共识，很多县域开始出台自己的培训方案、建立培训体系、请来专家和讲师，开始了自己的电商人才培训。

按照“请进来，走出去”的培训思路，一方面把外面权威的、实操性的、专业的讲师请进来培训，另一方面走出去参加各个行业机构组织的培训班、论坛等学习。同时，通过“老人带新人”的思路，培训一批，带动一批。按理说，这样的培训应该会取得一些成绩，但其实不然，人才依然匮乏，尤其是实操性、领军型的人才。

《海南日报》曾以《农村电商培训需避免“纸上谈兵”》为题报道了某省的一个培训案例。一位48岁的农民，由于一场交通事故，一直在家养伤。他参加了当地的农村电商培训班，对电商虽有大致了解，却不知如何破局。网上的一些只需缴纳加盟费、网店全托管、坐等收钱的“广告”，让他非常动心。他拿出了1.5万元的积蓄进行加盟，没想到，这些钱全部打了水漂。其实，他的经历只是一个缩影。很多开展农村电商培训的县区大多依托于电子商务孵化中心、培训中心，并通过政府购买服务的方式，由本地电子商务公司代为培训，培训班分为初级班、高级班等。这些课程只能让参与培训的农民对电子商务形成大概认知。但是，对农民来说，电商几千元的投入看起来不多，却是他们节衣缩食攒下来的血汗钱。如果培训实效性不强，农民凭一腔热情开办的网店很容易失败；他们在遭受损失的同时，也会对农村电商的信心大打折扣。

那么，县域电商如何避免这样的问题？如何避免农村电商的培训仅限于“纸上谈兵”？如何通过培训为本地电商发展提供人才支撑？

1. 培训要做系统规划

凡事预则立，不预则废。没有系统的规划，今天这里补补，明天那里补补，这样培训出来的人才满足不了当地发展的需求。系统规划需要把握几个原则，首先是问题导向原则，就是缺什么，就培训什么；其次是总体最优原则，一个地方的资源，总是有限的，如何用有限的资源办好事值得我们思考；最后要突出重点，解决当下最要紧的事。

2. 培训要分层次进行

不少县域都有这样的体会，尤其是行政推动型的县域。县长书记的思想很前卫，经常去给外界授课，分享经验。但是，本地干部却不认同，或者只是嘴上响应。到了落实决策的时候，他们心里因为不理解会抵触。试想，这样工作怎么推进，怎么形成合力？结果是，上面的领导很吃力，下面的干部也很吃力。这种现象的出现就在于培训没有分层次进行。领导干部出去学习多，见识也多，思想观念也跟得上。基层干部天天被培训的是如何开网店，而不是了解电商的发展规律和如何发动群众，或者是他们基本不参与培训，或者是培训的内容和他们的工作无关。

3. 培训要有针对性

根据需求分层次培训，可以避免浪费多余的人力、财力。比如，一个分管县域电商的领导，你给他培训如何开网店；一个创业青年，你又给他讲县域电商。可想而知，这样的培训效果不会好。培训要按对象分类实施。不要用对网商的培训去培训干部，也不要用给干部的培训去培训网商。干部需要的是如何去发动群众参与电子商务创业，如何去服务网商，管理网商，如何制定规划，如何把握电子商务的发展趋势，如何营造好的环境、好的发展条件。同样，网商需要的是技能，是如何开展销售、如何组织生产等与销售环节相关的技能。

4. 培训要注意对象

农村不像城市人口基数大、居民知识层次高。现实情况是，很多村，除去老人和孩子，以及外出打工的人，可以培训的对象少之又少。我们在进农村开展电商培训的时候，发现很多地方组织的都是上了年龄的人和妇女。有些妇女在培训中还带着孩子，又要照顾老人。电子商务终归是年轻人做的事，它的特质决定必须有一定知识储备的人才可以胜任。虽然有一些地方，也有一些案例，年龄偏大、知识层次较低的创业者也成功了，但那只是个例。农村电商发展，还是需要文化层次高的年轻人积极参与。总之，把握一个原则，那就是专业的人做专业的事。

5. 培训要注意周期

尤其是针对领导干部的培训，特别要注意培训周期。随着行政岗位上工作职责的调整，如果不及时组织培训，领导干部对岗位的适应时间会延长，业务能力也不一定能够胜任目前的工作岗位。同样，对于网商，普及性的培训过后，有没有再跟进提高培训，有没有后续跟踪培训，培训效果如何，这些都是要考虑的。随着时间的推移，他们的需求也会改变，培训的内容也要相应进行调整。

6. 培训要注重实践

农村电商培训要靠实际效果说话，应从重视培训人数向重视电商“存活率”转变，将实际效果放在突出位置考量，应集中精力培养有头脑、有实力的电商带头人。这需要电商培训从农民实际需求出发，对培训对象严加筛选，并改进培训方式，而不是用“互联网＋”“大数据”等新名词让农民觉得高深莫测。农村电商培训，可以选择营销经验丰富、实力较强的培训机构，让培训对象有更多的实践机会，而不能仅采用讲座之类“纸上谈兵”的授课方法，还应建立培训效果评估、反馈机制。

7. 要注重本地讲师培养

农村电商缺人才，更缺培训讲师，所以要注重本地电商培训师的培训。这是因为行业内本来就缺乏讲师，而从外地聘请讲师成本会很高。电商培训中，“老人带新人”的方式，就是从培训过的、有实操经验的“老人”中筛选一批讲师开展培训。这个环节一定要处理好一个问题，那就是外聘讲师和本地讲师的比例和讲师资格的问题。很多地方为了省事，大量启用本地讲师。有些人自己都没有搞明白，也没有实践经历，就堂而皇之地去给别人授课，培训结果可想而知。本地讲师可以从有实践经历的网商中选择，也可以通过举办讲师大赛筛选。

总之，培训事关可持续发展，必须特别重视。

另外，在实践中培养人才最重要。我们要特别重视以下几个方面的人才培养：

（1）超级大单品项目带动。每个超级大单品的打造，都需要精心策划、组织，区域超级大单品项目打造过程中，可以带出一批实干人才。

（2）龙头企业带动。龙头企业在“互联网 +”产业链中承担重要的引领作用。龙头企业发展过程中的各种培训都会带动当地人才系统。

（3）社群带动。互联网社群是农产品电商生态系统中的一道风景。社群的培训、展示、论坛及各种线上线下活动都带动了电商人才的成长。

电商是互联网产业与传统产业的融合，需要一大批熟悉互联网知识与技能的现代人才。目前全国电商人才缺口在 150 万人，农村电商人才基础更是异常薄弱。发展农村电商，要坚决把专业人才培育放在重要位置，通过优惠的政策吸引一批，通过创办培训基地和电商孵化基地培养一批，通过配套创业贷款等政策扶持壮大一批，以人才引领农村电商发展。正如魏延安所说，系统的人才培训工程，就是要从培训向培养转变。培训是开几次会讲几堂课，而培养是一个复杂的体系。

几年来，农村电商已经成为带动新三农发展，推动农产品上行，促进精准扶贫的重要手段。不仅县域电商风起云涌，乡镇电商扶贫、草根电商扶贫都在深入推进。我们在关注农村电商发展中，更要重视草根创业者的力量，他们才是真正的生力军。

县域电商发展整体处于起步阶段，市场主体少，基础设施不完善，相关政策还不配套，电商服务业跟不上，必须深入推进供给侧改革，在制度创新、完善基础设施、释放人才活力、加大政策扶持等方面下功夫。政府“营造渔场”，让平台、人才、企业等各方力量在农村电商的广阔海洋里轻松自在地遨游。县域电商最终要演化为群众运动，让群众享受到电商带来的信息化红利，让群众可以作为主体轻松地参与电商发展，让电商平台、企业、服务商与普通电商从业者共享电商发展成果。

第七章

生鲜电商破局之路

生鲜农产品是初级农产品的主要形态，也是所有家庭的刚需，无论客厅水果，还是餐桌蔬菜肉鱼，大家都认为越新鲜越好。直接“从农场到餐桌、从枝头到舌头”的生鲜电商可以说是仙女下凡，人见人爱。但是，农产品具有生命属性，难以标准化，供应链极其复杂，所以生鲜电商是农产品电商领域的珠穆朗玛峰，只有极少数人成功攀登。生鲜电商领域的创业平台95%以上失败，普通创业者也都是受尽挫折。所以，业界流传一句话：“爱他，让他去做生鲜电商，因为潜力无限；恨他，让他去做生鲜电商，因为到处是坑。”

第一节　生鲜电商的现状

目前，在国内市场，不管是电商平台，还是传统的线下超市，甚至连物流企业都加入了生鲜电商的争夺战。生鲜电商模式也非常多样，可以总结为：

（1）综合电商平台：以阿里、京东等电商巨头为代表，具有流量、购物习惯、诚信力、完善的支付系统、品牌优势。

（2）物流电商：以顺丰优选为代表，拥有庞大的快递大军、大量的仓储中心，易于与线下结合，做社区O2O有明显的优势。

（3）食品供应商：以中粮一手打造的“我买网”为代表，在食品供应链上是其他生鲜平台难以挑战的。其食品仓储能力相当强大，在食品安全上很容易获得用户的信赖，打价格战很有优势。

（4）垂直电商：以莆田网、优菜网、本来生活网等垂直生鲜电商为代表，是生鲜电商的发起者。由于垂直电商的专注，比别人更关注细分领域，所以也就比其他平台更懂用户。不过由于垂直电商的诸多劣势，垂直生鲜电商很难做大做强。

（5）农场直销：以多利农庄、沱沱公社为代表。依托自己的农场打造生鲜电商，食品安全有保证，供应链上有优势，近距离销售优势明显；在远距离配送和产品的广度上满足具有多样化需求的用户。

（6）线下超市：从华润万家、永辉超市到麦德龙等生鲜平台。与传统超市比，一方面多了人工配送成本；另一方面还需要付出更多的网上运营成本。线下超市涉足生鲜电商并非易事。

（7）社区 O2O：最具代表的要数微商，通过借助微信公众号，大量的创业者做起了社区生鲜配送。

从目前的格局来看，还没有哪种模式能够真正称霸生鲜电商市场，可以说生鲜电商是国内电子商务市场有待争夺的一块肥肉。

2015 年，还有很多生鲜电商热火朝天开业或者成功融资，可进入 2016 年，更多的是凄惨的场面：联想佳沃新农人市集的崔晓琪含泪发誓，再也不沾农产品电商了；45 天获得创新工场投资的鲜歌网整顿，团队成员各奔东西；曾经扬言要取代所有菜市场的“青年菜君”开始清算……

有关资料显示，2016 年总共有 14 家生鲜电商倒闭，现存的 4000 多家生鲜电商中，面临 1% 盈利、4% 不亏、88% 亏损、7% 巨额亏损的惨状。2016 年度，生鲜电商“死亡”名单上较有名气的有菜管家、鲜品会、美味七七、花样生活、后厨网、青年菜君、特土网、果食帮、采购兄弟、壹桌、本来便利、吉哆生活、抢鲜购等。这份死亡名单中的生鲜电商代表曾经都是行业的佼佼者，但因经营不慎、资金断链、合伙人散伙等原因而跌下神坛。

2017 年 7 月，许鲜网无法正常运营的消息让行业人士从“无人超市”零售新业态火爆场景中再次跌回寒冷的冰窖。7 月 14 日《每日经济新闻》文章“生鲜电商 3800 家亏损，许鲜网已无法正常运营”中写道：“当前生鲜电商正普遍面临困境，关停、调整和偃旗息鼓或将成为常态。”在生鲜行业从业超过 20 年的王先生告诉《每日经济新闻》记者，与其说生鲜电商败给市场，倒不如说是败给了生鲜本身，果品的品质和供应难以标准化是关键原因。

在国内水果零售龙头企业百果园董事长余惠勇看来，果品的标准难题是生鲜电商盈利困难的关键原因。以水果为例，尤其是国产水果缺乏标准，导致用户体验参差不齐，同一批次的水果今天买是甜的，明天买是酸的，大小、口感、品质都不稳定，这也是国产水果一直缺乏品牌的关键因素。

“水果产业的标准化体现在种植、采购和销售三个板块上，初级效益就是产销协同，最高级的效益就是全产业链的协同。”余惠勇认为，只有解决果品的品质和供应稳定，并对种植源头进行标准化生产干预，才能带来传统生鲜行业的整个互联网化，但种植是核心，也是最难的环节。

对于生鲜电商的竞争格局，万擎咨询 CEO 鲁振旺分析，生鲜电商行业将会出现强者越强、弱者越弱的局面，大的生鲜电商品牌将会进一步取得优势，而中小型电商涉足生鲜农产品存活的机会越来越低。

第二节　生鲜电商面临的问题

虽然生鲜电商发展速度惊人，众多的投资机构也纷纷将目光转到生鲜电商，但事实上却鲜有盈利者，而且逐渐暴露出诸多消费和体验的痛点。这些痛点，成为生鲜电商探索路上无法回避的问题。

一、生鲜电商平台

生鲜电商平台惨淡经营，有以下几方面的原因：

1. 高成本与低附加值

生鲜本质上属于农产品，毛利率一般只有 20% ～ 30%，个别进口水果、肉类等附加值高一点，一般也不超过 50%。比如，某种水果 B2C（Business to Customer，直接面向消费者销售商品或提供服务）成本结构如下：仓储费用 5%，分拣包装费用 8%，物流配送费用 20%，管理及人力费用 12%，市场推广引流费用 25%。各项费用加起来占比 70%。显然，毛利率无法抵消各项费用，账面总是做不平，导致大多数生鲜电商企业都是亏损的。

2. 不断融资与两线烧钱

放卫星式的创业思维 GBF（Get Big Fast）模式用于生鲜电商，是市场最受欢迎和竞争最激烈的商业模式。标准品电商都是一线烧钱，而生鲜电商是两线烧钱：线上烧钱——打市场、树品牌、拉用户；线下烧钱——控基地、做分拣、建冷链。冷链物流比起普通货物物流成本高 40% ～ 60%，一个标准化冷库建设成本需要 1500 ～ 2000 元 / 平方米，相当于普通仓库的 4 ～ 5 倍。而分拣、包装和加工环节也需要耗费大量人力成本。所以，生鲜供应链总成本居高不下。

3. 消费的高标准与产品的非标准

大众对生鲜电商有很高的期待，希望他们能改变食品安全问题，带来新鲜健康的生活。消费者的标准非常高，包括新鲜、美味、绿色、有机、无污染、原产地直供、极速送达……然而，生鲜属于非准化产品、易腐品，以上高标准很难达到。在现阶段，生鲜电商无法从源头上解决产品品质和安全问题，消费者的期待和需求并不能真正满足。总之，生鲜电商的投诉率显著高于其他电商，很难做到“所见即所得”，让图文描述与实物完全相符；即便描述相符，物流途中的损耗，也容易让实物面目全非。这些都是生鲜之痛，中国的农业基础还需要提高。

4. 供应链集约化与产业分散化

生鲜的品质受制于供应链，供应链受制于冷链储运体系的普及。冷链体系建设投入大，需要集约化、社会化、规模化，才能摊低高昂的成本。在生鲜领域来说，生产者、流通商到零售商的企业规模小，分散度高，以至于无法形成合力去完成冷链基础建设。生鲜电商带着使命和光环降生，接受了大量社会资本的注入，也背负了众多消费者的期望，因此必须推动行业集约化与规模化，优化产业结构，完成基础冷链体系建设。这就让生鲜电商从诞生之日就背负沉重的枷锁，举步维艰。

5. 社会精英与缺乏经验

生鲜行业传统的从业者，动辄有着 20 年的经验，才能摸透生鲜的脾性，将供应链效率提到最高、损耗降到最低。但他们都是草根分散化经营者，无法承担产业变革的使命。这时候，生鲜电商团队来了，他们大多是各行各业的职业精英，带着情怀和资本，涌入生鲜电商行业，但是毫无生鲜行业经验。于是，他们犯了很多业内人看来非常可笑的错误，交了大量的学费，才慢慢变成生鲜的内行。

二、生鲜农特产品微商

生鲜电商到处遇到问题，表现各种各样。不仅是生鲜电商平台饱受挫折，在农产品营销链条上各种电商业态都会遭遇挫折。新农人农特微商平台“新农联之家”也曾经历过生鲜电商的生死考验。

1. 平台波折

“新农联之家”筹备时，正值联想佳沃新农人云微商平台进行推广。联想佳沃平台的理念很好，商城概念，多级分销管理一步到位。平台创始人在 IT 行业有资深背景。佳沃平台当时承诺对新农人提供各种支持和扶持。即将推出的佳沃新农人市集也让人充满期待。我们义无反顾选择了它。2015 年 7 月 9 日，平台正式上线，我们 8 月就有几十万元销售额，9 月份更是激情澎湃。虽然新创立的佳沃平台并不完善，加上中秋国庆的物流爆仓，有很多不尽如人意之处，但伙伴们信心满满。经销商增加到近 400 人，每天有 1000 多单的销售。我们畅想着国庆节后大干一场，有更多的伙伴、更多的品种……没想到过完国庆，佳沃平台就说要升级，提现要等待两周以后。两周后，不仅提现没有解决，佳沃微商平台的运营团队全部离职了，内部通知平台只能维持到 11 月。

平台的倒闭给我们这个新建立的组织巨大的打击。10 月份正是当时农特产微商的黄金时间，有很多的优秀的平台和团队，还有各种招商优惠。很多小伙伴选择了当时很红火的平台和团队“私奔”了。10 月 29 日，当我们搬迁到“点开”平台时，注册的只剩下 100 多人了。

2. 情怀陷阱

“新农联之家”创业之初就遇到了毁灭性的平台倒闭问题，但在核心领导团队精心运营，忠诚的铁粉们用心呵护下，总算度过了危机。经历磨难后的家人们更加珍惜这个劫后余生的大家庭。新的梦想滋生着，我们暗下决心，要做成农特产微商最棒的平台和团队。没想到幸福和美好总是那么短暂。因为我的“情怀”，犯了巨大的错误，大家对我们的信任一下子掉到了谷底。

我在甘肃电商扶贫讲课时，看到当地的野生猕猴桃特别棒，就果断决定为他们打造一个“爆款”。这也是出于自己“电商扶贫”的情怀。在得到信誓旦旦地承诺“包装、物流绝对没有问题”的情况下，我没有做物流测试就上架销售，26 小时就销售了 1260 箱。

但是，野生猕猴桃却让我教训深刻。野生产品必须看天吃饭，大家刚下完单，供货商就告诉经销商，当地下雨无法采摘。微商们对时间是特别敏感的，我们马上陷入不断的解释中。我希望客户收到货品尝到美妙的猕猴桃，一切问题都会烟消云散。没想到，屋漏偏逢连夜雨，最让我们期待的猕猴桃因为包装和物流的问题，坏果率反馈达到 50%。有的客户因为是铁粉，可能收到坏果没有反馈。我感觉掉进了陷阱，手机满屏都是惨不忍睹的坏果照片，满群都是各种抱怨。

3. 品控不严

虽然上架的产品我们都经过了各种品鉴和测试，但品控这个问题还是会不断出现：有的是农产品本身原因，如不同地块的果实甜度相差很大；有的是加工挑拣管理中没有做到的，如大小问题；有的是文案描绘太美，造成实际体验产生差异；有的是农民不按规则去执行（如农民地里挖出芋头带泥土装箱，导致腐烂）；有的为了上平台给我们的样品是最好的，但上平台后发的是普通的货……最终结果都是消费者体验不好，无论什么原因造成的，都是影响很大的。微商是针对人的信任形成的购买关系，信任是个大问题。每个微商的终端消费者是有限的，因为产品的质量问题而让消费者对他产生“信任”危机，是很可怕的。从这个意义上说，所有没有真正解决品控问题的“一件代发”都没有未来。

4. 客服问题

“新农联之家”开始把客服问题交给供应商。因为产品问题、物流问题、赔付问题等供货商最容易解决。但是，这种供货商客服进群值班交流的模式是不科学的。供货商客服的素质能力、态度千差万别，有的客服公开在群里进行招商。另外，各个公司的文化也不同，也容易造成思想上的混乱。所以，自己应该有专职客服。

5. 多品种弊端

“新农联之家”定位是新农人优质农产品的展示销售平台，是农特产微商的实践平台，也是消费者身边“安全美味营养健康”的网上商城，所以一直没有重视产品专而精的问题。随着经营的推进，我们逐渐体会到，微商还是应该走专而精的道路。每个单品都应该是优秀的，每次到消费者手上的包裹都是完好无损的。

要想解决电商实践中遇到的问题，新农人必须坚守品质，做好供应链，破除幻想，用心做好每个单品，做好每一个细节。在供应链问题上，来不得半点马虎和懈怠，

三、社区生鲜 O2O 实体店

不仅仅是生鲜农特产品微商、生鲜农场直供平台会面临各种难题，业界看好的社区生鲜 O2O 实体店配送也有很多难点。

1. 进货量与配送管理

实体店搞活动，线上也要同时推广。这时候，门店顾客爆满，商品不够卖，而线上又同时产生了要求速送的爆发式订单。在这种状况下，用户体验不会很好，而且很多门店连基本的配送能力和货品都没有。

2. 多余库存与蔬菜保鲜

为了避免商品不足的情况发生，多预备了库存，假设每天的订单远远低于库存，那么剩下的量就成了商品损耗，而大部分生鲜的保质期仅为 1 ～ 2 天。这些损耗是很恐

怖的，可能会让一天的利润变为零，甚至负数。所以，控制损耗是生鲜生意的重中之重。

3. 生鲜品类定位

一般商家在创业之初，会先选择做低端大众蔬菜，并且包含全部品类的生鲜类型，志在做成一个小型的农贸市场。他们计划结合 O2O 的概念，货架上只摆放较少的货品，让用户通过手机预定，以有效减少库存和损耗，从而给消费者一个更优惠的价格。

这个模式看上去很合理，但低端蔬菜的定位人群是消费能力中等以下的人群，在这类人的意识里，价格是第一位的。这样做很容易与竞争对手进行价格火拼，这种竞争是所有商家都想尽可能规避的。所以，这种没有差异化的商品定位及采用预定的形式进行销售是不可取的。

4. 线上销售与配送

一般商家会定制微信公众平台，包括订购商城、预订商城、菜谱等功能，同时采用微信支付。订购商城大多采用“元 / 斤”的单位来计算菜品，而实际客人选择的菜品，并不能按照准确的斤数来称重，比如一棵白菜、一根胡萝卜等不能凑整数的蔬菜品类。这时，用户在微信下单并采用微信支付，微信商城系统就无法判断用户是多支付还是少支付了，商家只能通过人工形式，在送货的时候找钱或者让用户补差价，这样就会增加配送时间，降低用户体验。

5. 模式的难复制性

以上遇到的种种问题，决定了这种模式的难复制性。过重的供应链、没有差异化的产品、没有优秀的配送解决方案，是目前社区生鲜 O2O 的三大痛点。

（1）过重的供应链。关于生鲜供应链的特殊性（为保证新鲜，可能需要实现每天剩余货品的全更换），有别于便利店的易复制性——便利店的商品大部分具有可长期保存的特点，连锁公司可通过建立大型仓储，大批进货与存货，再每天分拨给各家门店。而生鲜蔬菜必须每日采购、每日筛选、每日分拨，而且为了食品安全，整个过程必须由商家自己来完成，这无疑需要庞大的供应链体系来支撑。

（2）没有差异化的产品。没有差异化的产品意味着没有核心竞争力，没有可以向加盟商保证的高利润回报率，这就很难诱惑加盟商前来加盟。

（3）没有优秀的配送方案。如果没有轻量化的供应量解决方案与差异化产品，就没有办法保证高客单价、高利润的产生，那么就无法支撑“最后一公里”的配送成本，毕竟这需要投入很大的资源。

第三节 生鲜电商的破局

电商企业构建新型生鲜产品物流模式是其降低生鲜产品物流成本、提高物流活动运作效率的重要手段，也是当前电商企业发展生鲜业务亟待解决的重要问题。

电商企业生鲜产品物流模式是对电商企业生鲜产品从生产者、批发商、零售商到消费者之间物流进行系统设计和规划的组织方式，是其物流渠道结构特征与存在方式，它包括渠道结构、物流形式、物流各参与主体的相互关系、合作组织方式以及各主体间相互协调的手段。

现有电商企业生鲜产品物流模式可归纳为“自营物流”“自营物流 + 第三方物流”“自营物流 + 消费者自提 / 自营配送”等三类。三种物流模式各有其适用范围，均有存在的必要。

（1）自营物流，能有效控制物流活动，对物流活动进行灵活调节，避免交易的不确定性，降低交易风险与交易费用。同时，电商企业自营物流，能更好地控制营销活动。电商企业规模较大或物流对自身发展重要程度很高，以及电商企业发展战略与冷链物流密切相关时，通常会选择自营物流模式。

（2）采用“自营物流 + 第三方物流”模式主要基于物流成本及物流活动控制力等方面的考虑。自营物流是电商企业生鲜业务发展的趋势，适用于具有一定实力但资源有限的中小型电商企业。

（3）“自营物流 + 消费者自提 / 自营配送”模式下，通常是从事生鲜业务的电商企业，其物流活动特别是配送活动，由企业和消费者共同完成，由消费者自己到电商企业的线下终端店提取所买产品。在“自营物流 + 消费者自提 / 自营配送”物流模式下，电商企业负责将生鲜原材料从农场或生产基地短距离运输到流通加工中心，然后再配送到位于社区核心街道的线下终端店。

在生鲜产品本地化趋势下，“自营物流 + 消费者自提 / 自营配送物流”模式适用于那些在某一城市或地区市场做出特色的企业。虽然自建物流体系的优点颇多，但也不是万能的。自建物流体系的成本高，需要一定的规模效益，基于一些限制条件，也无法覆盖所有区域和市场。而生鲜电商如果需要覆盖全国市场，对物流配送和仓储设施依赖极高。目前多数生鲜电商因其自身规模所限，实力较弱，无法通过自建物流，尤其是自建冷链物流来发展自身业务。伴随着国内第三方物流的日益成熟，生鲜电商可以选择全程冷链第三方物流配送资源，对其生鲜产品进行冷链物流服务。

“第三方物流 + 消费者自提 / 第三方配送”物流模式是一种新型物流模式。首先，能使企业集中精力于核心业务。由于中小型电商企业资源有限，将生鲜物流外包使之能够集中资源于主业，从而以高质量、低成本在生鲜领域占据优势。其次，能降低生鲜产品物流成本。因运输距离较短以及规模效应，其物流成本较低。将运输责任转嫁到第三方，能降低企业相关运营成本。而多数生鲜产品由消费者自己提取可大幅降低“最后一公里”的物流成本。再次，能保证物流服务质量。生鲜产品来自本地，通过第三方进行整合供应，不仅可缩短生鲜产品到达时间，而且能保证生鲜产品在运输中的质量。最后，能改善生鲜产品购物体验。消费者可通过线下终端店检验所选产品，接触实物可使消费者对生鲜产品的质量了解更深，从而改变了传统模式下消费者无法控制和了解生鲜产品品质的窘境。

现实中，如果你是扎实的生产者基地，会有很多投资人伸去橄榄枝，如扁担姐的大闸蟹、烟台守拙园丛东日；如果你是所谓的生鲜电商平台或者是“模式”，得到的都是我们再观察了解一下。生鲜电商的“风口”似乎已经过去了，无论你以怎样的姿态在飞，观众似乎都在判断：你还能坚持多久？你会如何摔下来？

实际上，生鲜电商未来前途还是光明的，因为生鲜产品消费是刚需。随着“90 后”成家立业，成为消费的中坚力量，在网上购买生鲜产品一定会成为重要途径。而且生鲜电商的渗透率还很低，仅有 1% 左右，相对于服装行业 20% ～ 30% 的渗透率，还有很大的发展空间。

所以，核心还是生鲜电商如何去做。

一、精选细分品类很重要

从各种数据或者是生鲜电商的实践来看，蔬菜确实非常难做，无论是优菜网做大众配送，还是青年菜君做半成品净菜，都很难有突破。而水果方面有不少还算成功的平台，如天天果园、百果园。水果电商的成功是有其内在原因的。一是水果网购的人群比较多。

尼尔森写的《中国生鲜电商行业发展白皮书》的数据：各生鲜品类中，网购奶制品占比最高（63%），其次是水果（51%），而网购蔬菜肉类水产的消费者比例相对较低（合计38%）。二是，很多朋友在外面吃饭，或者叫外卖，但水果是家里必备的。水果不仅受消费者喜爱，在经营管理上也比蔬菜容易，破损也更少，价格弹性也不错。

二、从基地源头把控品质

品质良莠不齐，难以给消费者始终如一的体验，这是生鲜电商面临的最大难题。好产品是种出来的。新西兰的奇异果之所以能够横行全球，从基地开始的标准化品质种植是关键。目前，中国有很多地标性的超级大单品水果，如烟台苹果、洛川苹果、阿克苏苹果、天水花牛苹果、赣南脐橙、陕西眉县猕猴桃、吐鲁番葡萄等，可以学习新西兰奇异果经验。即使无法整个区域统一，生鲜电商企业也无法自己去建基地，至少可以通过和生产基地的深度合作，使生产端能够做好品控。

1. 从吉人玫瑰火龙果看基地

真正成功的生鲜电商的入口一定来自扎实的生产基地建设，广西火龙果陈国龙很有代表性。

广西小伙陈国龙是一位“85后”，因为常年戴着草帽在地里和工人一起劳作，被网友称为“草帽哥”。几年前，草帽哥误打误撞，加入现在的企业，从畜牧领域一下子跨界到了水果领域，进入了火龙果种植行业。当年，公司投资几百万元买进了很多品种的火龙果苗，兴高采烈地投入生产。但是，果子成熟的品质不尽如人意，和市面上卖的普通红心火龙果的口感一样，不够香、不够甜，还有一股像青草一样的臭味。公司曾经一心想通过火龙果新品种种植获得好的经济效益，没想到遭遇了品种不对路的尴尬境地。如果继续种植，那么将来公司的产品将会和市面上普通的品种一样，毫无竞争优势，如果不继续下去，公司又面临着巨大的经济损失。到底该怎么办？一个多月后，无意中的一个发现，让事情出现了转机。

原来，草帽哥以前是学畜牧的，在做水果种植前，一直从事家禽育种工作，对动物育种有扎实的实践技术基础。当初种植火龙果时，公司从国内外引进了很多不同品种的火龙果。草帽哥想，既然那么多的育种素材在手里，何不进行交叉杂交试验，看看能否出来一个新的品种。

他把所有的品种都进行了编号，并到处找水果育种专家学习如何做火龙果育种的花粉授粉。由于火龙果是热带的进口水果品种，国内很少有相关的著作介绍种植和管理，更别说育种了。所以，草帽哥就利用互联网的优势，在全球搜索火龙果的文献，并整理翻译学习，然后总结出来一些经验技术，用于实践操作。

就在发现原来大批量种植的火龙果品种口感不尽如人意的一个多月后，原来农场角落里面的几百株杂交扩繁的火龙实验果树的果子，也成熟了。因为没有注意，那些果子挂在树上十几天了也没采摘。按道理，这些果子挂了那么久，是要开裂坏掉的。但是，这个新品种不仅没有开裂，完好无损，而且切开后，果肉很特别，偏紫色，颜色非常诱人，果汁非常丰富。草帽哥摘下品尝，火龙果清甜爽口，果实平均一斤多一个。这可把草帽哥乐坏了，专业嗅觉告诉他，他碰到宝贝了！

当时果园已经种植了将近 13.33 公顷的火龙果，且都已经进入了挂果期，眼看就要进入丰收的季节，但品质一般，大家都对公司的前途忧心忡忡。这时草帽哥发现了新品种，无疑是发现了新的希望。一时无法建立新的果园，如果想种植扩大新品种，就要在现在的果园进行，可现在的果园又都是挂满了果子的老品种火龙果树。大家陷入了一个难以选择的境地，到底是砍掉现在的果树，重新种新品种，还是留着它们，然后忍受普通得不能再普通的品质继续经营。

在经历了 10 天的观察和激烈的开会论证后，董事会决定，将马上就要成熟的 13.33 公顷果树全部砍掉，连根拔起，毁了整个园子；重新建立 5 个大棚，对新品种进行扩繁育苗，争取最短的时间内，扩繁种植成功。这一折腾，公司直接经济损失超过了 500 万元人民币。重新种植，又需要至少一年的时间让果树生长，后续投入更是高达千万元！

在新品种的扩繁过程中，为了短时间快速地获得 13.33 公顷以上的种苗，草帽哥受到以前种鸡育种时采用的遮黑 + 补光的技术启发，大胆采用了遮黑育苗 + 补光繁殖的模式，在短短 3 个月时间，就培育出来 10 万株种苗，极大地缩短了育苗时间，这在行业内都是一个重大的技术突破。

在团队的坚持努力下，2015 年底，新品种终于迎来了第一批收成。新品种火龙果的口感很甜（糖度高达 22 度），带有淡淡的玫瑰花香味，草帽哥给它取了一个响亮的名字："吉人玫瑰火龙果"。草帽哥带着它参加了北京的特色农产品展览会，会上还获得了北京卫视的新闻报道，很多市民慕名前来品尝，并纷纷给予好评。

借助自己在微信上的人气和知名度，草帽哥做了一个大胆的决定，将"吉人玫瑰火龙果"定位为追求品质生活的年轻宝妈白领们的专属水果。草帽哥花大精力打造了自己的农特移动电商团队，并加入了新农人最活跃的社群，借助大咖们的力量，在短短半年时间，在全国召集了几千粉丝参与吉人玫瑰的销售推广。在微信朋友圈上，吉人玫瑰火龙果成了当之无愧的爆款，销售额直接飙升到 600 多万元！

吉人玫瑰火龙果的成功不仅缘于有好品种，更是因为种植管理中极致的匠心精神。

（1）种植端品控。

品控从品种开始。火龙果是热带水果，比较娇贵，容易出现售后坏果问题。所以一般越南的火龙果，采摘时间节点，都是在五至六成熟时就采摘，冷藏车运到中国口岸，再分拨到全国各地。传统的批发业务领域，因为有冷藏车保护，所以，品控不会太难。但是，生鲜电商领域，由于快递的暴力及运输时效等问题，导致越南火龙果几乎无法运输，或者运输损耗极高。而国内普通品种，则采摘节点都在七至八成熟时。运输上面，国内火龙果和越南果面临同样的问题。吉人玫瑰品种，从品种方面进行了改良，引进以色列的紫心火龙果与广西本地野生品种进行杂交育种改良，很好地解决了火龙果不耐运输，不耐存放的缺点。而且，吉人玫瑰火龙果在业内唯一做到全成熟采摘发货，全线普通陆运快递发货售后率低于 1% 的目标。这是品种优势带来的品控优势。

（2）生产管理端。

大量的有机肥 + 微量元素 + 益生菌种，水肥一体化精准滴灌。全套以色列进口滴灌设备和技术解决方案，能保障每一个果子所吸收的营养均衡、稳定。均衡稳定的营养又能很好地保障每一个下树的果子，能做到持续的品质稳定。这是品控端的源头生产精细化管理在起着决定性作用。此外，物理防虫网套、物理防草布、生物覆盖物等的使用，能更好地避免使用农药杀虫剂、化学除草剂等造成的农药残留问题，更好地保障产品的食用安全。

（3）精细管理疏果。

吉人玫瑰火龙果的生产，坚持精细化原则，每批果子仅保留每株果树一个果子，多余的全部疏果干净。这样做，虽然提高了自己的生产成本，却能保障种植出来的果子的精品率、口感的稳定性等。

（4）采摘品控端。

每个吉人玫瑰火龙果，都是人工采摘、人工精选、人工打包，全程不使用机械。因为火龙果的特性，机器选果容易造成损伤，产生售后坏果问题。

每个包装纸箱，均由公司自有纸箱包装厂设计生产，抗压能力测试超过 300 公斤以上，可以同时站 4 个成年男性。

包装箱内，双层加强的网套包装、加强的内部格子结构。

为了确保万无一失，吉人玫瑰的打包环节，全部是自己公司的专职员工，不使用临时工人，每一件果子的出库，均有专岗品控员验收封箱。责任到人，全程监督分拣打包环节。

（5）极致服务。

售后服务，是生鲜的老大难问题，难以避免。吉人玫瑰火龙果的承诺是，只要出现售后坏果，标准照片到位，提供第一时间秒赔服务。达到补发条件的快递，还会进行全额免费补发。在服务上执行无差异服务。

2. 从褚橙庄园看基地

吉人玫瑰火龙果的案例很典型。我们熟悉的褚橙案例也同样是从扎实的基地起飞的。

2015年11月，笔者有幸参加了星农学院组织的“星农人游学褚橙庄园”活动，与褚橙策划人胡海卿等著名策划人、农业专家、资深媒体人、美食达人、新农人一起到褚橙庄园同游同学，对褚橙有了更多的了解和感悟。

（1）出色管理也不能超越自然环境。

虽说参观过无数农场，也看过黄铁鹰老师写的《褚橙你也学不会》，对褚橙种植管理的严格记忆深刻，也对褚橙没有大小年，亩产每年都是万斤以上充满好奇。但是，一踏入褚橙庄园，还是被蓝天白云下红色土地上黄澄澄的累累硕果震撼了。震撼之余也注意到，这些果树下也有很多落果，也有很多叶子上有黄斑。原来，近期刮风吹落的橙子损失产量达到几十万斤。做农业，任何人不能超越自然环境。

（2）水土肥是好产品的根本。

好产品是种出来的，大家都有共识。但如何才能种出好产品呢？褚老不愧是真正的企业家，抓住了事物的根本：水土肥。

水果，水是魂。走进褚橙庄园的人都会被庄园中的一池碧波所迷倒，那是一个人工湖，湖水来自对面高山自然流淌的山泉水，水质很棒，可以直接饮用。正是这样的好水，给予褚橙迷人的韵味。褚老在水利方面投入1000多万元，精细到那片地什么时候浇水，使用多少水量。

土壤是根本。褚橙庄园所在的哀牢山，是典型的沙红土地，如果不很好地治理，是比较贫瘠的。和我在其他地方看到的板结、硬化明显不同，这里的土壤很松软，还是油润的。褚橙庄园在土壤上下的功夫可见一斑。

庄稼一枝花，全靠肥当家。褚橙所使用的有机肥，是根据自身土壤情况配制的。主要原料有烟梗、糖泥、草炭和鸡粪肥，再辅以一定的矿物质肥料，进行生物发酵。

（3）果农的参与和管理。

很多新农人在与老农民打交道的过程中有些欠缺。褚老在这方面是我们的典范，他运用了非常好的管理方式，分片区管理。果农多劳多得，变成了果园真正的主人，不仅收入高，更有成就感。

（4）果品加工不能忽略。

我们到位于玉溪市的褚橙加工厂去考察参观。采摘后的橙子经过预冷、清洗、风干、打蜡、人工分拣、机选、贴标、装箱、人工检测等环节，现代化流水线一天能处理200吨，让褚橙实现了标准化。现代农业一定要对农产品进行深加工，纯粹的初级农产品是不会远行的。

褚橙已经是著名品牌了，褚老抓住事物本质专注做事的精神，我们一定要学。做农业，水土肥、农民、加工线，这些都是根本。我们要抛弃一夜暴富的心态，扎实做好根本。

三、新零售破局

生鲜电商的终极破局是新零售，线上线下相结合，仓储、配送和客户体验完美结合。

1. 从“车客网”的红火看生鲜农产品新零售

“车客网”创始人李晶一直专注于在社区卖生鲜。他的店扩展到15家，每家店日销售额都在5000元以上，排队加盟的人很多……这引起了笔者的重视。在生鲜电商、生鲜实体店哀鸿遍野的现实面前，“车客网”凭什么这样红火？他的回答是，低成本、高效连接，这个链条上的所有人都受益。

低成本、高效连接，这个链条上的所有人都受益。这样的模式能不火吗？笔者为此进行了实地考察。

（1）科学的物流配送体系。

我首先来到他在北京新发地的分拣中心。虽说是“零库存”，但这么多店的配送必须要有合理的配送连接。为了体现更新鲜，一般是货物早上到配送中心，下午配送到各个分店。分拣中心的冷库，配送的冷藏车，分店的冷藏系统都很完整。

我在办公室遇到一位做银耳的专家，他带来的鲜银耳让我们眼前一亮，决策也很迅速，当场拍板明天就开始配送。

（2）先尝后订货。

我去到他们的门店，看到很多抱着孩子的宝妈在交流、品尝。这里的生鲜农产品，不仅新鲜味美，而且价格很优惠，消费者可以先品尝再购买。

（3）只做服务，不加价。

李晶表示，“车客网”是服务增值，不额外加价。他们是按照生产基地指定的零售价销售，提取 20% ～ 25% 的服务费，这在生鲜产品上是很低的费用（比起一件代发，不仅节省了包装、物流费，也节省了微商们的分享服务加价）。与其他生鲜电商平台相比，他们是消费者先预订，到店取货，节省了一家一户的配送费，而且没有损耗。

（4）模式基本内容。

李晶系统地讲述了他们的做法：

① 不卖现货。把传统生鲜店放货架的位置腾出来，做更深度的体验加自提。

② 只做预订。消费者在微信群里预订，当天预订，第二天下午 1、2 点到货，客户来自提。

③ 不上门送货。消费者偶尔不方便，他们会送一趟，更关注客户购买产品的满意度。

④ 只做品尝体验。每天做各种试吃体验活动，客户免费试吃，先尝后订，试吃品一般由厂家提供。

⑤ 不赚差价。价格由厂家制定，他们向厂家收取 20% ～ 25% 的服务费分成。

⑥ 没有损耗。生鲜食品全部预订，送过来都分走了，店里没有存货，也没有损耗。

⑦ 无条件退货。消费者可以无理由退换货，给客户安全保障。

⑧ 厂家和消费者直接沟通。产品由厂家直接介绍给用户，进行线上沟通，他们提供线下服务。

⑨ 消费反馈上传。消费者评价完整传达给厂家，让厂家可以精准服务客户。

⑩ 不做库存。只设集配周转仓，但仓内不存货，保证给用户的产品是最新鲜的。

⑪ 无须复杂包装。厂家提前做标准化包装集中配送，不做单个冷链包装，到了店里再分配。

⑫ 不做微信群接龙。把厂家商品链接发到群里，在系统下单，可以沉淀完整的消费数据。

⑬ 不设收银台。在线支付，店内不收现金，一个店只需 1 ～ 2 个店员。

（5）为什么这么做？

李晶这样阐述：作为创业者，不是跟着现在做得好的人去做，而是站在未来的方向去选择。我们不是要追着趋势，而是远远地站在未来，迎接趋势的到来。

① 成为社会发展的主驱动力。

社会进步，从价值维度判断，是靠两个轮子驱动的。第一个轮子，创造新的产品和服务；第二个轮子，让现有产品的价格越来越低。我们认为，第一个轮子创造了核心价值，是社会发展的主动力。第二个轮子是电商喜欢做的事情，虽然降低了价格，但不能创造核心价值。

② 支持新价值闭环。

纯电商的痛点在于缺乏体验，阻挡了厂商新产品到达消费者的渠道。如果没有新价值创造，社会发展就会停顿。只有实体加互联网，重新疏通创新产品的流通渠道，让创新产品高效地到达用户手上，实现价值，才会形成对创新产品的激励，完成价值创造的闭环，才能恢复实体经济的创新活力，促进中国经济加速发展。

③ 构建健康的渠道生态。

现在是渠道的转型期，传统渠道被搞垮了，新的渠道又没有建起来。电商是旧生态的颠覆者，但不是新生态的建设者。电商和实体本质是矛盾的，转型电商帮不到实体经济，只有实体店利用互联网工具，提高与用户的沟通效率，提升服务的品质，让生产端和用户端互联互通，再加上高效率的服务来保驾护航，才是健康的渠道生态。

④ 步入价值流通 3.0 时代。

实体店加互联网创造两个核心价值。首先，相对实体店现货销售，为消费者提供高性价比的产品，20% ～ 25% 的服务费在生鲜品类里面算是比较少的，传统现货销售毛利率在 35% ～ 40%，把节约的 15% 让利给消费者，同时还提升了产品的新鲜度。

其次，相对纯生鲜电商，他们为用户提供了完整的品质信息流、深度的体验及高效的服务，为厂家搭建了完整的信息反馈渠道，使创新产品到达用户更加高效和精准。

除此以外，通过预订，消费者能买到在传统店铺买不到的个性化产品。比如海鲜，他们提前预订，然后用视频把海鲜的处理过程让消费者清晰地看到，再打包配送，保障新鲜度，创造信任感。他们的草莓提前一天预订，当晚把订单信息发给基地，基地凌晨 4 点采摘，次日到达消费者手中。当日采摘的草莓新鲜度和成熟度都有提升，改变了水果的传统运作方式。因此，他们的 3.0 版本系统解决了消费者及厂商的痛点，让价值创造形成了良性闭环。

无论是互联网时代还是新零售时代，让生产者和消费者双受益的模式一定受欢迎。当然，考验李晶团队的问题也很多，生鲜供应链的完善永远都在路上。

2. 品牌联合发起人模式助推特色水果社群营销

光有好的品种还不行，还需要有好的营销方法和合作伙伴渠道。特别是在新零售时代，好酒也怕巷子深。在全新的消费群体、全新的消费竞争行情下，如何做好吉人玫瑰火龙果的销售工作，草帽哥陈国龙也是花了不少的心思和精力去累积基础，拓展人际关系，并开展了一系列的营销工作。比如，在 2017 年火龙果销售季，他们通过模式创新，率先在圈内以联合发起人的模式，联合了农特微商圈内近 20 个大团队做吉人玫瑰的品牌联合发起人。这些联合发起人，都是对产品、对品牌非常了解和支持的合作伙伴，都有很好的销售市场基础。6月，草帽哥成功举办了“吉人玫瑰火龙果2017品牌新闻发布会暨吉人玫瑰火龙果基地行”活动，吸引了来自全国十几个省市的农特产品生鲜电商平台的几十位创始人，以及行业意见领袖、微博大V们参与。来自全国各地的电商、微电商意见领袖，客户群体辐射百万以上，横跨大半个中国。通过活动的带动，吉人玫瑰火龙果的品牌知名度再一次扩大，在激烈的市场竞争中有很深远的意义。

通过模式的创新改革+吉人玫瑰火龙果的优越品质+团队的专业化服务+全产业链的品质把控+率先推行的品牌联合发起人模式，让品牌能够借助过去在全国累积起来的用户基础，在当年产季还没有来临前，就已经通过电商、微信等平台渠道认购了10万单果子，预售额高达1000万元，很好地解决了产品的销售问题。这是实实在在的好品质水果不愁卖的生动案例。

四、产业链互联网破局

“长远来看，产业互联网是中国果业振兴的必经之路，将从零售端开始打通中间环节直到前端生产，形成高效协同。”百果园创始人余惠勇说。

2016年，“疆左煤郎”写了一篇文章《万亿市场，生鲜果业人的未来在哪里？》，系统阐述了产业链破局之路。

出路在哪儿？——果业联合化、联合产业化。

无论局怎么变，商业的本质永远不会变。无论是实体（线下），还是电商（线上），无论是种植端，还是销售端，以好产品为消费者创造价值不会变。

1. 果品标准化

做好水果生鲜最难的地方在于产业链的整合，其根本原因在于流通的标准化、经营的标准化、用户体验的标准化，与水果天生极不标准化的内在矛盾。水果是生鲜品类中唯一的生鲜商品，但又是所有商品中最不标准化的产品。

水果，尤其是国产水果，由于标准化程度低或标准缺失，导致用户体验参差不齐，是出口遇阻的主要原因，也是当前水果电商发展的最大瓶颈。同一款产品，今天买到的是甜的，明天就是酸的，大小、口感、品质都不稳定，很难留住消费者。更有些消费者认为，口味不一致，就证明卖给他们产品的是黑心商家，作假售假。

而水果标准化程度的关键在于生产环节的标准化。好果子是种出来的，从种植开始就需制定标准，种植过程中实施标准，并按照标准进行管控和验收。

所以，果业联合后的发力，应先从果品标准化开始，毕竟产品是一切的基础，产品的标准化也是产品的品牌化基础。通过种植的标准化及商品化处理，提升我国的果品标准化。同样，生鲜电商，应先是生鲜，先是标准，而后才是电商；唯有标准的突破，生鲜电商方能破局。

2. 品类品牌化

中国水果市场规模已近万亿元，但规模这样庞大且历史悠久的市场中并没出现一个大品牌。据中国果品流通协会数据显示，目前中国水果行业注册品牌超 11 万个。若论品牌注册数量，中国稳居世界第一；但若论起品牌商业价值，恐怕 11 万个品牌加起来都不敌一个“佳沛”。

不说品牌大小，属于消费者的果品品牌也几乎没有。放眼望去，大都是区域品牌、渠道品牌、流通品牌，以及其他各种概念的品牌。这当中，较知名的也就烟台苹果、赣南脐橙、库尔勒香梨、阿克苏苹果等几个区域性品牌。由于区域品牌的自身特性，消费者对区域品牌的认知，其印象通常是模糊的，甚至是混乱的。而品类品牌则不同，由于其品牌的独立特性（品类品牌通常都是商业品牌），通常有着较强的辨识度，消费者在选购某款产品时，较容易选择所在品类的品牌（尤其是该产品品类的第一品牌）——就像很多消费者在买凉茶时会想到王老吉，买鸭脖时会想到周黑鸭一样；品类品牌更容易占领消费者的心智，从而影响消费者的购买决策行为。

3. 品牌商业化

过去，由于物资匮乏等国情原因，区域品牌曾发挥了相当大的作用。但如今，面临消费及竞争升级的局面下，区域品牌已经很难承载其价值。归根到底，目前绝大多数的区域品牌，还停留在有名无牌的阶段，有名字但没有知名度，有知名度但品牌化程度低，没有进行实际性的品牌化。

有数据显示，烟台苹果品牌价值 105.86 亿元，赣南脐橙品牌价值 57.69 亿元，周至猕猴桃品牌价值 36.23 亿元，等等。对于这些区域品牌的价值，在这里不予置评。笔者更关注的是，这些品牌背后的受益者里，有多少人会去维系这些品牌，又有多少人会为这些品牌的未来负责。

恐怕很难有人为之负责。根源在于，区域品牌的经营主体和受益主体都不明确。同时，由于“共有性”的特征，区域品牌正在被“滥用”，不是该区域生产的果品也在打这个牌子进行销售，这就造成了果品市场容易出现鱼龙混杂、真假难辨的局面。

所以，从长远价值和最大机会的角度来看，应在解决了果品标准化的前提下，通过打造果品品类品牌，并借助商业的力量，实现有品类、有品牌，抢占品类第一，创造高价值品牌，通过品牌实现果业的溢价，最终让果业链各个环节受益。让好产品可以卖个好价钱，从而持续为消费者提供更多好的、安全的果品，也是保护生产优质果品的企业，不让劣币驱逐良币一再上演。

之所以要借助或依靠商业的力量，是因为商业化的背后，是势必有明确的主体为该品牌负责，为该品牌的未来负责。而且，也唯有商业品牌，才能有机会做成世界级的大品牌。放眼全球，无论是佳沛，还是新奇士、都乐这些世界级的果品品牌，无一例外，都是商业品牌。

4. 果业信息化

果业是一个高科技行业，在果品种植这个大环节里，无论是育苗研发、种子培植、土壤施肥，还是果树管理等，这些不起眼的每个小环节都颇具高科技含量。以土壤施肥来说，并非简单地撒在地里。不同土壤性质不同，施肥要求也不同。例如，要对土壤的三要素进行考量，即土壤的化学性、生物性、物理性。生物性上，则需对土壤的团粒化、对抗化、肥料化分别进行检测。而且，即使是肥料的制造，也需要通过软件计算原料的配比。

我们知道，任何品牌的打造，其前提都是产品；而影响果品质量的，关键就在于种植，好果子从种植开始。需要通过种植技术的信息化建设，提升我国整体的种植水平，从而提升我国的果品质量。

除了果业种植技术的信息化，果业的产销信息化也必不可少。国内水果时有滞销，还有一个相当重要的原因，就是产与销脱节，即生产与市场脱节，种植没有或是很难做到对真实的市场需求负责。

水果是农产品，生长周期长，若无计划地种植，一旦产品投入市场，即使得到不利反馈，也很难再做实质性的调整。而且，当产品过剩时，通常也只能过剩，市场的供需毕竟摆在那里。

生产停留在过去、种植上盲目跟风，这类现象的背后是观念的落后，是信息化的落后，是对市场的认识或把握不够。所以，产销协同，甚至是产销一体化，是改变这种局面更有效的方式。

5. 果业规模化

从全世界范围来看，能够称得上果品品牌公司的仍是个位数；原因在于，能攻破两大世界性难题的依旧是少数，即果品的标准化和果业的规模化。

仅果品标准化就非常不易，佳沛解决了猕猴桃的标准化，都乐解决了香蕉的标准化，新奇士解决了橙子的标准化，这也才有了成为佳沛、成为都乐、成为新奇士品牌的基础。

做到果品标准化还不够，透过众多商业现象，我们不难看出，伟大的公司和品牌除了标准化，通常还意味着规模化。如果说标准化是基础，那么规模化则是保障，是落地的保障。佳沛、都乐、新奇士除了解决了标准化，他们一开始就具备较强的规模化能力。

佳沛成立之初，就有2000多户果农加入。不是简单加入，2000多户果农还纷纷注销了各自经营了数十年的品牌，大家都共用一个品牌“佳沛”（Zespri），实行统一的规模化管理。新奇士也是，最开始是1000多户果农共用的品牌，发展至今已成拥有6000多成员的跨国企业。

然而，规模化是中国果业长期存在的一大痛点，也是中国果业发展目前最难突破的地方。中国农民数量世界最多，但一直以来都是各自为战，仍处于分散的初级阶段。纵观整个果业链，都是小而散的存在，可以说是非常散，上下游较割裂。

过于分散带来的不利是，种植、生产等环节很难做到专业化、工业化、标准化，产品的品质难以保障——每一批次的产品都不太一样，同样果品的标准也不一样，今年与明年也不一样，消费者的信任度很难建立起来。销售环节上，到处是小体量、不成规模的销售，影响力自然也很难谈起，即使是有牌子，也很难形成记忆，无法有效形成品牌。

试想，当初佳沛的2000多户果农不是集中生产，不是统一化管理、规模化发展，而是分散在各地，佳沛还能做到如今的品质、如今的品牌价值、如今的销售利润吗？

显而易见，没有规模化，很难做到果品的品质化和标准化，也很难建立起品牌应有的信任度、影响力；中国果业品牌缺失，所以常常出现价格战，没有最低，只有更低。其结果是中国的果业走势举步维艰。

因此，规模化是果业做大，甚至是做强的保障。规模化还有两个好处：一方面，打破集中上市，做结构性调整，通过改变顶层的供需关系，从而改善果贱伤农的局面；也是打通果业的上中下游，符合国家供给侧改革战略。另一方面，规模化也是对自我的约束，可起到净化行业的作用，也是对行业的自我保护。

总之，生鲜电商如何破局，果业联合后如何发力，一句话就是，果品标准化＋品类品牌化＋品牌商业化＋果业信息化＋果业规模化。

五、运营破局

2015年，烟台张大发首创20天，用农特微商销售8万单樱桃，成为农特微商的标杆。张大发的成功在于运营。

1. 行业反思

生鲜电商远没有你想的那么简单。生鲜行业的门槛看似没有，其实极高。

生鲜电商会卖货永远都不是第一要素，最核心的问题不在于卖货，而在于如何安全地把产品送到客户手里，否则售后会让你损失惨重。

如何将售后成本降到最低，这才是你的核心竞争力。这就是无数业界外的电商高手跳进这个圈子，凭着多年混迹电商圈子的经验卖得火爆，然后一发货就死掉的原因。这样的例子几乎每年都会有，而且永远都不会停止。

为什么会这样？只是因为一个利字。跳进这个圈子的人无一不是冲高利润来的。

2. 成本预算

举例说明：威海青皮无花果，地头收购价是每斤 8 元，淘宝零售价大约是每斤 35 元，4.5 倍的毛利，怎么卖都不应该赔钱。我们来算一算，8 元成本，筛选掉过熟的、过生的、裂口的、破皮的、太大的、太小的，每斤成本要飙升到 10 元。25% 的损耗，这是前损；无花果的保鲜是极其困难的，皮薄，氧化快，正常来讲发货出去烂果会在 30% 左右，这是后损。这样成本就到了 13 元。

无花果只能发顺丰航空件，保证次日到达，一公斤首重是 22 元，每箱还有 3 元的生鲜费。我们发货是一箱一公斤，加上包装是按照 1.5 公斤收费，续重根据区域不同价格不同，平均下来每斤的物流成本是 14 元。这样成本就到了 27 元。无花果是定制包装，水晶盒、网袋、泡沫箱、吸水纸、航空冰袋，一套大约 8 元钱。这样每斤无花果的成本就到了 31 元。包装分拣需要人工费，拉货需要运输费，这些费用算进去，一斤加一元钱是正常的。天猫扣点 2%。这样算下来，每斤无花果的成本就到了 32.64 元。还没有算上公司员工的工资开支、公司日常运维费用、直通车油钱、刷单费用等。现在来看，赚钱吗？根本不赚钱啊！可是这些业界外的人能知道吗？他们能够想到运费要这么高吗？前损和后损要达到接近 50% 吗？能看到人工、物流、物料等零碎的成本累积起来有多高吗？不会的。绝大部分人拿计算器一算，得出结论：无花果一斤有 27 元钱的毛利，除去费用，一斤挣 10 元钱，卖一万斤就是 10 万元，简直是暴利！

应该明白，利润永远都不是拿计算器算出来的，而是实实在在干出来的。

有人认为，可以拓展品类，集中起来，仓储成本、运维成本、人力成本都会大大降低，这样就可以赚钱。但是，生鲜产品是为数不多的配套成本不会随着规模的增加而大量降低的产品。你开个店铺卖服装，20 款产品每款 100 件，与 20 个产品每款一万件，配套成本会差别很大；但生鲜不同，每个产品保鲜的条件都不一样，苹果需要冷藏，而香蕉必须常温，无花果却要冷冻，每一个产品都要单独划分冷藏单元，赋予其相应的冷藏条件。

而且，产品不能混放，香蕉、芒果互相催熟，放一起两天就都熟透了，这样又要注意存储区域的分隔。除此之外，冷库的建设费用是非线性的，是不会随着你建筑规模扩大而降低的，这些费用都会累加造成你的成本飙升至你无法想象的水平。

3. 生鲜电商的前景

只要能解决以下几个问题，生鲜电商前景还是光明的。

首先是保鲜。生鲜贵在一个“鲜”字，在幅员辽阔的中国，如何让新鲜的产品新鲜地送达客户手里，这是体现一个生鲜电商企业核心竞争力的所在。很多人在讲冷链，但真正需要全程冷链的水果有哪些呢？答案是几乎没有。绝大部分的水果都可以通过物理方式在 60 小时内保持非常不错的新鲜度。而现在物流完全可以在 60 小时内将水果送达全国绝大部分的县级以上住地的用户手中。

但要完成这些需要长时间的经验积累。水果是非标准产品，标准化程度非常低。以樱桃为例，熟到什么程度可以发北京，什么程度可以发西安，什么程度可以发昆明，这些是没有标准的，完全通过经验来判断。包装材料的选择和包装流程的制定也要因地制宜，根据不同的条件、不同的品种做出调整；否则，同样的包装材料，同样的包装流程和包装方式，通通烂掉。

如何让水果能安全运输，必须要烂掉几百箱才会彻底弄明白。水果品种如此之多，每增加一个产品都是跨行，都要把这个流程重新走一遍，试错成本令人发指。这就是水果行业内一直流行的一句话：做的时间越长，胆子越小。经验是做生鲜的硬实力！

其次是产品。生鲜是非标准品，没有稳定的品质。一棵树上不同方向结出的果子口感也会不同。客户今天下单的樱桃很好吃，下次再来买，口感不一样了，这种问题商家都会遇到，在目前情况下几乎无法解决。没有稳定的产品就没有稳定的客户群，没有稳定的口碑，更不会形成品牌。而目前，大部分的生鲜电商都是轻模式，有人在搭台做平台，有人在尝试微商，更多的人是在当地批发市场拿货，到农户收购，然后通过淘宝、天猫等平台卖货。我认为，生鲜电商是没有轻模式的，轻模式提供不了品质稳定的产品，长久来看也不会有稳定的客户。这些都不会形成品牌。生鲜电商必然是重模式，要掌控基地，整合源头，把生产流程尽可能标准化，生产出高标准化的产品。品质稳定才会做出口碑。

放眼国内，褚橙、佳沃等成功的生鲜品牌无不是重模式。轻模式已经被尝试过无数次，以后也会持续不断地被人尝试。

最后是心态。电商界一直都是唯快不破，但生鲜绝对是跑得越快死得越早。重模式快不起来，而整合源头只是重模式的一部分，要掌控物流、仓储，要调配供应端与营销端，这些事情要做好，不是一个企业在一两年内撒钱就能做到的。想挣快钱就不要进这个圈子，否则是损人不利己。对于投资者来说，生鲜电商是蓝海，但见效太慢，短时间内不会看到未来，甚至看不清方向，这就注定了这个行业只会表面繁荣，很难引起投资方的注意。做生鲜，一定要踏踏实实一步一个脚印地走，走得慢，但走得稳。

六、资本 + 差异化定位 + 理性化运营破局

2016年，成立刚满2周岁的生鲜电商平台“每日优鲜”高调宣布他们已经“盈利”了，这个消息让所有遭受生鲜电商“坑”害的人看到了生机。而北京的另一个生鲜电商“春播网”虽然没有宣布盈利，但在北京的高消费人群中独领风骚，各种有机活动有条不紊，让人们看到了深不可测的潜力。

这两家生鲜电商平台都是含着“金钥匙”降生的，资本雄厚，定位精准。每日优鲜针对“80后”“90后”时尚快节奏人群，而春播网针对重视生活品质的高消费人群，所有的运营针对性极强。同时，二者都是城市本地生活化，每日优鲜的下单配送时间是两小时，体验感很好。

我们看看每日优鲜是如何实现盈利的？《中国企业家》杂志做了专访。

2016年7月，成立不到两年的每日优鲜已经在北京实现盈利。截至2017年5月底，每日优鲜已经扩张到11个一二线核心城市，复购率超过80%。

1. 掌握核心竞争力

生鲜电商是无数人觊觎的风口，也隐藏着各种风险。而每日优鲜联合创始人徐正这两年来所做的事情，就是打通一个又一个痛点。

创立每日优鲜之前，徐正发现，中国并不缺好的农产品，而是缺好的流通渠道。看透了这个行业“供需两旺，流通不畅”的弊病，徐正下决心自己创业，打透流通壁垒，做一个连接农产品生产者和消费者的平台。

作为创业者，徐正有着“互联网 + 零售 + 农业”的基因。他曾在联想最辉煌的时候负责笔记本事业部，这是当时联想最大的事业部，年销售规模300亿元，手下管着2000多人。随后在联想佳沃，徐正深入田间地头，熟悉了农业全产业链，包括供应商选择、采购、运输、品控，再到配送、运营等各个环节。

拿到天使轮融资后，每日优鲜做的第一件事是验证客户需求和商业模式。2015年初，

每日优鲜微信商城上线，微信公号是其获得客户的主要渠道。用户可以利用碎片化时间随时随地购买。当时每日优鲜 99% 的用户都是来自自有平台流量，并在移动端形成社交传播。每日优鲜当时只做北京一个城市，研究模型，反复迭代。2015 年 6 月，每日优鲜订单过万，验证了移动端生鲜电商不是伪需求。

最初，每日优鲜选择与顺丰冷链系统合作。随着业务量不断增长，弊端逐渐显现出来，徐正思考不能让冷链物流成为前行的瓶颈。因为农产品跟快递不一样。农产品需要做精选，每个苹果、每个香蕉都要选择给大家，相当于工厂加工环节，而当时的传统物流并不能很好地完成这样的分拣工作。2015 年“6・16”水果节，每日优鲜爆仓了。

爆仓问题用了 15 天才解决。15 天之后，每日优鲜给用户写了一封公开信，向用户解释爆仓的原因，并承认错误。从那之后，每日优鲜开始自建冷链物流，用徐正的话说，“每摔一跤，就会摔出核心竞争力”。

为了使冷链适应生鲜的特性，每日优鲜对传统的冷链做了很大的创新和改变，在主要城市建立起“城市分选中心＋社区配送中心”的冷链物流体系。用户所在社区三公里周边有一个冷库，也就是所谓的“微仓”。微仓是多温区的，分为冷冻区（-16～18℃）、冷藏区（0～4℃）、常温区三大块，满足各类不同生鲜的保质需求，两小时可以交付用户。之所以设定为两小时，是因为用户去一趟超市最少两小时。相比 30 分钟送达的社区配送店而言，每日优鲜又保证了自营商品的品质。

当时在很多同行看来，自建冷库是疯狂的事情。但在徐正对未来的规划里，这一定是每日优鲜的护城河。每日优鲜开拓的 11 个城市中，覆盖了近 2 亿人所在的社区，用户下单 2 小时之内就能吃到生鲜，将来还会缩短到 1 小时以内。徐正将微仓比作用户身边的“云冰箱”，但其总成本比传统生鲜电商要低得多。

“生鲜订单密度高，购买频次比普通商品大，把冷库修到你家门口，固定成本总投资看上去增加了，但因为订单多，迅速分摊，结果总成本更低了。我们真正 To C（到消费者）的配送距离其实只有 3 公里，其他都是 B2B（商对商）的配送，（商品）基本完好无损。”徐正说。

而原有的生鲜电商物流借鉴的是中心仓模式，最快也是次日达。他认为，从中心仓到用户家里平均 100 公里，运输半径长，耗时多，需要很多保鲜耗材，成本居高不下。每日优鲜则通过微仓配送，极大降低了冷链成本，成本结构优于门店生鲜成本结构，省下来的钱则反哺给消费者。

除了极速达，每日优鲜还大力推行买手制。徐正认为，每日优鲜的选品策略非常类似美国好市多（Costco）、德国的阿尔迪（ALDI）。每日优鲜做的是全品类精选，围绕着“吃”做文章，提供近千款产品，覆盖水果、肉禽、水产、蔬菜、乳品、饮料、零食等，并且延伸到日用百货，如遮阳伞、防霾口罩等非生鲜类产品，打造了白领女性的“一站式购物平台”。产品每周不断更新，不断做用户调研，采取末位淘汰制。

每日优鲜在每个大类下优选几种产品，不追求“大而全”，而是“少而精”，让用户能在 8 ~ 10 分钟的碎片化时间内完成购买。这样做，一方面符合消费升级的需求，另一方面还能帮助用户提高购买决策效率。

未来，每日优鲜将着力打造 1000 款单品、1000 个微仓、1000 万新用户。每日优鲜目前已有近百个买手团队，他们的职责就是为消费者打造出 1000 个单品，定位是高品质、低价格，不追求高端，先覆盖主流市场，很接近优衣库的模式。

2. 将“难啃的骨头”变为“肥肉”

有行业人士认为，生鲜电商是时下电商市场的最后一片蓝海。据艾瑞咨询公布的数据显示，2016 年，国内生鲜电商的整体交易额约为 900 亿元，比 2015 年的 500 亿元增长了 80%，预计将来还会有成倍的增长。

然而，与巨大市场前景形成鲜明对比的是，大部分生鲜电商仍未实现盈利。2016 年，来自中国农业生鲜电商发展论坛的一组数据显示，全国 4000 多家生鲜电商企业中，只有 1% 实现了盈利，4% 持平，88% 亏损，而剩下的 7% 则是巨额亏损。一系列数据的背后，意味着生鲜这片蓝海也是“难海”，似乎像是一块“难啃的骨头”。

每日优鲜北京地区实现规模化盈利，盈利释放的直接信号即这家生鲜电商已经率先破局。实现盈利之后，每日优鲜仍然保持高速增长。据每日优鲜透露，2016 年，其年营收增长近 500%，并且复购率达 80%，而这一数据也是目前行业最高水平。可以说，以往因受困高成本难题而一直难以破题的生鲜电商在每日优鲜面前，已经从“难啃的骨头”变成了“碗中的肥肉”。

3. 不断创新

对于每日优鲜将“骨头”变成“肥肉”这一事实，外界有些许好奇，为何能在短短两年多的时间啃下这块骨头？行业人士分析，生鲜电商的困局在于大家盲目跟风，同质化竞争严重，每日优鲜能快速发展的根源在于创新。

每日优鲜是前置仓的最早实践者，也由此成为追求又快又好的潮流的引领者。大多数生鲜电商在每个城市建立一个或多个大仓，接单后从大仓发货，每日优鲜做的是“城市分选中心 + 社区微仓”的二级分布式仓储体系。然后，根据订单密度在商圈和社区建立前置仓，覆盖周边半径 3 公里，采取“冷源 + 时间冷链”的配送方式，全面“去冷媒”。众所周知，冷媒作为传统冷链物流的必备品，因为是变动成本所以被业内冠以“成本黑洞”的名头，而每日优鲜“全冷源”的前置仓做法，用固定成本很好地替代了变动成本，有效地将此前传统冷链物流 30 多元的成本，降低至 10 元左右，使生鲜电商的规模化盈利成为可能，同时也保证了商品 2 小时交付速度。截至目前，每日优鲜已在北京、天津、广州等 11 个城市建立了前置仓。

经过两年的商业模式打磨，每日优鲜已经步入爆发式增长阶段，但并不急于把盘子铺大，重点在于把业务做深做透。其业务扩张的战略会遵循“721 原则”， 即 70% 的战略资源会用于现有核心城市的垂直增长，把业务做深做透，实现盈利；20% 的战略资源用于横向扩张，并遵循盈利一批城市，开发一批城市的逻辑；另外 10% 的战略资源用于新业务孵化。徐正阐释了之所以采用这样的战略的逻辑，“像房地产开发逻辑一样，地毯式地往前走。如果铺的城市太多，阶段性的投入比较多，节奏和平衡的度不够。铺的城市太慢，增速就不够。所以关键是在成长速度和盈利之间取得平衡”。

目前，每日优鲜已在北京实现单城盈利。值得玩味的是，每日优鲜也是首个宣布实现区域性规模化盈利的生鲜电商，这在生鲜行业血雨腥风的 2016 年也确实是一股清流般的存在。在前置仓模式被证明是生鲜电商破局利器之后，业内玩家纷纷开始采用这类模式，如天天果园、本来生活、易果生鲜等。

每日优鲜对品类选择相当重视，相比较其他生鲜电商所做的 3000 ～ 5000 款单品，每日优鲜剑走偏锋将单品控制在 600 个左右，给消费者呈现出精选超市的感觉，类似美国的好事多（Costco），降低了用户决策的时间和管理运营的成本，也节约了仓储成本，大幅降低了损耗。为了保证食品的安全性，每日优鲜还建立了商品快检实验室，由内到外形成了一套完整的流程，每批货品到了之后，都要经过严格检测。

在运营模式上，每日优鲜遵循的是用户思维，由此也真正培养起用户黏性，建立了以高频和复购为核心的用户基础正循环。易观发布的数据曾显示，每日优鲜月活用户已过百万。另外，Quest Mobile 发布的 2017 春季移动互联网报告也显示，每日优鲜用户规模同比增长达到 183%，这些数据均遥遥领先同行。

从多重混战到破局盈利，再到持续增长成为行业之首，之所以能够快速成为生鲜电商领域金字塔尖的企业，每日优鲜认为最重要的是走出经验主义的误区，不去跟风，在模式、技术和管理层面进行创新。

未来，整个行业仍然会保持高速增长。下一步，无论生鲜电商是否一定要做线上线下结合，但从快速增长的势头和盈利可以看出，每日优鲜的模式在当下来看，是生鲜电商最为合适的。

在激烈的竞争环境下，生鲜电商将会出现强者越强、弱者越弱的局面，但这场游戏目前并非巨头的游戏，接下来的赛道还很长，这个行业仍需深耕，在合理把握规则与用户体验之间，能更好地找到平衡点，将走得更长远。

七、社群社区新模式破局

2014 年初，农特产品微商开始萌芽，以“社群＋代理＋一件代发”模式开展农特产品销售。该模式一直风行至 2016 年初，随着代理和客户分散、快递成本高、运输时效长、损耗大等原因，迫使一件代发的农特微商们开始思考更优的业务模式。

2016 年上半年，“社区＋社群＋同城落地配送”模式悄然兴起。“农优一百”在贵阳的合作伙伴“美味果果”，是一个不起眼的小社区店（非临街旺铺），就姐妹俩人，姐姐负责选品，妹妹负责微信及社群营销。她们在贵阳多社群同时开团，收集订单后安排产品批量落地到贵阳，然后由第三方负责同城配送（包含但不限于专业物流公司）。2016 年，她们的销售额达到 800 多万，这就是“社区社群生鲜”模式的雏形。

“社区社群生鲜”模式，可以通俗地理解为以同城物业小区为单位，通过微信社群集合客户，在多个社群同时发起生鲜产品团购，收集到一定数量的订单后，产品批量落地和同城配送到家的生鲜模式（以下简称“双社模式”）。2017 年初，该模式在全国落地开花，长沙、杭州、北京、深圳、上海、广州、南昌、扬州、贵阳等地争奇斗艳，同一个城市数十或上百个小区同时开团，像长沙知花知果、扬州味罗天下、贵阳美味果果等，月销售流水破百万的团队比比皆是。“本来食享会”，切入“社区社群”服务不到半年，月流水就超过 3000 万，并逐月增加，可谓来势凶猛。

1. “双社模式”为什么会火

（1）缩小社交半径。

情感驱动，是社交电商的第一驱动力，因为买卖双方必须是朋友，才有可能产生交易。社区的群主，跟群里的朋友大多同住一个小区，是邻里关系。除了线上沟通随时可以坐个电梯下楼见面，社交场景更真实。见面的信任度，可以抵得上在虚拟的线上聊一年，朋友交好了，信任建立了，剩下的就是产品和服务的事了。

（2）降低综合成本。

以一件代发为例，3 公斤普通快递全国通票的费用为 5 ～ 7 元不等，如果需要冷链运输的产品，快递成本更是高达 30 元以上。当同城多社区同时发起团购，订单集中后，可以使用简易包装，批量走干线物流、空运或冷链车，这样算下来包装及通路的综合成本至少下降 30%。

（3）让生鲜“更鲜”。

一件代发中转环节多，快递员忙起来的时候也很难做到小心翼翼，摔碰难免。批量到货，可以减少中间环节，提高运输时效，让生鲜更新鲜，产品损耗也将得到有效改善。此举能让生鲜运输时效快 30%，产品新鲜 30%。

所以，聪明的一件代发微商们纷纷升级迭代，转战“双社模式”，可谓农特微商的 2.0 版本。“双社模式”虽好，要规模化发展将接受考验。

2. “双社模式”五大考验

（1）供应链整合能力。

一般的社群每周至少要团购 3 ～ 5 种商品，全年至少要团购 200 个以上，这对产品供应提出了新的要求。是买手制，还是供应商制？还是两者结合？除了品类丰富，还有品质把控和性价比的问题。

（2）合伙人忠诚度。

发展“双社模式”基本是社区合伙人制，当社区合伙人掌握该模式时，会不会自己单飞演变成你的竞争对手，这是合伙人职业生涯规划要考虑的问题。因为在一件代发的微商模式里，代理忠诚度是极低的，单飞情况比较普遍。

（3）运营管理水平。

社区生鲜的个体规模虽小，但也五脏俱全，从选品、吸粉、社群管理、销售管理、配送、售后服务、客户关系管理、转化等，是一个流程化的系统工程。

（4）技术支撑能力。

大多社区社群都采用群里接龙，手工接单，红包或转账支付等方式完成订单收集和管理，效率低、容易出错，不便于客户管理和数据分析。启用专业的服务系统，向技术要效率，非常有必要。

（5）“150 定律”的魔咒。

社交电商，是基于人与人的情感交流，建立信任以后开展的系列商业活动。社交范围将决定业务规模的大小，根据 150 定律（又称邓巴数字），每人拥有稳定的社交网络的人数大约为 150 人。这就意味着，每个人的服务社群的能力和人数是有限的。经营 10 ～ 100 个小区社群可以比较轻松达到，当要发展到 1000 个、1 万个小区社群时，将接受重大挑战。

“本来食享会”CEO 戴山辉说：“生鲜是小微创业者的天下，任何想一家独大，吃掉整个蛋糕的，一不现实，二不可能。”不管怎样，“双社模式”是当下最高效的小而美生鲜模式，也是一件代发微商转型的理想选择。

八、转型破局

提到博士妈妈品牌及其创始人“蛋姐”，业内的人都很敬佩。博士妈妈在 2015 年农特微商崛起时，做出业界典范“博士妈妈野鸡蛋”，并成功转型做健康养生食疗产业，把“博士妈妈”品牌打造成有完整产业链，被央视主动报道的品牌，其旗下部分产品年销售已经达到 1 亿元。博士妈妈创始人余纯是如何做到快速转型的，值得我们借鉴。

1. 北大博士与生鲜之痛

博士妈妈品牌的创始人余纯，来自安徽大别山一个农民家庭，经过寒窗苦读成为北大医学博士。毕业后，余纯就职广东省卫生厅，在职期间曾主持广东省卫生厅一项课题，是中国卫生经济协会课题二等奖的获得者。对很多人来说，余纯做公务员捧着的是金饭碗。

随着社会发展，食品安全越来越被人们重视。余纯成为妈妈后，带着对食品安全的担忧，同时也看到社会对安全食品需求的商机，毅然辞职下海创业。

辞职后，余纯返回家乡寻找创业项目，意外发现在深山里放养的凤凰野鸡生产出来的鸡蛋特别好吃，跟城市里鸡蛋的味道完全不一样。于是，她把几颗野鸡蛋带到北京的实验室，结果发现野鸡蛋的各项指标，包括亚麻酸、DHA、EPA、硒等元素均比普通鸡蛋高出约 6 倍。于是，余纯游说三位北大博士同门师姐加入自己的创业团队，并利用各自的专业特长，检验农户的凤凰野鸡，寻找最佳的合作对象。

博士妈妈团队采取仿野生的养殖模式天然放养野鸡，这使得与农户合作的饲养场地在通风、温度、湿度、光照、排污、活动空间的设计上都非常讲究，而这一套严谨科学的养殖体系，付出了高昂的养殖成本。

不仅如此，博士妈妈团队以亚麻籽提取物、豆蛋白和多元维生素为原料配制辅食，大大提高了野鸡蛋的营养价值。

2015 年 6 月 6 日，博士妈妈野鸡蛋正式上市。上市短短半个月，博士妈妈把电商史上最难做的产品鸡蛋，做到微电商同行无人不知的地步。当时，博士妈妈野鸡蛋创下当月销售 300 万元的佳绩。

然而，余纯没多久就遭遇到迎头痛击。市场大热之后，又趋向冷静。原因是消费者早已习惯了菜市场 1 元一个的鸡蛋，对这种漂亮独特的野鸡蛋大多抱着新奇的态度进行尝试，之后就回归家庭的正常消费，很难持续购买 6 元一个的野鸡蛋。久而久之，野鸡蛋的销量变得很不稳定，有时接到企业送礼大单，有时一天只有十几盒的销量。而新鲜的野鸡蛋滞留一个星期不得不免费送人。另外，野鸡蛋的销售渠道为电商，通过快递运输，博士妈妈的野鸡养殖基地地处偏远山区，没有顺丰冷链。鸡蛋发货到北上广等大城市需要三天时间，天热的时候，即便是刚下的蛋，在运输路途中也可能由于高热的车厢环境而散黄。到 10 月左右，东北地区已经开始降温，低温也会导致野鸡蛋大量冻裂。一年有一半多的时候，野鸡蛋是不能卖的，而野鸡生活每天仍需高昂的费用，场地、人工每天都在消耗。有时候，博士妈妈一个月十几万元地亏损。最重要的是，代理商无法获得持续稳定的供应，在这种内忧外困的环境中，余纯以她一贯冷静的作风来静心思考如何走出困局。

2. 不忘初心，背水一战

野鸡蛋的问题，让博士妈妈团队面临一个严峻的问题：转型！不能把一个烂摊子丢下，不能把整个跟着博士妈妈团队销售的代理丢下。可如何转型呢？做什么产品呢？当时，很多人给予建议，大多是那个阶段的市场“爆款”。可是，余纯冷静下来，她认为自己所坚持的方向是没有错的。这个时代的人需要健康绿色的产品，而自己之所以辞职创业，为的就是利用自己的专业，力所能及地给人们带来健康。无论行业有多么不好做，未来转型有多么困难，都不能放弃自己的初心，不能放弃自己的专业。一个品牌的初心如果丢了，赚钱只是一时的，不可能会有大格局。

余纯和身边的人分析，随着经济水平的提高，国人消费的升级，健康产业市场有着巨大的市场空间和无限的发展潜力。在健康产业中，中草药及药食同源的产品，在国人中备受推崇，中草药健康产业受到政府的高度重视，已被列入“十一五计划”作为重要产业加以扶持，未来大健康产业一定是一个长盛不衰的市场。

四位博士妈妈是药学专业背景出身，这是别人无法替代的优势。如果团队能做一款避免因季节变换、路途遥远而不能销售的健康产品，既符合自己的专业优势，又符合当前大部分客户的心理诉求，绝对是一条可以走得长远的康庄大道。

经过调研，博士妈妈团队最终选定了红豆薏米粉这款产品作为自己的转型作品。红豆薏米粉是一款药食同源的代餐粉类产品，受众面广泛，市场容量很大。经过反复研究、实验数据对比、工艺提升之后，博士妈妈红豆薏米粉开始上市，而这个时候面临的问题就是销售。

3. 值得借鉴的转型之旅

很多农特产品微商人，因为农特产品独有的坏果、碰损带来的售后问题，都纷纷转型，可多数人转型并不成功。不转型意味着前期辛苦培养起来的团队全部“消亡”，前期的培养和投入全部浪费。所以，农特微商领头人不仅要根据时代脚步转型，还要带着整个团队一起转型。

为了让野鸡蛋的客户群体顺利过渡，博士妈妈采用了减销、追销和搭销三种策略：首先，客户在购买野鸡蛋的时候，收到温馨提示，加10元可以换购一份红豆薏米粉的试用装。10元不是一个大的数目，多数客户比较容易接受。当客户做出试用购买决定的时候，就是他已经说服自己接受产品。这时，在客户体验后，进行指导、关怀和紧急追销的效果是最强大的。这好比一张纸，当你抓住两端用力拉扯的时候，它很难绷裂，但当中间出现一个小裂缝的时候，用同样大的力气，可以直接把纸撕成两半。

当客户响应10元体验装，并愿意掏钱购买的时候，就要及时向他追销整盒甚至周期性的产品。通过这个方法，一大半的野鸡蛋客户都被顺利过渡到新品。此后，博士妈妈团队有了新品，则会采用搭销的方法，比如选购红豆薏米粉，会搭配赠送或者加极低的金额换购新品体验装，让客户在潜意识中觉得占了便宜。只要客户体验了新产品，加上专业的医学知识解说，就会形成很高的复购率。这是博士妈妈团队非常成功的转型经验。

总的来说，农特产品微商转型，很多人转型失败在于方向，从农特产品微商直接跳到做化妆品，导致原有的代理和客户体系基本全线崩溃，这是最要不得的。还有的农特产品微商，觉得转型就要重新来，直接把原有的代理都给抛弃了，而这是对现有资源最大的浪费。

4. 品牌化之路，要有全局战略思想

红豆薏米粉的成功，田味道青汁、五红汤等产品相继上市，都取得佳绩，这让博士妈妈的团队一再壮大。在成功的路上，余纯意识到不能打游击战，要成立正规化的公司，走品牌化、产业化路线。于是，她和伙伴注册了广东恒正生物科技有限公司，从最初的几个人，发展到现在的研发部、品牌运营部、市场销售部，每个部门都有自己的体系。

博士妈妈的产品，每件产品都坚持三十多道化验、检测程序，最大限度地保证把健康食品交到消费者手里，让消费者放心。品质是整个品牌的生命，坚持品质可能一时走得比较慢，但对一个企业或品牌的发展来说，具有战略性的意义。

除了让品牌产业系统化，让企业正规化，让品牌运营全面化，博士妈妈还注重对代理团队的培养，联合全国几位重量级的大咖研发了博士妈妈微商裂变体系。因为代理商的水平参差不齐，有的甚至是公务员、医生等，他们虽然拥有良好的人际关

系资源，却不知道如何推荐产品。博士妈妈团队每天都有新人加入，很多代理卖着卖着，由于没有系统的营销理论支持，渐渐地缺乏后劲，过一段时间就偃旗息鼓。出现这种情况不是代理不够努力，而是培训系统没有搭建起来，代理没有成长目标和学习动力。

这时，余纯联想到学生上课，家长对孩子有分数的目标要求，班上有班主任、班长、学习委员，有系统、有标杆，才能督促学生不停地努力成长。所以，作为品牌方，管理销售团队的时候，就要考虑好，从销售员代理产品的第一天开始就要规划好他的成长轨迹，从心态到阶段性目标、学习素材、具体行动，进行系统的梳理，编成教科书，以便所有的团队，甚至所有的代理，都能独立学习，独立开展培训；针对不同级别的代理，进行针对性的培训，老代理培训做什么，新代理培训怎么做；在培训方式上，改变传统说教式教学，采用体验式教学，不再是我说你听，而是我们一起做一遍，将每个人的主观能动性发挥起来，整个团队的销售能力就能非常强大，从而确保大部分的业余销售员都能成长为专业的销售能手。从团队的管理，到可以复制的裂变方法，博士妈妈团队全部实现系统化。每个人都能复制，每个人都能通过复制成功。这也是博士妈妈品牌崛起值得参考和借鉴的经验。

总之，让人爱恨交加的生鲜电商，爱是根本的需求，恨只是技术和手段没有贯通造成的各种难题。可以乐观预测，通过各种方法破局，生鲜电商一定会冲破迷雾，找到出路的。

第八章

“互联网+”供应链新蓝海

农业供给侧已经成为农业产业发展的主题，消费升级、产业升级是当前农业企业战略发展的重中之重。环保压力的加强，使种植、养殖和加工的方式和理念都面临着重大的调整。随着中产阶层的崛起，新兴消费群体对农产品品质和食品安全要求不断提高。

走出传统农业，直接对应消费端已经成为传统农业龙头的新发展模式，从深入了解新兴消费群体出发，占领新零售端，更有效地靠近消费者，从而更有效地进行生产种植。目前大量存在的小微农企，在其经营环节的上游、中游、下游的“供应链”体系中缺乏实施的能力。而农业产业化就是一个完整的农产品供应过程：农资供应者→农产品生产者→农产品加工者（分级、包装、储藏等）→农产品经销商（市场营销服务者）→农产品消费者。

传统的农业企业通过对物流、资金流、信息流的控制，将供应者、生产者、分销者、零售者直到最终客户连成一个整体的功能链结构。通过对供应链系统功能的整合，利用专业化的社会分工，对各个节点进行技术交流与协作、非核心业务外包等，降低库存总量，缩短流通时间，降低流通成本，加快对客户需求的反应速度，从而形成供应链整体的竞争优势。

供应链整合对于农业产业化发展具有重要意义，通过优化农业资源的有效配置，提高企业的经营效率和经济效益，形成新的竞争优势。今天在农产品市场不断由区域性向全国性甚至国际性发展的过程中，农业竞争已不单纯是某个生产组织、企业或具体产品的竞争，更表现为产业链条和运作体系的整体竞争。

目前，我国农业产业化已经进入快速发展、创新提高阶段，农业企业由数量扩张向质量提升转变，离不开当前农业由注重单一环节向拓展供应链上下游多环节转变，农业产业实施供应链整合已经成为发展的共识。随着生鲜电商平台和微商渠道的发展，新的供应链体系正在形成，冷链建设如火如荼，云计算、大数据、物联网、移动互联网等新技术的使用将共同促进农业的发展。

第一节 供应链系统

农产品的生产对自然条件和资源的依赖性强，储存条件高，运输成本高。绝大多数农产品是非标准化的产品，且同质化现象严重。农产品从生产端到消费端的时间长、路线长，农户很难清楚了解消费者的偏好，并根据消费者的需求生产农产品。根据我国农村电子商务发展的现状，可以选择以下两种模式：

（1）农户—政府—农产品需求部门。

农户小规模、分散经营和大市场的矛盾决定了农户需要借助第三方中介的力量获取消费者的需求信息，从而确定了农村电子商务的开展需要有组织的第三方参与。政府既拥有较强的财政实力，又拥有较强的公信力，既可以代表弱势农户群体的利益，又可以利用现有的政府农业网站开展电子商务，节约资源，避免重复建设。因此，政府是第三方的最佳选择。政府根据农户的需求建立针对农副产品生产、销售、供求信息、人才培训等内容的电子商务平台，从而将农业的产前、产中、产后等诸多环节有机结合起来，解决农业生产与市场信息不对称的问题。

（2）农业生产企业—农产品需求企业 + 个人需求者。

对于农业生产企业，因其具有一定规模和资金实力，对于农产品需求量大的部门可以直接采用 B2B 模式；对于农产品的个人需求者，又可以采用 B2C 模式。农业生产企业开展电子商务，一是可以通过自建电子商务平台，在搜索引擎注册推广网站；二是在以淘宝为首的第三方中介平台注册会员开展电子商务。买卖双方直接通过网上银行进行资金的划转与结算。同样，为保证网上交易的安全性，买卖双方应采取实名交易并向认证中心申请证书，交易时需验明身份。

一、农产品供应链现状

农产品供应链是对从生产到消费过程中各个环节所涉及的物流、资金流、信息流进行整合，将生产商、分销商、零售商等各方链接成一个具有整体功能的网络，它系统地将农业产前、产后科学流动，达到供应、生产、运输、加工、销售等环节的有机衔接，其目的在于使整个供应链产生的价值最大化，从而使财务可视化、生产标准化、流程数据化完整体现。

农产品供应链是目前困扰农产品上行的一个核心问题，特别是遍布在全国各地小规模新农人的供应链问题尤其突出。很多新农人缺乏企业管理经验、财务经验、生产经验而轻易地从事标准化最难做的农产品。采摘了多少、商品果多少、损耗多少、人工成本多少、物流费用多少，诸多问题困扰着小微农企。很多小微企业辛苦做了一季，甚至都不知道自己是否盈亏。有些地方政府，不了解农产品上行，匆忙上阵打造地域品牌，忽略了最重要的环节，供应链管理。这些问题在全国很多产地造成了惨痛的教训。

二、供应链是一个从基地开始的闭环

从枝头到餐桌的美好体验，一定要有专业而通畅的供应链条。供应链是双刃剑，如果能够做好的话，是农产品电商真正腾飞的翅膀。

烟台柏军果品的樱桃供应链就是很好的案例，他们通过三个重要的环节实现樱桃电商“零售后”。

1. 基地的对接和把控能力

好产品是种出来的，没有好的基础产品，再好的供应链和营销，那也是竹篮打水一场空。柏军果品敢于和新农联一起来打造日供樱桃 2 万单的供应链（如图 8-1 所示），不是信口开河。柏军果品不仅自己有基地，在烟台的樱桃和苹果基地对接方面，已经有 10 多年的经验，对每个基地的产品很了解。因为有多年的合作基础，基地农民对柏军果品非常信任，愿意与其深度合作。

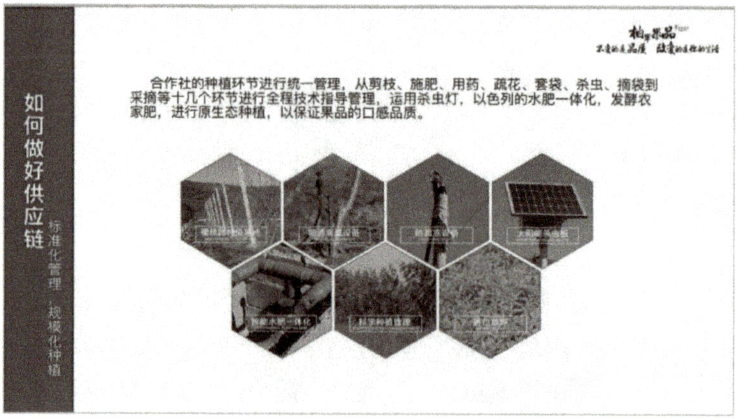

图 8-1　如何做好供应链

2. 产品加工能力和技术

很多朋友选择的基地产品也很棒，但因为采摘后的分拣、预冷及加工方面没有能力和技术支撑，所以经常出问题。而柏军果品在这方面有丰富的经验（如图 8-2 所示）。

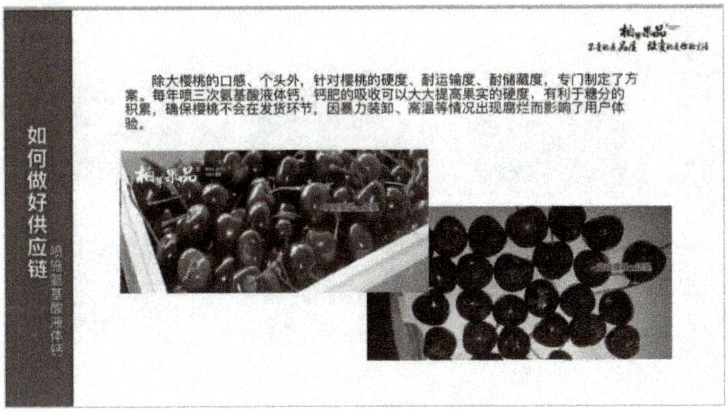

图 8-2 加工后的大樱桃

第一，樱桃分段式预冷。很多人不明白樱桃为什么要分段预冷。一般樱桃采摘时会附着很多的泥土和烂叶，由于后期需要长途运输，非常容易腐烂变质，所以要先分拣去除杂质，进行 6℃左右的初级预冷，然后再放入冷库。这样可以提高果实硬度，减少糖分损失和风味变化，控制采后果实生理变化（如图 8-3 所示）。初级预冷是一个逐步冷却的过程，让樱桃先适应温度的变化，果实表面温度、果核内部的温度一致降下来，就不会造成糖分损失和口感变蔫。柏军果品拥有精准的分段预冷技术和设备，预冷效果好，内外一致，樱桃口感特别新鲜。

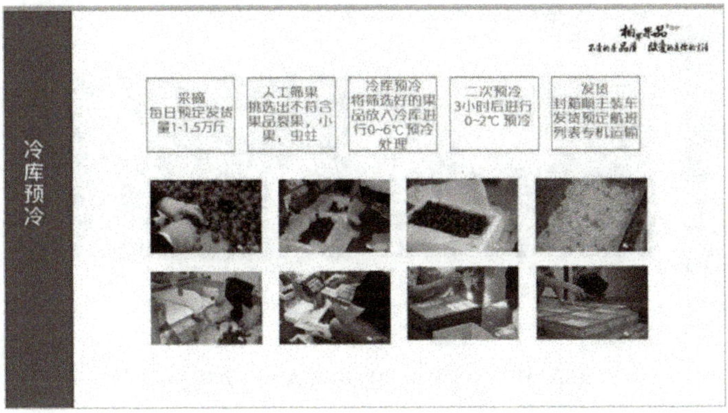

图 8-3 冷库预冷

第二，分拣流水线。柏军果品的樱桃，颜色和个头都很均匀。这缘于他们的分拣流水线。为了做好樱桃供应链，他们下决心做各种基础工作，分拣流水线就是很重要的硬件投入（如图 8-4 所示）。

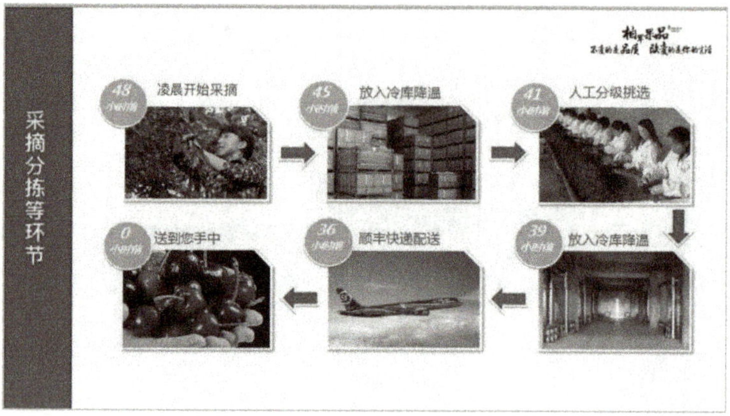

图 8-4　采摘分拣环节

3. 整个链条的把控能力

光有设备和技术，如果执行不到位，品控管理不到位，那也不会有好结果。大家经常遇到供应链环节出现的各种问题，都是因为“没想到”，而柏军果品要用自己的实干让一切可能出现的问题全部消灭在萌芽中（如图 8-5 所示）。

图 8-5　专业的培训是获得成功的关键之一

柏军果品掌门人徐柏军在樱桃季每天睡 2 小时，在整个烟台樱桃季 20 多天的过程中，他每天坚持考察烟台每个樱桃市场，以便掌握市场产品品质和了解价格变动情况。

三、如何做好供应链系统

供应链对生鲜电商来说至关重要，关乎生死。那么，如何做到位呢（如图 8-6 所示）？

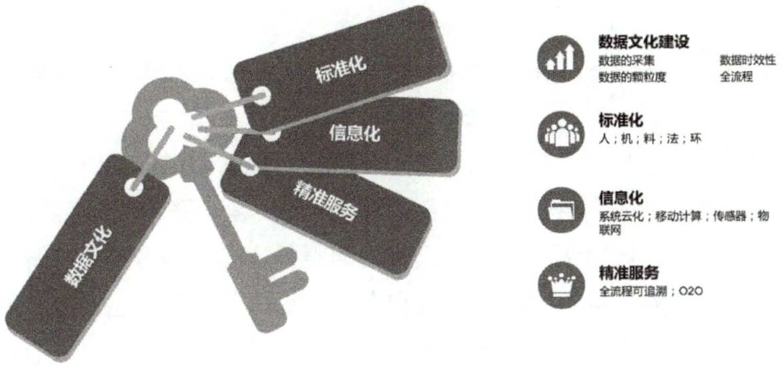

图 8-6 供应链基本内容

（1）起点一定是基地。好的农产品是生产出来的，如果没有好产品，一切的后续努力都是徒劳的。深入生产基地不仅是挑选好产品，更要了解产品的独特性及采收后的后熟、存放的要求等。

（2）安全的包装。新农联野生猕猴桃项目之所以失败，就是因为包装问题没有解决好。

（3）分拣、预冷、存放等的科学性。像苹果这样比较耐存放的产品，连果柄需要剪短这样的细节都要考虑到。

（4）物流测试。要尽可能扩大范围去测试，不要心存侥幸。

（5）快递解决方案。根据当地情况，选择与最合适的快递公司合作。

（6）客服团队的培养。强供应链一定是强服务，要把所有的问题在产品发出之前解决。

（7）大数据的运用。很多农微企业在建立供应链体系时，主要围绕以下几点进行。

数据文化建设：数据的采集；数据时效性；数据的颗粒度；全流程。

标准化：人，机，法，料，环。

信息化：系统云化；移动计算；传感器；物联网。

精准服务：全流程可追溯；O2O。

建立自己的小微数据库，通过数据对整个供应链进行分析、优化。全国数以千万计的农业企业，整个供应链的变革是一个巨大的市场。

总之，供应链问题关乎生死， 必须无条件解决。既然我们做的是“商”，就必须遵循商业规律，产品、包装、物流等都要落到实处。细节决定成败，是电商的座右铭。

四、服务 + 供应链管理

柏军果品让我们看到了可靠供应链的重要性。吉人玫瑰火龙果也有这样的体验，他们认为服务 + 供应链管理，真正考验企业综合实力。

做农特生鲜，其实不缺好产品，也不缺好的营销，缺的是供应链管理的整体实力。中国有很多好的水果，也有很多好的营销方案。但是，具有完善供应链管理的农特产生鲜团队却不多。比如，售后服务，赔付只是基础服务，真正控好品质，降低坏果率，才是农特生鲜供应链服务的真正内涵。代理和客户，其实最需要的是商家控制好品质，并且提供良好的体验。在吉人玫瑰的实际销售过程中，售后率控制在 1% 以内。吉人玫瑰团队，能做到供应链的全程把控，并用海量数据统计分析来指导他们的工作。比如，当看到售后的坏果率在某一条给运线容易有问题，或某一个省份的快递网点存在时效慢或者暴力分拣运输等情况，他们就会迅速反应，并做出具体的解决方案。他们会顺藤摸瓜，通过数据分析，迅速找到问题的关键节点，并投入资源，让问题能够迅速得到解决。如果是出现售后坏果，他们会做闪赔服务，消费者仅需要一张照片（坏果照片 + 面单）就可以解决售后赔付的申请，并即时收到赔付款或者补发的商品。无论是吉人玫瑰的原因引起，还是快递方面的原因引起的，全部由公司先行赔付，保障客户的体验。

正是这样靠谱的全链条管理，才让吉人玫瑰赢得了好口碑，最终获得顾客的认同，赢得很高的复购率。

第二节　标准化 + 服务 + 供应链管理是核心

一、标准化建设

标准化建设也是供应链中一个非常重要的方面。互联网的发展，推动了农产品标准化的进程，在日本、新西兰等农业发达国家，苹果、猕猴桃从颜色、重量、品相等，都要做到标准化。农产品生产标准化是个复杂的体系，针对不同的产品，包括从采摘、分级、分选、包装（线上、线下）、打包、发货等一系列流程。在国内，很多大型企业有规范的执行标准，投入自动分选设备，进行严格的人员培训和品控管理。

在国内，标准化在生鲜电商领域也已经成为共识。丹东的奇异莓基地的标准化就很典型。在进行标准化改造之前，丹东基地和其他中小型农业基地一样，采用粗放型的生产和管理模式，碰到了一系列的问题。比如，工人计薪这一环节，决定了基地的日收获量和产品品质。按日计酬，则工人不紧不慢，产量上不去。按量计酬，则工人动作粗糙，不求质量，导致损耗和不合格品增加。基地一直没法有效解决这个问题，生产成本居高不下，生产质量没有保障。

痛定思痛，丹东基地在 2017 年采收前邀请供应链专家一起商讨落地了一系列标准化改进措施。

首先，对所有作业人员进行分组及编号，对周转容器进行编号，对生产区域进行划分和编号。制定果子的质量标准、分级标准及对应的薪酬体系。

其次，建立标准作业程序，从如何采摘开始，到田间运输、分拣筛选、装盒装箱，对每一个重要生产环节都图文并茂地讲清楚正确的动作，对可能产生的风险、可能出现的问题列出注意清单，张贴在现场。基地对所有作业人员进行培训，以保证所有人掌握正确有效的工作方法。

在这些基础工作做好后，每天每个人（每组人）在哪块地里劳作，采摘了哪几筐果子，果子的等级、品质、重量，花了多长时间，都通过软硬件的辅助记得清清楚楚。所有数据都有据可查，并可追溯。基地修改了薪酬方式，对质优产量高的个人进行奖励，对速度慢质量差的个人进行处罚。整个工作团队表现出与以往完全不同的工作效率和工作质量，最终基地达到了降低成本提高效率的目的。

农产品标准化不易，从种植、采摘、分级、销售等每个环节可以根据条件分步骤进行。在标准化过程中，要从经验思维向数据思维过渡。这才是标准化的开始。

二、仓储物流的重要性

中国水果时蔬等农产品在采摘、运输、储存等物流环节的损失率高达 25% ～ 30%，而发达国家果蔬损失率则控制在 5% 以内。落后的仓储物流管理方式是造成损失的主要原因。传统管理方式以人工或半机械化作业为主，效率低下，错误频出，往往不能确保进货、验收及发货时间，导致货物出入不畅通，库存时间非正常延长，从而造成货物的霉变、损坏和失窃等一系列损失。可见，面对日益复杂的仓储需求，传统管理方法已不合时宜。仓储物流管理系统是现代社会物资管理的核心，也是现代企业得以高效运行至关重要的环节，其效率与企业运营的收益成正比关系。另外，中国地域广袤，很多地区地形复杂，建设仓储物流基础设施比较困难。近年来，很多地方政府和企业意识到这些问题。解决农产品上行，仓储物流已经成为政府和企业投入的重点。

在四川丹棱、内蒙古巴彦淖尔等地区，政府投资建立公共仓储物流或者补贴企业自行建立这样的仓配中心，帮助众多农产品企业解决问题，有很好的效果。

只有真正做好供应链，生鲜电商才有成功的基础。

供应链标准化非常重要。非标准化的农产品真正走向标准化销售，至少要做到五个方面：第一，摆脱分散种植和销售模式，保障生产标准化，从基地、种子等源头实现品质有效管控。第二，种植端解决内在品质标准化，基地成员都有严格选入的标准和规范的种植管理流程。同时，每个基地都有技术人员驻守，为基地提供种植技术辅导和监督管理。第三，采后处理解决外在标准化。采摘后规定时间内上机分选分级入仓，或当天生产包装发货。包装厂的分选设备根据产品的大小、成熟度和重量自动筛选、分配、包装，使每箱水果品质一致，大小、着色、贴标位置、包装重量规格等统一。第四，产地冷仓，保障仓储条件标准化。保证产品在原产地的低氧低温高二氧化碳的储存环境。第五，与终端零售渠道合作，实现运营标准化。主要合作对象包括微商、电商平台、水果连锁超市、企业集团采购、批发市场几大渠道，通过与渠道商的协同配合实现标准化运营。

第三节　“互联网 +”品牌供应链打造模式

“互联网 +”农业产业链的发展，必然需要供应链的革命。基地 + 品牌 + 供应链才能完成价值革命。陕西的“齐峰果业”就是中国版的佳沛，品牌战略指导供应链，标准化贯穿全产业链，实现了猕猴桃品牌发展之路。

陕西齐峰果业立足于国家级（眉县）猕猴桃产业园区，深耕猕猴桃产业 20 年，主要从事猕猴桃基地种植、收购储存、分拣包装到运输销售的全产业链业务。齐峰果业本着“好水果从种植开始”的理念，致力于国内水果标准化、产业化、品牌化、规模化、互联网化、国际化的发展道路。公司现有气调保鲜库150座，储存量2.5万吨；有法国进口的包装生产线14条，日分拣量400吨以上；有标准化包装车间3个，面积1万平方米；自有有机猕猴桃生产基地333.33多公顷。在北京、上海、广州等地设立了猕猴桃直批点。同时，企业在北京、上海、西安等地开设了18家礼品直营店。

近年来，齐峰果业依托猕猴桃产业与玩果电商（旗下子公司），积极发挥货源地优势，拓展了陕西、新疆、四川、广西、广东等地源头产品与仓储基地。他们立志成为国内专业的生鲜水果原产地供应链服务商，为众多电商、微电商、商超等客户提供水果原产地供应解决方案。他们的品牌供应链打造之道值得关注。

一、采用果园托管模式，提高种植标准化

“好水果从种植开始”是齐峰果业的企业宗旨。长久的产业化经营及考察新西兰奇异果种植园的经历，让齐峰深刻明白，只有向国际标准看齐，与果农共同发展猕猴桃种植标准化，企业才有未来。因此，齐峰果业在产业链的上游加大基地的标准化种植管理，特别注资建立陕西齐峰农资电商科技有限公司。公司采用“农资电商＋果园托管”的模式，将果农变成会员，通过果树栽培技术培训、优质农资供应、果园种植技术服务、果园统一采摘收购，为果农提供更多精准的农业服务，从源头上提高猕猴桃质量，保证果品安全。

齐峰果业在宝鸡眉县建立了333.33多公顷自有有机猕猴桃生产基地，严格按照标准化模式进行建设，配方施肥、病虫害防治等都采用标准化生产技术，确保果品质量。通过标准化种植，示范带动眉县基地、汉中基地、蒲江基地的发展，实现企业与种植户的互利双赢。

二、用品质和口碑塑造品牌

质量是企业的生命线，齐峰果业深谙此道。在产业链的中游环节，种植收购、分拣生产、储存包装、物流配送，都有专人专职负责。从源头到出库，每颗猕猴桃都要经过几十道工序，确保优秀品质，让消费者吃得放心。

为提高果品质量，减少产品重量误差，公司在原有5条国产猕猴桃分选线的基础上，进口了一条国外四通道的全自动分选线。先进的分选生产设备为生产的标准化工作提供了技术支持。齐峰果业在2012年制定了产品质量控制标准和发货控制标准。此

外，还按照气调库标准施工建设冷库，配有臭氧自动杀菌设备、自动加湿设备、自动温控设备以及风道送风设备，并经过多年的实践总结，制定了猕猴桃冷库管理技术标准。由于冷库硬件设施先进、管理科学，齐峰果品存储时间长、质量稳定、品质优良。这些措施，让齐峰奇异果卖出了好价钱，获得了好口碑。2016 年，齐峰果业营业额突破 3 亿元。

品质成就品牌，齐峰果业十分重视产品品牌建设：2012 年通过猕猴桃有机产品认证，2014 年通过了 IOS9001 质量体系认证，2015 年通过了 GAP 认证。公司目前拥有“齐峰缘”“齐奇”两个注册商标及几十项产品专利技术。齐峰果业通过学习先进品牌管理经验、严把产品质量、加强品牌建设，产品不断增加出口，让世界知道了中国猕猴桃，知道了齐峰奇异果。2016 年，“齐峰缘”被评为陕西省著名商标，品牌价值 1.5 亿元。

三、建立猕猴桃电子商务物流园区，猕猴桃销售向全国布局

在供应链的下游环节，齐峰果业不断开拓和深化批发、零售、电商渠道，建立猕猴桃电子商务物流园区，建设北京、上海、广州同城配仓库，实现猕猴桃销售的全国布局，深化猕猴桃产业的互联网化和国际化发展战略。齐峰果业的未来发展目标是走向更高的国际舞台，成为中国的佳沛。

1. 打造物流集散中心，形成电子商务中心

齐峰果业依托眉县国家级猕猴桃产业园区，以及齐峰全国 12 个直批市场，20 年来建成了成熟的物流运输体系，每天源源不断地向全国重点城市地区进行快速物流运输。齐峰果业计划以产业园区的仓储群为基础，逐步将猕猴桃产业园区打造成西北最大的农产品物流集散中心。

2. 发展农副产品深加工，做深做强电商产品

齐峰果业计划生产脱水冷冻猕猴桃干片、切片以及冬枣片等产品延伸眉县猕猴桃农产品产业链，同时采集西北优质农产品，进行网络销售增加休闲食品订单量，做强眉县猕猴桃产业。

四、“互联网 +”让猕猴桃产业无限放大

从 2013 年开始拓展电商市场，齐峰果业过去几年不断探索互联网新模式，2014 年

提出互联网大战略，全面布局互联网电子商务。从有机果园种植直播上网，到储存分拣数据上网，再到网络销售物流发货，以及最终的消费口碑评价，齐峰果业全面实现了“互联网＋”。齐峰果业的“互联网＋”模式，让猕猴桃产业化无限放大。

过去的20年，齐峰果业不断加强基地建设，从果园种植到存储、分拣、包装、运输、销售及最终的顾客体验，每个环节都在不断完善。“互联网＋”模式，让猕猴桃产业有无限可能。齐峰果业通过淘宝、天猫、京东、微店等平台，将产品卖给全国各地的终端客户，并能及时与客户进行交流互动，借助电子商务做好产品品控、客户服务，并提高产业标准，这对于猕猴桃产业来说无疑是另一个春天。

五、蓬勃发展的国际业务

齐峰果业在2010年成立之初就开始着手猕猴桃的国际市场业务。总经理齐峰亲自带头发展台湾地区业务，2013年公司开始着手俄罗斯市场。2012—2014年，在陕西省果业管理局大力支持下，眉县果业局组织齐峰果业连续三年在台湾成功举办了“海峡两岸陕西猕猴桃产销座谈会”，达成了一系列协议，标志着齐峰果业进入中国台湾市场。

2015年10月，齐峰果业猕猴桃销往中东的迪拜市场。2016年，齐峰猕猴桃出口销售150吨，累计销售额达35万美金。

当国内消费者还在质疑国产猕猴桃品质的时候，为果园标准化管理努力多年的齐峰果业率先取得了果园有机认证和瑞士SGS颁发的GAP果园认证证书，成为国内首家取得出口欧盟资质的专业猕猴桃企业。

目前，齐峰果业已将齐峰金艳、齐峰海沃德、齐峰徐香、齐峰翠香四个品牌猕猴桃销往俄罗斯、迪拜、马来西亚、泰国等国家和地区，让中国高端猕猴桃走向国际市场。此外，齐峰果业每年5月份前后从智利进口猕猴桃，弥补国内猕猴桃季节性缺失，实现对市场的全年供应。

第四节　区域超级大单品供应链

从武功猕猴桃的热销看区域超级大单品强供应链的打造。

猕猴桃不仅是消费者喜欢的重要水果品类，也是农村电商的重要品类，“褚橙柳桃潘苹果”中就有猕猴桃，其重要性可见一斑。在竞争激烈的猕猴桃大战中，武功脱颖而出，在中秋节前夕每天8万单的出货量，让所有业内人士震撼。他们是如何做到的？

1. 从种植端入手

武功猕猴桃品质很好，但无论种植面积还是在业界的名气都比不上周至和眉县。现在，武功开始尝试猕猴桃树的认养模式，从系列传播的种植管理来看，种植管理很扎实，尤其是全面施用有机肥，进行绿色级别的生产管理。

2. 打造区域品牌

品种、品质、品牌是农产品营销的三大基本功。周至和眉县虽然有地理标志，但还没有统一的区域品牌。武功猕猴桃统一设计了“武功猕猴桃”的标识，活灵活现的“武功小子”让所有人眼前一亮。品牌不仅是标识，更是一种文化和标准，一种传播利器。品牌让好产品自己说话、走路。

3. 打造供应链

很多朋友都有很深的记忆，中秋节前陕西的物流爆仓，尤其是周至和眉县的猕猴桃，损失巨大。但是，武功猕猴桃每天 8 万单的供应链始终很畅通。“买西北，卖全国”，武功从 2013 年开始布局电子商务之初就很重视供应链的打造，现在更成为东西部优质农产品供应链的“桥头堡”。扎实的仓储、物流供应链的系统打造，给武功猕猴桃插上了腾飞的翅膀。

4. 扩展传播链

2013 年，甘肃成县李祥率领成县微部队打赢了成县核桃互联网之战。现在，武功县政府的领导不仅自己率领武功的自媒体传播，还扩大到整个陕西，土豆姐姐冯小燕、陕西魏延安等都是热心传播者。在此基础上，武功又在认领猕猴桃树的活动中扩大范围，在全国找到十多个自媒体大咖体验传播，让更多人了解武功猕猴桃。

5. 全网营销

农村电商是一个系统工程，区域超级大单品的打造绝对不是一个平台、几个人可以完成的，一定是一个平台、企业、团队、草根创业者共同组成的营销系统。在武功，不仅有平台电商在淘宝、天猫做活动，有生鲜电商采购，还有全国各地的微商军团的对接。

正如社科院信息化中心主任汪向东所说，农村电商已经从早盘布局进入中盘绞杀。移动互联网时代的农产品电商，一定是需要系统运营的。武功猕猴桃的崛起给予我们很多启示。

第五节　落地配送如何落地

在整个农产品上行的链条里，物流配送起着重要的作用。而落地配送也成为供应链的重要一环。如何做好落地配送呢？农创研习社社员叶玲刚8年的落地配送运作经验，值得我们学习。

叶玲刚在生鲜农产品销售行业是一位“老司机”。2004年，他开社区便利店入行零售；2009年，入行生鲜果品零售业，端午期间销售东魁杨梅1500多箱。之后8年间，他尝试过基地收购、批发市场、连锁超市供应、配送中心＋连锁店经营、电商商城、落地配送城市合伙人等涉农商业模式。

农创成绩：仅冻榴梿肉单品的落地配送运营，3个月收入超1500万元。他的经验值得大家借鉴。

1. 产品认知到位

近年来，物流行业高速发展，落地配送服务更是各大厂商争夺的重点。所谓落地配送，由落地分拨、同城和地县转运、入宅服务三大要素组成，主要以开箱验货、半收半退、夜间送货、试吃试用、送二选一、代收货款、退货换货等入宅服务为竞争亮点。叶玲刚认为，想让这些亮点更加突出，对落地配送所选产品（单品）的认知一定要到位。他做得比较成功的单品，包括阿克苏冰糖心苹果、西洲蜜25号、风干灰枣、185薄皮核桃、榴梿、车厘子等。这些产品的共同特性就是相对容易引发消费者的关注和追捧，促使其不断消费。

2. 好的供应链基地

落地配送主要针对的是终端销售方向，是对已被消费者接受和需要的产品，所进行的高效分发工作。能做好这一切的基础是，前端提供的产品优质且稳定。好的供应链基地，就是达到这项要求的关键所在。叶玲刚在落地配送运营过程中，也遇到过规模采购能力弱，采购品质难以保证等问题，连锁导致客户基数不够多，店铺城市影响能力弱，解决起来颇费周折。

3. 成本可控的高效运输方式

落地配送想要做好，配送服务相当重要。在目前的电商领域，B2B的落地配送没有多大问题，但B2C的配送仍未达到理想阶段。前者的运输方式相对好解决，同城、临城区域的高效送达，可依靠大型运输车、冷藏车等一次性解决农产品（生鲜单品）量大、要求送抵时效等难题。但是，若想把宅配做得更好，就需要成本可控、便捷高效地布点社区，有运输方式等来配合才行。近年来，叶玲刚尝试采用联盟、合作等模式，希望寻找到一条更高效的落地配送发展之路。

4. 及时处理滞后订单

做好落地配送，更考验的是服务能力。这不仅包括处理客户反馈的能力，而且包括对滞后订单的及时处理能力。这些订单要么是问题订单，要么是因产品量过大、运输配送消化不力导致的。这时，更考验运营者与客户之间的良好沟通，以及调配资源的能力，能否及时处理好，往往是落地配送持续经营好的关键所在。

5. 寻找社区合作伙伴

专业化、精细化、本地化是做好落地配送的更好选择。叶玲刚对此深有同感，他擅长深耕本地化，在杭州等地寻找有良好服务意识、运营模式相对成熟的社区合作伙伴，把落地配送服务覆盖得更广，做得更到位。他还把杭州的经验复制到长沙、苏州、宁波等地。

6. 精准锁定终端客户

并非说有了社区合作伙伴后，终端客户就可以放手给这些合作方去做了。对于更忠实的、能准确认知自己所需农产品的终端客户，叶玲刚也会经常去和对方沟通，了解更多更详细的反馈和需求，以便提供更精准的服务。在这些举动的感召下，这些终端客户就会成为之后运作相关活动的支持者和宣传者。

7. 与基地打好关系，提高服务品质

落地配送不能只讲物流，更要讲服务。服务必须有品质，能贴近用户个性化需求，不仅为本地消费者提供商业购买和配送服务，还可提供增值服务和数据营销，实现从物流服务平台向本地品质生活服务平台的升级转型。这时，就要和前端基地打好关系，采用前往基地旅游等方式，实现供应端和消费者之间的良好连接，再用互联网思维来持续提高最后一公里的服务品质，如此的落地配送运营必能更良性、更高效。

8. 可靠的同城配送体系

落地配送企业运营成功的一个重要参考指标，就是同城配送体系是否架构得很好。而要达到这一目的，所选的人、车，必须可靠。叶玲刚觉得，想要做好落地配送，全面运营特别重要，需要有具有凝聚力、执行力的团队，从而实现模式的可持续、能盈利，具备强大竞争力。

在消费新升级，新零售概念不断被提起的时代背景下，消费者也已对落地配送提出了新的期望。若想在新挑战中获得生存发展，我们的运营方式要从循序渐进的线性思维逻辑，转变成互联网节点合作的非线性思维逻辑才行。同时，拥有打造爆品的思维，让落地配送在其中起到“两条腿走路，两边都要硬”，即品牌做到有质感、销售力求高数量，并相辅相成、相互促进。这样的落地配送才能更受欢迎、更具备商业效力。

第六节　平台与软件的选择

现在针对供应链的各种平台越来越多，但是农产品过于复杂，不同的阶段、不同的产品需求不同。建议企业选择接地气、实用性的平台。不是只有大平台才适合，专业和实效更为重要，以下一些建议可以参考：

（1）要实现全流程可追溯，一方面为了食品安全，另一方面为了更好地做好售后服务。

（2）面向微电商的基地需要面对大量的单据录入和打单作业，这些烦琐的工作都需要软件平台来支持解决。

（3）标准化是提高效率控制成本的利器，软件平台需要把标准化的管理手段融入整个流程中去；需要能支持人员标识、容器标识、作业区标识及对应的作业绑定，并能实现可追溯；在此基础上计算薪资，出报表。

（4）考虑到费用及农产品电商在不断发展等问题，软件最好是以 SAAS（软件即服务）形式来进行租用，而不是买断。这类软件灵活性高，一次性投入相对较低，并且不断在线迭代升级，更适合面向电商、软件预算不高的企业来使用。

（5）因为一般农业作业现场地域广阔，所以现场工作人员以使用手机为宜。这就要求软件平台支持手机端操作。最好是直接能以微信公众号的形式来做一线人员的数据采集和任务交互。

（6）软件平台必须支持条形码作业，包括仓储作业、现场生产作业和质检包装的关键环节。

综合以上情况，农业基地需要的是一个接地气的平台，一个易学易用的软件，更多为农微企业服务的系统。目前市面上软件平台产品鱼龙混杂，选一套适用而且费用经济的系统确实不是件容易的事。希望更多的系统公司能够深入了解农业，从不同的品种着手，以地域品牌为基础，开发打造更为实用的供应链管理系统（如图 8-7 所示）。

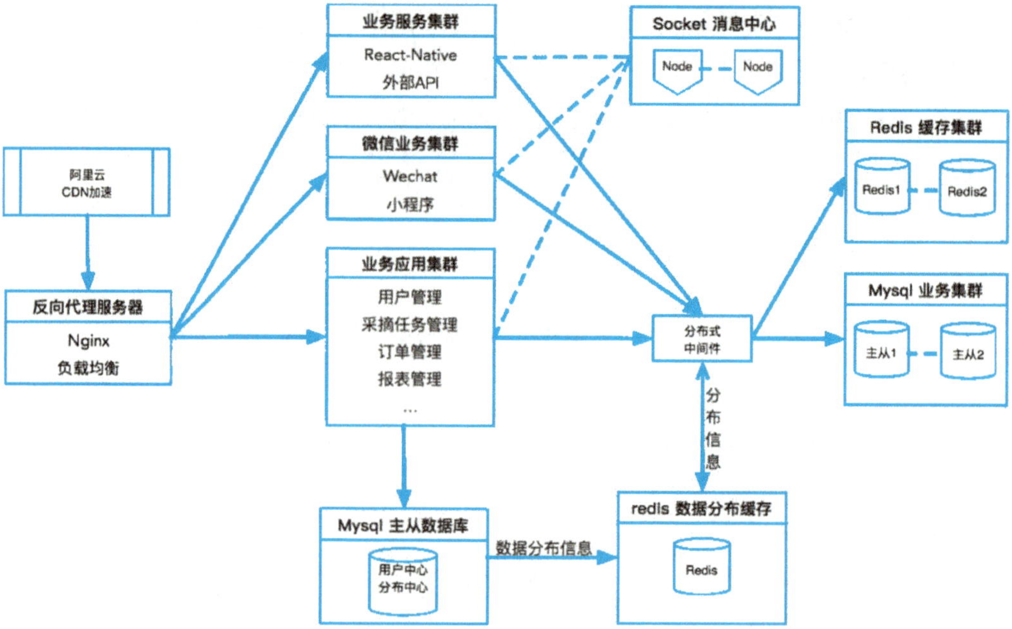

图 8-7　供应链管理系统架构

从基地、仓储到营销服务的互联网革命，给中国农业产业链带来了巨大的生机。随着更多的优质中国农产品走向国际市场，中国新三农正走在更有尊严和价值的大道上。

第九章

“互联网 +”重构农业产业链

农业产业链互联网是“互联网+”带给中国三农最深刻的革命。在互联网进入农业之前，中国还在传统种植方式和机械化与化学农业之间徘徊挣扎。中国农业承受几座大山的重压：一是国际市场的压力，中国的粮食进口量越来越大，中国农产品的国际竞争力越来越低，农业的各个链条都呼喊“狼来了”；二是化学农业带来的安全问题让全社会关注；三是农民增产不增收等问题，农业迫切需要升级。同时，消费者的觉醒更呼唤农业产业链升级。改革开放后，中国经济持续高速发展，催生了越来越多的追求品质生活的中高端人群，人们的消费需求升级了。可是，中国的农产品供给者大多是受教育程度不高，食品安全意识淡薄，精品意识欠缺，注重高产量低成本的农民。各种速效化肥、农药、激素的出现，使农产品的品质经受着巨大的考验。在此情况下，进口农产品乘虚而入；而国产低端农产品充斥市场，供过于求，时常烂在地里或树上，不得不号召人们爱心购买。

“互联网+”带来了农业产业链快速重构。互联网带来的信息革命，让农民充分享受先进的农业技术服务，农民足不出户就可以得到适应市场的良种、良法和生产资料，带动农业产业链的升级；互联网打破了行政区域条块分割，农业产区在重构，农业品牌在创新，超级大单品不断涌现，带来产业链升级；互联网带来的营销革命，让远隔千山万水的优质农特产品直接从地头到餐桌，给更多农村带来产业升级的机会；互联网带来消费者的参与，促进了生态农业的快速发展；互联网还带动了产业融合，农旅结合、深加工都呈几何级数发展着……

在新时代到来之际，我们如何把握互联网产业链重构的机遇，让农业更有竞争力，更有尊严和价值？

第一节　“互联网+”农业产业链模式

中国农业从增产到增收再到有价值，必须从产业链根本上去构建。好产品是种养出来的，没有好的产业链，不可能有长期可持续性发展。

一、“互联网+”基地模式

三十多年改革开放的推进，使农业产业出现了很多龙头企业，而“互联网+”带动了很多龙头企业的崛起和发展。龙头企业在渠道、品种和品牌等方面具有优势地位，在产业链革命中发挥了不可替代的作用。由龙头企业带动的农业产业链升级又有多种模式，由政府牵头引入龙头企业，与当地农民合作社结合，是非常有效的基地产业链构建模式，如海南省昌江县引入百果园形成的基地建设模式。

（1）政府通过各种渠道引进具有品种优势、技术优势、销售优势和资金优势的外地农业龙头企业，在昌江试种经过市场检验的优良品种。比如，引进中国水果零售业巨头百果园旗下的海南王品农业科技公司，由其提供源自台湾、独家买断大陆种子权的蜜瓜种子、种植技术（含技术培训、咨询、指导与服务，对每个种植户的每个种植环节进行跟踪与监督，如监控和记录种子发放、育苗、移栽、授粉过程等；采收前，利用科技手段进行品质检测；组织采收，并现场监督与指导），以及利用台湾技术和菌株自制的生物有机肥等生产资料，在昌江县海尾镇进行试种。

（2）政府安排专人针对龙头企业提出的有关品种对气候、土壤的要求，在一定区域内对有可能种植的土地进行调查，将调查结果提供给企业。龙头企业经实地调查，在气候、土壤等各方面都适合种植优良品种的区域，选择口碑好、在群众中有很强号召力和影响力的农村专业合作社，作为合作种植的候选合作伙伴，要求合作社带头人和合作社中的党员干部带头试种。

（3）在合作试种过程中，政府派人对参与试种的农户进行有关精细化农业种植理念的引导和具体的技术研讨。

（4）政府在大棚、水电、道路，以及试验基地、育苗基地建设等方面给予支持，让企业能安心做事，并且以最快的速度取得成效。

昌江探索创出一条“互联网＋”基地的示范之路。

昌江不仅成为王品蜜瓜的核心基地，昌江种植的王品蜜瓜也成为“安全好吃”农产品的代名词。

农民的种植理念发生了重大转变，由依赖化肥、农药、除草剂、激素等化学品来一味追求产量与外观的粗放型种植理念，转变成依赖生产技术提升品质，提高经济效益的精细化绿色种植理念。农民的收入水平快速提高。合作种植密瓜的海尾镇五大村全村人均收入从种植蜜瓜前2010年的1500元提高到现在的8000多元，种植蜜瓜的农户人均收入提高到1.5万元左右。

昌江由此起步，建立了有核心竞争力的蜜瓜产业链。

由龙头企业带动“互联网＋”基地的案例很多，比如联想集团的蓝莓基地、猕猴桃基地，也是龙头企业带动的典范。

“互联网＋”的网无界特性，决定了“互联网＋”基地的模式还有很多：

（1）传统企业的互联网升级带动产业发展，如陕西猕猴桃产业链的齐峰果业。

（2）高标准加工链条带动的产业链升级，如陕西富平的“柿子红了”带动富平柿饼产业。

（3）互联网营销带动的产业链升级，如江苏高邮湖扁担姐打造的水产养殖产业链、山东烟台柏军果品打造的樱桃产业链。

（4）生态农业技术带动的产业链升级，如福建漳州庄怡农业打造的蜜柚产业链。

另外，政府推动电商示范、电商扶贫中也有“互联网 +”基地产业链升级，比如甘肃成县的核桃产业链、陕西武功的猕猴桃产业链、吉林通榆的杂粮产业链、新疆阿克苏的苹果产业链等。

互联网巨大的信息覆盖能力，让农业服务标准化、网络化，农业生产资料供给精准化、联合化，好品种推广示范化、数据化，数据化服务平台化、商业化，平台推广模式化、链条化。同时，互联网还打破了区域条块分割，实现跨区域产业链价值模块建设，从基地到互联网服务中建立可持续发展的商业模式，从而实现农业产业链从供给侧、流通侧到消费侧的重构，实现凤凰涅槃。中农乐杨良杰的案例可以让我们领悟到互联网产业链重构的真谛，值得我们深度解剖。

二、“互联网 +”农业产业链服务模式

北京中农乐董事长杨良杰，一个在北方果区有着众多粉丝的生产实践型果业技术专家。从果业科技工作者到新农人，从为果农服务到开发农村互联网服务平台，从打造“有身份证的水果”到果品安全溯源体系的实施，从让“运城水果”在电商平台赢得口碑到生鲜水果电商指名道姓邀请入驻，从建设数千个分布在全国各地的水果示范园到建设数千亩自有生产基地……二十多年来，杨良杰从信息服务到帮农民种苹果到打造苹果产业链，是“互联网 +”农业产业链升级的一个缩影。

作为我国青年果树专家，杨良杰每堂课都会吸引无数“粉丝”（如图 9-1 所示）。

图 9-1　“杨良杰”乡村大课堂

1. “傻瓜式”技术与“保姆式”服务

杨良杰原是《瓜果蔬菜报》副总编、执行主编。在为各地农民服务中，他一直思索如何将农科院里的高新技术传授给迫切需要技术的农民，在科技专家与广大农民之间真正架起一座桥梁。为此，他决定返乡，创建一个全新的科技推广模式。

2004 年 10 月，他从报社辞职，在中国农科院注册了民营果树科研所——北京中农乐果树新技术研究所，作为联络全国专家的窗口。回到运城，他成立了一个专门组织服务、指导基层合作社的新型组织——运城中农乐果业联合社。同时，他还与运城市果业局联合办了一个专门服务会员的报纸《果业科技与信息》。

“互联网 +”的力量让中农乐全新的果业技术服务网络迅速发展。仅仅两三年，他就在全国建立了果业协会2669个、专业合作社992个，服务范围涉及20多个省市自治区。

为了尽快把果树管理新技术传授给果农，让先进技术变成高效益，杨良杰把乡土能人组织起来，把示范园打造起来，让中农乐的讲师、技术骨干、示范园主通过培训提升，通过理论武装，然后进村入户走进果园，把先进的技术送到田间地头，看着它开花结果。十多年来，中农乐先后在全国建设水果示范园 4862 个，帮扶打造各类高效示范园近 2600 个。通过示范样板带动，中农乐联合社成员户果园和技术承包果园面积达 800 公顷，效益平均高出当地一般农户 30%。特别是在苹果产业领域，这些示范园因为树形改造合理、标准化技术落实到位、绿色有机意识贯彻到底，果品质量得以大幅提升，示范户均获得了令人羡慕的高效益，平均亩效益达 1.5 万～ 3 万元。在这些“提质增效”示范园的榜样示范和典型带动下，成千上万的果园在潜移默化中得到改善，果园面貌焕然一新，效益得到持续提升。

引导年龄普遍在 60 岁以上的果农学习应用互联网，是一项艰巨的任务，中农乐团队中的年轻人成了老乡们的贴心导师（如图 9-2 所示）。

图 9-2　中老年农人学习应用互联网

中农乐正是依靠先进的果业创新技术、“保姆式”进园为果农服务的模式，以及配套、完善的标准化生产流程，打造出一批批亩效益超万元的果业示范园，带动各地苹果产业跨越式发展（如图 9-3 所示）。

图 9-3 实地示范，亲身指导

创新技术来源于实践，指导实践，是中农乐的一大法宝。

然而，杨良杰并不满足所做的这一切。在果品产量饱和，产业由数量型向质量型转向，消费市场和销售渠道都在发生巨变的互联网时代下，他也在考虑从技术服务到帮果农销售的战略转变。

2. “互联网 +”帮果农“卖好价”

2015 年，中国水果产业普遍遭遇下行压力。特别是苹果产业，经过十余年的高速发展，达到 4300 万吨的产量规模，占世界总产量的 54%，已远远超过了国内不足 3000 万吨的消费需求。加上国外苹果进口的冲击，中国千万果农面临从未遇到过的局面，苹果产业被迫由数量型向质量型转变。中国苹果产业从“供给侧”到“消费侧”，均需进行“革命式”改革。

如何适应果业新常态，带领广大果农在新的起点重新出发，成为中农乐的新课题。2015 年，中农乐成立果品销售中心，尝试果品销售，打造中农乐果品生产 + 销售“全闭环”服务模式。中农乐再次将发展战略重新聚焦与定位：“帮果农产出好果，卖上好价”！

要全面实现这个大目标，必须借助“互联网 +”的力量。2015 年初，中农乐大胆决策，与中国电信联手，全力打造“千乡万村”果业科技服务互联网平台（APP）。历时一年有余，经过近百次更新测试，平台于 2016 年 4 月 9 日正式上线。平台上线

15个月，下载次数达38.9万，实名注册人数20.74万人。在运城13个县市，中农乐千乡万村平台可以说做到了果区乡镇全覆盖，下载和实名注册人数分别达到17万户和8.86万人。

中农乐千乡万村APP已经成为北方果区数十万果农学习果业技术、咨询技术难题、在线互动交流、专家线上指导和果品溯源、果品销售的得力助手。这样的业绩，在国内一线农业电商领域引起强烈关注，数十家电商平台专程前来洽谈合作，并引发上市公司诺普信等电商大鳄的数轮并购谈判。

截至2017年5月30日，在中农乐千乡万村电子商务平台开通支付功能并实现在线支付交易的注册户达16.23万户；通过中农乐千乡万村电子商务平台，在线交易购买农资的用户达9.98万户，交易额6090万元。

结合中农乐千乡万村电子商务果品安全溯源工程的具体推进，中农乐联合国内数十家生鲜电子商务平台，展开全方位合作。同时，投资186万元建立4条水果预冷分拣包装线，开始利用千乡万村互联平台全面对接水果生鲜电商。

这些大型水果基地和采后冷链设施的建立，是中农乐在果业科技创新和互联网服务领域，既专注于“线下”实体基地建设示范，又大力发挥“线上”电子商务平台的优势，把生产基地、产品溯源、果品销售与电子商务融为一体，摸索出的一条互联网电子商务时代潮流下的高效农业之路。

3. “安全溯源平台”助推品质升级和市场拓展

经过近三十年的发展，尤其是互联网带动的消费者的安全意识的觉醒，中国粗放式的苹果产业，面临全面的转型升级，让每个苹果都有身份证，建立农产品质量追溯制度和农产品质量体系是中农乐的目标。杨良杰发现，在果业生产中，果农高度分散，果园高度分割，果品收储高度混杂的“三高”问题带来的弊端明显，如果一家果农的果品出现问题，整个批次的苹果的安全就会受到影响。

“这样出现了问题，源头在哪里很难追查，很难进行有效监管。”杨良杰开始了新的探索。

“有身份证的放心苹果”成为杨良杰新的方向。他认为，“要想重建消费者对生产者的信任，必须从消费者视角提出消费者认可和接受的水果生产准则”。

他把强化果品生产的全流程管理，建立合格、合规和全程可溯源体系作为重点。所谓合格，是指果品生产所采用的农药、化肥等农资全部要达到国家标准，同时保证作业区水系也要达到国家标准要求，土壤无残留超标；所谓合规，是指果品生产全过程所采用的农艺流程，以及仓储、销售管理流程全部符合国家、行业、企业的相关规范规定。溯源，侧重于生产过程，实现数据采集及质量管控，出现问题可以随时倒查责任。

为此，杨良杰利用多年来已经在各大果区建立的三级技术服务网络，以乡镇技术指导站为单位，由中农乐一线讲师进园指导，提供个性化服务；聘请村级质量监管员，进行技术标准的监督与落实；待采摘期，将果品送至相关检疫部门进行质量安全监测……质量安全溯源环环紧扣：果农严格登记果品安全生产手册，从果树发芽到苹果上市，整个生产过程中的施肥、喷药、采摘、检测、分级、包装、入库等各个管理环节严格监控，详细记录，经中农乐千乡万村服务平台，将果农生产的每个环节及监管数据逐一上传记录，生成专属于生产者本人的二维码，形成消费者与生产者能清晰互动的溯源体系，将果品安全生产标准实施落地，让果品安全溯源成为现实。

走进课堂是讲师，拿起剪刀是把式，中农乐靠的就是这种贴地服务赢得了广大果农的心。

每颗苹果都可以追溯来源，所有生产过程全部“透明”，来自权威的第三方检测数据显示，有身份证的放心苹果的各项指标，均优于国家标准要求。

中农乐“有身份证的苹果”基于千乡万村 APP 强大的数据和资源优势，已经在京东电商平台为运城苹果赢得口碑，应邀入驻亚马逊电商平台，同时与湖北“亲亲果园”大型水果连锁机构、上海“拼好货”APP 大型水果电商联手，开启新的市场对接模式。每天通过安全溯源体系进入市场的“中农乐有身份证的苹果”，已经成为一线城市高端水果市场离不开的生鲜品牌，正在引发运城水果产业的种植、生产、储藏、运输、销售和品牌营销等全产业链的变革。

4. 生产基地带动果农转型升级

杨良杰依托技术服务优势，扎实搞技术培训，开展技术托管，使中农乐果业联合社成员户自营或联营的果园收益远远超过当地平均值。这使得更多农户愿意跟中农乐去干。

2015 年，杨良杰在山西永济冬枣优势区流转千亩冬枣园，以“标准化生产、全流程监控、统一品牌运作、电商平台销售”为核心，利用物联网智能化管理，着力打造千亩冬枣示范基地。他在生产中明确规定“不让一颗化肥进枣园”“不使用一滴非植物源农药”，且生产过程全程监控，产品全程溯源。基地高效日光温室和温室智能化控制系统投入使用；冬枣自动化预冷分拣设备也投入使用；多家生鲜电商与基地签订了冬枣供应协议，基地示范效应越来越广泛。

冬枣示范基地已成为黄河金三角区域最大、最完善、最高效的冬枣产业科技示范培训基地。从科技培训到实际操作，从理论课堂到生产示范，从产品溯源到分拣销售，冬枣全产业链教学基地能为周边区域培养大量的冬枣科技骨干，并通过科技示范和培训的力量助推冬枣产业转型升级。

这种自建基地、自有品牌、标准化管理、安全可溯源、自主销售的"中农乐"模式，既专注于"线下"实体基地建设的示范引领和带动作用，又大力发挥"线上"互联网平台的优势，把科技创新、生产实践、适度规模、技术托管、果品销售融为一体，显现出现代高效果业的"龙头"带动作用。更多的规模种植户，也在中农乐的技术托管中转型成为现代果业的经营者。中农乐也由"示范场"慢慢变成了"发酵场"，带动更多农民通过产业转型升级而增收致富。

杨良杰的"互联网 +"产业链服务模式是互联网时代产业链重构的一个缩影。杨良杰从我们似乎看不到"产业链"的技术服务开始，在互联网的作用下，从技术服务迅速扩展到全产业链价值构建，让果农增收，让产业链从根本上升级。品牌化、标准化、规模化、互联网化的新四化产业链让我们的农业产业链与国际水平同步，为进一步提升农产品核心竞争力打下了基础。

中农乐的互联网产业链打造之路让我们看到了方向。"互联网 +"农业产业链将带动更多产区和农民走向致富之路，也走向国际市场。

第二节 深加工有深度

农产品深加工不仅能够改变初级农产品自然属性带来的存储难题，也提高了农产品附加值，是价值农业的组成部分。而消费者快节奏的生活方式，也需要更多方便又美味的深加工食品。

一、主食深加工：万亿新蓝海

俗话说，民以食为天。我国农产品加工产业落后，尤其主食加工。为此，2017 年 3 月，农业部部署主食加工业提升行动，印发《关于深入实施主食加工业提升行动的通知》，加快主食加工业的提升。

《万亿级新蓝海：主食深加工领域迎来战略机遇》一文，对主食深加工做了全面阐述：据测算，我国每年以馒头、面条、大米为主的主食产业规模已经达到 1 万亿元左右，其中以馒头、面条为主的面制主食产业规模是 6000 多亿元。这仅仅是官方测算数据，单从日益增长并未形成规模化的以主食制作为主的小店来推测，主食产业规模发展潜力巨大，如烘焙业发展（如图 9-4 所示）。

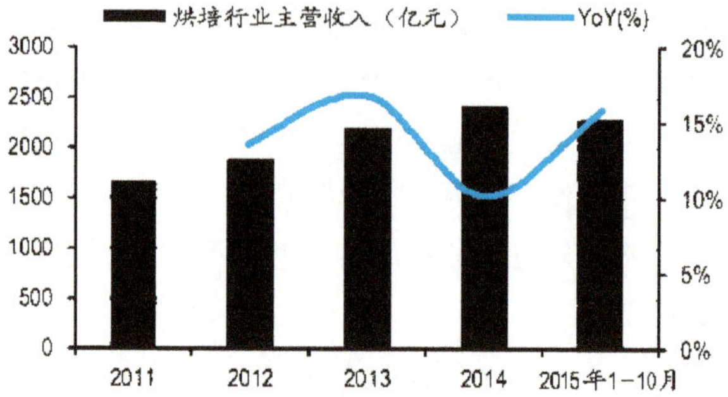

图 9-4　烘焙行业主营收入

巨大的粮食消费量是主食加工产业发展的温床，主食种类也给产业细化发展带来丰富素材。目前国内主食加工产业存在较大的发展空间。

二、休闲零食潜力无限

“三只松鼠”的案例大家都如雷贯耳，一个做干果的电商企业，年销售仅线上已达 50 亿元。安徽砀山的黄桃罐头，让微商村迅速崛起，2015 年砀山新注册的黄桃罐头商标有 2000 多个，销售过亿元的微商很多……

中国食品设备网在《我国休闲食品行业在未来具有巨大的发展潜力》一文中对休闲零食的发展潜力做了详细分析。城镇化进程的加快与人均可支配收入的提高带动休闲食品消费需求不断增长。根据国家统计局数据显示，截至 2016 年底，我国城镇居民人均可支配收入为人民币 33616 元，较 2010 年的 19109 元增长 75.92%，年均复合增长率为 9.87%；农村居民人均纯收入为人民币 12363 元，较 2010 年的 5919 元增长 108.87%， 年均复合增长率为 13.06%（如图 9-5 所示）。不断增长的人均可支配收入和不断加快的城镇化进程将带来更广阔的消费市场， 推动休闲食品行业规模的持续增长。

随着我国国民经济发展和居民消费水平的提高， 休闲食品已成为人们日常食品消费中的重要组成部分。根据中国食品工业协会的统计数据， 我国休闲食品行业年产值由 2004 年的 1931.38 亿元增长至 2014 年的 9050.18 亿元，年均复合增长率达到 16.7%，未来，仍将保持高速增长。

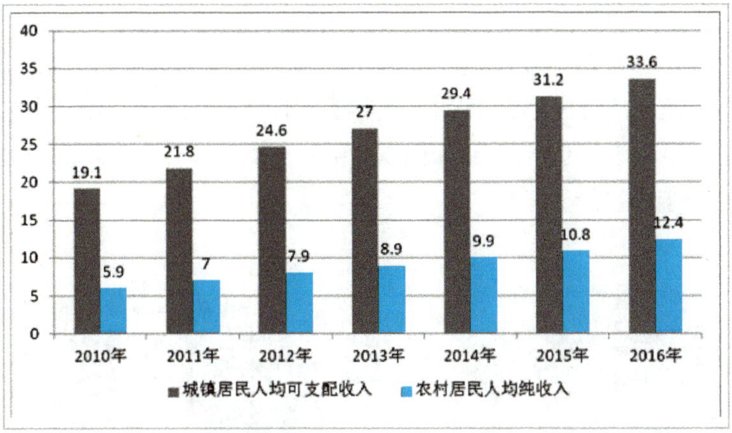

图 9-5 2010—2016 年城镇居民、农村居民收入

从品类结构来看，休闲食品包括糖果巧克力、坚果炒货、肉干肉脯、果脯蜜饯等，种类繁多。其中，受消费习惯变化的驱动，坚果、零食等休闲食品细分品类增长迅速，市场潜力巨大。以坚果炒货为例，根据中国食品工业协会数据，2007—2014 年间，坚果炒货行业年产值从 283.1 亿元迅速增长至 863.9 亿元，年均复合增长率达 17.3%（如图 9-6 所示）。

同时，和其他主要经济体对比来看，我国主要坚果品种的人均消费量显著低于美国、日本等国家及全球平均水平，未来仍有较大增长潜力。

休闲食品巨大的发展潜力，给我们提供了巨大的发展机会，必须钻研营销之道。

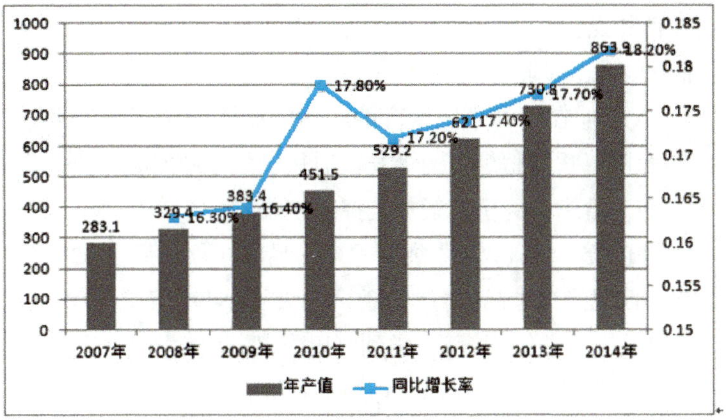

图 9-6 2007—2014 年坚果年增长图

三、深加工产品营销

深加工产品无论是客厅还是厨房类，消费的主要人群还是消费升级带来的新中产阶级，尤其是“80后”“90后”（如图9-7和图9-8所示）。所以，深加工产品的营销必须是互联网创新营销。

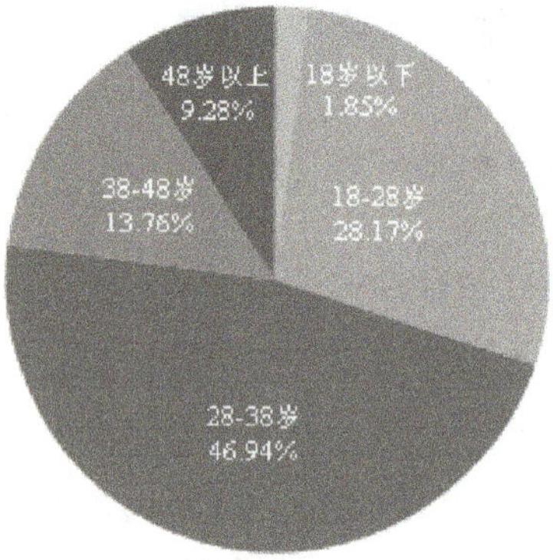

图9-7　中国食品网购年龄分布

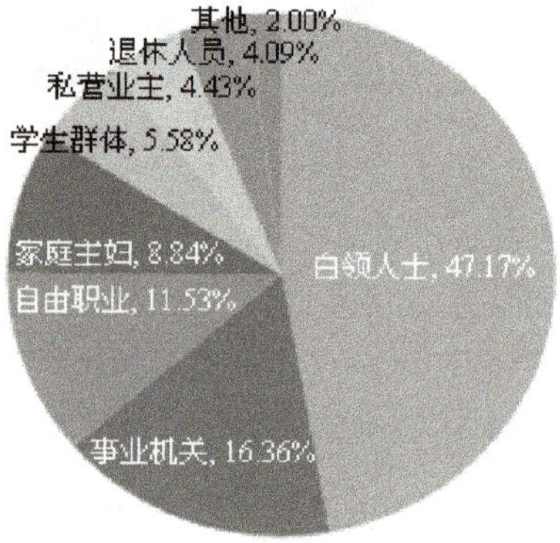

图9-8　中国食品网购职业分布

1. 果大王拼社群卖爆柳州螺蛳粉

新农人果大王名叫吴述凤，2016年初开始筹备螺蛳粉，3月螺蛳粉正式上市，5月月销售额突破200万元，8月全国连锁店系统开始招商。果大王的迅速崛起充分体现了“互联网+”时代的营销特点。

（1）好产品是成功的基石。

果大王是柳州人，他在百香果做微商的实践中感受到全国加工类休闲产品（黄桃罐头、柿饼、陕西面皮、香辣蟹等）的爆发。他从柳州市政府要重点打造500亿元螺蛳粉销售系统的举措中，看到了商机，毅然选择了螺蛳粉这个产品。

2016年3月，他创立“壶城人家”袋装螺蛳粉品牌。为了保留螺蛳粉最传统的味道，他用最直接的方式，自己亲自去品尝。他走遍柳州大街小巷，寻觅20年以上的螺蛳粉摊，逐个品尝。他一天要品尝无数份螺蛳粉，尝到嘴巴发麻，舌头发酸。经过一个多月的品尝，他终于找到了传统螺蛳粉的精髓，做出了地道的螺蛳粉。

（2）草根创业者靠“拼”成功。

因为产品口感好，品质好，“壶城人家”螺蛳粉起步很顺利，第一个月分销商就很多，

4 月实现销售额 100 万元，5 月就达到 200 万元，6 月开始全国热销，增长速度很快。这些成绩是果大王实实在在拼出来的。

方法一：拼社群。移动互联网时代，人是连接中心，而社群又是人的中心。在活跃社群中活跃的人是很有价值的。熟悉果大王的人都知道，他是新农人圈子很火爆的两大社群“新农人联合会”和“农友会”最活跃的会员。他不仅在社群中活跃，在线下活动中更活跃。从 2016 年 3 月开始，他一直在路上，在各大论坛高峰会上。这种活跃迅速提升了他的人气，打开了他的产品和品牌的知名度，很多活跃的微商军团都开始经销他的产品。

方法二：拼传播。果大王作为一个草根创业者，自己要打理基地、产品、包装、物流、客服等所有工作。为了做好自己产品和品牌的传播，他也拼自媒体，不仅利用好社群的矩阵传播，自己也在微博上很活跃。2016 年 5 月到 7 月，他在新浪微博农业大 V 排行榜上排名直线上升，7 月成为名次上升最快的人之一。

方法三：拼联合、拼线下。为了壶城人家螺蛳粉的推广，果大王不仅在线上活跃，在线下更活跃。社群内有资源有销售能力的朋友，他都专程去拜访交流，探索各种合作之道。在地铁上、在火车上，他每时每刻都在推广。

方法四：拼实惠、拼人情。果大王深谙性价比是最具可持续性发展的硬道理，所以，他的产品品质高，价格实惠，而且最重要的是让合作伙伴挣到钱。陕西有个兼职经销商一个月销售 3000 多份螺蛳粉，除了产品有特点外，较高的收获也是动力。在此基础上，人情也是不能避开的话题。如何让更多人为你代言？果大王做得很棒，互为代言，不仅他自己给小伙伴们代言推销，他的小女儿也是其他新农人伙伴产品的最佳代言人。

果大王的成功给草根创业者提供了一个很好的样板。

2. 互联网思维打造小而美的陶柒柒

“陶柒柒”黄桃罐头在 2016 年迅速爆红，上线短短半年时间就得到粉丝热捧，并且销售量每日突破 1000 单。陶柒柒究竟用什么俘获了粉丝的心（如图 9-9 所示）？

（1）用参与感激发用户归属感。

陶柒柒创始人郭静说：“从要做陶柒柒黄桃罐头开始，我就想办法获取了第一批粉丝，也就是种子用户。我在朋友圈对大家说，我要做黄桃罐头，大家一起取一个品牌名字。因为好玩，又有参与感，大家就会非常愿

图 9-9 小而美的黄桃罐头

意参加，很多人在朋友圈给我留言，也有很多人私信给我，于是就有了陶柒柒的诞生。

“品牌要和粉丝产生互动，很重要的一点就是品牌本身要有态度。我们赋予陶柒柒一个全新的理念——人人都是陶柒柒，所以我们在做设计的时候，做了一张大众脸。陶柒柒的特点跟很多女孩子都很像，所以她们都能在陶柒柒身上找到一些跟自己相似的点，从而产生共鸣。同时，我们还赋予陶柒柒一个很好听的延伸，叫作‘会旅行的陶柒柒’。这样特别能引起爱旅行的女孩子的关注。这也是我们赋予陶柒柒的产品营销场景。”

除了产品本身的质量以外，产品还要有故事性，有可以挖掘和感受的共鸣点，让产品带有明显的记忆标签，这样“故事＋场景＋产品”的组合，就会激发消费者的购买需求，大家对产品也会有更多归属感。

（2）用贴心服务打造极致产品。

在做陶柒柒之前，通过市场调查，他们发现了几个问题。

市场上的罐头绝大多数的包装是每箱 12 罐，而陶柒柒的产品定位女孩子市场，一个少女提着 12 个罐头是十分吃力的。所以，他们针对性地做了一箱 8 罐装的产品，大家提着轻松，送礼也很体面（如图 9-10 所示）。

“暴力物流也是我们考量的一个因素，因为黄桃罐头是铁罐产品，很多商家忽略了产品在运输过程中暴力物流导致的瘪罐和爆罐，会造成很差的体验感。对此，陶柒柒一上线就推出了泡沫装的包装，提升产品体验感，几乎是零售后（如图 9-11 所示）。让服务做到极致，这是我们对陶柒柒品牌服务上的定位，你需要的，你没有想到的，我们都替你提前想到了。”

图 9-10　方便携带的产品包装

图 9-11　便于运输的泡沫装包装

（3）与用户暖心交互。

“对客户以诚相待，跟客户用心沟通，是陶柒柒在品牌打造上最重要的内容。做产品输出，不是每天发完微博，你就什么都不管了，一定要考虑用户感受，要考虑内容输出之后用户的感受和反馈。”随着和客户的沟通越来越多，陶柒柒的粉丝也越来越多，粉丝背后隐藏的资源和机会也不断被激活。

（4）精准活动让核心价值落地。

黄桃罐头是很多“80后”童年的记忆。陶柒柒通过微博和微信公众号进行不定期的征集活动，让粉丝们经常参与。回忆童年是永远不过时的话题，活动让粉丝与品牌融为一体。

同时，陶柒柒还不定期举办热点营销活动。情人节，他们在泉城广场举办了一个“为爱表白”的活动，五六百群众现场围观，微博当天阅读量超过2万，成功吸粉300多人（如图9-12所示）。

图 9-12　热点营销活动

这些娱乐玩法，让陶柒柒用极小的投入赢得了口碑和营销的双丰收。

互联网营销贴心很重要，好吃更好玩彰显品位。

3. 标准化产业链打造的“柿子红了”

富平柿饼的加工历史比较悠久，但销售一直不温不火。2015年，农特产微商把富平柿饼卖火爆了。2016年，一家名为“柿子红了”的企业通过标准化、规模化的产业链打造，又把富平柿饼火爆市场推向更高热度。

（1）基地加工标准化。

“柿子红了”在产地流转了66.67公顷土地种植柿子树，成立了一个柿子种植专业合作社。合作社通过世界银行扶贫项目，拿到2200万元扶贫贷款，用于产地基础设施建设和厂房建设；和永辉超市、山东朗源股份在富平共同投资近2亿元建成拥有5000

吨冷库仓储能力和1500吨生产能力的富平永辉现代农业柿饼加工厂，投产后年产量可以占到整个富平县的1/3。

（2）让柿子具有文化底蕴。

他们建成了中国第一个以柿子为主题的博物馆，将富平柿子的特点，富平柿饼的加工历史，全国乃至全世界的柿子标本，柿子的深加工产品和文化衍生品做了展示，并且建成了一个非物质文化遗产柿饼加工工艺传承馆，将富平柿饼传统的加工工艺进行了还原。同时，在产地保护一棵拥有1200年历史的古柿子树，把它命名为柿寿星。每年霜降这一天，他们带领当地的农民在这棵古老的柿子树下举行祈福仪式，然后从这一天开始采摘并加工柿饼。每年都是如此，不仅让产品变得有温度，有故事，也让富平柿饼更有文化底蕴。

（3）采用先进技术设备。

富平柿饼的传统加工工艺劳动强度非常高。面对日益增长的市场需求，这种效率低下且费时费力的方式很明显需要改变。他们在削皮阶段引进了日本的全自动削皮机（如图9-13所示）。为了避免在加工过程中受到雨天的影响和杜绝细菌滋生，他们还引进了日本烘房，建成了富平第一个加工柿饼的无菌车间，而且可以做到比其他从业者提前半个月上市。他们的产品还获得了绿色食品认证。

图9-13　柿饼加工生产线

（4）舆论推广网络化。

2016年，“柿子红了”举办了第一届柿子文化节和微电商高峰论坛，全国各地的新农人云集富平。通过新媒体的传播，“柿子红了”一夜红遍大江南北。也正是新媒体的力量，撬动了很多传统媒体，中央电视台财经频道《生财有道》《源味中国》等栏目先后四次来到他们的基地进行报道。一时间，“柿子红了”的品牌认知度到了前所未有的高度。

（5）线上线下相互融合。

“柿子红了”不仅在线上建立了全网销售系统，在线下也积极与商家合作。他们同华润万家和永辉超市合作，在 2016 年整个产季，销售富平柿饼 410 吨，销售额达 2200 余万元。经过品牌的塑造和推广，“柿子红了”提高了柿饼的合理溢价。合作社收购农户柿饼的平均收购价格是 13.2 元，比往年提高了 30% 以上。

“柿子红了”这一案例具有巨大的推广价值。全国各地都有传统地标产品，如何将这些传统特色产品升级，做成标准化品牌产品是关键。专业的基地、专业的展示、专业的生产和科研，还有线上线下多渠道合作打造产业链，让富平柿饼成为新消费时代的畅销品，走进千家万户。

4. 差异化产品打造，蟹油茶香烤鸭蛋供不应求

2017 年，江苏市场有一个怪现象，“行者蟹先生”的蟹油茶香烤鸭蛋一蛋难求，线下比线上还贵。对照很多降价促销的咸鸭蛋、烤鸭蛋，蟹油茶香烤鸭蛋有自己的核心差异化打造。首先，解决了咸鸭蛋产品普遍存在的痛点，“蛋白基本不能吃”。行者蟹先生的烤鸭蛋咸淡适中，蛋白也很有味道。其次，特殊的工艺让烤鸭蛋有了新的亮点，即蟹香味和茶香味（如图 9-14 所示）。这样的好产品通过互联网传播引爆，供不应求是必然结果。

深加工产品有深度、有潜力，“互联网 +”深加工产品营销可以丰富多彩，最重要的是我们站在消费者的角度不断去发现、去创新。

图 9–14　特殊工艺的烤鸭蛋

深加工有巨大的发展潜力。新农人在做深加工产品时，要学习扁担姐的专业和理智，打造爆款产品；要学习果大王在市场上找到口感最受欢迎的产品，并且用 OEM 的方法贴牌加工，迅速做出适合市场的产品，千万不要自己去建加工线；还要学习蟹先生打造差异化产品，以及陶柒柒的互联网营销手法。

第三节　农旅结合新格局

农旅结合作为新农村、新农民、新农业、新城镇、新中产阶级、新生活、新生态的融合产业，具有巨大发展潜力，2017 年已经写入中央一号文件。如果说生鲜电商有 2 万亿市场，农旅结合则是 5 万亿、10 万亿的市场潜力。

农旅结合作为农业和旅游业的结合物，是利用农业景观和农村空间吸引游客游览消费的一种新型农业经营形态，是依托现代农业发展和新农村建设的两大载体，通过整合优势产业资源、优化空间布局、拓展农业旅游功能、创优品牌形象全面提升农业旅游产业。农旅融合不是简单地给二者做加法，而是要通过加快农业结构调整，推动农业从生产走向生态、生活功能的拓展，促进农业产业链延伸，建立现代农业和乡村旅游业的产业体系。

一、农旅结合的主要模式

农业是生产、生活、生命、生态、生意的综合业态，本身就非常丰富多彩，农旅结合有很多模式。

1. 田园农业旅游模式

田园农业旅游模式即以农村田园景观、农业生产活动和特色农产品为旅游吸引物，开发不同特色的主题旅游活动，满足游客体验农业、回归自然的心理需求。

上海孙桥现代农业观光园是田园农业旅游示范案例。本着“国外先进农业与中国农业接轨，传统农业向现代农业转变”的前瞻性发展理念，重点发展六大主导产业：以蔬菜、花卉为主体的种子种苗产业；以绿色蔬菜、食用菌、花卉为主体的设施农业产业等。主要园区有玻璃温室、水灾种植区、育苗温室、瓜果园、农业展览馆、嘉爱宠物乐园等。来到孙桥现代农业园区，不但能够领略到农业生产高科技，还能在橘子成熟期间参与这里的橘子采摘活动。漫步在橘园内，既可感受大自然清新的气息，又可分享收获的喜悦。

四川南充大唐农业也是田园农业的典型。大唐农业示范园不仅有自然农法的水稻种植区，有蔬菜、瓜果采摘园区，有土猪、土鸡、土鸭养殖区，还有电商创客中心、小木屋旅游休闲区、婚庆及青少年活动中心（如图 9-15 所示）。一年四季，各种不同人群在大唐农场都能找到自己的快乐体验。

图 9-15 四川南充大唐农业示范园

2. 民俗风情旅游模式

民俗风情旅游模式，即以农村风土人情、民俗文化为旅游吸引物，充分突出农耕文化、乡土文化和民俗文化特色，开发农耕展示、民间技艺、时令民俗、节庆活动、民间歌舞等旅游活动，增加乡村旅游的文化内涵。最典型的就是傣族的泼水节（如图 9-16 所示）。泼水节不仅有泼水，还包括很多其他的内容，比如文艺表演、丢包等活动。“丢包”是傣族未婚青年的专场游戏，“包”是象征爱情的信物，丢包丢到一定程度就可以悄悄交流感情了。

云南哈尼梯田的长街宴也很有代表（如图 9-17 所示）。

图 9-16　度假村民俗味道浓郁的泼水节活动

图 9-17　云南哈尼梯田的长街宴

3. 村落乡镇旅游模式

村落乡镇旅游模式，即以古村镇建筑和新农村格局为吸引物，开发观光旅游。

古村落旅游是指保留了较大的历史沿革，建筑环境、建筑风貌、村落选址未有大的变动，具有独特民俗民风，虽历史悠久，但至今仍为人们服务的村落。古村落是传统村落的习惯称谓，是中国农耕文明的历史结晶，也是乡土文化的物质载体。古村落有很多。安徽西递－宏村景区、江西江湾景区、福建永定土楼景区（如图 9-18 所示）、山西皇城相府景区，代表了古村落旅游景区开发的最高水平，成为所在区域的旅游龙头和先进典范。

新农村格局旅游最典型的是河南信阳郝堂村的新农村旅游。郝堂村位于信阳市平桥区东南部城郊。2011 年，平桥区被省政府批复为“河南省可持续发展实验区”，以此为契机，开始实施“郝堂•茶人家”可持续发展实验村项目，倡导以自然生态、有机环保、可持续发展为主导的新农村发展理念。

郝堂村成立村集体经济组织——绿园生态旅游投资有限公司，经营古茶园 200 公顷、紫云英 200 公顷、香莲 13.33 公顷；村民开办各具特色的农家乐、茶社、客栈等 20 余家。本着群众需要、顺应自然，宜建则建、宜改则改的原则，遵从“多用金融方法，慎用财政手段”的农村工作思路，在不改变村庄现有建筑体系的基础上，通过专家设计指导、财政以奖代补等措施，对农民房屋进行修复，坚持用自然、环保的方式来建设美丽村庄：用本地的材料修建了村道，对路两边进行了绿化；对部分有碍发展和基础设施的房屋进行了迁建，结合当地的民俗进行旧房改造和新房建设，形成“一房一景”，建设具有豫南民居风情的农民社区（如图 9-19 所示）。

图 9-18 永定土楼

图 9-19 豫南民居风情农民社区

图 9-20 郝堂村百亩荷田

一座座青砖灰瓦的古朴民居，错落浮现在碧绿的荷塘之间（如图 9-20 所示）。每次到郝堂村，总想起南朝的汉乐府民歌：“江南可采莲，莲叶何田田！”经典民乐《江南春色》《姑苏行》的动人旋律也会在游人心中萦绕……

画家孙君说：“郝堂建筑，挖掘豫南民居典型特点，既有南方的玲珑与精细，又有偏北方的高大；年降水 1200 毫米、房屋高度等，都处于中间阶段；色彩，楚文化比较凝重，所以基本都是墩墩的感觉；我做的也不一定是典型的豫南民居，在资料、档案等方面寻找，最后形成我心中的豫南民居。”这里的建筑要求既有传统的延续，又有现代建筑的内在设施。村子的房屋是结合孙君的设计与专业设计师的理念而建成的。灰瓦、白墙的房子在绿树的映衬下显得格外亲切，又不失诗意。农闲的村民坐在家门口一边晒太阳一边喝茶，神情悠闲自得。这里让人忘掉城市的压力，有的只是淡雅、悠闲的心境。

4. 休闲度假旅游模式

休闲度假旅游模式，即依托自然优美的风景、舒适怡人的气候、独特的地热温泉、环保生态的绿色空间，结合周围的田园景观和民俗文化，兴建一些休闲、娱乐设施，为游客提供休憩、度假、娱乐、餐饮、健身等服务。比如，成都新津的纳雅山庄，既有水稻玉米等大田农业区、蔬菜水果采摘区、畜禽养殖区、垂钓区，还有亲子教育区、书画文化区、培训教室，以及餐厅、住宿、歌舞、烧烤等，真正是其乐融融。

5．科普教育旅游模式

科普教育旅游模式，即利用航天农业科普教育基地、农业观光园、农业科技生态园、农业产品展览馆、农业博览园或博物馆，为游客提供了解农业历史、学习农业技术、增长农业知识的旅游活动。

北京的农业嘉年华、宁夏的枸杞博物馆、陕西富平的柿饼博物馆、浙江庆元的香菇博物馆都是这样的科普教育模式。

6．农家乐旅游模式

农家乐旅游模式，即农民利用自家庭院、自己生产的农产品及周围的田园风光、自然景点，以低廉的价格吸引游客前来进行吃、住、玩、购等旅游活动。农家乐在全国都有很好的开展。一批位于大城市郊区、交通便利、生态环境优良的村庄，以农家乐为主要旅游开发形式，吸引大城市居民到乡村休闲，在周末和节假日表现尤为突出。其中，陕西咸阳市礼泉县烟霞镇的袁家村、北京门头沟区的琉璃渠村、浙江杭州市桐庐县江南镇的荻浦村，是其中的典型代表。与古村旅游景区以观光为主、以门票收入为主不同，农家乐型古村落通常不收门票，主要通过为市民和游客提供餐饮和住宿来获得收益。这一点与英国乡村的 B&B（Bed & Breakfast）旅舍非常相似，主要为到乡村休闲度假的客人提供住宿和早餐。

比如，陕西的袁家村。20 世纪 70 年代以前的袁家村，是当地出名的贫困村。2007 年，村集体投入资金大力发展旅游业，建立了占地 7.33 公顷，集娱乐、观光、休闲、餐饮于一体的关中印象体验地，以及村史博物馆和 40 户农家乐（如图 9-21 所示）。袁家村旅游包括两个区，一个区是关中民俗旅游区，主要由关中民俗街和美食街构成。在这里，游客不但可以体验原汁原味的关中民俗，还能品尝到货真价实的地方美食。另一个区是农家乐接待区，包括几十家休闲农家经营户，为游客提供住宿和餐饮服务。从 2008 年的 10 万人次到 2013 年的 150 万人次，袁家村旅游接待人次实现了跨越式发展。近年来，袁家村又相继开发了马术俱乐部、阿兰德会所、生态农场等现代休闲项目，旅游产品进一步丰富。2014 年，国庆和春节“黄金周”期间，袁家村单日的游客接待量突破 10 万人次，成为陕西乡村旅游名副其实的龙头，被游客誉为“陕西的丽江”。

做好农家乐，不仅深度挖掘“农”“家”“乐”这三个字的内涵，同时还要做好农家乐的组织管理。笔者在浙江遂昌体验农家乐，村里有农家乐合作社。旅客到合作社登记，合作社不仅根据旅客需求安排住宿，而且还统一农家乐的接待标准，并且合理安排重要的农事体验和民俗体验，比如在祠堂吃饭、裹粽子、打糍粑、采茶叶、做草鞋等（如图 9-22 所示）。

图 9-21 袁家村一角

图 9-22 遂昌长粽体验

7. 新型市集

以北京有机农夫市集为代表的新型市集也具有无限潜力。自 2010 年 9 月，北京有机农夫市集已经举办了 500 多届，分别在北京海淀、东城、西城、朝阳等地举行，赶集人数逐年增长，吸引了众多关注环境保护和生活品质的人士参加。

笔者曾在美国体验过新型市集的魅力。

在美国，笔者参观了由华人青年组织的在 Staples Center 体育中心广场的 626 夜市。停车时要交 20 美元停车费，进门时每人还要 10 美元的门票，还有安全检查。一跨进大门，我立刻被里面火爆的场面吸引了。大部分商店都已关门，街上很少行人的城市，快 23 点了，夜市内却人声鼎沸，犹如中国春节的庙会一般，实在不可思议。夜市里面居然有奔驰轿车的展位，让我们不禁对这种商业精神感到敬佩。我们不由自主地融入热流中，脚步跟随音乐节奏带着舞步，身心很放松，像儿童般到处张望好吃好玩的东西。

与美国火爆的 626 夜市相比，我们国内的市集显得太单一、太安静。

营销是需要氛围、需要人气的，作为市集，永远不能缺少快乐元素。集市吸引人的不只是产品，还有它的氛围。

随着丰富多彩的农旅结合模式的深入，休闲农业与乡村旅游资源正成为新的投资亮点。那么，什么样的资源才是最重要、最关键、最符合未来发展需要的呢?

二、乡村旅游新资源

农旅结合，最重要的是乡村元素。

1. 乡村生态环境

乡村洁净的水、绿色的树、蓝蓝的天、清新的空气，以及农家美食，无不令人向往。试想一下，在灯光污染的城市，想要看看皎洁的月光都难了，更不用说夏夜起舞的萤火虫。村前老树下的篝火与游戏，很多美好的记忆正与我们渐行渐远。忙里偷闲到乡村，一畦青菜、一盏清茶、一把躺椅，看天边云卷云舒，这样的视觉享受，瞬间便可消融久居城市身心的疲惫。

2. 体验式劳动

劳动，不仅光荣，还产生美与快乐，以及丰收的喜悦。辛弃疾的《清平乐·村居》写道："茅檐低小，溪上青青草。醉里吴音相媚好，白发谁家翁媪。大儿锄豆溪东，中儿正织鸡笼。最喜小儿无赖，溪头卧剥莲蓬。"寥寥数语，一幅乡村恬美的画面展现在读者面前。这个生活场景放在今天，就可称为休闲农业与乡村旅游资源。

3. 探索自然

旅游，实际上是人与自然对话的过程。任何在城市里找不到答案的东西都可以在自然中获得。比如：在城里，你知道写犁字，但不一定知道犁是什么样子；在乡村，在自然里，你也许不知道犁字怎么写，但知道犁是什么样。

4. 闲适野趣

休闲农业与乡村旅游的兴起，是道法自然的思想回归，是农耕文化的再次觉醒。网络上，很多人留言，表达了对乡村生活情趣的追求。例如："手把青秧插满田，低头便是水中天；身心清静方为道，退步原来是向前"表现的是一种禅意。"黄梅时节家家雨，青草池塘处处蛙。有约不来过夜半，闲敲棋子落灯花"体现的是闲适与淡然。哪怕是比较直白的"种田南山下，悠然采菊花；夏卖桃形李，秋收红地瓜"也充满诗意栖居的理想。

5. 新的业态

从目前的发展情况来看，许多传统的商业模式与服务业态将与休闲农业结合起来，比如养生公寓、仓储超市、乡村美容院、乡村酒吧、国际青年旅舍、企事业单位后勤基地、企业培训基地、非物质文化传承保护中心、高端社区业主庄园、乡村婚纱摄影基地、影视文化拍摄基地、市民假日大学、大学生创业实践基地、农民创业园、宠物训导中心、民间收藏展示中心、国防教育训练基地、公益社团活动基地等。这些新的业态加快了休闲农业与乡村旅游资源的整合力度。

三、如何打造吸引人的农旅结合场景

体验性是休闲农业的本质属性，休闲农业的诞生就是为了满足人们对于农业生产、农耕文化、农家生活体验的需求。因此，休闲农庄作为一种售卖“体验”的消费场所，理所应当更应注重消费场景的打造，以美好的场景去吸引顾客、留住顾客。

1. 打造会说话的景观

消费者来到农庄，第一眼看到的是农庄的景观，景观构成了农庄的“颜值”。一个农庄能不能吸引人，首先在于这个农庄“颜值”高不高。这并不是说把农庄装扮得多么高贵，而是看这些景观是否能够与消费者产生互动。也就是说，要打造“会说话”的景观。

比如，北京蓝调庄园有一个小型火车站叫“香恋站”，上一站是“香知”，这一站是“香恋”，下一站是“香爱”。于是，画面感油然而生：一对情侣坐着爱情的火车，从“香知”站出发，在“香恋”站下车，手挽着手，沿着轨道漫步前行，一路书写爱情的轨迹，空气中弥漫着薰衣草香味（如图 9-23 所示）……所以，去蓝调庄园的情侣们都会去那里拍照、秀恩爱，就是因为那里有一处会“说话”的景观。

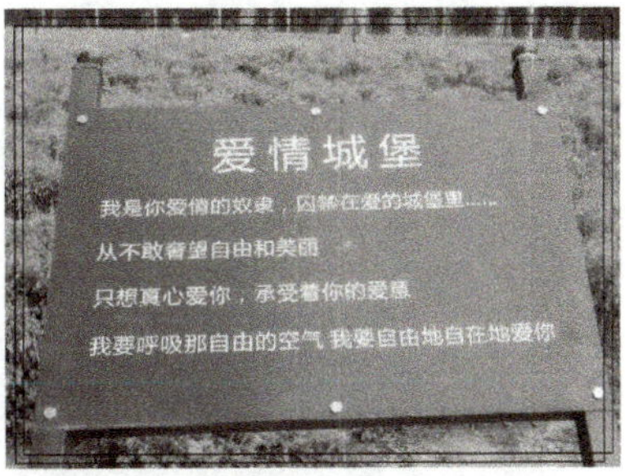

图 9-23　蓝调庄园“爱”的告白

2. 赋予农庄故事内涵

如果说景观是农庄的外衣，那么故事则是农庄的内涵。好的场景，需要有好的故事做支撑。为什么大家喜欢看电影、读小说？因为有故事、有内容。依托这样的内容塑造的场景更能打动人。现在好看的农庄有很多，但是“耐看”的农庄却不多，因为缺少故事。在一定层面上讲，农庄主人扮演了导演的角色，消费者就是演员，要构造一个故事，在特定的场景中，让演员自由发挥。

以北京的“尺木·无山”为例。初到这里，你会惊奇地发现，这里就像电影中的魔幻世界，独特设计的建筑、曲径通幽的走廊、外墙的奇妙涂鸦，还有房间的精巧布置，都好像带你进行了穿越。……这样的场景，让游人觉得好似踏入了为自己量身打造的梦境，迷幻的感觉让人沉溺其中不愿醒来。这就是故事场景的力量！

3. 构建独特的生活方式

从某种意义上来说，消费者来到农庄消费，与其说是在消费农庄的产品，不如说是消费一种生活方式，寻求独特的生活体验。这种生活方式、生活体验，一定是他内心期盼已久但日常生活又难以满足的状态。因此，农庄场景的打造，可以围绕独特生活方式的构建这样一条主线去进行。

“稻田里的餐桌计划”就是一个典型的案例。“稻田里的餐桌计划”是由台湾廖志汶发起的，以“脚踏土地吃在地”为口号、以重新连接人与土地关系为宗旨的创意众筹活动。这个计划最初就是召集一帮人在稻田里吃农家饭，没想到引起轰动，一发不可收拾，后来逐步扩展到果园、茶园、山药田、鱼塘等多个场合，成为一种新的生活时尚和价值追求（如图 9-24 所示）。试想一下这样的画面：在围绕四周齐肩的豆青圈里吃饭，脚下是被压倒做自然堆肥的豆青秆；镰刀霍霍地在稻田里划出一块空地，不相识的人在滚滚稻浪间举杯庆贺今日的成果；在眺望清晨朦胧山岚的茶园摆起餐桌，每个人都有像采茶姑娘一般的绿手指……置身其中，该是一种怎样的体验？

图 9-24　稻田里的餐桌计划，不是简单的农家乐，而是更为深入地对土地的访问

4. 嫁接新的场景空间

农庄的地域属性让我们习惯了在现有的空间范围内去设计农庄的产品，思考农庄的未来。可是，每个庄主都迫切地希望与更多的消费者发生关联，希望更多的消费者走进自己的农庄并产生消费。怎么办？如果我们打破农庄的边界，站在消费者的立场去思考这个问题，就会有新的答案。

南京福婆婆的做法为我们提供了很好的范例。为了引流，也为了更好地服务于都市人群，福婆婆将农场"搬"到城里去做活动。比如，到社区开展"现碾猫牙米"活动，让小朋友现场亲自动手碾米，在增强体验感的同时，顺利实现了对农产品的销售。再如，把农场带到线下实体餐饮店——汤粥铺子，在粥铺的二楼设立一个厨房作为会员体验中心，会员们可以参与各种体验活动。这样的方式为门店增加了人气，也拉动了产品的销售。这就突破了农庄地理空间的限制，实现了场景空间的转移，让消费者有了一种新的体验，对于很多农庄来说具有很强的借鉴意义。

5. 实现多维场景融合

随着综合消费业态的兴起，农庄越来越朝着多业态融合的方向发展。除了吃、住、行、游、购、娱，还会有商、养、学等其他类型的业态组合。农庄在场景打造的过程中，也需要顺应这一趋势的变化，实现多维场景的融合，带给人们全新的体验。未来的农庄不仅仅是农场，还是菜市场、超市、餐厅、图书馆、培训课堂、活动中心等，有无限的可能、无限的空间。成都纳雅山庄就是典型，北京蟹岛农庄也是这样的综合性体验中心。

四、构建独特的乡村味道

农旅结合要充分体现"农""家""乐"三个字。消费者到乡村寻求不同生活场景和自然景观，是城市居民舒缓身心，解除疲劳的便捷途径。农村旅游一定要有城市不同的乡村味道，所以要有创新开发思维。旅游规划专家侯满平认为，休闲生态农业要围绕"乡、野、奇、特、俗、优、精"做文章。乡，就是要以乡土气息为主题，不要融入太多的城市味；野，就是要有乡村旷野感，不能搞过于现代化的建设；奇，必须有奇特的东西吸引人，如体验的奇特感、吃的奇特味；特，就是要有与别人不同的东西，一个休闲农业产品必须有自己的独特亮点；俗，就是要有农村民俗风味；优，就是要环境优美，服务优雅；精，就是种植、养殖产品要精，服务也要精致。

1. 相对封闭的村域环境

“青山横北郭，白水绕东城”不仅描绘了静谧秀丽的村庄图景，更是我国农村聚落选址的写照。“村头”与“村尾”是有关农村的文章中出现频度最高的词汇，可见“选址”与“轮廓”在我国村庄中的重要意义（如图 9-25 所示）。城镇化必然要走对农村土地与空间资源重新规划的道路，想要发展乡村旅游的地区一定要把握上述思想，为旅游者营造“心远地自偏”的心境与意境。

图 9-25 “选址”与“轮廓”让村味更浓

2. 真实的农民生产、生活场景

城镇化使我国乡村和民俗旅游出现很多“空心村”。居民放弃惯常的生产、生活活动，村里只有服务人员来上班，民风民俗全然与这里无关。旅游者去了，只是看看房子和陈设、庄稼和果蔬，没有鲜活的生活内容提供思考、享受和回味的空间。这种旅游发展模式使“乡村”二字所引发的文化联想与交流很难实现，对旅游者精神世界的撞击力度较小，广为游客诟病。另外，这种模式也不利于游客和居民间的文化互动，只是完成了对乡村遗迹的保护而没有实现全面利用。因此，想开展乡村旅游的地区必须保证村居、村民、村景的统一，能实现“民宿”的体验与参与，实现乡村旅游的深度发展和经济效益、社会效益的提高。

3. 良好的村居环境

我国的乡村旅游在社会发展变迁中不断丰富内涵，旅游者正由单纯的乡村观光过渡到对一种意境和符号的追寻，因此对村居环境的设计、保持和村民素质提出更高要求。

但是，我国多数农村的实际状况与这一要求相距甚远，尤其是缺乏公共卫生服务和疏密有致的村落及景观规划，展现的“雅味”极大地限制了游客居留甚至到访。因此，把握城市居民对农村城镇化村容、村貌和基础设施的合理心理预期，也是乡村旅游的重点工作之一。

4. 田野、阡陌等意象化元素

我国城市居民对乡村旅游的需求在很大程度上是意象化的。古代旅游文学或现代乡土作品中的乡村意象会由于现代城市景观的迥异被强化。虽然在时代与社会的变迁中，乡村意象的内容有所变化，但田野、耕畜、老树、溪流这些乡村的具体体现元素仍然被旅游者推崇。因此，在规划时必须做到“保留老村精华，营造新村意象”，利用新释放的土地资源完成适合旅游的村落布局，最大限度地满足旅游者的意象化需求。

5. 减少商业化气息

“人情味”是存在于我国乡村中的重要精神财富，是帮助旅游者情感回归的重要资源，对于我国的道德伦理建设也同样意义非凡。而这些资源在城镇化过程中极易被过度商业化的逐利行为践踏而消失，不仅成为旅游业纵深发展的巨大障碍，更成为旅游目的地可持续发展不可逾越的鸿沟。在我国乡村旅游中，古村镇旅游的商业化现象较为明显，让人感叹“古镇不古”，导致游客感受恶化，旅游需求受抑制。一般农村地区的民俗、农庄、田园及农家乐等旅游活动中，商业化现象还不是很严重，因而成为乡村旅游中亟待呵护的净土。

以上五种元素既有别于城市周边“农家乐”式的吃喝玩乐，也有别于根植于农村景观的观光，而是让旅游者实现“真正到农村去休闲”的内在要求，也是乡村旅游借城镇化进程的深度发展。

五、普通创业者如何参与

农旅结合模式很多，没有资源的普通创业者如何参与农旅结合新市场？

1. 林海的民宿众筹之道

林海是浙江庆元人，2013 年底回乡创业，种香菇。他原以为可以带动一些年轻人回乡，但四年过去了，不仅没有其他年轻人返乡，父辈们都想着去住城里了。村里除了一天天多起来的荒地，剩下的就是空房子。

2015 年“十一黄金周”期间，很多上海朋友去林海家玩。他安排他们住宿和用餐，还参观香菇棚，但居然被朋友集体吐槽没安排好。

“小海，为什么要安排我们住酒店呢，我们真的想住在你们村里，哪怕是香菇棚也好。”

朋友们的吐槽引发了林海的思考，是否可以将香菇棚改造成住宿地？林海查找相关“民宿”资料，开始了为期两个月的浙江民宿考察。他发现民宿是未来农村发展的重要组成部分，年轻人不回来，可以吸引城市人来农村旅游。

但是，要在自己的家乡开办民宿还是有各种困难的，比如资金、交通等。

为了再造故乡的梦想，林海毅然决定发起朋友圈“众筹”，承诺用优质菌菇产品作回报，一周下来成功吸引 20 多名全国各地的“股东”参加。

这在一定程度上解决了资金问题。然后，就是民宿的创意设计了。“以旧补旧，就地取材”，最大程度地利用自然和原有环境（如图 9-26 所示），把镇上的废弃养猪场改造成民宿，取名“懒猪窝”。

2016 年，丽水开始大力发展民宿经济，“懒猪窝”还被当地评为“十大最美小景”。2017 年，《钱江晚报》通过百万票选，丽水“懒猪窝”民宿成为唯一入选的浙江最美民宿，并最终被评为“第三名”（如图 9-27 所示）。

图 9-26　残破的乡间旧居

图 9-27　浙江最美民宿“懒猪窝”

与此同时，林海在民宿里开办“农场产品体验点”。民宿可以带来大量的线下流量，而且还是有一定消费能力的家庭。一年下来，精耕细作的农产品带来的收入肯定会超过民宿住宿的销售额。

林海通过民宿打造社区电商，找到真正的目标人群。现在，他不仅通过“懒猪窝”获得旅游民宿收入，他的小而美的“好嗲胚”香菇，仅仅是作为伴手礼销售就从 30 多万元提升到 180 多万元。

林海的实践表明，农旅结合，确实是很好的创业致富机会。如果民宿也是网店，不断思考改进，让民宿真正联网，未来乡村多样化就有更多可能。

2. 云顶山庄的参与式体验

云顶山庄位于四川省金堂县，5 年的时间，创始人朱杉把一个原来 7 个村整体搬迁的偏僻山沟变成了成都市民休闲旅游的好场所（如图 9-28 所示）。

图 9-28 云顶山庄

云顶山非常偏僻闭塞，朱杉能够把这样偏僻的山沟做成一个人气很旺的体验中心，带动农场的系列产品营销，是花费了很多心血的。云顶山庄值得我们学习的，就是如何找到这样的“入口”。

首先，参与感很重要。朱杉之所以成功，是因为他深谙城市消费者心理。城里人到山里去，就是要放开了体验，所以到他的农场，择菜、烧饭、洗碗等一切活动都要自理……所以，每个人都有爆满的参与感，从而带来更多的炫耀感。

其次，与众不同的体验感产品。用户体验是用户期望与产品反馈之间的落差，落差越少，体验越好，落差越大，体验越差。随着互联网的发展、消费的升级，用户需要的体验更应该受到重视。

很多人也许会问，用户到底需要的是怎样的体验？

笔者认为，用户体验是用户期望与产品反馈之间的落差。落差越少（甚至是负的），体验越好，落差越大，体验越差（如图 9-29 所示）。在这个公式中，最需要研究的是用户期望。那么用户期望又是由什么组成呢？

笔者认为，用户的期望是有比重的、分级的。

拿云顶山庄来举例分析：

最基础的期望，是安全感和参与感，自己动手，用最原生态的东西来烹饪，没有任何添加物，从用户朴素的分析来看，饮食安全是能得到起码的保障的。这一点期望是符合的。

最核心，占比重最大的期望，是对产品本身核心功能的期望。

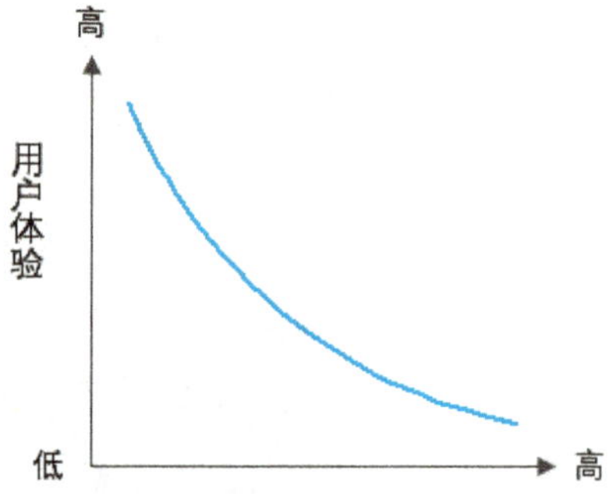

图 9-29　用户期望与产品反馈

笔者走南闯北吃过无数美味，但在云顶山庄吃到过的土鸡煲是我永生难忘的，因为太与众不同了。白水炖鸡，连盐都不放，我一下子喝了三碗鸡汤，那种纯粹的自然美味真是妙不可言。可见好不好吃，是占比最大的用户期望，符合这一条，那就符合了食客的核心期望。

另外，集中精力做好一个群体客户也是重点：云顶山庄现在是“人气爆棚”了，每个节假日都像自由市场一样热闹。但是，2013 年起步阶段，朱杉就是通过成都一个医院的医生打开体验大门的。医生懂养生，有经济基础，平时工作又很忙，所以非常喜欢节假日带家人去农场体验自然生活。云顶山庄距离成都一个多小时的路程，自然环境好，产品很有品位，符合医生们的各种需求。所以，不仅是体验，体验过后也会有更多的预订和购买，以及口碑传播。

最后才是对环境、价格、服务等支撑环节的期望。但是，有了上面的基础，这些环节已经不是左右用户选择的因素了。

云顶山庄越来越火爆，小而美的参与式体验营销，非常符合现代人的生活方式，具有巨大的发展潜力。

3. 智慧旅游新模式激活文化遗产

云南元阳县是世界文化遗产哈尼梯田的核心区，哈尼梯田是哈尼族人世世代代留下的杰作。红河哈尼梯田至今已有 1300 多年的开垦和耕作历史（如图 9-30 所示）。2010 年，哈尼稻作梯田系统被联合国粮农组织正式列入全球重要农业文化遗产保护试点；2013 年，红河哈尼梯田文化景观正式列入联合国教科文组织世界文化遗产名录。

图 9-30　红河哈尼梯田

元阳县根据“互联网 +”的新形势，主导规划了哈尼梯田智慧旅游一站式服务系统，既考虑了系统的先进性，又保证了实用性。随着系统的成功上线，拉开了哈尼梯田旅游电商的大幕。游客可以通过系统获得权威的旅游信息、旅游产品及相关服务，同时，也实现了旅游的精准营销。

旅游电商促进旅游服务质量不断提高，哈尼梯田的旅游内容也进一步丰富，形成了“观哈尼梯田、逛哈尼小镇、赏哈尼歌舞、吃哈尼长街宴、品哈尼风味、住哈尼蘑菇房、购民族饰品”的乡村民族文化体验式旅游特色。智慧旅游模式效果明显。在 2015 年春节黄金周期间，元阳哈尼梯田旅游火爆异常，宾馆酒店、景区景点爆满，旅游收入、接待游客人数创历史新高。

在此基础上，元阳县还创新思路，探索梯田认养众筹新模式。梯田认养的受众体主要为城市人口，通过打造完善的生态农业养生产业链，推广绿色、健康、环保的农耕文化，引导一种体验式旅游模式，让城市人来农村居住、养生、参与农耕。城里人在闲暇时来到这里，游梯田、看云海、观日出日落、品长街宴、住哈尼蘑菇房。在梯田里，城里人可以捉鱼、摸泥鳅、逮黄鳝，可以享受收获的喜悦。

4. 亲子游，带来的不仅是人气

香草岛位于广东佛山南海官窑镇，创始人叫潘小贤。2013 年 5 月，她通过朋友介绍及亲友帮忙，花费 100 多万元承包了这个 2.67 多公顷的小岛，租期 30 年。认识到香草的神奇功效，潘小贤决定垦荒种香草。经过四年多的沉淀，香草世界办得有声有色，不仅能承接大量的家庭“亲子游”上岛休闲，还带动了各类香草周边产品，如茶包、绿植、香草酱、香精的销售，从而实现稳健发展。

潘小贤和创行 Enactus 团队集合了多个高校学子建立“天使团”，对香草岛进行了全面的重新规划，融合废旧轮胎、竹子、木元素等，用园林设计、家具设计等形式来提高香草岛美观度，为吸引亲子家庭上岛，奠定了坚实基础。

在重新规划和建设香草岛的同时，团队成员四处出动，对接当地 O2O 平台、亲子机构、旅行社、学校等多个单位，与之进行合作，确立香草岛生态游路线，为强力拉动“亲子”客户上岛消费提供保障。

2014 年 9 月，香草岛对外正式开放。孩子们上岛后，跟着大人一起做香草土窑鸡、手工盆栽、香草手工皂、香草蜡烛、香草糕点等。亲子家庭，在充分享受休闲消费的同时，也能增长见识和动手能力。很多从佛山、广州、东莞、深圳等地上岛消费的都市家庭，纷纷反馈服务和体验物超所值。

随着登岛“亲子游”客户越来越多，香草产品推广难的问题，也渐渐得以缓解。岛上种有大片的香草，各类香草衍生产品的制造过程又相当透明，很多亲子家庭意犹未尽，都会再顺带购买一些相关产品回家。

此外，潘小贤还通过在网上开微店，进行线上营销，把线下客户的购买潜力挖掘到线上，持续带动产品销售（如图 9-31 所示）。

图 9-31　比主业更赚钱的旅游周边产品

随着知名度的不断打开，以及实现盈利，潘小贤团队准备把香草岛进一步开发成立体休闲岛，集生态游、住宿、餐饮、科普基地为一体；同时，融入乐活香草书吧等文化元素，更好地吸引亲子家庭前往休闲消费。

潘小贤团队还提倡公益生态游，普通家庭多买一个人的单，就能让单亲小朋友也上岛玩，所得收益拿出一部分作为公益基金，帮助贫困孩子上学。公益不仅体现了社会责任，而且，营造了吸附力和信任感，从而促进更多的亲子家庭前往消费，实现香草岛的稳步发展。

普通农创人在运营农场时，好产品是基础，但能否抓住一条主线是关键。像拥有香草这种特色产品的香草岛，就巧妙地抓住了“亲子游”的优势，做深做大，以此来促进自身的稳健发展。这些很值得农友思考和学习。

总之，农旅结合潜力巨大，农旅结合这张美丽的画卷，需要我们一起去创造、去创新。农旅结合巨大的市场空间，更值得我们挖掘。在行业细分的今天，很难有一个项目能满足所有消费者的需求，谁能准确定位，找到目标群体，找到他们的痛点，然后集中力量解决，就能成为行业的标杆。

在互联网社交风靡的今天，我们找到痛点，解决痛点，不仅是满足消费者的需求，更能够形成口碑。社交媒体时代，每个游客都是媒体。良好的口碑能够让我们以零成本，获得互联网目标人群，从而让自己的农庄永远站在时代的前沿。

农业产业链互联网是“互联网 +”带给中国三农最深刻的革命。农业基地在革新，从种子到种植方式、营销方式，让农业从增产增收，再到有价值；超级大单品在创新，品质、品牌、品位，让农产品更有竞争力；农旅结合在创意，打开了农业、农民、农产品与世界连接的方式，农村与城镇融合起来，让农味成为生活味、成为生命力……可以期待，中国农业产业链在“互联网 +”的赋能下会成为东方巨龙，重新崛起，引领世界农业新发展。

第十章

“互联网 +”生态农业之路

生态农业是指在保护、改善农业生态环境的前提下，遵循生态学、生态经济学规律，运用系统工程方法和现代科学技术，集约化经营的农业发展模式，是按照生态学原理和经济学原理，运用现代科学技术成果和现代管理手段，以及传统农业的有效经验建立起来的，能获得较高的经济效益、生态效益和社会效益的现代化农业。让农产品有尊严和价值上行，生态农业是很有效的方法，也是可持续发展的最佳途径。

第一节　东西方典型的生态农业模式

生态农业最早于1924年在欧洲兴起，20世纪30—40年代在瑞士、英国、日本等国家得到发展；60年代欧洲的许多农场转向生态耕作，70年代末东南亚地区开始研究生态农业，走可持续发展的道路成为世界各国农业发展的共同选择。这里我们着重介绍具有东西方代表性的中国台湾地区生态农业和美国生态农业。

一、中国台湾地区的生态农业

台湾地区生态农庄的特点：

1. 注重生态，着眼长远

台湾地区的生态农庄，有不少建设的最初目的，是在乡村为自己营造一个能够亲近自然、亲近田野，远离俗世烦扰、远离现代都市生活的宁静港湾。因此，他们在农庄建设过程中，不是将经济效益放在第一位，而是将环境的保护与改善、生态功能的恢复放在第一位。他们常常花费数年工夫，把很多钱投资到改善环境上。在种植或养殖生产过程中，他们基本不施化肥，不打农药，有的甚至农家肥也不使用。提高产量的主要措施，就是靠逐年恢复、改善、培肥地力。

2. 融入自我，特色鲜明

由于建设的初衷是营造自己理想中的环境与生活，因此台湾地区的生态农庄，很多在建设与经营过程中，都明显融入了自己的思想、创意与追求，具有鲜明的个性特征，给人以深刻的印象。例如，位于台湾宜兰大同乡的“不老部落”，由重回故土的7户泰雅人原住民创建。该农庄的最大特色就是师法自然、回归自然。庄园的房屋都是用木头、茅草等自然材料搭建，与当地环境和谐地融为一体。住在庄园的人们坚持沿袭人与自然的古老法则耕种、纺织、狩猎，依自然农法种植作物、照顾动物，依从大自然的秩序自给自足。庄园提供的食材，都是完全不施化肥、不喷农药的有机食材，很多采摘后不用清洗就可直接食用，非常新鲜、地道，但每道菜肴的制作却独具匠心，极为精致、时尚，富有特色。薰衣草森林庄园，则是台湾地区的两位厌倦了城市生活的女生，用爱打造的梦幻庄园。她们选择在环境优雅、远离城市喧嚣的地方，凭借自己的双手开辟出一片庄园，种上花色艳丽、香气扑鼻的薰衣草，自己动手提取各种香精，制作各种精油香皂。

3. 因地制宜，不断创新

台湾地区的生态农庄，在建设过程中不少汲取了老子的道家思想，特别注意发现、挖掘当地特色资源和本土历史文化，讲究因地制宜，顺其自然，师法自然，道法自然，而不是墨守成规，复制照搬，更不是依靠人力或者机械的力量去改造自然。农庄在建设时尽量做到就地取材，科学利用，点石成金，用最小的代价发掘、彰显当地的个性与特色。

充分发挥大脑的思维与想象力，注重创意与创新，也是台湾地区生态农庄一大特色。例如，位于台湾新竹关西的金勇 DIY 休闲农场，坚持每年都从国外引进十余种最新的番茄、彩色甜椒、水果玉米等特色蔬菜，仅大小、形状不一，色彩缤纷艳丽的番茄，就种植有数十种之多。在这里，游客可以购买到“联合国番茄礼盒”，每盒内 26 个不同品种、16 种不同颜色的番茄，让游客一次就可观赏、品尝到来自世界各地的番茄。由于创意无限、创新不断，台湾地区的不少农庄，游客参观多次后仍然有耳目一新的感觉。

4. 做精做透，以质取胜

台湾地区的生态农庄，多以“小而精”取胜。他们不刻意追求农庄的面积、规模，不一定非要种植多少作物，获得多高产量，产品有多大的批量，但非常注重精细管理，精深加工，融入创意，提升品质。有的产品甚至限量供应，量少质精，坚持以质取胜，以特色取胜。

5. 注重口碑，就地销售

由于规模不大，所以台湾地区的生态农庄，非常注重产品的“口碑”而不是“品牌”。他们认为，“口碑”比“品牌”更重要，因此他们宁可将更多的精力，放在保证产品质量上，放在让顾客满意上。为保证产品安全有营养，他们严格控制化肥、农药、除草剂的使用，宁可增加投入、牺牲产量，也要保证产品质量；为了让游客品尝到口感最佳的产品，台湾地区很多生态农庄免费对游客开放，吸引游客到农庄购买最新鲜、成熟度最适宜的农产品。

6. 强调参与，寓教于乐

台湾地区的生态农庄，不仅设法吸引游客前往观赏、购买产品、享受服务，更注重游客的参与和互动。很多农庄都设有采果区、烤肉区、游戏区、垂钓区、农耕体验区、手工制作区等，游客在农庄服务人员的指导下，可以自己动手享受耕种、管理、采摘、喂养、加工的乐趣，品尝到亲手烤制的地瓜、土鸡等，或者利用农庄提供的材料，自己加工制作各种特色产品。有的农庄还经常举办与农业有关的知识讲座、趣味比赛，许多学校将这些农庄作为户外教学场所，还有不少家庭周末专门到农庄度假。人们在这里不仅可以避开城市的喧嚣，充分地放松身心、亲近自然，尽情地游玩、休闲、娱乐，还可学到不少在城市里和课堂上学不到的知识，因而很受欢迎。

除以上特点外，台湾地区的生态农庄在科学规划、合理布局，依托资源、差异发展，与时俱进、不断创新，产研结合、周到服务，政府扶持、民间拉动，网络营销、宣传推介，示范带动、强农富民，回报社会、合作共赢等很多方面都有独到之处，值得我们学习与借鉴。

笔者 2014 年曾到台湾地区考察，以下是当时的考察笔记片段：

2014 年 3 月，“吾谷网”新农人考察团从北到南，沿着台北、台中、台南、高雄、屏东的路线，一路考察了宏元米厂、中兴米企业、西螺农会、雾峰农会、三久集团、七股养殖专区、后壁外销稻米专区、绿冠有机凤梨专区、台湾主妇联盟消费者合作社等农业机构。

（1）农会组织促进了现代农业的发展。

台湾农会是综合性多功能的农民自己的民间组织，有省、县、乡三级机构，农会是政府与农民的桥梁。台湾农会在生产、金融、保险、运销等方面发挥了重要作用，切实提高了农民的组织化程度，成为农业组织的民间合法主流机构，保证了农业健康发展，促进了台湾地区农业的现代化，最终实现了整个农业发展。

（2）农产品精致、优质和安全提高了农业发展质量。

台湾地区农产品以精致、优质和安全在国际市场上享有较高声誉，无论是果型、色泽、精耕细作还是营销方面的包装、分级等都非常注重农产品的精致和优质，以提高产品效益。台湾农产品大量出口，受国外质量安全约束和市民健康需求，反向促进了自身农产品质量安全水平的提高，进而保证了农业整体发展质量。

（3）产业互动提高了现代农业发展水平。

以农业为基础，一、二、三产业互动发展模式已成为台湾地区经济发展不可或缺的重要形式。农业硬件环境与软件性机制共生、协调和同时发展全面促进了现代农业稳定、和谐和健康发展。产业间良性互补，对于增加农民收入、有效利用农业资源、增加就业机会和提高现代农业发展水平具有重要的现实意义。从考察中的典型案例看，只要具有形式多样、内容丰富和文化氛围浓厚特点的组织和企业，就显示出强烈的生命力。在高雄的黑琵湾养殖场，我们观看了台湾地区非常热门的旅游节目：《爱玩客》。节目介绍了在黑琵湾养殖场体验美食和参与式旅游休闲的项目。这个养殖场实现了第一产业与第三产业的有机结合，增强了游客的娱乐性和知识性，将农业生产、生态、生活紧密结合，增加了农场的收入，体现了现代农业发展的新形式。游客可以通过体验娱乐观赏、新鲜品尝等多种方式品味另类生活。

（4）品牌战略加速了规模和产业延伸效益。

台湾地区农业发展就是在充分利用品牌资源和理性的品牌战略实践中实现了企业规模和效益的双重发展，并赋予传统农产品新的时代、生态和社会概念。台湾地区具有百年基业的知名企业中兴米集团超越了传统理念，秉承了“与稻香共生、与自然共存”的经营理念，提出超意识概念，成立了亚洲首家由民间企业成立的集生产、加工、展示、观光于一体的稻米博物馆。游客通过时兴隧道、古色古香精品馆、道香风云馆、稻香学院等八个主题区，既可以了解企业的发展过程和经历的风雨，也可以对企业的未来发展方向和经营理念有大致的了解，展示了企业产业链延伸新的方式，再通过品牌战略，最终实现了宣传企业、展示产品、突出理念、增加收益的目的。

（5）台湾地区农村再造、农村文化的发掘和传承。

经济与文化的成功融合是台湾地区乡村的一大特点，但这并非全部，也有许多乡村着意进行单纯的文化再造，目的是给生活在乡村的人更好的文化环境。电影《海角七号》里有这样一句台词：“这里的海多美啊，为什么就留不住我们的年轻人呢？”和大陆一样，为了追求更好的经济条件，年轻人远离家乡，投身经济大潮中，当他们得到想要的物质条件后又常常有文化回归的意愿。那时，他们对于文化的渴求就要远远高于金钱了。乡村再造就是帮助年轻人寻找自我存在意义的过程。乡村被发掘出的文化潜质总有一天会让远离它的年轻人感受到家乡的魅力，找到他们心灵的寄托，这样的乡村也才有存在的意义。所以，许多乡村再造出于公利，而无私心。

台湾地区生态农业值得我们借鉴的内容很多，精制农业、产业融合、品牌农业，还有再造故乡行动是最值得我们学习的。

二、美国的生态农业

美国是世界上第一大农产品出口国。据了解，美国农业劳动力约200万人，仅占全国劳动力总数的2%左右，以高度商业化的家庭农场为基础。早在1914年，美国就在很大程度上实现了种植的专业化，农业产销也实现了“从田间到餐桌”的一体化，以此成就了美国农业现代化、集约化、高度机械化的老牌农业帝国的地位。无论规模还是水平，美国保护农业后备资源和农业生态建设都是名列世界前茅的。

2014年6月，笔者随考察团抵达美国农业大省加利福尼亚州，进行了10天的系统考察交流。笔者发现，相比我们“高不可攀”的有机农业，自己更喜欢美国这种能够走进寻常百姓家的有机农业生产销售体系。

1. 规范、高效的有机农业生产

生产永远都是有机体系的基石。我们参观了多品种蔬果种植的中大型有机农场McGrath家庭农场。

农场主Fill家族在1867年来到加利福尼亚州经营农场，现在已经是第三代了。农场的面积200多公顷，目前种植的作物有草莓、西红柿、西瓜、角瓜、多种豆类、大蓟花、西兰花、蒲公英、玉米、高粱、树莓等，还养殖了一些禽类。

农场通过了有机认证，所有种植、养殖都采用有机方式。农场雇用了20个人，其中15人从事农活，5人负责销售和运输等。农场有自己的育苗室，进门处还有有机商店，主要售卖自己农场及附近农场的有机农产品。

农场看上去井井有条，有系统的规划布局。农场的品种安排、播种、休耕、轮种都有合理安排。200公顷农场只有15个人干农活，其生产管理系统实在是高效。

相比在国内，我也参观过很多农场，一般多品种有机蔬果综合种植的农场15个人最多可管理20公顷，而且管理得还比较粗放。我经常说国内的农场其实是小而粗，很少见到小而美、小而精的。国内这种小而粗的背后是生产管理体系的缺乏，是适合小农场的农业机械的缺乏，是市场不确定性反作用的结果。

2. 广泛而层次分明的零售体系

为探索美国有机产品的销售状况，我们走访了三家有代表性的超市，分别是专做社区的有机超市Trader Joe’s、全球最大连锁超市沃尔玛及大型仓储超市COSTCO。

Trader Joe’s是一家高档社区有机食品连锁店，直接从全世界农场和生产商进货，不通过中间商或者代理商，所有产品都采用Trader Joe’s自有商标。他们差异化竞争策略的核心就是"以合理的价格提供新奇的、别处难寻的、美味的食品"。

在店里，我们找不到其他超市里充斥货架的大规模工业化生产的商品，如可口可乐、雀巢等，所以 Trader Joe's 受到视工业化食品为垃圾的中产阶级的追捧。在 Trader Joe's，我们看到很多有机蔬菜和水果，价格只比非有机的贵 20% ～ 50%，所以，选择购买有机食物的人很多。

我们考察的沃尔玛超市位于西科维纳。沃尔玛超市也有有机食物出售，相比店内的非有机产品，价格也是高出 20% ～ 50%。

COSTCO 是会员制仓储批发俱乐部的创始者，除了大量商品，还有许多会员专享的特殊服务与权益。COSTCO 有机产品种类很多，价格和非有机产品相比高出 30% ～ 50%。

三家超市业态不同，但有机农产品都是主要品类，价格不高，都只比本店同类产品贵出不到 50%，这给不同人群选择有机产品消费提供很大的选择余地。国内的有机食物生产和销售体系都还处于起步阶段，一般超市没有设有机柜台，高端超市虽设有机柜台，但品种少、价格高，所以国内的有机产品现状是大家常说的买难卖难，有机食品有价无市。

3. 专业而红火的有机超市 Whole Foods

到美国考察有机食物，不能不到 Whole Foods（全食），据说美国人对它有着宗教般的崇敬。Whole Foods 是全球最大的天然食品和有机食品零售商店。我们来到位于洛杉矶豪华别墅区帕萨迪纳的 Whole Foods 参观（如图 10-1 所示）。

一走进超市，我们被扑面而来的五彩缤纷的商品立体艺术摆放震撼了。这里的蔬菜码放得整整齐齐，放在开放式保鲜柜的货架上，白菜、萝卜都一棵棵竖着摆放，每根芹菜都朝着同一个方向，整个摆设就像艺术品一般赏心悦目。店里的灯光很柔和，据说是参考了画廊的灯光设计，以凸显食品的诱人色泽。用一位经营者的话说，就是要用灯光"尽量渲染食品之美"，让人流下口水而忘了价格。

因为国内都说 Whole Foods 定位高端，我们特别关注了产品的价格，发现这里主要品类的价格也只比沃尔玛超市的同类有机产品价格贵 20% ～ 30%，每个产品都有身份证，还有营养成分标注。

随着经理的介绍，我们注意到 Whole Foods 的快餐食品非常红火。此外，这里还有会员娱乐区，会员可以在"快乐时光"区域聚会（如图 10-2 所示）。Whole Foods 的体验真是全方位美的享受，从眼睛、鼻子、嘴巴到心灵。

图 10-1　美国 Whole Foods 有机超市

图 10-2　超市的会员娱乐区

在 Whole Foods 超市参观的几个小时，我一直都充满敬意。超市写满了“爱与尊严”，对食物的尊重，对消费者的爱，全心全意呵护人类和环境，是我们的榜样。

4. 农夫市集为丹麦小镇居民生活添彩

美国加利福尼亚州圣巴巴拉县的小镇索尔万，常住居民约 5000 人，其中丹麦后裔占 2/3。1911 年，几名丹麦教育者在这里拓地建房，之后从丹麦和其他地方来的移民都聚居在此。在这座童话小镇中，农夫集市不得不看。

有机农夫市集倡导农场到餐桌——“You are what you eat”。富庶的圣巴巴拉，以个人厨师及私人管家的超高拥有率领先全美，当地人格外青睐健康环保的有机食物。每逢农夫市集开市的时段，市政府便会在市中心的一条主街上摆好隔离墩，竖起禁行标志，无论是周末清晨还是平日傍晚，一切都要给市集让路。

每个农场主的牌子直接写上“从水果树上到你的餐桌只有一天”。不少摊位后面就停着冷藏车。市集上还有盆栽蔬菜和花卉，花盆都是纯天然的，可以直接连盆种植在土里。农场主都来自附近几十公里以内的农场，每周到市集来销售已经成为他们的主要销售渠道。他们的产品有的经过有机认证，有的没有认证。没有认证的也自己介绍是按照有机方式种植的，品质都很好。因为都是当地的消费者，互相信任，即使没有认证，价格也差不多。

消费者每周来赶集已经成为他们生活的一部分。虽然农产品的价格比超市的同类非有机产品高出 50% 左右，但新鲜、质量好，消费者都很喜欢。在安静的小镇，每周一次的市集给他们带来的不仅是新鲜高品质的产品，更是一种热闹、人气和自然生活。有机消费生活化是美国农夫市集的最大特点。

在国内，有机农夫市集还主要集中在北京、上海、杭州等城市，除个别市集人气比较旺以外，大多数市集曲高和寡。笔者认为，农夫市集在中国的中等城市也可以做，但要品质高，价格不要太高，要让更多的消费者乐意参与，成为生活的一部分。

5. 生鲜电商主做区域营销

中国新农人对生鲜电商格外青睐。我们参观了位于洛杉矶东区的有机蔬果直供线上销售、配送到家的公司"有机派"。

"有机派"和加利福尼亚州及周边各大有机农场及供应商合作。在有机派的网站上，可以订购套装，也可以直接拨打客服电话由客服人员帮忙订购。新鲜是"有机派"的承诺。清晨，新鲜的蔬果从农场采摘后，就由冷藏车运输过来，当晚或第二天就可以送到客户家。有机也是"有机派"的承诺。"有机派"的合作伙伴均具有美国农业部颁发的有机认证证书（USDA），保证100%有机。"有机派"这样的生鲜电商，成为美国有机农业销售体系的一个补充。

和中国生鲜电商亏本经营相反，"有机派"的经营状况不错。究其原因主要是：首先，他们不需要在"信任"问题上下血本，消费者信任有机认证；其次，他们只做50公里内的区域销售，品控和客户开拓服务都容易做到极致；再次，定位准确，传播有效性强，不需要为编写故事耗费时力。

从以上节点可以看出美国的有机链条已经非常成熟。他们的生产销售机制规范，营销很精准，消费者比较理性，所以产业能够良性循环。

第二节 中国生态农业产业链

我国拥有数千年农耕历史，农业在整个国民经济中占有举足轻重的地位。近些年，我国农业生产也的确取得举世瞩目的成绩，但因为片面追求增产，生态环境恶化、抵抗自然灾害能力下降，生物多样性被破坏等负面问题也随之而来，给农业生产造成了很大的打击。随着中产阶级的崛起，更多人开始关注食品安全、生态环境，因此，人们开始重新审视农业发展的道路，重视生态农业发展的可持续性。

生态农业不仅仅有呵护人类、呵护地球的作用，也是价值农业的组成部分。互联网对生态农业的重塑，主要是通过具有互联网精神的新农人返乡创业开始的。

一、生态农业基地打造

生产是安全食物的起点，好产品一定来自好基地。生态农业基地打造是一个持久过程。

1. 荒地长出赣南脐橙

黄日洪用 5 年时间在近 133.33 公顷荒山上通过科学种植，种出了品质很好的赣南脐橙，并且通过他的互联网传播，实现了销售。

黄日洪，网名露露，来自江西省瑞金市，毕业后到深圳打工。2008 年，为了给三岁的女儿找到靠谱的安全食品，他辞去了深圳高技术工作，回到老家创业。

返回家乡后，露露找同学朋友了解当地农业的一些基本情况，最后决定租荒地，在一大片红页岩荒地上种出了高品质的赣南脐橙，并充分运用“互联网 +”实现了有尊严的销售。

露露做事很高调。他的新农人千人 QQ 群，曾经是农人圈的一道亮丽风景，农人圈里很多耳熟能详的大咖都是群里的活跃分子。他创办的网上农博会，几百个新农人的产品联合展示，让很多人感受到新农人联合的力量。

露露创业有胆量，近 133.33 公顷赣南脐橙是在一片荒山上种植出来的，现在已经增加到 266.67 多公顷。7 年来，他一直在进行土壤改良。很多新农人都遇到和村民的关系难处理的问题。露露刚开始拓荒时，村民是有意见的，认为会造成水土流失。他们采取措施，利用水渠分段把泥沙控制在果园里，避免流失，接着种草籽。来年春天，所有荒漠都长了茂盛的草之后，村民就放心了。这也是沟通、合作、交流的方法问题。实际上，只要水土流失搞好了，村民自然就会主动投入进来。他们和村民是一个整体，并不是单纯的征地模式，涉及的三个村的村民都有股份，大家一起来管理，一起来分成。这样大大避免了偷盗现象，也为当地农民致富提供了一条稳定的道路。

露露有远见。真正帮助农民增收在于产后环节，他不仅做好基地建设，更重视产后链条的打造。他在红井景区投资 300 万元建立了赣南脐橙加工厂。产业链条的打造给基地的后续发展插上了翅膀。

很多农民增产不增收，主要是输在没有销售渠道。在这方面，露露是高手。他们销售的第一个大单就是人人乐连锁超市，是一家上市公司。与此同时，网上销售也很强劲。2013 年，他的橙子大部分都是通过网络销售出去的。

露露会组织。带动几百户农民一起发展，单打独斗是不会成功的。露露也有自己的方法，充分利用了同学关系，每人分工不同，有负责政府关系的，有负责银行关系的，有负责村民协调的，有负责销售推广的。大家的心是一样的，花最少的钱，创造最大的利益，最终让农民受益，因为几个原始股东都是农民的儿子。

露露善于管理。合作社规模种植，产供销一体化，管理是很重要的。园长负责统筹管理，副园长负责具体分工，片区管理员负责片区果园管理，专职技术人员负责整个果园的病虫害预防，风险防范，细节处理。片区管理员各带领 30 名村民进行技术培训，操作规范培训，绿色食品和无公害知识培训，具体操作果园从开花到采摘的整套流程规范落实。

露露是很多新农人的缩影。新农人是农业产业链条上具有生态自觉的农业从业者，也是有知识、懂经营、善管理、爱学习的农业产业带头人，更是推动食品安全事业发展，承担历史使命的人。他们有使命感，更有行动力。露露的农业之路充分体现了新农人的风采。

2. 吃海鱼的大闸蟹

生态农业不仅在种植业，也可以在养殖业。比如，扁担姐不仅自己成功了，还带动了一方百姓。扁担姐，名叫张玉鸾，圈内都因她的微博名“扁担姐的大闸蟹”而称呼她“扁担姐”。

2014 年 7 月，笔者前往江苏扬州高邮湖畔扁担姐的“湖畔水产专业合作社”“王鲜记水产养殖场”进行考察。扁担姐已经坚持 20 多年的水产养殖，现在的社会效益和经济效益都不错。顺丰优选把她的基地作为华东区的重点扶持对象，为他们建造了专用冷库，并由专业团队给予服务，而各类投资人更是络绎不绝地投去橄榄枝。

来接我们的车辆的司机是扁担姐的同学，已经在公司工作 20 多年了，在车上给我们介绍扁担姐和他们的养殖场，充满了激情和自豪。

走进养殖场，迎面而来的是鲜花大道。办公室门口，桂花树深沉、紫薇花优雅，草坪如茵；办公室内，宽敞明亮的办公区，舒适大方、色调明快的交流区，还有琳琅满目的食品体验区。

好的食物是好品质的基础。扁担姐告诉我们，海鱼是大闸蟹最好的食物，不仅蛋白含量高，营养丰富，其天然的咸味也特别适合大闸蟹的口感。所以，他们的养殖场一直以海鱼做主料，一开始是剁成肉泥，随着螃蟹长大，逐渐变成大块，最后一个月，可以喂整鱼。很多养殖户不能坚持喂海鱼，一是海鱼贵，每亩的喂养成本要高出近 2000 元，另外也需要有很大的冷库储存海鱼，很多小的养殖户不具备条件。

3000 亩的大闸蟹年利润可达 1500 万元。看过扁担姐生态环境一流、管理井井有条的养殖场，我对他们的效益充满信心。扁担姐给我剖析了利润来源。每亩大闸蟹平均不低于 150 斤，每斤按照 60 元计算，扣除各项费用，每亩 6000 元左右的利润是没有问题的。而且他们的管理好，一般亩产在 180 斤以上，品质好，价格也高。不过，能够取得这样的收益，也是他们多年积累、付出的结果。高品质的产品让他们的销售一直供不应求，能够掌握主动。他们有 20 多年的养殖经验，并不断创新，管理也很规范。在批发、零售渠道的基础上，他们又开办了 6 家连锁专卖门店，同时还开通了电子商务，建立了 O2O 系统，还有微博、微信传播。全渠道营销确保了他们销售的有效性。虽然销售供不应求，但他们对品质的追求更加用心，好品质让他们的回头客越来越多，口碑带动品牌效应。另外，他们在和合作伙伴打交道时也坚守诚信，不会因为供不应求就违约，宁愿少挣，也保证老客户的订单。

张玉鸾之所以起名“扁担姐”，是传承自她的父亲。她父亲是卖水产的“鱼贩子”，主要生产工具就是扁担。当张玉銮开始经营水产生意时，她的父亲给了她一根好扁担。扁担代表了希望和责任。现在，扁担姐不仅自己致富了，还创办了“湖畔水产专业合作社”，带动了 300 多个农民致富。这些农民用土地入股合作社，每亩有 1000 多元的土地收益；在合作社劳动，每月还有可观的收入；年底合作社盈利了，还有二次分红。

扁担姐不仅带给我们无限精彩，还让我们对农业充满了信心。她用自己的热爱、执着和责任，诠释了农业的“爱与尊严”。

二、高效生态农业途径

很多人对生态农业有误区，认为生态农业是白领“小而美”的世界，不可能推广，也不会有经济效益。其实，好的生态农业也是可以高效的。

1. 荒地上崛起的“第五季”

2014 年 7 月，笔者来到第五季农业科技公司考察。董事长卓炳连介绍他们的台湾水果种植，产量高，收入高，市场供不应求。从 2010 年起步，目前他们流转的土地有 200 公顷，种植 100 公顷。因为产品好，效益高，第五季农业科技公司 2013 年在香港柜台交易市场挂牌上市。

卓炳连 2010 年进入农业之前是做石材方面成功的企业家，看到家乡的众多荒地心中很痛，萌生回乡做农业的想法。在咨询考察众多项目后，他选择台湾水果，而且他选择的品种都是很独特的。他的火龙果是红心的，柠檬选择香水柠檬，同样，芭乐、释迦果等都选用好品种试种。起点很重要。如果做大众品种，如何和普通的农民比拼价格？做市场又将花费多少心力？这方面，他们是很成功的。

第五季农业公司有教授 2 人、高级工程师 5 人，主要的技术管理人员从台湾聘请。这些技术人员能够针对当地的气候水土条件进行各项管理，使红心火龙果等能够一年多茬结果，高产高品质。

卓炳连的产品在圈子内销售都供不应求，“好吃”让他的圈子不断扩大。在现场，我们品尝了火龙果和香水柠檬，味道棒极了。

笔者现场认真看了农场的土壤情况，发现土壤有机质很高，人工拔草，不施除草剂，果园里挂着很多除果蝇的糖醋液瓶子。笔者现场摘下一个漏摘的火龙果，品尝后感觉非常甜。卓炳连很幽默，他说：“如果你品尝了我的火龙果不好吃，我跟你说别人都说好，有用吗？吃了还想吃，还想买给自己的家人朋友吃，那才靠谱。”

2010年，卓炳连返乡投资农业，当时村里的荒山荒地很多，乡亲们都说送给他种，不要钱。但是，他坚持签合同，有偿使用，虽然每亩只有100元，却是有效的经济合同。30年的有效使用合同，确保他的投入无后顾之忧。为了长期可持续发展，他不仅投资修路，建立休闲观光农业基地，还建立了深加工产业链条。

2. “阳光苹果”走俏市场

生态农业带来高效益的案例很多，烟台丛东日的不套袋“阳光苹果”也是典型代表。他种植的无农药残留不套袋苹果包装后在网上卖到20元一斤，而且供不应求。在北京定位高端的春播网上，他的苹果每个可以卖到10多元。

丛东日2011年从香港理工大学硕士毕业后，放弃了旁人艳羡的海外工作机会，回到老家烟台做了农民。2012年春节过后，他用两个月的时间跑遍了烟台的山山水水，按照有机农业的要求，寻找农场的场址，最终在福山张格庄藏龙夼落脚。藏龙夼是一个独立的山夼，远离工业区，周围三面环山，人烟稀少。藏龙夼中间有一个水库，水库旁边就是一片果园。这里山水相绕，适合种植和养殖，他给这片园子起名为守拙园。

守拙园学习日本苹果专家木村秋则的自然农法，请中国台湾农业专家蔡泰和先生做顾问，改良土壤，有机种植，不用化肥，不用化学农药，不用除草剂，不用反光膜。最重要的是，果园里种植的一多半苹果都没有套袋。由于不套袋，阳光可照耀苹果的整个生长季，苹果的甜度和成熟度会更好。目前，在日本和韩国，80%～90%的苹果种植时已经不套袋了。

丛东日的不套袋阳光苹果与市场上的套袋苹果形成了明显的差异。现今市场上绝大多数的苹果为赶上市时间，采摘期过早，霜降之前就下树，没有充分成熟，所以很多苹果甜度、香味不足。而守拙园种植的苹果一般是在立冬和小雪以后采摘，苹果有更为充裕的成长时间。为此，丛东日还注册了“冬后”“雪后”两个商标，增加守拙园的苹果品牌在消费者心中的印象。此外，为了打消消费者对苹果质量安全的疑虑，他把苹果179项农药残留检测报告放在了淘宝店铺首页，很受欢迎。

丛东日不套袋阳光苹果走俏不是偶然的，生态农业是造福千秋万代的事业，随着中产阶级的崛起，从吃饱到吃好到吃得健康是必然趋势。高品质产品会越来越受欢迎，有机方式种植管理的农场都会成为稀缺资源。

好产品一定是来自踏踏实实的种植和养殖，在这个层面上，来不得半点虚伪和骄傲。良田、良种、良法加良心，成就良品。在此基础上，我们才能有营销的基础。

第三节　生态农业创新营销

营销是价值实现的重要环节，也是生态农业可持续发展的必要过程。“互联网 +”在生态农业营销上有很多的创新。

一、故事营销

新疆维吉达尼的知名度很高，其创始人刘敬文总结，他们的成功营销可以概括为：产品故事化，故事产品化。

首先，带着“故事感”设计产品。将产品故事化，可以让产品生产者和购买者形成一个有着共同价值观、有温情的社区，他们不再仅仅是“买卖关系”，而是一种情感上的互助、共鸣关系，由此获得有着超强黏性的长期用户。

其次，“故事产品化”。就是创造故事时，有做产品的思维。

（1）心中有用户画像，明白这个故事写给谁看的。如果故事是以“感人”为主旋律，但没有任何泪点，就是失败的。心里装着用户，最根本的目的是，让用户产生共鸣。有共鸣才会有认同。让人们在产品的故事里看到他们“自己”。看到了“自己”的什么？可以是，似曾相识的经历，或一种情怀，或一股社会急需的正能量。

（2）“故事”有利益点。比如维吉达尼农产品，故事传达了两个和顾客切身相关的“利益点”：第一，这些农产品是天然的，是放心可靠的，没有食品安全忧患。第二，我购买这些农产品，也是在帮助新疆的农民。

（3）原汁原味。千万不要抄袭别人的故事，无中生有。做产品首先要真诚，用真诚写出原汁原味的故事。

（4）简洁。故事要在“有可读性”的原则下尽可能简洁。“产品故事化”，不是写小说、写散文，不加控制，尽情抒发。

（5）可分享。做好以上四点，就具备分享的基础了。还应该添加一些便于粉丝们分享的工具，如设定用于微信、微博等分享的按钮。

互联网的特点就是在分享和传播中扩大营销，所以“讲故事”是很重要的手段。

维吉达尼的故事营销给我们提供了讲好故事的基本要素：产品故事化、故事产品化。故事要有消费者关心的基本要素。

二、极致营销

极致营销，其实是一种精兵战略，即用最精锐的力量，在最合适的时间、最恰当的地点，以最合适的方式集中使用，从而在局部区域形成优势兵力，打歼灭战。

农产品品类繁多，要想迅速切入市场，占领消费者心智，实非易事。而在资源有限的情况下，从某个单品切入，以农作艺术家的情怀，努力做到聚焦、简单、极致，实现单品突破，不失为一个好办法。极致营销的前提是，需要细分市场，需要精准定位。

浙江的倪老腌辣椒酱是极致营销的经典案例。一瓶 500 克的辣椒酱电商销售 48 元，还一酱难求（如图 10-3 所示）。

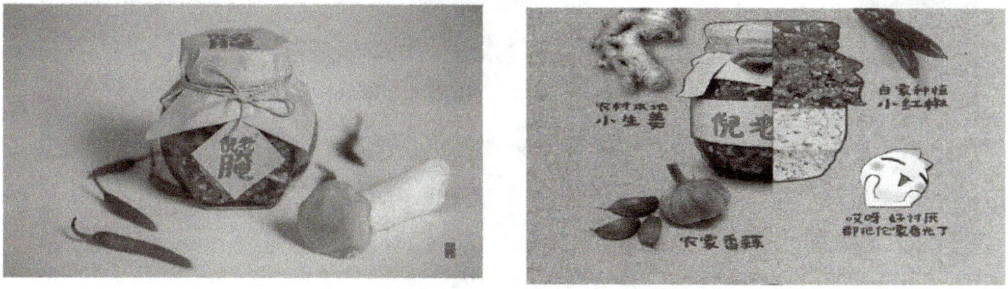

图 10-3　倪老腌辣椒酱营销宣传图

倪老腌辣椒酱的生产营销有如下特点：

（1）食材追求极致。腌辣酱的所有原材料都是要安全、新鲜、味道好的，有的还需要独特的品种，比如生姜和辣椒。

（2）工艺追求极致。所有的辣椒和姜蒜都要手工切。

（3）品质追求极致。产品经过严格的检验。

（4）卖相追求极致。颜色要鲜亮。

（5）包装追求极致。为了消费者拿到手的辣椒酱不会漏油，倪老腌的辣椒酱加工完成后瓶子要倒放 10 天，绝对不漏油才能出厂（如图 10-4 所示）。

（6）服务追求极致。包装盒内不仅有木勺子，还有贴心的使用方法提示（如图 10-5 所示）。

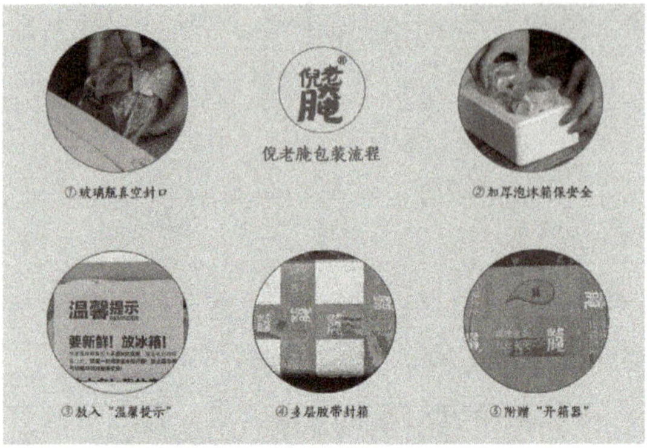

图 10-4　倪老腌辣椒酱包装流程

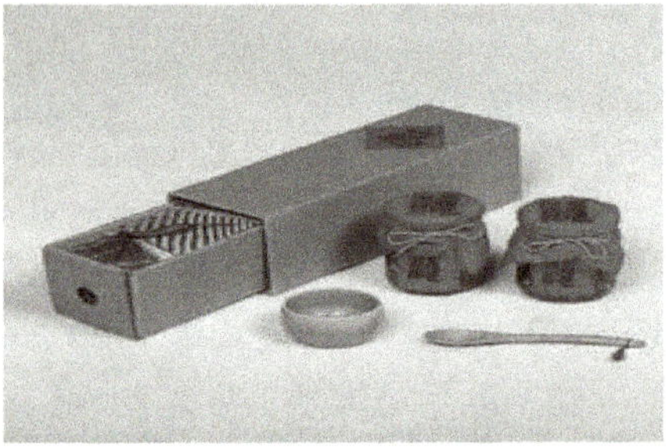

图 10-5　贴心的产品包装是提升档次的关键

（7）文化追求极致。倪老腌的辣椒酱是在浙江丽水一个清代古民居内生产的，体现出深厚的民俗文化底蕴（如图 10-6 所示）。

图 10-6　古朴的生产基地

极致营销的启示：做好农产品要选好单品，同时要在每个细节上下功夫，农产品也需要匠心。好的农产品销售也要全方位展现细节。同时，选择好的生产地点也很重要。

三、生产过程记录营销

吾谷网曾刊登文章《将生产过程卖给消费者》：当消费者在超市购买农产品，比如买苹果时，一般只知晓苹果此时的价值（价格），其他如产地环境、生态有机，即使有标注说明，也没有直观的感受，更不用说了解其种养过程了。所以，“苹果”是哪里来的、谁种的、怎么长出来的、生长环境如何、是否生态环保、是否绿色生产加工等，消费者一般是很少知情的。然而，恰恰是这些看不见的元素，在“食品安全”业已危及人类健康生存的当下，显得尤为重要。因而，“看得见”的农产品的“成长过程”，便应运而生了，有极大的经济价值。

扁担姐的《蛋生记》就是典型的记录营销。

做高邮湖麻鸭蛋这件事，源于去年朋友的一个电话：在外多年没有吃过记忆中的高邮鸭蛋了。这句话直到今天记忆犹新。高邮鸭蛋有着庞大的消费市场，数以亿计。如此多的国人喜爱高邮鸭蛋，或许是因为生活·读书·新知三联书店出版的《最值得品尝的100种味道》一书中，将高邮的咸鸭蛋列为第二种最值得品尝的滋味，使得众多食客念念不忘。

咸鸭蛋以高邮的为好，因为高邮湖滩是天然的放鸭场，湖中的小鱼、小虾、小螺等成了麻鸭的上等饲料。产出的麻鸭蛋以鸭蛋的个头大，蛋黄比例大而出名，还特爱产蛋中珍品双黄蛋。

有了珍品麻鸭蛋，那么如何腌制成高邮咸鸭蛋呢？一个极品的高邮咸鸭蛋，是必须要遵循传统的黄泥土工艺来做的（如图10-7所示）。

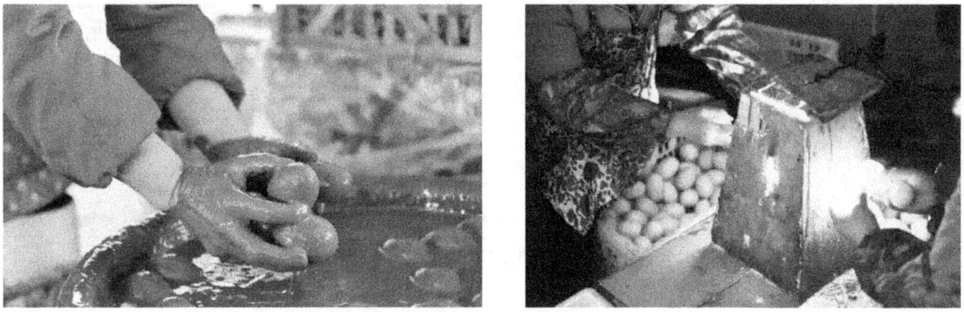

图10-7 鸭蛋手工生产过程

黄泥土是前一年的夏天，从附近山上挖来，在农历六月的烈日下曝晒，直至泥土松散开来，再用细筛子过一遍后，收集到库房里备用，当年是来不及的。

制作时按照1∶1的比例，放入食盐与黄泥混合，之后加水搅拌，并放入八角粉和白酒拌匀，将鸭蛋放入泥桶中，逐个滚匀沾满黄泥，然后存放在竹篮内（更早的过去是用大缸），放在阴凉的地方腌制30～40天煮熟后，才能成为一只极品的高邮咸鸭蛋。

咸鸭蛋最终的腌制效果，与腌制的时间、天气有很大关系。每逢阳春三月，气温回升，高邮湖麻鸭刚开始产蛋，以清明、端午节腌制出来的咸鸭蛋最好吃。

在我的心里，一直把高邮鸭蛋当作湖鲜。因为没有高邮湖，哪里来的高邮麻鸭？

没有麻鸭，又怎会有汪曾祺在《故乡食物》中绘形绘神的记述——“曾经沧海难为水，他乡咸鸭蛋，我实在瞧不上”？

历时300多天，我们合作联社做出了这个艰难的决定：将高邮湖区渔民散放的3000多只麻鸭产出的蛋，在今年定制一款完全遵照传统工艺做的高邮咸鸭蛋。希望您能把这款盛满回忆的咸鸭蛋带回家。

烟波浩渺的高邮湖经过多年流淌、冲刷、集聚，形成了大片芦苇荡和湿地，这里水退草长，形成了天然的湖滩。只要有芦苇荡和湖滩的资源在，我们一定会坚持养麻鸭。

我们坚信植根于简单、自然、个性才能和您建立信任和默契，这才是意义所在，也是最弥足珍贵的。这世界繁复纷扰，能真正勾起我们回忆的不多。遇到简单，眷恋很难。找到回忆所在，不比找到一个恋人简单多少。

于此，共享回忆，共享自然、健康、环保的生活方式。希望因为这样的生活方式，使我们认识甚至成为朋友。

互联网的传播让我们远隔千山万水身临其境，是互联网给予长在深山无人知的农产品对接消费者的最好的连接武器，我们一定要很好运用。

四、安全营销

“乡土乡亲”赵翼是安全营销的典型代表。他认为，向消费者透明，是最好的品控体系。

乡土乡亲的每一款产品都建立了生产档案，不仅有生产者的头像和姓名，还有土地及生产过程的全部记录。同时，乡土乡亲建立了61项风险评估，根据风险评估结果决定怎样去做监测。他们还用全世界最有名的检测机构SGS来做检测。中国茶叶的检测标准是25项，他们用的是欧盟标准，198项。他们取各项评估体系所长，整个品控体系的全称是“透明溯源”。

五、用标准化、差异化打造品牌

结合区域公共品牌优势，认真搭建和运作属于自己的企业品牌和产品品牌，是很多新农人的选择。“别芒了”品牌，就是在借势攀枝花芒果的优势基础上，运用互联网思维建设起来的新水果品牌。

“别芒了”品牌成立于 2016 年，他们涉农的初衷是因为家乡的攀枝花芒果品质好，却很难卖出好价格，决定打造一个新生代芒果品牌，用标准化手段，走高端路线，来拉动芒果的销售。

1. 坚持标准化种植和采收

要想让自己的客户享受高品质生活体验，拥有与之相匹配的高质量产品是关键。对此，坚持标准化是出路。“别芒了”摒弃传统模式，在果园管理、品种选择、施用有机肥、植苗管理、嫁接、树体修剪等方面，坚持全程人工标准化种植和维护。

果实采收时，除严格规定采摘时间（在晴天上午露水干后或阴天进行）和规范采收方法外，还必须经过三次选果：第一次只能选八成熟（太生和太熟都不行）的采摘，果型也要保持一致；在采果运输途中，进行第二次分拣，分出大小果，果蒂不能损坏；再进行严格称重，1.4 ～ 1.6 斤 / 个，每个果子保证无痕，必须用毛巾擦干净才能入箱；以此来保证“别芒了”所卖的攀枝花芒果都是优质果。

2. 用地方电商平台撬动终端用户，进行差异化营销

（1）从当地小平台入手，锁定发达城市高端用户。

为保证“别芒了”所卖产品的高端性，从 10 万吨攀枝花芒果中，精选几千箱进行线上销售，坚持小而美、小而精的路线。

具体策略方面，首先选择与厦门、重庆、西安、山西等地相对小，但在当地有良好影响力和信誉保证的电商平台合作，主打当地精品高端市场销售，巧借这些商家力量来撬动当地终端用户的消费实力，取得了不错的效果。其次，与四川省内一些平台合作，采用“买芒果送旅游门票”等活动方式，并通过微信群、朋友圈等渠道专攻一线城市的中高端客户，也引来一大批忠实消费者的光顾。目前，“别芒了”攀枝花芒果年销售额已突破 100 万元，且正稳步增长。

（2）从差异化入手，做国内更好的芒果消费体验。

在体验和服务方面，“别芒了”也下足功夫。首先，为消费者提供完善的售后服务。对运输过程中出现的产品损伤变质等问题快速反应，极速解决。其次，重视消费者反馈。不论商家还是终端客户，收到他们对产品、服务等方面的反馈后，形式包括文字、图片、视频、语音通话等，第一时间予以处理和完善。

“别芒了”用良性互动，为消费者提供国内上好的芒果消费体验。正因为这部分服务做得好，“别芒了”攀枝花芒果好评率也越来越高，对“攀枝花芒果”这个区域公共品牌形象的提升，起到了有效的推动作用。

在农创领域，一个企业（产品）品牌想要真正解决区域公用品牌的痛点，让“企业（产品）品牌 + 区域品牌”的优势强力彰显，除具备好的品牌名称和调性，做好产品把控等基础外，精准营销策略的配合也非常重要。想从区域公共品牌里掘金的农创人，应该在“别芒了”品牌的实践中，获得自己的启发和思考。

以上五种营销方式，虽然丰富多彩，但万变不离其宗，就是缩短生产者和消费者的距离，打造价值和信任链条。笔者认为，在打造价值和信任这个链条上，未来农产品市场可挖掘的空间是不可限量的，其中所孕育的智慧也将无穷无尽。

第四节　生态农业创业之道

生态农业是环境友好、环境节约型的造福子孙万代的好事业，生态农业的产品品质高，很受消费者喜爱。但农业是马拉松，不可能一夜暴富，也不可能一个策划就解决所有问题。生态农业可持续发展之路如何行走？

“额谷”大米品牌创始人，人称“达哥”的刘达，他的跨界农业创业很有启示。

生态农业创业根据核心任务，可以分为三个阶段。第一阶段要解决的是产品问题，第二阶段需要实现市场的冷启动，第三阶段则是品牌生态的控制和开放。

第一阶段做农产品，新产品只有做到极致才能打开市场，而要把产品做到极致，就必须把控整个供应链。自然条件和管理，二者缺一不可。

第二阶段，通过社群和移动互联网工具，快速完成品牌的构建。

第三阶段，人心圈住，平台放开，引入风险投资等金融和服务力量，解决规模扩张问题。

刘达说：“做了四五年，我发现，跨界进入农业领域创业是必须要分阶段操作的，从 0 到 1，从 1 到 10000，从 10000 到 100000，需要遵循不同的逻辑，每一阶段有不同的目标和打法，不能缺失哪个阶段，也不能跳着走。”

刘达的思路，就是在农产品创业的不同阶段，交替运用传统和互联网创业思维与工具：首先，塌下心来做实自己的核心产品；然后，用产品的魅力集合部分人群；最后，研究人群的特色，创建一个平台，让人群像种子一样在平台上不断扎根生长，利用前期形成的信任和产业链控制力，迅速扩大影响。至此，基本完成一个互联网时代的新型农业开发模式。

1. 从 0 到 1，产品慢培育

相比其他行业，农业创业的试错机会更少，一年最多一次。因此，第一步做产品最为关键，很多人都会栽在这个阶段。做农业一定是靠产品吸引人群，再靠人群建造平台。如果没有自己的产品，你就很难吸引到自己人；如果没有好的合适的产品，就不能真正凝聚最有价值的人群。

2. 从 1 到 10000，品牌顺势而为

刘达认为，在做产品阶段，跨界创业者需要在农业大环境里重塑自身的基因，而到了第二阶段，他们则需要回归自己的老本行，发挥自己最擅长的核心竞争优势，打造自有品牌。

刘达认为，用产品品质迎合用户可以吸引人，但打造迎合用户的生活方式才能留住人。现在市场上的产品几乎都在说自己是绿色、环保、安全，说得太多了，人们也就没有感觉了。刘达的经验是，不仅要这样说，还要这样去过日子；不仅自己过，还要聚一帮朋友都这样去生活。他将线上的社群活动引入线下，不定期邀请会员在农庄里举办主题活动，如亲子活动、踏青活动等，让会员免费品尝并赠送他们额谷的粮食产品和农庄的有机蔬菜。

移动互联网时代的营销还要靠移动互联网工具，刘达在微信上建立起了"哎呦味"微店，销售大米。刘达清楚地意识到，当前在移动端，非常重要的一个趋势是，内容即渠道。这就意味着一个营销团队的配置中需要有编辑部，而这恰恰是媒体人的强项。

由于此前的积累和"内容即渠道"的营造，刘达的微店注册店铺数从 1 发展到 1 万，仅用了 48 天。

3. 从 10000 到 100000，开放平台的构想

刘达认为，当跨界农业做到平台层面的时候，需要实现的是从 1 万到 10 万的飞跃，必须真正到达生活供需的层面。此时一定要有开放的心理，要从优化人们生活方式的层面去运营，这才是未来农业互联网的文化境界。如果只考虑今天投入的钱明天就得赚回来，这样的人不适合做农业。

刘达新的战略是"人心圈住，平台放开"。平台的价值在于与消费者的互动，消费者的需求和评价将决定一个产品是否最终上线。平台放开的目的，不是试图寻找更多的单品来试探消费者的反应，而是努力汇聚更多负责任的消费力量，建立新型流通体系，影响社会上更多的力量，支持农业生产者逐步转变生产方式。

刘达的农业三步走非常符合互联网时代农业规律。在互联网时代，无爆款不登场，第一阶段一定是用匠心打造独特产品。互联网的特点是口碑传播，圈子社群很有力量，所以第二阶段是做口碑。第三阶段做价值，提炼商业模式，借力平台和资本做乘法，让企业发挥更大的社会价值。

生态农业是可持续发展，造福子孙万代的事业。这是一条马拉松之路，需要静心、耐心、专心，也需要借助互联网力量，让产品的打造和营销更加丰富多彩。

后　记

一直以来，我都是新农人的行者，用脚步书写自己爱农、助农的豪情。每一次田间地头的考察，每一堂电商培训的演讲，每一篇微博、微信的分享，都是我的作品，冒着热气，带着露珠，就像手捧着农民刚掰下来的玉米棒子，就像刚从树枝上摘下的鲜果……

今年5月，电子工业出版社编辑郑志宁在微博上私信给我，希望我把这些“接地气”的讲稿和文章整理出来编成一本书。她认为，这对农村电商尤其是农产品上行非常重要。开始我是拒绝的，不仅因为时间问题，而且觉得自己的水平有限。但郑志宁的一句话打动了我：“你一直在为如何实现农产品有尊严、有价值地上行而奔走呼喊，如果你的书能够让更多的人少走弯路，能够让更多的人和你一起同行，是否更有意义呢？”后来，在此书的编写过程中，我多次萌生退意，但和我女儿差不多年龄的郑老师总是像“老大姐”一样耐心地鼓励支持我，让我因感动而坚持下来。

在写作过程中，全国各地的新农人的支持更是我的“强心剂”。他们给我素材，给我建议。有的朋友不仅自己出力，还邀请朋友一起助力。这些案例就像初级农产品，虽然不完美，但饱含营养和正能量。在农产品上行路上，正是因为这样一群奋斗者在前行，才充满希望和光明。在这里，特别感谢胡咏、姚琳，他们给我整理图表资料；感谢农说吕不白给我提供了众多案例；感谢郝彦明和邹建两位老师，也参与了本书的编写；还有侯军伟老师，专门为本书打造了“超级大单品”一节。

此书完稿于2017年国庆节后，正值“十九大”提出走进新时代，踏上新征程之际。当我告诉行业专家们自己编写的《农村电商新思维：农业创新营销模式设计》一书完稿之时，这些专家老师纷纷点评推荐，让我倍感温暖。

最让我感动的是农村电商和电商扶贫领域的泰斗级专家汪向东老师，在出差途中为本书作序。为了更严谨，他要求我把全部书稿发给他，并且还和我做了本书中心内容“如何实现农产品有尊严、有价值地上行”的专题讨论，希望我能够对相关概念和范围做更加精准的定义和论述。在推动农产品上行的路上，有汪老师为代表的前辈导师们的引领，我们会走得更稳健、更有信心！

我们永远在路上，这本书只是起点。

毕慧芳

2017 年 12 月